T0283503

La heroína de las 1001 caras

Dante Gabriel Rossetti, *Proserpina*, 1874

Maria Tatar

La heroína de las 1001 caras

Título original: *The Heroine with 1,001 Faces*
© Maria Tatar, 2021
Publicado por primera vez por Liveright Publishing Corporation,
una división de W. W. Norton & Company, y en español
por acuerdo con Casanovas & Lynch Literary Agency S.L.

© Ediciones Kōan, s.l., 2021
c/ Mar Tirrena, 5, 08918 Badalona
www.koanlibros.com • info@koanlibros.com
ISBN: 978-84-18223-76-1 • Depósito legal: B-8385-2023
© de la traducción del inglés, Ana Isabel Sánchez Díez, 2022
Maquetación: Cuqui Puig
Ilustración de cubierta: *The Beguiling of Merlin*
de Sir Edward Coley Burne-Jones, Photo 12 /
Universal Images Group / Getty Images
Fondo cubierta: LiuSol / iStock / Getty Images

Impresión y encuadernación: Romanyà Valls
Impreso en España / *Printed in Spain*

1ª edición, junio de 2023

Para algunos de los 1001 héroes y heroínas de mi vida:

Elizabeth Demeter Tatar
Joseph Tatar
Julius Martinez
Nick Tatar
Liza Tatar
Laura T. Courtney
Rebecca Tatar
Steven Tatar
Lauren Blum
Daniel Schuker
Jason Blum
Giselle Barcia
Roxy Blum
Booker T. Blum
Isabel Barcia-Schuker
Bette Sue Blum
Lucas Adrian Barcia-Schuker
Anna, John y Steve

¡Pobre del país que no tiene héroes!

BERTOLT BRECHT, *Vida de Galileo*

Lástima del país que piensa que necesita un héroe o que no sabe que tiene muchos ni cómo son.

REBECCA SOLNIT,
Whose Story Is This?

Pero el efecto de su ser en los que tuvo a su alrededor fue incalculablemente expansivo, porque el creciente bien del mundo depende en parte de hechos sin historia, y que las cosas no sean tan malas para ti y para mí como pudieran haber sido se debe en parte a los muchos que vivieron fielmente una vida oculta y descansan en tumbas no frecuentadas.

GEORGE ELIOT,
Middlemarch

ÍNDICE

INTRODUCCIÓN

Iniciad este camino con cariño y paciencia y amor y risa e insaciable curiosidad.

Madam Secretary

El poder solo es realidad [...] donde las palabras no están vacías y los hechos no son brutales, donde las palabras no se emplean para velar intenciones sino para descubrir realidades, y los actos no se usan para violar y destruir sino para establecer relaciones y crear nuevas realidades.

HANNAH ARENDT,
La condición humana

Joseph Campbell escribió *El héroe de las mil caras* mientras era profesor en el Sarah Lawrence College de Nueva York. Sus clases de mitología comparada en dicha universidad, que por aquel entonces era exclusivamente femenina, tenían tanta demanda que pronto se vio obligado a limitar la matrícula a las alumnas de último curso. Durante su último año como docente en la institución, una de esas alumnas de último curso entró en su despacho, se sentó y le dijo: «Bien, señor Campbell, nos ha hablado del héroe. Pero ¿y las mujeres?». El profesor, sorprendido, alzó las cejas y respondió: «La mujer es la madre del héroe; es la meta del logro del héroe; es la protectora del héroe; es esto, es aquello. ¿Qué más quiere?». «Quiero ser el héroe», anunció ella.[1]

«¿Y las mujeres?» Este libro trata de responder de una manera distinta a la pregunta planteada por la alumna de Campbell: demostrando que las mujeres de la imaginación mitológica y literaria han sido algo más que madres y protectoras. Ellas también se han embarcado en búsquedas, pero han pasado desapercibidas mientras llevaban a cabo operaciones furtivas y buscaban la justicia con discreción, mientras deshacían agravios, reparaban los bordes deshilachados del tejido social o se limitaban a luchar por sobrevivir en lugar de regresar a casa con lo que Campbell llama dones y elixires. Llevan la curiosidad como una insignia de honor en lugar de como una señal de vergüenza, y veremos que la relación de las mujeres con el conocimiento, vinculada al pecado y la transgresión y a menudo tachada de entremetimiento, suele ser, de hecho, un síntoma de empatía, atención y preocupación. Desde Eva y Pandora, nuestra cultura les ha asignado a las mujeres curiosas el calificativo de caprichosas y le ha conferido a su deseo de saber más un carácter de ansia oscura y prohibida.

En 1988, Bill Moyers dio a conocer a Joseph Campbell a un público más amplio a través de la serie de la PBS *Joseph Campbell y el poder del mito*, que catapultó al profesor a la categoría de celebridad. Pero antes de que eso ocurriera, *El héroe de las mil caras* ya circulaba por Hollywood, donde no tardó en convertirse en lectura obligatoria para los ejecutivos de los estudios. No tenían que esforzarse en descifrar el voluminoso ensayo completo, con sus excursos acerca de las escrituras sagradas de Oriente y Occidente. En realidad, podían consultar una versión oportunamente abreviada del libro: un memorando de siete páginas distribuido con liberalidad bajo el título de «Guía práctica de *El héroe de las mil caras*». Redactada por Christopher Vogler, que más tarde enseñó la obra de Campbell en escuelas de cine y publicó el superventas *El viaje del escritor. Las estructuras míticas para escritores, guionistas, dramaturgos y novelistas* (1992), esa guía práctica se convirtió en una importante referencia para la industria cinematográfica. Por fin habían encontrado el ingrediente secreto que había llevado al éxito de taquilla de películas que iban desde *Espartaco* hasta *La guerra de las galaxias*. Joseph Campbell se convirtió no solo en un erudito guía del universo mitológico, sino también en consejero formal de los directivos de la fábrica de sueños de Hollywood. Por otro lado, también se había transformado, mediante el despliegue de un encanto campechano y de un amplio saber, en el gurú al que los estadounidenses recurrían en su búsqueda de crecimiento personal y espiritual.

El hecho de que el mundo académico no se tomara en serio sus escritos nunca irritó en exceso a Campbell. A lo largo de mis muchos años como miembro del claustro del Programa de Folclore y Mitología de la Universidad de Harvard, nunca vi el nombre de Campbell en un programa de estudios. Estaba claro que el profesor era *persona non grata*, y no solo porque el lema de «Follow your bliss» ('Persigue tu felicidad') pareciera cursi y banal, un remanente de la cultura hippie de la década de 1970 y su fe en el *flower power*, sino también porque hacía tiempo que la filosofía junguiana y el estudio de los arquetipos que Campbell suscribía habían sido ridiculizados y rechazados. Los universales eternos habían desaparecido y el mundo académico desechaba las verdades intemporales en favor de los constructos culturales y la indeterminación posestructural.

Joseph Campbell.
Cortesía de Photofest

La rigidez del pensamiento arquetípico emerge con mayor claridad que nunca en el modelo binario del principio masculino y femenino que el estudio de Campbell sobre las mitologías del mundo manifestaba. La función biológica de la mujer es «dar vida y alimento», recitaba Campbell en una obra tras otra. ¿Qué representa la mujer en la mitología? La respuesta es sencilla: el «principio de la naturaleza», pues «nacemos de ella físicamente». El varón, en cambio, representa «el origen y los roles sociales», se nos dice en la reflexión del profesor sobre las diosas. «El padre es quien inicia en la sociedad y en el sentido de la vida, mientras que la madre representa el principio de la propia vida.» En otras palabras, la anatomía es el destino. Pero todo lo que se dice acerca de la mujer como fuente de vida y alimento se retira en seguida, ya que la mujer es también la «madre de la muerte y el sueño nocturno» al que volvemos.[2]

Leer sobre las diosas y las mujeres en Campbell fue revelador, pues, al acecho, bajo su fértil beneficencia, no se hallaba más que el rostro de la muerte. De repente, en las oscuras noches de una pandemia global, comprendí la rabia de una de mis alumnas de licenciatura, que describió su travesía hacia el mundo del folclore y la mitología como una cruzada contra Campbell, para quien el papel de la mujer en todas las culturas estaba encallado en los cultos a la fertilidad y la muerte. En ese momento —cuando mi alumna tuvo su arrebato—, yo tenía la sensación de que Campbell simplemente reflejaba los mundos simbólicos de nuestros antepasados y revelaba su división del trabajo en función del género, no creía que ayudase a consolidar creencias culturales obsoletas.

Solo empecé a cuestionarme su lectura de las mitologías de aquí y de allá cuando me di cuenta de que Campbell consideraba a las diosas (y a las mujeres) no solo como deidades de la fertilidad, sino también como musas. «Es la inspiradora de la poesía», observó Campbell sobre la mujer. Esta musa tiene tres funciones: «una, darnos la vida; dos, recibirnos en la muerte; y tres, inspirar nuestra realización espiritual, poética».[3] «Nuestra»: cuando leí esa palabra, supe exactamente a qué se refería. La autorrealización a través del lenguaje está reservada a los hombres. Las mujeres, como las musas de Homero, Dante y Yeats, hacían poco más que inspirar. ¿Por qué las mujeres no podían alzar también la voz o compartir el impulso creativo que tanto veneraba Campbell? Estas preocupaciones sobre el mensaje de Campbell coincidieron con mi lectura de «La risa de la Medusa», un ensayo de la crítica francesa Hélène Cixous sobre el hecho de que las mujeres deben empezar a liberarse de la trampa del silencio y a resistirse a aceptar un lugar en los márgenes, o «en el harén», según sus propias palabras. La escritura y la creatividad en general han sido el dominio de los «grandes hombres» y seguirán siéndolo hasta que las mujeres irrumpan en la arena blandiendo las palabras como armas.[4]

Madeline Miller es una de las muchas autoras contemporáneas que han respondido de manera tardía al manifiesto de Cixous y a la llamada de otras escritoras, y lo ha hecho no solo escribiendo, sino también dotando de voz a mujeres de tiempos pasados. En *Circe*, una novela narrada por la hechicera griega conocida por transformar a los hombres en cerdos, oímos la voz de la diosa, escuchamos su versión de una historia que nos resulta familiar y averiguamos que tenía buenas razones para recurrir a la magia.[5] También descubrimos cómo procesa Circe las historias que le cuenta Odiseo, los vívidos relatos en primera persona de lo que Homero había descrito en la *Odisea*. Ocurre algo extraño cuando, más tarde, es ella quien le narra esos relatos a su hijo Telégono: «La brutalidad de aquellas historias brillaba como no lo había hecho nunca», y «lo que antes me había parecido una aventura ahora me resultaba algo feo y sangriento».[6] Incluso Odiseo queda transformado en los relatos que Circe hace de sus aventuras: pasa de ser un hombre valiente y astuto a convertirse en alguien «despiadado» y en absoluto admirable. De repente se nos ofrece una perspectiva distinta y descubrimos que las historias funcionan con un dinamismo caleidoscópico, que cambian de manera espectacular cuando se les aplica un pequeño giro. Lo que veremos en las páginas que siguen es que, cuando las mujeres empiezan a escribir, la historia cambia.

En este volumen analizaré cómo los relatos, en especial los ambientados en épocas de guerra, conflicto, crisis y sufrimiento, cambian de significado con el tiempo, dependiendo de quién los narre. Y también examinaré las nuevas narrativas que han surgido a lo largo de los últimos siglos, primero escuchando las voces de las viejas que contaban cuentos infantiles, después lo que Nathaniel Hawthorne llamó «la maldita turba de mujeres escribientes» y luego lo que, más recientemente, V. S. Naipaul ha denominado «chorradas femeninas».[7] Una vez que las mujeres tomaron la pluma, ¿cómo redefinieron los arquetipos que Joseph Campbell había identificado en la mitología mundial? ¿Cómo reinventaron el heroísmo y qué nuevas formas de heroísmo surgieron cuando ellas se sentaron delante de sus escritorios y se pusieron a garabatear?

Hay un claro arco que nos retrotrae desde el movimiento #MeToo hasta la antigüedad e incluso hasta los cuentos de viejas que ahora despreciamos como cuentos de hadas. ¿Qué hizo Filomela después de que la violaran con brutalidad y de que le cortasen la lengua, sino tejer un tapiz que revelaba los crímenes de su cuñado, Tereo? Aracne fue tan valiente como para reflejar en el tapiz que tejió en la competición con Atenea las agresiones sexuales de Zeus y de otros dioses. Y en los cuentos de viejas de antaño, las mujeres de los relatos de narrador testigo —me vienen a la cabeza el británico «El señor Zorro», el armenio «Nourie Hadig» y el alemán «La novia del bandolero»— se rescatan a sí mismas exponiendo, a menudo en un banquete nupcial, las vilezas y las lesiones. Escapan del maltrato y de la violencia doméstica a través de la narración. Las mujeres, que rara vez empuñan la espada y con frecuencia se ven privadas de la pluma, han recurrido a los oficios domésticos y sus análogos verbales —hilar cuentos, tejer tramas y devanar historias— para enmendar las cosas, y no solo para vengarse, sino también para garantizar la justicia social.

Hace casi dos décadas, Clarissa Pinkola Estés animaba a las lectoras de *Mujeres que corren con los lobos* a abrazar el arquetipo del subtítulo del libro en inglés (que podría traducirse como «Mitos e historias del arquetipo de la mujer salvaje») y a descubrir las profundidades ocultas del alma femenina.[8] Este estudio también explora un abanico de posibilidades heroicas, pero no se centra tanto en la búsqueda de herramientas terapéuticas dentro del acervo popular de la antigüedad como en intentar comprender cómo aquellas personas socialmente marginadas, económicamente explotadas y sexualmente subyugadas encontraron maneras no solo de sobrevivir, sino también de conferirle sentido a su vida.

Hoy en día estamos reformulando muchos relatos e historias del pasado, estamos reconociendo que las mujeres también eran capaces de llevar a cabo hazañas sobrehumanas, y muchas veces sin salir (o sin poder salir) de casa. Quizá sus búsquedas no adoptaran la forma del viaje, pero sí requerían actos de valor y desafío. Como Penélope en la *Odisea* o Scheherezade en *Las mil y una noches*, utilizaban su oficio de narradoras caseras o recurrían a las artes relacionadas con la producción textil para arreglar cosas, ofrecer instrucciones y comunicar ofensas, todo ello con el propósito de cambiar la cultura en la que vivían. Ahora las mujeres se están levantando para ocupar su lugar en un nuevo panteón que está dándole una nueva forma a nuestra idea de en qué consiste el heroísmo. Exige no solo inteligencia y valor, sino también cuidado y compasión: todo lo que se necesita para ser una verdadera heroína.

Vivimos en lo que el psicólogo evolutivo Steven Pinker ha llamado la era de la empatía; hay decenas de libros sobre por qué es importante la empatía, sobre la neurociencia de la empatía, sobre la brecha empática, etcétera. Busca en la web de Amazon y descubrirás centenares de libros —estudios psicológicos, guías de autoayuda y manuales de crianza— con la palabra «empatía» en el título o el subtítulo. Es curioso que esta palabra no pasara a formar parte de nuestro léxico común hasta principios del siglo XX y que su frecuencia de uso no se incrementase hasta las dos primeras décadas del siglo XXI, cuando se convirtió en uno de nuestros valores culturales más apreciados. El fuerte aumento del empleo de la palabra coincide, y no es de extrañar, con la rápida incorporación de la mujer al mundo laboral en las últimas décadas, y algunos psicólogos, entre los que destaca el británico Simon Baron-Cohen, nos dicen que la empatía se encuentra sobre todo en el cerebro de las mujeres, mientras que la hipersistematización, el rasgo que impulsa la invención, se halla con mayor facilidad en el cerebro masculino. Pero Baron-Cohen admite (con cierta condescendencia, quizá) que «la empatía es en sí misma el recurso más valioso de nuestro mundo», y le preocupa que «rara vez o nunca» esté en los programas educativos, políticos, empresariales o judiciales. Desde 2011, fecha en la que Baron-Cohen publicó *The Science of Evil: On Empathy and the Origins of Cruelty*, la empatía se ha convertido en una especie de obsesión nacional y figura de forma prominente en todos los ámbitos que acabamos de enumerar.

Es bien sabido que Barack Obama nos señaló un fallo importante en nuestro mundo social y ¿qué es sino un «déficit de empatía»? El economista Jeremy Rifkin nos instó, en un libro titulado *La civilización empática*, a dar el salto hacia la «conciencia empática global». En un libro titulado *Lejos del árbol*, el psicólogo Andrew Solomon escribió sobre los niños que son totalmente distintos a sus padres y sobre cómo se las arreglan en épocas marcadas por una «crisis de empatía». Por supuesto, ha habido algunas reacciones adversas. En un estudio psicológico con el provocativo título de *Against Empathy*, Paul Bloom valida la «empatía cognitiva» (expresión con la que se refiere a la capacidad de comprender el dolor de los demás), pese a que le preocupa la «empatía emocional», un instinto que destaca un perjuicio a expensas de muchos otros y que a menudo nos lleva a centrarnos en los que son como nosotros.

«No pregunto al herido cómo se siente, yo mismo me hago herido», escribió Walt Whitman en *Hojas de hierba*. Reflexionar sobre estas palabras nos lleva a plantearnos si no habrá algo inherentemente problemático en la raíz de la «empatía emocional», de eso que yo prefiero llamar identificación empática. Lo que emergerá en las páginas siguientes es una forma de entender el heroísmo que no está tan impulsada por la empatía como por el cuidado atento, por un afecto que es una consecuencia de la apertura al mundo y del que derivan la curiosidad y la preocupación por quienes lo habitan. La falta de curiosidad se convierte, por tanto, en el mayor de los pecados, en la incapacidad de reconocer la presencia de los demás y de preocuparse por las circunstancias y condiciones de su vida. ¿Es posible que el heroísmo de las mujeres de antaño —que el heroísmo de unas mujeres que, a pesar de estar marginadas y privadas de derechos, nunca dejaron de preocuparse por quienes habían sido aplastados y esclavizados, golpeados y sometidos— haya alimentado nuestra nueva atención al valor de la empatía?

¿Cómo definimos hoy a los héroes y por qué escasean tanto las heroínas? El primer capítulo de esta obra explorará la asociación de las figuras heroicas con el conflicto y la acción militar y cuestionará nuestra comprensión cultural de lo que significa ser un héroe. Los héroes suelen ser guerreros, pero también pueden ser santos y salvadores, hombres que recurren a reservas de fuerza espiritual para derrotar a los monstruos.[9] Joseph Campbell observó que las mujeres «estaban demasiado ocupadas» como para perder el tiempo con historias (una afirmación extraordinaria viniendo de alguien que sentía la más profunda reverencia por el poder de la narración como constructor de la cultura). Reconocía la existencia de «mujeres heroínas» y una «visión diferente» en los cuentos de hadas, los cuentos de viejas que circulaban en otros tiempos. Esos cuentos presentaban a mujeres intrépidas que se enfrentaban a innumerables desafíos. Pero, durante la gran migración de los cuentos de hadas desde el calor de la chimenea hasta la escuela infantil, muchas de esas historias se perdieron casi por completo, en gran parte debido a que abordaban tabúes sobre las dinámicas familiares, los rituales de cortejo y las costumbres matrimoniales. Cuando esos cuentos desaparecieron del repertorio, se perdieron muchos modelos de comportamiento heroico.

Pocos dudarán de que el héroe de las mil caras ha dominado la imaginación occidental, así que mi primer capítulo explorará la obra de Campbell y sus implicaciones para la lectura de epopeyas como la *Odisea*. Puede que las mujeres aparezcan en los relatos triunfales de las hazañas y los logros de un héroe, pero, con demasiada frecuencia, resultan extrañamente invisibles, carecen de agencia, de voz y de presencia en la vida pública. Vemos a Odiseo en acción, nos deleitamos con sus victorias, sentimos su dolor y nos alegramos cuando encuentra el camino de vuelta a casa. Penélope, por el contrario, al igual que sus muchas primas de la epopeya y el mito, está confinada al ámbito doméstico y tiene poco que decir. Pero ella, al igual que sus primas míticas, también tiene una misión y hoy por fin le estamos prestando atención a algo más que a su paciencia y fidelidad.

El capítulo 2 explorará las historias de «rapto», empezando por Perséfone y Europa, y analizará la forma en la que tejedoras como Filomela y Aracne se convierten en artesanas y artistas con una misión social. Asimismo, investigará la mutilación —el cortar lenguas— y examinará el hecho de que esa forma de tortura se utilizaba en la ficción y en la vida real para silenciar a las mujeres, para convertirlas en ejemplo y para privarlas de la única arma que poseían. Un conjunto de relatos relacionados entre sí, los relativos a la piedra de la paciencia de los persas, resulta revelador en cuanto a su énfasis en el valor del testimonio, de contar tu historia (a veces en forma de quejas contra rivales que te apuñalan por la espalda), incluso cuando tu interlocutor no es más que un objeto inanimado. Esa piedra, que se encuentra en cuentos de muchas culturas, se convierte en un oyente paciente, tan conmovido por el relato de un abuso que, incapaz de romper a llorar, estalla en un acto de identificación empática.

A lo largo de los siglos, los cuentos de hadas y los mitos han demostrado una resistencia notable, pues han sobrevivido a la censura, a la expulsión, a las prohibiciones y a un sinnúmero de formas de colonización, para entrar a formar parte de un archivo cultural que se renueva y revigoriza de manera constante pese a conservar historias del pasado. El capítulo 3 analizará cómo los cuentos de hadas, asociados con el discurso de las mujeres —las habladurías, el cotilleo y los rumores—, han sido menospreciados, mientras que la mitología de los griegos y de los romanos se ha ensalzado como «sagrada» y se ha visto como depositaria de verdades intemporales y universales. Rebecca Solnit nos recuerda lo que nos jugamos al desacreditar los cuentos de hadas. Lo que hemos hecho, como cultura, es enaltecer las historias sobre los héroes y el poder (que por lo general se refiere al poder de herir) y minusvalorar los relatos sobre las experiencias que requieren resistencia, persistencia y forjar alianzas. «Debajo de todo la parafernalia de los animales parlantes, los objetos mágicos y las hadas madrinas —escribe Solnit—, hay historias muy duras sobre personas marginales, desatendidas, empobrecidas, infravaloradas y aisladas y su lucha por encontrar su lugar y a su gente.»[10] Las historias que nos llegan a través de las tradiciones orales nos descubren que las mujeres silenciadas llevaban a cabo tareas imposibles o reclutaban ayuda mientras escalaban montañas de cristal, clasificaban montones de cereales o convertían la paja en oro. ¿Qué estrategias utilizaban las mujeres para replicar, crear solidaridad, sobrevivir y triunfar? Repasar algunos de los cuentos de hadas que no llegaron a entrar en el canon contemporáneo será revelador. Como siempre, son los iconoclastas, paradójicamente, quienes preservan nuestras historias culturales, quienes las destruyen pero también las reinventan para la siguiente generación. El capítulo concluye explicando que Anne Sexton, Angela Carter, Margaret Atwood y Toni Morrison recuperaron el canon de los cuentos de hadas, lo desenmarañaron, lo desmitificaron y reutilizaron sus historias.

La historia de la palabra inglesa *curiosity* está llena de sorpresas, pues ha sufrido inesperados cambios de significado a lo largo de los siglos. La curiosidad se ha vinculado a un determinado tipo de personaje femenino (que no tiene por qué ser una heroína en el sentido tradicional del término). El capítulo 4 explorará los múltiples significados de la curiosidad, sobre todo desde que se bifurcan en dos canales: uno, ya obsoleto, que significa «dispensar cuidados o dolores», y el otro, el que se usa hoy, que la define como «deseo de ver o saber; ansia de aprender; indagación». La curiosidad femenina y el espíritu apasionado de investigación encontraron refugio en muchos lugares, pero dos de ellos son profundamente sintomáticos de los problemas de género. El primero de ellos es la novela de adulterio (en general escrita por hombres), ya que la infidelidad era una de las pocas formas de libertad de que disponían las mujeres de hace siglos. El segundo es el género inventado por Louisa May Alcott, que mostraba a las chicas —y solo a las chicas— como audaces, atrevidas y aventureras, al menos en sus mundos imaginarios, si no siempre en la vida real.

Todos los deseos, pasiones y apetitos que convierten a las mujeres adultas en monstruos pueden experimentarse y expresarse con seguridad en la niñez. El manto protector de la inocencia infantil permitió a las mujeres autorrealizarse escribiendo sobre muchachas jóvenes y también desarrollar formas de cuidado y atención mediante su escritura. El personaje de Jo March de Louisa May Alcott sentó las bases para un sinfín más de aspirantes a artistas y escritoras, para un elenco de personajes que se extiende desde *Ana, la de Tejas Verdes* hasta Carrie Bradshaw, de *Sexo en Nueva York*, y Hannah Horvath, de *Girls*, ambas series de HBO. El culto a la joven como autora nos lleva casi directamente desde *Mujercitas*, pasando por la ficción para chicas, hasta las fantasías televisivas sobre la escritura como profesión.

El capítulo 5 pasa de las escritoras curiosas a las adolescentes y las solteronas detectives para mostrar que estas figuras, impulsadas por la energía investigadora, también se convierten en agentes de la justicia social y asumen todas las cualidades alegóricas de Némesis. El personaje de Nancy Drew de Carolyn Keene, al volante de su descapotable azul; la señorita Marple de Agatha Christie, que teje en su mecedora. Estos parecen ser los dos tipos dominantes de mujer detective: una descarada, entusiasta, bien financiada y atractiva; la otra marginada, aislada, superflua y casi invisible. Una mirada a la Mujer Maravilla de William Moulton Marston nos demostrará que —¡alabada sea Afrodita!— las mujeres siempre están sometidas a un doble deber, puesto que logran sobrevivir a los ataques contra su identidad como mujeres y, al mismo tiempo, protegen a los inocentes del mal.

El último capítulo nos lleva a Hollywood, para señalar que el cine actual recicla tropos míticos e historias de heroísmo de épocas pasadas. ¿Vemos solo recreaciones nostálgicas de lo antiguo (*Blancanieves y los siete enanitos* y *Cenicienta*, de Disney) o es que las adaptaciones críticas (*Hard Candy* de David Slade y *Hanna* de Joe Wright, por citar solo dos ejemplos) forman parte del nuevo cálculo cinematográfico? Hollywood se ha esforzado mucho en inventar una nueva heroína, una versión femenina del embaucador mítico que lleva a cabo sus propias operaciones subrepticias y actúa de forma furtiva como pirata informática antisocial o como agente encubierta trastornada; además, cubre sus huellas para asegurarse de que nadie detecte sus poderes. Desde Lisbeth Salander en *Millennium: Los hombres que no amaban a las mujeres* hasta Mildred Hayes en *Tres anuncios en las afueras*, estas embaucadoras hacen algo más que presumir de músculos y burlar a las autoridades. También operan como parte de un sistema extrajudicial diseñado para contrarrestar y reparar los defectos del sistema legal. Suponen un marcado contraste respecto a las nuevas Evas amenazantes y las intrigantes engañosas que aparecen en la cultura cinematográfica actual, en películas como *Ex Machina*, de Alex Garland, y *Déjame salir*, de Jordan Peele. Cuando emergen heroínas con rostros y rasgos nuevos, cuando empiezan a exhibirse, es inevitable que provoquen una reacción adversa en forma de antiheroínas, de espectros que nos acechan y se convierten en un rasgo palpable y presente del paisaje cultural para recordarnos que la elaboración de heroínas nuevas siempre viene ensombrecida por el proyecto de inventar nuevas villanas.

• • •

Que los autores afirmen que llevan toda la vida escribiendo un libro se ha convertido en una especie de lugar común. Este volumen reflexiona acerca de una experiencia lectora que abarca muchas décadas, desde alrededor de 1950 hasta el presente. Necesité una pandemia mundial, la promesa de limitarme el *streaming* a una hora al día y la locura de la llamada «edad dorada» para reunir el valor necesario para abordar un tema que me exigía recuperar la voracidad con la que leía de niña. El proyecto comenzó como un ajuste de cuentas con lo que me perturbó cuando empecé a leer mis primeros libros por capítulos (el *Diario*, de Ana Frank, y *Jane Eyre*, de Charlotte Brontë), lo que me inquietó de adolescente (*La mala semilla*, de William March, y *El señor de las moscas*, de William Golding), lo que me removió por dentro cuando era universitaria (*La letra escarlata*, de Nathaniel Hawthorne, y *Sin novedad en el frente*, de Erich Maria Remarque) y lo que me inspiró en mis años de docencia en la Universidad de Harvard (demasiados para contarlos).

Empecé a dar clases en la década de 1970, una época en la que, como admitió el propio Campbell, las mujeres se estaban adentrando en campos de acción antes dominados de manera casi exclusiva por los hombres y para los que no había «modelos mitológicos femeninos».[11] «¡Despójame de mi sexualidad!»: Campbell creía que ese era el grito de guerra de muchas de las nuevas combatientes en la «jungla masculina», algo que, en mi opinión, no era más que una proyección repulsiva pronunciada en una complicada era de cambios sociales. Aun así, yo me daba cuenta de que, en las reuniones del claustro, mis colegas hablaban de «el mejor hombre para el cargo», y de que, durante años, las invitaciones a esas reuniones, que se enviaban directamente desde el despacho del presidente de Harvard, empezaban con las palabras «Estimado señor».

Fue entonces cuando empecé a prestar atención no solo a las autoras, sino también a cómo se representaba a las mujeres en los textos que trabajaba en mis clases. Y mis alumnos me siguieron, año tras año, instándome a pensar más y a reflexionar más sobre el género, ya fuera leyendo *Otra vuelta de tuerca*, de Henry James, viendo la película *Metrópolis*, de Fritz Lang, o pasando las páginas de *Lolita*, de Vladimir Nabokov.

Todos los alumnos del posgrado de literatura de la Universidad de Princeton sabíamos que la esposa de uno de los miembros del claustro tenía un espacio de estudio cerca de la sala de seminarios en la que se impartían nuestras clases. Estaba trabajando en un libro sobre escritoras y se llamaba Elaine Showalter. Qué extraño, pensábamos todos, y nos preguntábamos si sería una verdadera académica o solo una «esposa del claustro» (esa era la denominación común en aquellos días para las cónyuges de nuestros profesores, todos hombres). Al fin y al cabo, Elaine Showalter estaba trabajando en un tema que no tenía ningún interés real para nosotros, metidos hasta el cuello como estábamos en Nietzsche, Tolstói y Kafka. Leímos *La genealogía de la moral* sin tener en cuenta que nuestra propia perspectiva era limitada y parcial, reflexionamos sobre *Anna Karenina* sin preocuparnos por las mujeres y el suicidio y entramos en el laberinto de *La metamorfosis* sin percatarnos de la peculiar manera en que las mujeres quedaban marginadas y, sin embargo, también eran simbólicamente centrales.

No obstante, mi recuerdo más vívido de la escuela de posgrado sigue siendo la defensa de mi tesis, ese esprint final en una maratón de cuatro años de duración hacia el doctorado. Hace algún tiempo, la actriz Natalie Portman habló de lo mucho que había dado por sentado en sus interacciones con los hombres poderosos de Hollywood. «Pasé de pensar que yo no tenía historia a pensar: "Uy, espera, tengo un centenar de historias".»[12] Y empezó a enumerar incidentes no tanto de agresión sexual como de comportamientos predatorios. Sus palabras me hicieron cobrar conciencia de que todas teníamos un montón de historias, historias que, en el momento en que ocurrieron, no pidieron a gritos que las contáramos. Como muchas otras mujeres, me silencié.

Cuando la defensa de mi tesis se retrasó una hora mientras los miembros del claustro conferenciaban en nuestra sala de seminarios, empecé a ponerme nerviosa, pero no en exceso. Sin embargo, durante la defensa en sí, la sensación de inquietud comenzó a ir en aumento, pues intuía que algo no iba del todo bien. Solo tras la conclusión del acto, cuando mi director, Theodore Ziolkowski, un héroe eterno para mí, me pidió que me reuniera con él una vez que la tesis se hubiera aceptado provisionalmente, me enteré de los denodados esfuerzos de un miembro del claustro del departamento por bloquear mi título. Un año antes, yo había huido de su despacho cuando había intentado acorralarme, y todavía lo oigo declarar su pasión por las mujeres pelirrojas de Europa del Este mientras yo agarraba el pomo de la puerta de su despacho y me inundaba el alivio al descubrir que no estaba cerrada con llave.

Cito estos dos incidentes —menospreciar el trabajo desarrollado por una mujer y reprimir la historia de un comportamiento predatorio— porque podrían haber terminado de forma distinta si hubiera comprendido del todo el valor de la curiosidad y de la atención, así como la importancia de alzar la voz y contar tu historia. Esa es la moraleja de este libro. Allí estaba yo, compartiendo espacio de investigación con una mujer que trabajaba en una tesis que terminaría por convertirse en *A Literature of Their Own: British Women Novelists from Brontë to Lessing* (1977). El libro de Elaine Showalter transformaría el campo de los estudios literarios al abrir una línea de investigación completamente nueva, pero, en aquella época, su obra, por no hablar de su persona, quedó marginada de un modo que ahora mismo me desconcierta. ¿Por qué no me interesé más por su obra y su presencia? Y, por otro lado, ¿por qué no tenía palabras para hablar de lo que me había sucedido en el despacho del profesor? Cuando mi director de tesis me preguntó si ese profesor y yo teníamos algún tipo de historia, solo fui capaz de farfullar: «¿No sería poco ético y poco profesional hablar de las relaciones personales?». ¿Poco ético? ¿Poco profesional? ¿Por qué me resultó imposible alzar la voz y contar la historia del embarazoso encuentro (*traumático* no formaba parte de nuestro vocabulario en aquellos momentos) en su despacho? Como inmigrante en Estados Unidos y becaria de una institución que veneraba, la idea de desafiar a la autoridad y plantarle cara me resultaba impensable.

La heroína de las 1001 caras es una mirada profundamente personal a toda una vida de lecturas, malas lecturas y relecturas de mitos, epopeyas, cuentos de hadas, ficción y cine. En una época en la que empezamos a superar las divisiones de género en el heroísmo, nuestro pasado continúa pesándonos, nos persigue y nos invita a reflexionar sobre la evolución de los valores engastados en las historias que contamos, escribimos y reinventamos. ¿Qué se ha requerido para ser un héroe o una heroína y qué se requiere para serlo hoy? Puede que este volumen no sea el recurso más adecuado para aquella alumna de Joseph Campbell que insistía en que quería ser la heroína, pero mi esperanza es que sirva como punto de orientación y marque el inicio de un viaje hacia la autocomprensión y el empoderamiento a través de las historias que contamos y que nuestros antepasados contaron en su día.

A veces me sentía como si volara a ciegas sobre un territorio que, hasta entonces, había pensado que conocía a la perfección. ¿No me sabía casi de memoria la *Odisea* después de haberla leído en el instituto, en la universidad, durante el posgrado y con mis hijos? ¿Y no entendía exactamente la importancia de los cuentos de hadas después de llevar décadas enseñándolos? ¿No dormía de niña con el *Diario* de Ana Frank bajo la almohada?, ¿no veneraba a Thomas Mann y a James Joyce en la universidad?, ¿no me había metido una sobredosis de Proust y Camus durante el doctorado y me había deleitado en el placer de enseñarles obras maravillosas a mis alumnos? Esa familiaridad nunca generó rechazo, pero me cerró los ojos a muchas cosas que se hicieron evidentes cuando empecé a seguir las huellas de las mujeres con el viaje del héroe en mente. Mi esperanza es que *La heroína de las 1001 caras* nos revele el valor de abrir la mente y de no perder la curiosidad respecto a quiénes habitan nuestro mundo, y también el de alzarnos y usar nuestra voz aunque nuestras antecesoras fueran silenciadas. Ahora que las mujeres están mejor representadas en el mundo laboral —como médicas, pilotos, bomberas, predicadoras y juezas— es casi imposible lamentar el mundo que hemos perdido. Ahora las mujeres proporcionan modelos (imaginarios y reales) en abundancia, cambian los mitos según los que vivimos y rehacen el mundo de los humanos de maneras que prometen hacerlo más humano.

La heroína de las 1001 caras

1

«CANTA, OH, MUSA»

EL VIAJE DEL HÉROE Y LA MISIÓN DE LA HEROÍNA

No quiero modificar una jerarquía para establecer otra [...].
Más interesante es enfocar lo que hace posible el dominio
intelectual; más interesante es examinar cómo el conoci-
miento pasa de ser invasión y conquista a ser revelación y
elección.

TONI MORRISON,
Jugando en la oscuridad

No existe el héroe de la acción. El héroe solo existe en la
renunciación y en el sufrimiento.

ALBERT SCHWEITZER,
De mi vida y mi pensamiento

El concepto de una heroína con mil y una caras corre el riesgo
de parecer más un esfuerzo por superar al *Héroe de las mil caras*
de Joseph Campbell (1949) que una respuesta a él. Pero las mil
y una heroínas de este volumen, bajo sus diversos disfraces,
no compiten en absoluto con los mil héroes de Campbell. El

número arábigo 1001 designa una cantidad enorme y el dígito final, el «uno» de esa cifra, supera el millar para sugerir un viraje hacia algo sin límites. El número de mi título pretende reflejar tanto las ilimitadas posibilidades del comportamiento heroico como la magnitud de su valentía. En muchos sentidos, los héroes y las heroínas se resisten maliciosamente a ser definidos y clasificados, y no me ha resultado fácil evitar caer en la trampa de reducir a las heroínas a un modelo que haga poco más que imitar el arquetipo de Campbell con sus doce etapas del viaje del héroe. Las críticas y las secuelas se arriesgan a repetir y reforzar los modelos que aspiran a cuestionar. Pero, como subraya Campbell, los héroes no dejan jamás de sorprendernos con su briosa imprevisibilidad y su desconcertante desafío a las reglas, las normas y los reglamentos. No olvidemos lo grotesco del comportamiento heroico. El personaje de los winnebago Wakdjunkaga se come sus propios intestinos; el guerrero griego Aquiles profana el cadáver de Héctor arrastrándolo por la ciudad de Troya; el irlandés Cú Chulainn sufre ataques que lo convierten en un monstruo despiadado.

Aunque algunos héroes se comporten como matones, eso no impide que se conviertan en nuestros modelos culturales y que sigamos venerándolos, destacando su coraje, su valor y su sabiduría. Regresan cubiertos de «gloria» tanto de la batalla como de las búsquedas en solitario. La fascinación que ejercen sobre nosotros cuando somos pequeños no cesa cuando nos hacemos mayores. Continuamos admirándolos, celebrando sus «viajes» y «búsquedas», como dice Campbell, y pasando por alto sus defectos, trágicos y cómicos.

Joseph Campbell se propuso contar una historia «maravillosamente constante» sobre los héroes. Uno de sus méritos es que el alcance de su estudio fue muy amplio, exploró muchos rincones de nuestros universos simbólicos —desde la tradición de los nativos americanos hasta los mitos griegos— y corrió el audaz riesgo de adentrarse en las tradiciones religiosas de Oriente y Occidente. Su objetivo manifiesto era identificar los rasgos distintivos del arquetipo de héroe y determinar las estaciones de un viaje que lleva al héroe a cruzar el umbral de lo que a menudo es una humilde morada para dirigirse hacia una aventura en mayúsculas, todo ello seguido de un triunfal regreso a casa con un elixir curativo. La seguridad de Campbell respecto a lo que se requiere para ser un héroe es abrumadora, solo igualada por su convicción de que las mujeres no tienen cabida en su panteón heroico

En la gramática de la mitología, argumentó Campbell, las mujeres representan «la totalidad de lo que puede conocerse». Intuyó, y no se equivocó con ello, que la imaginación mítica vincula a las mujeres con el conocimiento, a menudo de maneras insidiosas. El héroe, añadió de una forma un tanto maliciosa y críptica, es «el que llega a conocerlo». En otras palabras, las mujeres no necesitan salir de casa en ningún momento. Son el «modelo de todos los modelos de belleza» y «la réplica de todo deseo». Como «madre, hermana, amante, esposa», son «la meta que otorga la dicha» de la búsqueda del héroe. Y para hacer hincapié en que el mejor estado de las mujeres es el de cuando están inertes y sin vida, Campbell consagró a la Bella Durmiente como la más hermosa de todas. Ella es la «encarnación de la promesa de la perfección».[13]

¿Por qué inicia Campbell *El héroe de las mil caras* con un cuento de hadas, con una historia sobre una princesa rebelde? Un análisis de «El rey rana», el primero de los *Cuentos de niños y del hogar* de los Grimm (1812), ocupa buena parte del primer capítulo de la obra. ¿Que cómo se titula ese capítulo? «La partida», y está ahí para representar los primeros pasos de la aventura del héroe. Campbell vuelve a contar el cuento de los Grimm acerca de una princesa que pierde su pelota de oro en las aguas profundas de un pozo y luego establece, de mala gana, un pacto con una rana macho, que está dispuesta a devolverle el juguete a cambio de una serie de exigencias que giran en torno a que la joven le haga compañía. Un pequeño error —no atrapar una pelota después de lanzarla al aire—, y se abre todo un universo que trae consigo el poder iluminador de la aventura, la transformación y la redención. En este caso, tanto la humilde rana macho como la princesa de alta cuna están implicadas en el mito dorado del renacimiento.

Señora Percy Dearmer, *La princesa rana*, 1897

Si el viaje del héroe traza el mapa de una narrativa de búsqueda protagonizada por un intrépido aventurero que sale al mundo, la misión de la heroína es algo muy distinto. En el caso de «El rey rana», el anfibio se transforma (y es su viaje el que llama la atención de Campbell), pero la princesa (que en ningún momento se aleja de su hogar) estampa a la eróticamente ambiciosa rana contra la pared y, ¡paf!, entonces el animal se convierte en príncipe. De repente, vemos que el comportamiento de las muchachas está cargado de inesperadas formas de insubordinación y oposición. Pero a Campbell no le interesa ese detalle. Más bien se centra en el contraste entre las niñas de los cuentos de hadas, que no pueden aspirar a mucho más que a cruzar el umbral que separa la infancia de la vida adulta, y los héroes de verdad, que luchan por alcanzar la gloria y una especie de significado trascendente. Yo, por mi parte, necesitaba saber más sobre el acto de rebeldía de la princesa y su efecto liberador. También era esa la parte de la historia que inquietaba a mis alumnos. ¿Cómo? ¿No había beso redentor? No era así como les habían contado el cuento.

Campbell reconoce que sí hay algunas heroínas que emprenden búsquedas y llevan a cabo tareas difíciles. Cita el caso de Psique, aunque solo para restarle importancia a su historia porque en ella los «papeles principales están invertidos». Para él, ese relato es una anomalía. Sin embargo, la narración latina en prosa de «Cupido y Psique», escrita en el siglo II por Apuleyo de Madaura (la actual M'Daourouch, en Argelia), revela que una mujer que emprende una búsqueda tiene motivaciones que divergen de manera radical de las que impulsan a los héroes en su viaje. Psique exhibe todos los rasgos que definen el comportamiento heroico de las mujeres míticas: curiosidad, atención y determinación. En su misión para rescatar a Cupido, vencida por la curiosidad que le despierta la criatura que se mete en la cama con ella al amparo de la noche —se rumorea que es un monstruo—, lleva a cabo una serie de tareas imposibles. Psique clasifica cereales, esquila ovejas maliciosas y recoge agua de la fuente de los ríos Estigia y Cocito. Al final sucumbe una vez más a la curiosidad (al igual que Pandora, Eva y muchas más heroínas que buscan el conocimiento) en una misión que demuestra su compromiso con el cuidado de los demás.

Es bien sabido que Campbell sitúa el viaje del héroe en el centro de su análisis y hace hincapié en un impulso de cruzada que requería audacia y determinación, fuerza y movilidad. Pese a que las heroínas poseen los dos primeros atributos en abundancia, suelen fallar cuando se trata de los dos últimos, ya que se las representa como carentes de la musculatura y la agilidad de los héroes.

Durante muchos meses imaginé que el título de este libro sería algo parecido a «El viaje del héroe y el calvario de la heroína». Atrapadas en casa, esclavizadas, exiliadas o encarceladas, las heroínas se ven perjudicadas de maneras que apuntan más al padecimiento que a los viajes. Pero hay algo preocupante en el hecho de que el heroísmo se bifurque según el género, por un lado, en acción y, por el otro, en sufrimiento. ¿Las mujeres de antaño estaban destinadas a sufrir en silencio y a aguantar sin más? ¿Y qué pasa con los héroes como Aquiles, Teseo o Hércules? ¿Acaso no padecen heridas y soportan el dolor?, ¿no es su vida también un largo calvario?

Fue entonces cuando me topé con el cuento rumano «El cerdo encantado», una variante del «Cupido y Psique» de Apuleyo. En él, y en todas las versiones de la historia que exploré más tarde, la princesa heroína comete el error de intentar romper el hechizo mágico que convertía a su marido en un animal durante el día. Cuando fracasa, su marido se ve obligado a abandonarla. «No nos veremos más —le dice— hasta que hayas gastado tres pares de zapatos de hierro y melles un bastón de tanto andar.»[14] La joven camina sin parar hasta que el último par de zapatos se desmorona y mella el bastón. No es de extrañar que Kelly Link observe, en un cuento inspirado en «La reina de las nieves» de Hans Christian Andersen: «Señoras, ¿se les ha ocurrido pensar alguna vez en la mala vida que los cuentos de hadas les dan a los pies?».[15] Un último acto de sacrificio y la futura princesa se reúne con su marido, que ahora ya ha adoptado forma humana. Los zapatos de hierro desgastados son una característica de muchos cuentos de hadas y un poderoso recordatorio de que las caminatas por montañas de cristal y a través de extensiones heladas constituyen una importante respuesta a los retos a los que se enfrentan las heroínas. Además, el impulso que motiva a la princesa es altruista y, cuando viaja, está desempeñando una misión, está decidida a encontrar un «felices para siempre», pero más centrada en rescatar y transformar a su amado que en tan solo reunirse con él.

Las heroínas que aparecen en el tipo de cuento que los folcloristas llaman «la búsqueda del marido perdido» rara vez pretenden ampliar su poder. Más bien afrontan retos que les imponen fuerzas superiores, cosen camisas con flores en forma de estrella o cocinan y limpian para madrastras, brujas y enanos. También forman alianzas con criaturas que se convierten en ayudantes: zorros y palomas, peces con los ojos dorados y enjambres de hormigas y abejas.

Las heroínas comparten el espíritu de cruzada, y el objetivo de sus misiones (a menudo más conyugales que marciales) palidece en comparación con la brillante gloria concedida a los héroes. Aun así, la rebelde y su causa suelen estar ahí, a plena vista, aunque no siempre donde se ha situado tradicionalmente la acción heroica. Mientras escribía este libro fui dándome cuenta poco a poco de que las heroínas solían embarcarse en misiones sociales, en intentar rescatar, restaurar o arreglar cosas, con la palabra como única arma. Los héroes, en cambio, están armados hasta los dientes y preparados para la batalla. Se embarcan en búsquedas y viajes que tienen como objetivo algo más que el regreso a casa. Buscan la gloria en el conflicto, por lo general militar y marcial, y persiguen la inmortalidad más que cualquier otra cosa. Se aseguran una fama duradera mediante un proceso que puede describirse, sin rodeos, como de engrandecimiento y mitificación personales. No es de extrañar que, cuando se nos pide que pongamos ejemplos de héroes, en seguida recitemos nombres de hombres y dioses. Tardamos un poco más en sugerir los nombres de las heroínas.

Palabras y actos

¿Qué es un héroe? Es una pregunta que se nos formula una y otra vez. Nos absorbe desde nuestra época escolar, cuando se nos pide que definamos nuestros valores y aspiraciones culturales evaluando las vidas de figuras de tiempos remotos: el brillante Aquiles, el astuto Odiseo, el desvergonzado Anansi o el indomable Sun Wukong. Nuestro archivo colectivo de relatos —rebosante de historias, mitos, parábolas, leyendas y mucho más— proporciona innumerables ejemplos de comportamiento heroico, así que recurrimos a esas reservas bien surtidas en busca de modelos de conducta. El mundo académico nos ha procurado abundantes definiciones y, como no podía ser de otra manera, en mis tiempos de estudiante tomé muchos apuntes sobre héroes hercúleos, sobre figuras cuya grandeza no tenía tanto que ver con la bondad como con lo que se denominaba «la energía transformadora de la chispa divina». Una de esas fuentes autorizadas sobre el héroe describía hazañas que eran una desconcertante combinación de «benevolencia y crimen», de «búsquedas fabulosas y traiciones vergonzosas» y de «triunfos sobre enemigos malvados e insensatas matanzas de inocentes».[16] Recuerdo que la frase sobre las matanzas de inocentes me dio que pensar, pero seguí tomando notas. Con estudiada intensidad, nos hacemos esa misma pregunta —¿qué es un héroe?— cuando leemos titulares o reflexionamos sobre historias actuales que nos hablan de quienes han actuado de formas que inspiran admiración, asombro y aprecio. «Un bombero de Nueva York saca a una enfermera de un edificio en llamas.» «Un guardabosques rescata a un excursionista deshidratado cargando con él por una ruta peligrosa.» «Un hombre libera al conductor de un coche tras una explosión de combustible.» He extraído estos titulares de forma aleatoria de las noticias, pero también podría limitarme a escribir el nombre de Sully. ¿Quién no recordaría al piloto que les salvó la vida a sus pasajeros después de que el impacto de un pájaro inutilizara los dos motores del vuelo 1549 de US Airways? Los héroes no son solo modelos de conducta, también son protectores. Nos garantizan, con una autoridad tranquilizadora, que el mundo puede ser menos frágil, más seguro y más generoso gracias a sus actos de bondad. Con la ayuda de hombres fuertes e intrépidos, se convertirá en un lugar mejor.

Nuestra palabra *héroe* deriva del griego ἥρως y, en inglés, se imprimió por primera vez en 1522. El *Diccionario de inglés Oxford* (*OED*, por las siglas en inglés de *Oxford English Dictionary*), nuestra fuente acreditada sobre el uso del idioma, ofrece varias definiciones, la primera de las cuales dice lo siguiente: «Un hombre (u, ocasionalmente, una mujer) de fuerza, valor o habilidad sobrehumana favorecido por los dioses». Unos sesenta años más tarde, la palabra «heroína» aparece por primera vez en un documento eclesiástico y, en 1609, el dramaturgo británico Ben Jonson utiliza el término para describir a las mujeres de «una fortaleza invencible e inquebrantable».[17] El *OED* define *heroína* como «una mujer distinguida por el desempeño de acciones valientes o nobles; una mujer generalmente admirada o aclamada por sus grandes cualidades o logros». Es imposible imaginar la inserción de «u, ocasionalmente, un hombre» en esta última definición.

Los héroes son sobrehumanos, mientras que las heroínas son distinguidas y admiradas. Estas definiciones sugieren que quizá convenga dejar de lado el término *heroína* y convertir *héroe* en un sustantivo de género neutro que nos abarque a todos. Pero tal vez no. Como mostrará *La heroína de las 1001 caras*, existen diferencias importantes entre los héroes y las heroínas y, además, los rasgos que los hacen encomiables o loables varían con el tiempo. Los héroes y las heroínas han utilizado estrategias distintas para ganarse el mérito: las de los primeros, en la mayoría de los casos, son impactantemente percutoras; las de las segundas, estereotípicamente veladas y calladas, al mismo tiempo que discretamente creativas y profundamente inspiradoras. Puede que hoy en día estemos ampliando nuestra comprensión del género con nuevas identidades no binarias y fluidas, pero ese hecho hace que sea aún más importante entender los desempeños guionizados desde un punto de vista cultural y los inflexibles códigos binarios representados en los mitos, leyendas y cuentos de hadas del pasado.

En *Héroes*, publicado por primera vez en 2018, el actor y escritor Stephen Fry vuelve a contar historias de lo que él llama la «Edad de los Héroes». Con ello se refiere a la antigüedad. Nos recuerda que sus protagonistas son «hombres y mujeres que cogen las riendas de sus destinos, emplean sus cualidades humanas: valentía, astucia, ambición, velocidad y fuerza para llevar a cabo proezas asombrosas, vencer horribles monstruos y establecer grandes culturas y linajes que cambian el mundo».[18] (Podría haber añadido la glosa «y, ocasionalmente, algunas mujeres», ya que la mayoría de sus historias están protagonizadas por hombres y dioses masculinos.) La lectura del volumen de Fry me llevó a plantearme qué estarían haciendo las mujeres mientras los hombres salían a matar monstruos. El énfasis implacable en la conquista a través de la fuerza bruta me hizo cambiar de chip y me llevó a preguntarme si habría otras formas de heroísmo en nuestros mitos y tradiciones.

Quiero destacar aquí el uso que Fry hace de la expresión «proezas asombrosas», en parte porque, durante mucho tiempo, las mujeres fueron excluidas de las esferas de acción pública y se quedaron en casa mientras los hombres se iban al trabajo y a la guerra, a los lugares donde podían llevarse a cabo hazañas audaces, proezas que más tarde se conmemoraban a través de la herencia colectiva. La filósofa judío-alemana Hannah Arendt nos dice que las hazañas por sí mismas —frágiles y efímeras— están sometidas al olvido y solo existen en el momento de su realización. Sin embargo, a través de los relatos, pasan a conservarse en la memoria cultural y se convierten en fuentes de estímulo para las generaciones futuras, en ejemplos a los que todos aspiramos. El recuerdo venera tanto como preserva. Por eso los griegos valoraban la poesía y la historia, porque estas conferían la inmortalidad a los héroes y rescataban las proezas heroicas del olvido.[19] Al fin y al cabo, fue Homero quien se encargó de que conociéramos los nombres de Aquiles, Héctor y Patroclo.

Palabras y actos: que Arendt vincule el lenguaje y la acción nos da que pensar, sobre todo porque los héroes, en su vocación redentora, son recordados por llevar a cabo «proezas asombrosas» con mucha más frecuencia que por pronunciar grandes discursos. En lo que a ellos se refiere, las palabras cautivadoras parecen importar menos que los actos épicos. ¿Es posible, entonces, que en la división del trabajo heroico según el género los hombres adquieran gloria y sean recordados por lo que hacen y las mujeres por lo que dicen, cuentan o relatan? Paradójicamente, la unión de las palabras y los hechos hace que nos fijemos en la desconcertante bifurcación entre hablar y actuar que se produce cuando se trata del comportamiento heroico, ya que los héroes son todo acción y las heroínas suelen limitarse al lenguaje, a las palabras pronunciadas más en la intimidad del hogar que en los espacios públicos.

¿Quién mejor para defender la magia de las palabras (y el uso que las mujeres hacen de ella) que Scheherezade, la heroína de *Las mil y una noches* (*Alf Laylah wa-Laylah*)? Se trata de una colección de cuentos populares procedentes de diversas fuentes —árabes, persas, indias y turcas, por citar algunas— recopiladas en el Siglo de Oro islámico. Las historias de esta obra se tradujeron muchos siglos después al inglés: la primera recopilación británica apareció en 1706. Mas adelante hablaré con mucho más detenimiento sobre Scheherezade, pero, por ahora, quiero analizar la declaración heroica que le hace a su hermana Dunyazad. Scheherezade se ha ofrecido voluntaria para casarse con Shahriar, un tirano tan enloquecido por la infidelidad de su anterior esposa que los asesina a ella y a todo su libidinoso séquito. Para aliviar su humillación, Shahriar elabora un plan excesivo y espectacular, un plan que requiere de una crueldad llevada al extremo. Cada día tomará una esposa distinta y, cada mañana, la decapitará de manera ritual. Scheherezade tiene su propio plan de supervivencia. «Pidió a su hermana Dinarsad [Dunyazad] que [...] le pidiera que, antes de dormirse, contara una de las historias que se sabía. Así conseguiría acabar con la injusticia que asolaba a su pueblo y haría que el rey rectificara.»[20] Las palabras son su arma y prevé elaborar relatos (necesitará 1001, que, en este caso, no es un número infinito) que le permitan escapar de la muerte y transformar la cultura en la que vive. Shahriar muerde el anzuelo, pone fin a su reino de violencia y ambos se casan y viven «felices para siempre» con los tres hijos que les nacen. Como narradora creativa y pareja procreadora, Scheherezade rehace el mundo y asegura la posibilidad de la redención, la transformación y la sucesión ordenada.

Scheherezade introduce la narración en la alcoba como si fuera una mercancía de contrabando y la utiliza para ganarse al rey. Lo convence de que los degollamientos no aplacarán su rabia ni saciarán su apetito de venganza. Las mujeres de hoy en día han empleado la narración también de otras maneras, confiando menos en ficciones imaginativas que distraen e instruyen que en relatos de la vida real que resultan persuasivos en su inventario de agravios y ofensas. Como revelan los titulares de los últimos años y como ha demostrado el movimiento #MeToo, las historias son un arma poderosa para combatir ciertas formas de injusticia social y reparar el tipo de errores que Scheherezade trató de eliminar. El poder de los relatos como testimonio para acusar,

Edmund Dulac, ilustración para *Las mil y una noches*, 1907

encausar y sentenciar en el tribunal de la opinión pública es innegable, y el terreno extrajudicial puede influir de diversos modos e infligir castigos que superan lo que contempla el código penal de una cultura. Contar tu historia —dar a conocer las heridas sufridas y el daño causado— ha pasado a tener un peso sin precedentes y conlleva el mismo sentido de misión social que impulsó a Scheherezade a jugarse el cuello para salvar la vida de otras mujeres. Las mujeres de los cuentos de hadas han recurrido una y otra vez a esa estrategia en las narraciones de denuncia que se encuentran no solo en el folclore angloamericano y europeo, sino en los repertorios de relatos de todo el mundo. Son los cuentos de viejas que se han menospreciado y desacreditado tildándolos de simples cuentos de hadas.

Cuando se le preguntó acerca del viaje del héroe desde el punto de vista de la mujer y si este era igual «al del hombre», Joseph Campbell se detuvo a reflexionar. «Las grandes mitologías y la mayoría de las narraciones mitológicas del mundo están hechas desde la perspectiva masculina», reconoció. Mientras escribía *El héroe de las mil caras* quiso incluir «información sobre mujeres heroínas», pero descubrió que tenía que acudir a los cuentos de hadas para encontrarlas. «Éstos [...] eran narrados por las mujeres a sus hijos y encierran una visión diferente.»[21] En los cuentos de hadas no tenemos solo la perspectiva de las mujeres, sino también su voz. Puede que las mujeres quedaran silenciadas en los mitos que contaban y volvían a contar los bardos, pero alzaban la voz en los relatos que las señoras les narraban, además de a los niños, a todas aquellas personas que formaban círculos de costura, se congregaban en las salas de hilado, preparaban las comidas en la chimenea, lavaban la ropa y se dedicaban a lo que tradicionalmente se ha conocido como el trabajo de las mujeres.

John Batten, ilustración para «El señor Zorro», 1890

Los cuentos de hadas, por lo general, se centran en el poder de las palabras y las historias. Hablar puede meterte en un lío, pero en ocasiones también puede sacarte de un buen apuro. En el cuento británico «El señor Zorro», una mujer llamada lady Mary recurre al poder revelador del relato y utiliza la narración como forma de denuncia. Incorporado a la historia, encontramos todo un seminario sobre los cuentos como instrumento para asegurar la justicia social. El señor Zorro, rico y guapo, corteja a una joven llamada lady Mary, que decide visitar el castillo donde vive su pretendiente. Rodeado de altos muros y de un foso profundo, el castillo del señor Zorro parece impenetrable, pero lady Mary, «que era valiente de verdad», entra y explora las habitaciones. Sobre una puerta hay escrito: «Sed osados, sed osados, pero no demasiado osados, / pues, si no, la sangre se os puede helar en el corazón». Lady Mary, por supuesto, es demasiado osada y la sangre se le hiela en el corazón cuando descubre una Cámara Sangrienta en el castillo. «¿Qué creéis que vio? Pues cadáveres y esqueletos de bellas damas cubiertos de sangre.» Cuando el señor Zorro aparece, arrastrando a una joven a su espalda, lady Mary se esconde detrás de un barril de vino y es testigo de cómo su pretendiente le amputa a la muchacha una mano en la que lleva un anillo. La mano cae en el regazo de lady Mary y le proporciona la prueba que necesita para acusar al señor Zorro, un hombre que, en un instante, se ha transformado de socio en adversario.[22]

Así es como concluye una versión del cuento:

Y hete aquí que ese mismo día había de firmarse el contrato matrimonial entre lady Mary y el señor Zorro, y antes del acto se había programado un espléndido desayuno. Cuando el señor Zorro se hubo sentado a la mesa enfrente de lady Mary, la miró.

—¡Qué pálida estás esta mañana, querida mía!

—Sí —respondió ella—. No he logrado dormir bien esta noche. He tenido unas pesadillas horrorosas.

—Los sueños significan siempre lo contrario —dijo el señor Zorro—, pero cuéntanos ese sueño que has tenido, y así tu dulce voz nos hará más ameno el rato que queda hasta que llegue el feliz momento.

—Soñé —dijo lady Mary— que ayer, muy de mañana, partí en busca de tu castillo, y que lo hallé en mitad del bosque, rodeado de altos muros y de un foso profundo, y que sobre el portón de entrada había escrito:

Sed osados, sed osados.

—Pero no es así, ni tampoco fue así —dijo el señor Zorro.

—Y cuando llegué al portal de entrada al edificio, vi que sobre él también había una inscripción:

Sed osados, sed osados, pero no demasiado osados.

—No es así, ni tampoco fue así —dijo el señor Zorro.

—Y a continuación subí las escalinatas, y llegué a una galería, al final de la cual había una puerta, sobre la que había escrito lo siguiente:

Sed osados, sed osados, pero no demasiado osados,
pues, si no, la sangre se os puede helar en el corazón.

—No es así, ni tampoco fue así —dijo el señor Zorro.

—Y luego..., pues abrí la puerta y vi que la habitación estaba llena de cadáveres y esqueletos de pobres mujeres, todas muertas y cubiertas de sangre.

—No es así, ni tampoco fue así. Y Dios no quiera que sea así nunca —dijo el señor Zorro.

—Luego soñé que huía despavorida escaleras abajo, y que atravesaba la galería, y justo cuando estaba bajando te veía, señor Zorro, subiendo desde la puerta del zaguán, y llevabas a rastras a una pobre joven, una damisela rica y hermosa.

—No es así, ni tampoco fue así. Y Dios no permita que sea así nunca —dijo el señor Zorro.

—Me lancé despavorida escaleras abajo, y apenas tuve tiempo de esconderme detrás de un tonel cuando tú, señor Zorro, entraste arrastrando del brazo a la joven dama. Y cuando pasaste por delante de mí, señor Zorro, me dio la impresión de que intentabas quitarle el anillo de diamantes que llevaba en el dedo, y como no lo conseguiste, señor Zorro, te vi en mi sueño sacar la espada y cortarle la mano de un solo tajo a la joven, para quitarle el anillo.

—No es así, ni tampoco fue así. Y Dios no quiera que sea así nunca —dijo el señor Zorro, y cuando se estaba levantando del asiento para añadir algo más, lady Mary exclamó:

—Pero es así, y también fue así. Aquí están la mano y el anillo como prueba de ello.

Y al decir esto, se sacó la mano de la dama de debajo del vestido para señalar con ella al señor Zorro. Inmediatamente, sus hermanos y amigos desenvainaron sus espadas e hicieron pedazos al señor Zorro.

Al aportar pruebas, lady Mary tiene todo lo necesario para reclutar a sus parientes y amigos en un ataque contra el señor Zorro. El espacio seguro de la narración de un sueño, contado en una ocasión festiva, le permite alzar la voz y, rodeada de oyentes comprensivos, tiene asegurados el rescate y el alivio. Al filtrar la verdad a través del sueño, que normalmente es contrafáctico, lady Mary reúne el valor requerido para revelar los hechos mientras relata los horrores que alberga el castillo del señor Zorro y, después, presenta una prueba física, un pequeño y horripilante trofeo que demuestra que el sueño no es una mera fantasía, sino que se corresponde con una realidad macabra. Esta historia se lee casi como un antiguo manual de estrategia para las víctimas de agresiones sexuales y matrimonios concertados con un novio poco recomendable. Además de un ejercicio de justicia social, también es un recordatorio de que podrías necesitar pruebas físicas para respaldar tus afirmaciones.

Los héroes de Campbell, extraídos de los mitos y la religión, se embarcan en aventuras y regresan con elixires curativos. Las heroínas de los cuentos de hadas son más modestas en sus ambiciones. Persiguen la justicia sin armas en la mano, contando historias para dar a conocer las malas acciones y llevar así a los criminales ante la justicia. Después de analizar con mayor detenimiento a los héroes míticos de Campbell, me referiré a uno de los textos fundacionales del mundo occidental, la *Odisea* de Homero. En ella, Odiseo, el astuto trotamundos, y Penélope, la madre que permanece en el hogar, ponen de manifiesto muchas de las distorsiones de género que influyen en nuestra forma de entender el heroísmo. El héroe emprende un viaje y la heroína, una misión. Trazar esta distinción tajante, por burda que sea, es un primer paso para comprender la fuerza que impulsa a los protagonistas de las historias que hemos consagrado como «clásicas». Los textos clásicos son aquellos que han encontrado un lugar en las aulas, en los planes de estudio fundacionales de todo el país, los diseñados para construir valores culturales.

No muchos profesores han hecho lo que hizo Philip Pullman, autor de la serie de novelas juveniles «La materia oscura», mientras trabajaba como profesor en el Centro de Educación Primaria Bishop Kirk de Oxford. Tres veces a la semana, el galardonado autor llevaba a cabo improvisaciones en las que contaba sus versiones de la *Ilíada* y la *Odisea*: no las recitaba, sino que las reinterpretaba. La mayoría de los profesores se ha centrado en los versos y no en el espíritu del poema, ha tomado las palabras de la página y ha utilizado los retratos que Homero hizo de Odiseo y de Penélope para instruir a sus alumnos y fomentar los debates en el aula. Solo por eso, ya debemos considerar importante la forma en que abordamos las epopeyas de Homero, y a estas alturas ya se ha alzado un coro de voces en torno a la inquietante política sexual y las dinámicas de género en los mitos, las epopeyas y las historias de la antigüedad. Mi voz se cuenta entre las de ese coro y espero identificar aquí cómo, a pesar de todo, quienes fueron silenciadas, reprimidas y marginadas en esas narrativas consiguieron encontrar estrategias para llevar a cabo acciones heroicas, grandes y pequeñas. Las escritoras actuales, tal como se hará evidente más adelante en este mismo capítulo, han resucitado a las mujeres marginadas del pasado y les han dado voz, han ratificado su ingenio y, así, las han dotado de agencia. *Penélope y las doce criadas*, de Margaret Atwood, *Las mil naves*, de Natalie Haynes, y *El silencio de las mujeres*, de Pat Barker, son algunos de los textos que nos ofrecen nuevas perspectivas sobre la *Ilíada* y la *Odisea*, nos recuerdan que todas las historias tienen siempre otra versión y, además, dejan claro que el silenciamiento no extingue las posibilidades de acción heroica.[23] Toni Morrison no tardó en entender que tanto ella como otras escritoras no se estaban limitando a reanimar figuras del pasado, sino que también estaban creando algo nuevo. Insistía en que ella no repetía, ella resignificaba, elaboraba su propia versión de ciertos arquetipos en obras como *Beloved* y *La isla de los caballeros*. Madeline Miller reimagina a Circe en la novela homónima de 2018, repara la denigración de la que es objeto en la *Odisea* y nos permite entender la naturaleza defensiva de su magia. La heroína de *Oreo* (1974), de Fran Ross, es la hija mestiza de una madre negra y un padre judío y toma prestados tropos de la cultura en la que vive para cruzar las fronteras raciales al mismo tiempo que lleva a cabo una búsqueda que se asemeja mucho al viaje de Teseo hacia el interior del laberinto. Estas autoras nos permiten ver que las posibilidades de las palabras y los actos heroicos son ilimitadas y que las heroínas, al igual que los héroes, tienen características que son infinitamente flexibles e interminablemente maleables. Pero fijémonos primero en los héroes para entender de qué manera identificó Joseph Campbell los rasgos perdurables en sus mil caras.

El héroe de las mil caras

A los héroes de la antigüedad, que ocupaban un espacio liminal entre los hombres y los dioses, solía asociárseles con el valor militar o con las proezas de fuerza hercúlea. Cuando Joseph Campbell se propuso elaborar una interpretación del

arquetipo del héroe, descubrió un drama que se desarrollaba en una serie de encuentros combativos, con conflictos y
pruebas terribles que requerían de impresionantes y arries-
gadas acciones y que culminaban con una victoria triunfal y
el regreso a casa. La idea dominante del análisis de Campbell
se centra en los hombres de acción y en los viajes redentores
que emprenden con el objetivo de obtener alguna forma de
salvación para todos nosotros.

Nacido en 1904 en la ciudad de Nueva York, Joseph Campbell estudió en el Dartmouth College y en la Universidad de
Columbia y se licenció en Literatura Inglesa en 1925. Tras
cursar estudios de posgrado en lenguas románicas y sánscrito
en universidades de París y Múnich, Campbell se retiró del
programa de doctorado de Columbia y pasó cinco años viviendo en lo que él describía como una choza barata en el norte del
estado de Nueva York, donde se dedicó a leer nueve horas al
día y a plantearse su futuro. En 1934 aceptó un puesto de profesor en el Sarah Lawrence College, que por aquel entonces
era una universidad femenina, y allí impartió concurridísimas
clases sobre literatura y mitos durante treinta y ocho años.

Campbell pasó los años de la guerra en el Sarah Lawrence.
La historia de conquistas coloniales de Inglaterra y el deplo-
rable trato de Estados Unidos a los nativos americanos lo
habían llevado a convertirse en un cínico, así que, al principio,
ni siquiera Hitler y sus ejércitos invasores pudieron apartar a
Campbell de su posición pacifista. Consideró la posibilidad de
inscribirse como objetor de conciencia, pero, tras leer acerca
del deber como guerrero de Arjuna en el *Bhagavad Gita*, decidió que, si lo llamaban a filas, lucharía como lo había hecho
Arjuna. Cuando el Servicio Selectivo anunció que solo reclu-
taría a los hombres menores de treinta y ocho años, Campbell
exhaló un enorme suspiro de alivio, pues no tenía ningún in-

terés en unirse al grupo de los que él llamaba los «guerreros gritones», los hombres que se habían adherido al «imperio anglosajón de máquinas y mentiras oportunistas».

Cuesta imaginar que el estudio sobre el héroe que Campbell publicó en 1949 no se viera influido, al menos de manera subliminal, por la valentía de los soldados estadounidenses, muchos de los cuales regresaron a casa triunfantes tras las duras experiencias del combate militar y fueron recibidos como héroes bélicos. Sin duda, los años de la guerra fueron también testigo del creciente interés de Campbell por las religiones de Asia del Sur y por los mitos de Asia del Este, con sus ejercicios de abnegación. El propio Campbell había declarado que él no estaba en el campo de los guerreros ni en el de los comerciantes, sino en un «tercer campo»: el habitado por las personas que escriben libros, pintan cuadros y tocan instrumentos musicales. El deber de esas personas, y también el suyo, claro, era «descubrir y representar sin concesiones los ideales de la Verdad, la Bondad y la Belleza».[24] Sin embargo, la figura del soldado estadounidense fue, sin duda, un factor a tener en cuenta, si no un ideal heroico del que jactarse, mientras Campbell batallaba con un proyecto que narraba crónicas de pruebas colosales, de conflictos sangrientos, de conquistas logradas con esfuerzo y de regresos triunfantes a casa.

Tras su publicación, el libro de Campbell no tardó en cautivar la imaginación de los escritores, artistas y cineastas del siglo xx. Su atractivo popular se amplió gracias a las conversaciones que Bill Moyers mantuvo con el mitógrafo y narrador en *El poder del mito*, una serie de entrevistas grabadas en el Rancho Skywalker de George Lucas en 1988. Descrita como «una de las series más populares de la historia de la televisión pública», hoy en día continúa atrayendo al público.[25] Como muchos otros cineastas, el creador de la franquicia cinematográfica de *La guerra de las galaxias* había encontrado en la obra de Campbell un mapa para la creación de mitos. Lucas se basó en los motivos clásicos del viaje mítico, pero los renovó de maneras radicalmente imaginativas para crear la magia narrativa de la trilogía original de *La guerra de las galaxias*. «Si no fuera por [Campbell] —dijo una vez—, es posible que todavía estuviera intentando escribir *La guerra de las galaxias*.»[26]

De modo intuitivo, Campbell comprendió que ninguna de las figuras heroicas —Jesús, Buda, Moisés, Krishna, Jasón, David, Perseo, el rey Arturo— que pueblan sus numerosos textos sobre el poder del mito se diferencia tanto de los personajes menos imponentes que vagan por el universo de los cuentos de hadas, siempre en busca de Otro Lugar, de la Tierra Prometida, de un Lugar Mejor, de Cucaña, de la tierra de la leche y la miel o de cualquier otro Ideal Utópico (resumido de forma sucinta en los cuentos de hadas con la frase «Felices para siempre»). Lo que escribió en *El héroe de las mil caras* es válido para todos los cuentos: «La magia es eficaz en el más diminuto cuento de hadas infantil, como el sabor del océano está contenido en una sola gota».[27]

Campbell comienza su estudio del héroe de las mil caras exponiendo el concepto de lo que él denomina el «monomito» (término que toma prestado de James Joyce, el escritor que fue objeto de su tesis doctoral y, reveladoramente, el autor de *Ulises*). Para él, las historias de héroes beben de un profundo pozo de creatividad humana impulsada por la necesidad de afrontar nuestros miedos respecto a la mortalidad. Cada cultura elabora «de forma espontánea» sus propios mitos, pero con una férrea disciplina que ordena y controla el flujo del relato creado en la región. «¿Por qué la mitología es la misma en todas partes, por debajo de las diferencias de vestidura?», se preguntaba Campbell. Puede que los lakotas llamen a su dios embaucador Iktomi, pero esa deidad no se comporta de manera tan distinta al Anansi africano occidental, al Hermes griego o al Quetzalcóatl mesoamericano. Y tanto si escuchamos los sortilegios de los brujos del Congo como si leemos los sonetos de Lao Tse o nos llegan las palabras de un cuento de hadas esquimal, añadió, la historia nunca cambia. Campbell enumera con una seguridad asombrosa los doce bloques de construcción empleados para crear un edificio de historias entrelazadas, una arquitectura que estructura la historia con una uniformidad impresionante incluso en los rincones más remotos del mundo.

1. Mundo normal
2. Llamada de la aventura
3. Rechazo de la llamada
4. Encuentro con el mentor
5. Traspasar el umbral
6. Prueba, aliados y enemigos
7. La aproximación
8. El apuro
9. Recompensa/Renacimiento
10. Camino de vuelta
11. Resurrección
12. Regreso con el elixir

La única y «maravillosamente constante» historia de Campbell sigue la trayectoria del héroe desde el proverbial vientre materno hasta la tumba (simbólica), tras la que llega la resurrección de una forma u otra. La partida, la iniciación y el regreso: esa era la fórmula básica según la resumía el profesor para su público. La iniciación es, al parecer, una especie de prueba, pero, dado que es poco más que un peldaño hacia la recompensa, la resurrección y el regreso a casa, Campbell la describe con un término abstracto, vaciado de dolor y sufrimiento.

Los relatos de búsqueda nos ofrecen algo primigenio: figuras heroicas desterradas del hogar, desarraigadas de un mundo familiar que se ha vuelto tóxico y en busca de un nuevo lugar donde establecerse. Mucho antes del monomito de Campbell, existía lo que los estudiosos llamaban el «mitotipo» de Rank-Raglan. El psicoanalista alemán Otto Rank, colega y colaborador de confianza de Freud durante casi dos décadas, había identificado doce características transculturales de los mitos de los héroes en su obra de 1909 *El mito del nacimiento del héroe*. Aquí podemos pensar en Moisés, en el rey Arturo o en cualquier otra de las innumerables figuras que trascienden su origen humilde y realizan hazañas que les permiten alcanzar la nobleza y la estatura heroica. En palabras de Rank, «Las civilizaciones más importantes» (y con esta expresión se refería a la babilónica, la egipcia, la hebrea, la hindú, la persa, la griega y la romana y la de los pueblos germánicos) dejaron una literatura repleta de relatos poéticos que glorificaban a las figuras nacionales: «reyes y príncipes míticos, fundadores de religiones, dinastías, imperios o ciudades».[28] Los relatos sobre el origen de estos superhombres, como los llamó Rank, presentan una «similitud desconcertante» entre ellos, así que el autor desglosó las características de los mitos que hablan de ellos del siguiente modo:

1. Desciende de padres distinguidos
2. Su padre es rey
3. Dificultades para concebirlo
4. Profecía que advierte contra su nacimiento
5. Héroe abandonado en el agua en un recipiente

6. Salvado por animales o gente humilde
7. Amamantado por un animal hembra o una mujer de condición modesta
8. Héroe madura
9. Héroe encuentra a sus distinguidos padres
10. Héroe se venga del padre
11. Obtiene el reconocimiento de la gente
12. Alcanza el rango y los honores

La obra que lord Raglan publicó en 1936, *The Hero: A Study in Tradition, Myth and Drama* ('El héroe: un estudio de la tradición, el mito y el drama'), replicó el modelo de Rank y enfatizó de nuevo luchas menos heroicas que los conflictos familiares (volvemos a estar en el ámbito de las «pruebas» más que en el de las aventuras), siempre sobre la base de un modelo de desarrollo masculino problemático y perturbador, un modelo que puede convertirse en seguida en emblemático de lo que hoy, en un giro de profunda ironía, ya no idolatramos, sino que denominamos masculinidad tóxica. Se ha dicho que los mitos representan deseos reprimidos y tienen una dimensión intensamente antisocial, de ahí la enorme paradoja de consagrar como héroes culturales a hombres que son encarnaciones vivas de patologías sociales.[29]

Puede que las figuras sobrehumanas de Campbell conozcan la tragedia y mueran como mártires, pero también obtienen una gloria trascendente y un nivel de renombre cercano a la inmortalidad. ¿Cómo mueren? La pregunta correcta sería: ¿cómo siguen viviendo? «Ha vuelto a nacer —nos dice Campbell sobre el héroe—. Su segunda tarea y hazaña formal ha de ser [...] volver a nosotros, transfigurado, y enseñar las lecciones que ha aprendido sobre la renovación de la vida.»[30] El superhéroe, limpio de pecados y purificado de ofensas, se convierte tanto en redentor como en maestro, aunque no está del todo claro que tenga ninguna lección verdadera que transmitir, más allá de la singularidad de su propia trayectoria vital.

Sin ánimo de resultar demasiado reduccionista, todos los relatos de héroes analizados por estos expertos en psicología, antropología y religión dan la sensación de estar hondamente motivados por el deseo de alejar el frío de la muerte y de transmitir un mensaje tranquilizador sobre la redención y la renovación. Los rasgos de la vida familiar parecen señalar sobre todo que el héroe comienza la vida como una víctima indefensa, una víctima que prevalecerá sobre las adversidades de las circunstancias sociales y las dificultades de los problemas domésticos para aportar sabiduría y consuelo a su cultura. Autónomo y sin ataduras, se forja un nombre convirtiéndose en el celebrado antepasado de una nueva formación tribal, unidad de parentesco u orden religiosa.

Nuestro enamoramiento colectivo con el viaje mítico de Campbell, incluso muchas décadas después de su publicación, se hace evidente en la avalancha de manuales de instrucciones disponibles, todos ellos diseñados para ayudar a los escritores a cumplir el sueño de producir el guión de una película de éxito en Hollywood. Christopher Vogler, en su guía de autoayuda para escritores, se basó en la obra de Campbell para identificar «unos principios que gobiernan la conducta de la vida y el mundo de la narración de historias, del mismo modo que la física y la química rigen el mundo físico».[31] Syd Field utiliza la «plantilla del "héroe" clásico [propuesta por Campbell] a lo largo y ancho del mito y la literatura» para explicar el triunfo cinematográfico de películas como *Casablanca*, que presentan héroes modernos que «mueren» y vuelven a nacer, que sacrifican su vida «por un bien superior».[32] Blake Snyder, en su exitoso manual sobre escritura de guiones *¡Salva al gato!*, nos dice que su oficio es tanto ciencia como arte: «Es cuantificable». Hay «leyes inmutables de la física del guión» y esas reglas son «constantes y, en algunos casos, eternas (véase si no Joseph Campbell)».[33]

Algunos escritores se han resistido a seguir las normas o, como mínimo, no muestran ningún tipo de interés por las plantillas, los mapas o las narraciones maestras. A Neil Gaiman, un escritor que se siente muy cómodo en el mundo de la mitología y que se mueve con gran libertad por él, le preguntaron en una entrevista si Joseph Campbell había influido en su forma de contar una historia. «Creo que llegué más o menos hasta la mitad de *El héroe de las mil caras* —respondió— y me sorprendí pensando: "si esto es cierto, no quiero saberlo". En serio, prefiero no saber esas cosas. Prefiero hacerlo porque es verdad y porque, de manera accidental, termino creando algo que encaja en ese patrón, a que me digan cuál es el patrón.»[34] Para Gaiman y para otros escritores imaginativos, la excentricidad y la falta de previsibilidad son primordiales, así que no les interesa levantar el pie del acelerador para plantearse si están siguiendo las normas de circulación. Más bien aspiran a conmocionar y a sobresaltar a los lectores en cada curva del camino narrativo, a dejarnos boquiabiertos mediante la creación de algo inédito.

La devoción fanática por el viaje del héroe o monomito se hace evidente no solo en el mundo de la escritura de guiones, sino también en los contextos terapéuticos que consideran que el crecimiento espiritual y psicológico es el objetivo final del tratamiento. ¿Acaso resulta sorprendente que el llamado movimiento masculino mitopoético, que apareció en la década de 1990 y se formó como reacción a lo que veían como los excesos de la segunda ola feminista, aprovechara la popularidad de *El héroe de las mil caras* para destilar un lenguaje universal procedente de los mitos y utilizarlo en sus talleres? Al a veces también denominado movimiento masculino de la Nueva Era le interesaba menos la defensa social que la organización de retiros en los que, entre otras actividades, se incluían la percusión, los cánticos y las reuniones en saunas ceremoniales. Al igual que Campbell, los líderes se basaban en los escritos del psicólogo suizo Carl Jung y en su teoría de los arquetipos para abrirse paso a través de lo que consideraban una crisis de la subjetividad masculina y encontrar el camino de regreso a una identidad varonil profundamente espiritual.

Las sesiones dirigidas por el carismático Robert Bly, autor de *Iron John: Una nueva visión de la masculinidad* (1990) y coeditor de *The Rag and Bone Shop of the Heart: Poems for Men* (1992), estaban diseñadas para que los participantes representaran varias fases del viaje del héroe y se sanasen a sí mismos dando rienda suelta a su «animal-macho». En los rituales de iniciación bajo el estandarte de la «Gran Madre» y el «Nuevo Padre» (las convenciones de nueve días de duración se celebran todos los años en Maine), los participantes se recluyen en grupos de discusión y regresan con una renovada conciencia afirmativa de su identidad masculina. Se les anima a descubrir arquetipos afines (el rey, el guerrero, el mago, el amante y el hombre salvaje) que pueden incorporar como modelos para la vida cotidiana. En *Iron John* ('Juan de Hierro'), Bly se sirvió del cuento de hadas homónimo, recogido por los hermanos Grimm, para defender con firmeza la necesidad de que los varones acepten al hombre salvaje que llevan dentro, un arquetipo heroico, con la finalidad de que los guíe hacia la sabiduría y la autorrealización.

El entorno cultural del viaje del héroe

La lectura del conciso resumen del viaje del héroe que hace Campbell nos lleva a reconocer de inmediato las distorsiones relativas al género presentes en el monomito: «El héroe inicia su aventura desde el mundo de todos los días hacia una región de prodigios sobrenaturales, se enfrenta con fuerzas fabulosas y gana una victoria decisiva; el héroe regresa de su misteriosa aventura con fuerza de otorgar dones a sus hermanos».[35] Motivado por el conflicto y la conquista, este arco narrativo fracasa por completo como modelo de la experiencia femenina.[36] Tal como Campbell le explicó a Maureen Murdock, autora de *Ser mujer, un viaje heroico* (1990), «las mujeres no necesitan hacer el viaje. En toda la tradición mitológica la mujer está *ahí*. Lo único que tiene que hacer es darse cuenta de que ella es el lugar al que la gente intenta llegar».[37] «Cuando una mujer se da cuenta de lo maravilloso que es su carácter —añadió de una forma que hoy solo puede producir exasperación—, no va a echarse a perder con la idea de convertirse en un pseudohombre.» El estilo desenfadado que tanto caracteriza a Campbell —que a menudo te gana por su buen corazón— cuando habla de asuntos de enorme importancia también enmascara una forma inconsciente de misoginia condescendiente. Las mujeres jamás pueden aspirar a emprender el viaje: está restringido solo a los hombres. Además, ¿quién querría ser un pseudohombre, sea lo que sea eso?

Para Campbell, el don y el elixir son los verdaderos objetivos de la búsqueda del héroe, pero también las mujeres que se quedan en casa, esperando con paciencia su regreso. Al igual que Vladímir Propp, el folclorista ruso que en la década de 1920 escribió acerca de que todos los cuentos de hadas son iguales en cuanto a su estructura, Campbell nos ofrece un «érase una vez» que comienza con la partida del héroe que abandona su casa y termina cuando «el héroe se casa y asciende al trono», unido a la princesa o «persona buscada». A lo largo del camino puede encontrarse con tentadoras tipo Circe (sí, casi siempre mujeres) que tratan de desviarlo de su camino hacia un nuevo hogar, pero a esas mujeres puede apartarlas, sacrificarlas y abandonarlas en aras de un «matrimonio místico», una unión que representa el «dominio total de la vida» por parte del héroe. Y, en una floritura final, descubrimos que «la mujer es la vida y el héroe es su conocedor y dueño».[38] Bajo esta trama subyace no solo la necesidad de «dominar» la vida (y a las mujeres), sino también un profundo deseo de engañar a la muerte y conseguir la inmortalidad.

Estas afirmaciones nos resultan tan curiosas y anticuadas que es difícil que la retórica del dominio narcisista y la masculinidad autosuficiente que conllevan nos provoque verdadero desprecio. Aun así, en muchos aspectos me sigue asombrando que no se produjera una avalancha de protestas cuando el libro de Campbell salió a la venta. *El héroe de las mil caras* se publicó en 1949, una época en la que la prosperidad de la posguerra acababa de empezar, en la que había coches del tamaño de un barco que lucían llamativos adornos en el capó y televisores en blanco y negro encastados en unas voluminosas consolas de madera cada vez más comunes en los hogares. *South Pacific* —el musical de Rodgers y Hammerstein, con su coro de marineros frustrados que cantaban acerca de que no hay nada como una dama, sus esfuerzos ingenuamente sentimentales por explorar los prejuicios raciales y su héroe que encontraba el amor verdadero en «Some Enchanted Evening»— atraía multitudes en Broadway. Y la obra de George Orwell *1984*, una escalofriante distopía en la que el Gran Hermano siempre está escuchando, estaba a punto de convertirse en lectura obligatoria en los institutos. Los temores sobre el auge del comunismo y la amenaza de la aniquilación nuclear eran cada vez mayores y angustiaban las mentes. Pero igual de importante era el hecho de que Estados Unidos apenas acababa de empezar a sentir los temblores de lo que se convertiría en un cambio sísmico en cuanto a la participación de las mujeres en la fuerza laboral. La Segunda Guerra Mundial había incrementado de manera drástica, si bien temporal, el empleo de las mujeres fuera del hogar. El número de mujeres que formaban parte de la población activa pasó de dieciocho millones en 1950 a sesenta y seis millones en 2000, con una tasa de crecimiento anual del 2,6 por ciento. En 1950, las mujeres representaban el 30 por ciento de esa población activa; en el año 2000, la cifra había aumentado hasta el 47 por ciento.

1949 también fue el año que vio, al otro lado del Atlántico, en Francia, la publicación de *El segundo sexo*, de Simone de Beauvoir. Traducido al inglés en 1953, se convirtió en uno de los textos fundacionales de la segunda ola del feminismo en Estados Unidos, la fase en la que la igualdad jurídica y los derechos reproductivos de la mujer pasaron a ser primordiales. Lo que hizo la filósofa francesa fue poner de manifiesto la paradoja de que las mujeres, «libres y autónomas» por un lado, viven en un mundo que las obliga a asumir «la condición de Otro». ¿Cómo se había definido históricamente la diferencia cultural entre hombres y mujeres?, se preguntaba De Beauvoir. En pocas palabras, los hombres eran conquistadores, mientras que las mujeres eran sus cautivas esclavizadas. Los hombres inventan, crean, exploran y explotan, mientras que las mujeres se quedan en casa y procrean.

Simone de Beauvoir se tomaba en serio los cuentos de hadas y mitos que habían formado parte de su infancia y de su educación en Francia. Los consideraba reveladores. Ese repertorio de historias antiguas reflejaba sin reparos la cruda verdad de las divisiones relativas al género en los mundos sociales. «La mujer es la Bella Durmiente, Piel de Asno, Cenicienta, Blancanieves, la que recibe y sufre. En las canciones, en los cuentos, vemos al joven valiente que sale en busca de la mujer; descuartiza dragones, combate con gigantes; ella está encerrada en una torre, un palacio, un jardín, una cueva, encadenada a una roca, cautiva, dormida: espera.»[39] Las mujeres, en otras palabras, no están hechas para la acción o la realización, y mucho menos para la conquista o la victoria. Recordemos a las mujeres del mito griego, con figuras como Dánae, Europa y Leda, todas ellas visitadas por Zeus y embarazadas de él cuando el dios adopta la forma de lluvia de oro, de toro blanco y de cisne. Después de lo que solo puede describirse como un encuentro sexual terrible (por suerte, no se nos facilitan los detalles), dan a luz a hijos poderosos y aventureros. También está Andrómeda, castigada porque su madre presumía de su belleza, tras lo cual la obligan a languidecer encadenada a una roca hasta que el heroico Perseo la encuentra y la libera. Y Aracne, objeto de la ira de una diosa por presumir de que sus tapices eran más bellos que los de Atenea. Estas sufridas mujeres superan con creces en número a las diosas de pleno derecho como la sabia Atenea, la feroz Artemisa y la bella Afrodita, todas ellas deidades que encarnan conceptos abstractos, irreprochables y —afortunadamente para ellas— por lo general, aunque no siempre, inabordables.

En nuestra cultura hay dos poderosas tramas que establecen una diferencia basada en el género. F. Scott Fitzgerald las plasmó en su afirmación de que «las dos historias básicas de todos los tiempos son Cenicienta y Jack el Cazagigantes: el encanto de las mujeres y el valor de los hombres».[40] *Encanto* es, por supuesto, un término equívoco que conlleva gran cantidad de posibilidades —desde la elegancia agradable hasta la magia poderosa—, pero el autor de *El gran Gatsby* no se preocupó por los matices cuando trazó una distinción tajante entre las inocentes heroínas perseguidas y los asesinos de gigantes. Más bien solidificó un contraste que ha obsesionado a la imaginación occidental y se ha convertido en su opción narrativa por defecto. Por un lado está el héroe masculino autónomo que busca la autorrealización a través de la aventura y la conquista (me viene a la mente Jay Gatsby). Por otro lado está la heroína paciente, sufrida y discreta, lo que una crítica llama el «tropo de la mujer afligida».[41]

El viaje del héroe, como señala Jia Tolentino en un estudio sobre las «heroínas puras» y su comportamiento autodestructivo, nos proporcionó la gramática narrativa de obras literarias que se remontan hasta *Historia de dos ciudades*, la novela que Charles Dickens escribió en el siglo XIX, y que llegan hasta la serie autobiográfica «Mi lucha», de Karl Ove Knausgård, en el siglo XXI.[42] Cuando mencionamos los títulos de una buena cantidad de novelas decimonónicas que tienen como protagonistas a mujeres —todas ellas firmemente instaladas en los planes de estudios universitarios del siglo XX—, nos encontramos con títulos que van desde *Anna Karenina*, de Tolstói, y *La letra escarlata*, de Hawthorne, hasta *Madame Bovary*, de Flaubert, y *La casa de la alegría*, de Wharton, todas ellas obras que evocan con entusiasmo a heroínas sufrientes, situaciones domésticas intolerables y una vulnerabilidad ominosa.

¿Existen excepciones a la regla de que en nuestras tramas míticas y literarias solo las mujeres son víctimas sufridas? Existe, por supuesto, el espectacular ejemplo bíblico de Job, que pierde a sus hijos, su riqueza y su salud y cuya fe se ve puesta a prueba mediante lo que parecen desgracias inmerecidas. Al mismo tiempo, también hay excepciones femeninas (sobre todo históricas o legendarias) que, más que otra cosa, son demostraciones de la norma de que el combate es cosa de hombres. La francesa Juana de Arco levanta el asedio inglés de Orleans; la guerrera Scáthach entrena al héroe irlandés Cú Chulainn en el arte del combate; la bella viuda Judit de la tradición bíblica decapita al invasor militar Holofernes. Y luego están las amazonas. Pero estas mujeres castas (muchas veces de género fluido, además de virginales) nos recuerdan que el comportamiento heroico se encuentra sobre todo en el ADN de los hombres. Hay algo antinatural en ellas, ya que estas mujeres legendarias, a diferencia de sus homólogos masculinos, tienen un dejo místico o grotesco. En cierto modo, representan una perversión de lo femenino al usurpar el poder de lo heroico.⁴³ El valor militar ha servido, por encima de todo, como sello distintivo del campo discursivo que define al héroe y, para muchos, la imagen mental de un héroe continúa siendo la de un guerrero masculino con casco. Virgilio comienza su poema épico *La Eneida* declarando que cantará a «las armas y al hombre». Como se ha señalado, el género de la epopeya o del mito nacional, que nos proporcionó el concepto de héroe en su sentido más convencional, gira en torno al conflicto y la guerra: la *Ilíada* de la antigua Grecia, el *Cantar de Roldán* de Francia, el *Beowulf* de Inglaterra, *El Cid* de España y el *Mahabharata* de la India.

Todavía hoy nos referimos al culto a los héroes y a la veneración de los héroes cuando queremos expresar nuestra admiración por aquellos que predican con el ejemplo, muchas veces en términos marciales, aunque en ocasiones también en términos espirituales. Los cultos a los héroes surgieron en la antigua Grecia para conmemorar a quienes habían muerto en la batalla y para reclamar su poder protector para los vivos. Los rituales en su honor ofrecían, más que el culto a los antepasados locales, una forma tranquilizadora de piedad simple y directa que no se complicaba con los pormenores de las vidas históricas. Aunque se dedicaban sobre todo a los guerreros, algunas veces los cultos a los héroes también encontraban expresión en devociones que incluían a grupos de parientes.[44] El brillante Aquiles, el astuto Odiseo... Recordemos que estos héroes, casi siempre descritos con epítetos ennoblecedores, surgieron del cuento y la canción en una época en la que la palabra hablada era el único medio de transmisión. Los héroes tenían que ser extraordinarios y poseer rasgos estereotipados que hicieran que resultara sencillo aprenderse sus historias de memoria. En cierto sentido, los seres sobrehumanos resolvían un problema, ya que no solo eran extraordinarios, sino que también eran «todo acción», y eso permitía que sus historias circularan con facilidad, se reprodujesen y perduraran en las culturas orales. Con la introducción de la escritura y la imprenta, los personajes comenzaron a llevar vidas más complejas, sutiles y matizadas en términos psicológicos, de manera que la interioridad se convirtió en el sello distintivo de la gran ficción.[45] La narrativa se volvió hacia dentro y, de repente, captamos algo más que un atisbo rápido de lo que pasa por la mente de los protagonistas de la narración. Las figuras planas, como nos dijo E. M. Forster, se convierten en personajes redondos y realizados por completo. Vemos el interior de la mente del David Copperfield de Dickens y de la Elizabeth Bennet de Jane Austen y entendemos su pensamiento. Aquiles y Casandra, en cambio, rara vez nos invitan a entrar en su cabeza, aunque, con frecuencia, podemos deducir sus emociones y motivaciones a partir de sus acciones y reacciones.

Odiseo de viaje y Penélope en casa

Pocos dudarán de que el héroe de las mil caras ha dominado el imaginario occidental y nos ha impedido ver de qué manera figuraban las mujeres en esas ficciones que hemos convertido en expresiones culturales intemporales y universales. Puede que las mujeres aparezcan en ellas, pero, demasiado a menudo, carecen de voz y de agencia y, sobre todo, de presencia en la vida pública. Vemos a Odiseo en acción, nos cautiva con sus astutas estratagemas y sus actos audaces. Sentimos su dolor cuando se separa de Calipso, temblamos con él en la cueva de Polifemo y nos alegramos cuando encuentra el camino de vuelta a casa, a Penélope y Telémaco. Como héroe de la antigüedad clásica, lleva a cabo las «proezas asombrosas» que caracterizan a los hombres que buscaban la gloria en aquellos tiempos.[46] Penélope, por el contrario, al igual que sus muchas primas de la epopeya y el mito, está confinada al ámbito doméstico y tiene poco que decir. En las epopeyas nacionales, desde el *Kalevala* finlandés hasta el *Cantar de Roldán* francés, y en obras que van desde el drama *Fausto*, de Goethe, hasta la ópera *El holandés errante*, de Richard Wagner, las mujeres hilan y tejen en silencio, cocinan y limpian, bordan, dan a luz, curan y reparan las cosas, despejan el camino para la salvación del héroe o, al menos, no se interponen en él.

Pensemos en la *Odisea* de Homero. Para evaluar su impacto cultural, imaginemos a cuántos jóvenes estadounidenses que se presentan a exámenes y entregan trabajos se les ha pedido que describan los rasgos de carácter de su protagonista. Podemos hacernos una idea de lo común que es esa pregunta sobre Odiseo echándoles un vistazo a las respuestas de muestra que aparecen en una búsqueda de las palabras *Odiseo* y *héroe* en Google. Son legión, como podemos comprobar. He aquí la primera entrada de una búsqueda hecha en enero de 2020: «Odiseo es valiente, leal, inteligente, a veces arrogante, sabio, fuerte, sagaz, astuto, majestuoso». Aquí lo que dice el sitio web de SparkNotes: «Odiseo tiene los rasgos de carácter que definen a un líder homérico: fuerza, valor, nobleza, ansia de gloria y confianza en su autoridad. Su rasgo más distintivo, sin embargo, es el de tener un intelecto muy perspicaz». Y CliffsNotes nos dice que Odiseo «vive tanto de sus artimañas como de su valor» y añade que es «un intelectual».

¿Y los demás héroes de la *Odisea*? Aquiles también obtiene «una especie de inmortalidad» a través del «valor y la devoción intensa y honesta hacia una causa». Es el héroe indiscutible de la guerra de Troya y el «mejor» de todos los guerreros griegos. Poseedor de una «fuerza sobrehumana», también tiene «algunos defectos de carácter» (se cuentan entre ellos su prolongada hosquedad y su amenaza de descuartizar el cuerpo de Héctor y comerse la carne cruda). Estas lacras, por desgracia, le impiden actuar con «nobleza e integridad», pero, aun así, le permiten cumplir la misión de obtener la inmortalidad, y lo consigue a través del poema conocido como *Ilíada*.

En cuanto a Penélope, en la primera entrada de Google sobre sus características descubrimos que no se la define según su propia persona, sino de acuerdo con su papel doméstico como «esposa de Odiseo» y «madre de Telémaco». «Las cualidades más destacadas de Penélope son la pasividad, la lealtad y la paciencia (junto con la belleza y la destreza en el telar): las antiquísimas virtudes femeninas», se nos dice. Luego viene el golpe de gracia: «No hace gran cosa, aparte de estar tumbada en la cama y llorar». El comentarista de LitCharts reconoce que tiene algunas «cualidades ocultas», entre ellas «la astucia y la inteligencia». El sitio web de eNotes también la considera «pragmática» y «lista», pero subraya el hecho de que la «fidelidad» sigue siendo una de sus «características más significativas», mientras que la falta de fidelidad de su marido no se menciona en ningún momento. En una página titulada «La psicología de Penélope», nos enteramos de que es «famosa» por «la fidelidad que todo hombre espera de su esposa, pero también exuda el deseo sexual que desea de una amante». Es cierto que algunas de estas afirmaciones pueden tacharse de majaderías de internet, pero el hecho de que los motores de búsqueda las hayan optimizado sugiere que han desempeñado un papel nada desdeñable en la configuración del pensamiento y la redacción de los ensayos de los estudiantes de la *Odisea*. Y reflejan la sabiduría curricular estándar de una época muy anterior a que internet se convirtiera en una herramienta de investigación. A los jóvenes se les enseñan pronto y rápido las diferencias de género: lo que se necesita para ser un héroe y lo que se requiere para conservar a tu hombre.

La *Odisea* nos presenta varios personajes femeninos que no solo rozan el estereotipo, sino que son los estereotipos fundacionales. Por un lado está la hechizante Helena, la mujer fatal seductora que representa una amenaza para la civilización humana porque es irresistible para los hombres, porque les conquista el corazón (nótese la ironía de culparla a ella de la vulnerabilidad masculina ante la belleza). Luego está Penélope, la esposa virtuosa, casta y fiel que se queda en casa mientras su marido se expone a las seductoras atracciones de hechiceras y sirenas. A Helena se le otorga el lugar de responsable de la muerte y de la destrucción, su belleza atrae miradas y bota mil naves (de guerra), mientras que Penélope teje un sudario y se encarga de las tareas domésticas al mismo tiempo que ahuyenta con astucia a sus aduladores pretendientes. Y luego, para completar el trío, está la asesina Clitemnestra, que conspira con su amante para asesinar a su marido, Agamenón (un hombre dispuesto a sacrificar a su hija para que los buenos vientos lo lleven a Troya), cubriéndolo con una túnica y apuñalándolo hasta la muerte. Es un recordatorio de que no todas las mujeres son tan castas, fieles y deslumbrantemente bellas como las otras dos figuras femeninas destacadas de la epopeya. A los estudiantes se les ha enseñado a aceptar estas historias como canónicas, autorizadas y normativas, y rara vez, o nunca, se les ha animado a cuestionar el silenciamiento o a desafiar los estereotipos de género. Hasta ahora.

La *Odisea* surgió de la cultura de la narración oral griega y se compuso en la forma en que la conocemos hoy en el siglo VIII a. e. c. Una vez escritas, las epopeyas transmitidas de forma oral perdieron la energía de la improvisación que impulsaba sus relatos y versiones. Convertidas en textos sagrados, inmutables e irrefutables, pasaron a formar parte de un registro literario-histórico, se transformaron en relatos que ya no desafiaban a los oyentes a intervenir, responder y remodelar sus términos y valores, como sí ocurría con las representaciones orales. Los cuentos tradicionales, tal como los definen los folcloristas, cambian con cada nueva narración, incorporan las contribuciones creativas de los oyentes sin por ello dejar de reflejar y conservar lo que han transmitido los narradores, bardos y rapsodas anteriores. Pero, una vez escritos, incluso cuando se reinterpretan por medio de nuevas traducciones, sus valores y creencias históricamente contingentes se afianzan como verdades intemporales y universales. No obstante, como veremos, la narración de historias y mitos del pasado puede ser, y ha sido, disputada, complicada y reimaginada.

Las heroínas míticas se renuevan

Mnemósine: ese es el nombre de la madre de las musas. Es la diosa de la memoria y, sin su descendencia, el canto, la música, la danza y la historia no existirían. Es a Mnemósine a quien las escritoras han apelado en las últimas décadas. Es hora, parecen decirnos, de recordar no solo a los héroes del mundo antiguo, sino también a las heroínas. Por medio de tardíos actos de mitopoeia, las escritoras modernas están haciendo lo que los creadores de mitos han hecho siempre con gran destreza: a partir de historias, leyendas y cuentos conflictivos y contradictorios, están creando relatos nuevos. Y, como por arte de magia, recuerdan a las mujeres de la antigüedad y las resucitan.

Dante Gabriel Rossetti,
Mnemósine,1881

«¿Y si hacemos un experimento? —preguntó una vez la escritora alemana Christa Wolf—. ¿Qué pasaría si sustituyéramos por mujeres a los grandes héroes masculinos de la literatura mundial? Aquiles, Hércules, Odiseo, Edipo, Agamenón, Jesús, el rey Lear, Fausto, Julien Sorel, Wilhelm Meister.» Hoy en día, ese experimento lo están llevando a cabo escritoras de muchas culturas diferentes, pero no se centran tanto en Fausto y Julien Sorel como en Aquiles y

Odiseo. Reconocen las dificultades de enfrentarse a los antiguos (aunque ahí es donde ha estado la acción), de reescribir a Homero en lugar de a Shakespeare, aunque el Bardo también ha contado con un buen número de contendientes. ¿Cómo han abordado escritoras como Margaret Atwood, Christa Wolf y Pat Barker los textos sagrados del pasado? La mayoría no pretende cambiar la historia, sino mostrarnos la perspectiva de las mujeres desde el frente interno, la perspectiva de las observadoras vulnerables situadas en los márgenes y que, hasta ahora, han sido espectadoras silenciosas —o silenciadas—, privadas de cualquier agencia real.

Homero y otros bardos le conferían sentido a la fantasmagoría de la guerra concentrándose en unas cuantas figuras idealizadas y comprimiendo la acción de sus narraciones en escenas de un dramatismo vívido e intenso. Las escritoras han utilizado todo un abanico de estrategias para «reimaginar» (ese es el término que invocan una y otra vez) el pasado. ¿Cómo nos permiten ver las cosas con una mirada nueva? La táctica predominante ha sido la de llevarnos al interior de la mente de las mujeres para que podamos experimentar su lado de la historia. La guerra de Troya, la invasión napoleónica de Rusia, la Restauración borbónica, todo ello parece distinto cuando se ve desde un ángulo novedoso y lo describe una narradora «parlanchina», deseosa de transmitir todos los detalles y de hacernos saber lo que se sentía estando en los márgenes de los conflictos sangrientos y de las contiendas disputadas por los héroes.

Penélope y las doce criadas, de Margaret Atwood, está narrada por Penélope y por las doce «criadas» (en realidad, mujeres esclavizadas) que lucharon contra los pretendientes, con o sin éxito. *Casandra*, de Christa Wolf, es un relato en primera persona de la joven que da título a la obra en el día de su muerte.

Y *El silencio de las mujeres*, de Pat Barker, nos permite escuchar la voz de Briseida, una mujer cautiva entregada como premio de guerra a Aquiles. Todos estos «correctivos» de la *Odisea* y la *Ilíada* son relatos en primera persona, a veces farragosos, prolijos y verbosos hasta el exceso. Pero también son informes personales y confesionales de quienes fueron victimizadas, esclavizadas y subyugadas de forma violenta por quienes ostentaban el poder. Se mueven en un abanico de tonos que van desde la queja y la acusación hasta la autojustificación y también la autoinculpación. Le dan la vuelta a la tortilla de formas radicales y, de repente, a los héroes se les aplican nuevos atributos y epítetos. «Aquiles la bestia»: así es como la Casandra de Wolf describe al guerrero griego una y otra vez, hasta que la reputación del brillante héroe de Homero queda destrozada por completo.

Si no fuera porque las alianzas políticas de la derecha se han apropiado de la expresión «guerrero de la justicia social» y la han convertido en un insulto, podríamos referirnos a las escritoras que han vuelto sobre la causa de las mujeres del mundo antiguo como «narradoras de la justicia social». La primera de estas dos expresiones se añadió al *Diccionario de inglés Oxford* en 2015 y se definió como un término despectivo para describir a «una persona que expresa o promueve opiniones socialmente progresistas». Se aplicaba a los activistas con una agenda impulsada por la corrección política y la política de identidad y que aspiraban a corregir las injusticias sociales. Antes de 2008, el término se utilizaba para describir a los defensores de los menos favorecidos en lo económico y lo social, de los necesitados y los sobreexplotados. Pero, pronto, a raíz de la controversia del Gamergate de 2014 (una virulenta reacción de la derecha que enfrentó a quienes acusaban a la industria de los videojuegos de oprimir y acosar a las mujeres contra quienes se alzaban en defensa de la cultura de los videojuegos), «guerrero de la justicia social» se convirtió en un insulto lanzado contra las personas que defendían a las víctimas de acoso, muchas de las cuales se convirtieron a su vez en blanco de troles agresivos y recibieron innumerables amenazas de muerte. Narradoras de la justicia social: este calificativo, con todos sus preocupantes matices, sigue definiendo lo que persiguen las escritoras del siglo pasado y las de nuestro propio siglo. Con la misión de visibilizar el rostro de quienes han sido marginadas y de dejarnos oír su voz, cuentan historias que nos obligan a reevaluar cómo vivían las mujeres de la antigüedad y a descubrir qué estrategias utilizaban para sobrevivir. Estas autoras documentan actos heroicos de compasión y las ingeniosas tácticas que se empleaban en el pasado para hacer públicas las quejas y provocar el cambio.

Penélope y las doce criadas *de Margaret Atwood* y el *#MeToo: Las víctimas alzan la voz*

Corre el año 2005 y Margaret Atwood está desayunando con Jamie Byng, un editor emergente que le propone la idea de reescribir un mito de la antigüedad clásica. La autora de *El cuento de la criada* confiesa más tarde que el desayuno es su «momento más débil del día» y, en un arrebato de buena voluntad, firma un contrato... Y más tarde se da de bruces contra una pared y sufre un poderoso caso de bloqueo de la escritora. Justo cuando está a punto de dejar el proyecto por imposible y devolverle el anticipo a la editorial, la musa llama a su puerta y Atwood comienza a escribir *Penélope y las doce criadas*. Sorprendentemente, lo que irritó a Atwood de la *Odisea* y la llevó a repensar la epopeya griega no fue tanto la marginación de Penélope como el ahorcamiento de las doce criadas, que le pareció «injusto en la primera lectura, y me lo sigue pareciendo».[47]

John Roddam Spencer Stanhope, *Penélope*, 1849

La *Odisea*, al parecer, se ha convertido en una especie de plataforma de lanzamiento para reescribir el canon literario, un reto que han asumido varias escritoras de finales del siglo XX y de las primeras décadas del XXI.[48] Reescribir la epopeya desde la perspectiva de Penélope no es una opción obvia y, desde luego, no lo era en 1928, cuando Dorothy Parker escribió un poema titulado «Penélope» y lo remató con el irónico verso «Lo llamarán valiente». Su Penélope está sentada en casa, preparando té (¡un anacronismo perfecto!) y cortando hilo, mientras Odiseo surca «los mares de plata». A Parker no se le ocurrió ir más allá del sarcasmo y tardamos muchas más décadas en ver a Penélope como a una mujer limitada a esperar, tejer y ver pasar el tiempo. La Penélope de Atwood siempre está al borde de las lágrimas. En cuanto a Odiseo, «allí estaba, pronunciando un discurso inspirador, uniendo a las facciones enfrentadas, inventando una asombrosa mentira, ofreciendo sabios consejos, disfrazándose de esclavo huido para colarse en Troya».[49] Penélope, por el contrario, está confinada a la trama matrimonial, no tiene acceso al mundo de las proezas y la acción.

Hay motivos por los que Atwood se quedó sin palabras ante el encargo de reescribir un mito. Kathryn Rabuzzi transmite con precisión el reto de volver a contar el poema épico de Homero desde la perspectiva de Penélope. «Encontrar voces auténticas para la experiencia de las mujeres es terriblemente difícil —escribe—. No es solo que los lenguajes y conceptos que tenemos [...] estén orientados hacia los hombres, sino que, además, tradicionalmente las experiencias de las mujeres han sido interpretadas por hombres y normas masculinas.»[50] El propio título de la epopeya de Homero subraya, por sí solo, el borrado de la experiencia femenina. La esposa de Odiseo es solo eso, su esposa, y su entorno social la margina y la subordina al hogar. Incluso su hijo Telémaco le dice que se calle y se ponga a tejer otra vez. Lo que conocemos de Penélope y de otras mujeres de la antigüedad clásica nos ha llegado a través de voces masculinas, y eso hace que sea imposible captar cómo era la vida en realidad para las mujeres de aquella época. El reto consistía en encontrar palabras no solo para Penélope, sino también para las doce criadas, nombradas espías por Penélope y, bajo su vigilancia, sometidas a agresiones sexuales por parte los pretendientes.

En 2006, un año después de la publicación de *Penélope y las doce criadas*, la activista social Tarana Burke utilizó la frase «*me too*» ('yo también') en Myspace (una red social ya desaparecida) como grito de guerra para las víctimas de acoso y agresión sexual. Más de una década después, el 15 de octubre de 2017, una amiga le envió a la actriz estadounidense Alyssa Milano una captura de pantalla de la frase y esta la tuiteó con el comentario: «Si todas las mujeres que han sido víctimas de acoso o agresión sexual se pusieran *"me too"* como estado, la gente podría hacerse una idea de la magnitud del problema».[51] A la mañana siguiente, cuando se despertó, descubrió que más de treinta mil personas se habían apuntado al #MeToo. De repente, las mujeres se sintieron empoderadas para utilizar las palabras y las historias con el fin de transformar los secretos manchados de vergüenza en una forma de solidaridad que desterraba la vulnerabilidad y la culpa.

Ya antes de que las mujeres de la vida real empezaran a contar sus historias en las redes sociales, además de a los periodistas y a los equipos jurídicos, las escritoras (Atwood fue una de las primeras) habían escuchado un tambor lejano y habían empezado a explorar los relatos del pasado con la esperanza de obtener una versión distinta de las historias y una perspectiva diferente sobre las epopeyas y los mitos que hemos elevado a la categoría de clásicos. De pronto, Penélope pudo volver de entre los muertos y hablar a los vivos. Puede que Homero no le permitiera decir mucho, pero Margaret Atwood le dio voz. Y la experiencia de Penélope estaba lista para que la revisaran. Era el momento de reimaginar su vida. Y si parece menos víctima que las supervivientes de acoso y agresión sexual de hoy en día, merece la pena recordar que la vida de Penélope comenzó con un atroz acto de crueldad cuando su padre, Icario, que esperaba tener un hijo, arrojó a la recién nacida al mar. La salvaron unos patos y entonces Icario cambió de parecer y la bautizó con el nombre griego de pato. En la *Odisea* no se nos informa de las circunstancias del nacimiento de Penélope, pero la figura de Atwood comienza su narración contando ese acontecimiento para pasar, después, a su matrimonio concertado a los quince años con un hombre que gana (haciendo trampas) una competición organizada por su padre. «Fui entregada a Odiseo como si fuera un paquete de carne», nos dice. Y no olvidemos que en *Penélope y las doce criadas* también oímos por fin las voces de las víctimas de múltiples agresiones sexuales, las criadas asesinadas.

«¿Creéis que os gustaría poder leer el pensamiento? Pensadlo dos veces», nos advierte Penélope en las primeras páginas de *Penélope y las doce criadas*. Tenemos acceso no solo a sus pensamientos, sino también a las voces de las doce criadas. «Ahora que estoy muerta lo sé todo», declara la Penélope de Atwood en una actuación en solitario destinada a reivindicar su autoridad narrativa omnisciente. Luego oímos a las criadas, que entonan: «Somos las criadas / que tú mataste / que tú traicionaste». Las doce tienen al fin su día en el tribunal, hacia el final de la novela, con un juez que consulta la *Odisea* de Homero y confirma que «las criadas fueron víctimas de violación... ¡a manos de los pretendientes!» y «nadie pretendió siquiera detenerlos». El monólogo de Penélope se convierte en un ejercicio de autoinculpación, pues declara que tanto ella como Odiseo se sirvieron de su posición para aprovecharse de las mujeres esclavizadas y no las protegieron. Pero esa revelación tan esclarecedora solo la encontramos en el relato de Penélope. A Homero no lo preocupaba.

¿Cómo crea Atwood espacio para el heroísmo? Su Odiseo queda reducido a tamaño humano y a Penélope no le van mucho mejor las cosas. ¿Es posible encontrar heroísmo en la paciencia y la fidelidad de una mujer en el frente interno?[52] Para aclarar la diferencia entre Telémaco y Odiseo, por un lado, y Penélope, por el otro, Joseph Campbell señaló que la *Odisea* seguía el rastro de tres viajes: «El primero de ellos es el de Telémaco, el hijo que marcha a la búsqueda de su padre. El segundo es el del padre, Ulises, relacionándose y reconciliándose con el principio femenino [...]. Y la tercera parte tiene que ver con Penélope, cuyo viaje es [...] esperar [...]. Dos viajes diferentes, uno a través del espacio y uno a través del tiempo».[53]

La inventiva de Penélope para hacer frente a la adversidad y su ingenio para protegerse contra las agresiones nos recuerdan que ella también es un agente activo en su destino. Más que paciente, sumisa y tercamente fiel, es tan astuta y pícara como el «hombre de los muchos senderos». El hecho de que su actividad como tejedora, tanto a nivel literal como metafórico —su destreza en la labor manual así como su habilidad para conspirar y engañar—, se ponga en primer plano nos recuerda que su supuesto viaje en el tiempo tiene valor propio como historia. El relato de Penélope resulta igual de cautivador y seductor cuando lo expresa una barda moderna dispuesta a explorar —con distancia irónica, además de con una implicación compasiva— el corazón y la mente de personajes muy lejanos tanto en el tiempo como en el espacio.

Aburrida, sola y llorosa, Penélope permanece en casa rodeada de pretendientes, tejiendo un sudario para Laertes y negándose a casarse hasta que lo haya terminado. «Hilaba su gran telar durante el día y por la noche lo destejía.»[54] En *La condición humana* (1958), Hannah Arendt describió tres componentes de la *vita activa* o implicación activa con el mundo y en el mundo. El primero, la labor, es lo que se requiere para mantener la vida humana, y lo lleva a cabo el *animal laborans*, una criatura atada a las necesidades biológicas de la vida y atrapada en ciclos interminables de consumo y reproducción. Por el contrario, el *homo faber* es el exponente del trabajo, el arquitecto, el inventor o el legislador que se encarga de construir edificios, instituciones y leyes, todo aquello que separa el mundo humano del mundo natural. Por último, está el *zoon politikon*, un ser social y político que crea y asegura espacios de libertad convirtiéndose en actor o agente en la esfera pública.

Penélope está sin duda condenada a habitar en el dominio del *animal laborans*, pues se dedica a una actividad que no deja rastro alguno tras de sí, mientras que su marido, el hombre de los muchos senderos, emprende un viaje tortuoso que lo eleva al rango de héroe celebrado en las canciones y los cuentos. Más impulsado por un ansia de automitificación literal que por una misión política, Odiseo trasciende los límites de lo humano y se convierte en un modelo del héroe cultural: autónomo, aventurero y ambicioso en la búsqueda de renombre.

Pero ¿hay algo más en la historia de Penélope que lo que parece ser una actividad totalmente sin sentido? Da la sensación de que su actividad tejedora es aún menos eficaz que los esfuerzos del *animal laborans*, ya que la labor del día se deshace durante la noche. Desde luego, el deshacerla es estratégico, pero no aporta nada de verdadero valor mundano. La Penélope de Atwood rehúsa toda pretensión de fama, rechaza el papel de «leyenda edificante». «¿En qué me convertí? —pregunta Penélope—. Un palo con el que pegar a otras mujeres. ¿Por qué no podían ellas ser tan consideradas, tan dignas de confianza, tan sacrificadas como yo? Esa fue la interpretación que eligieron los rapsodas, los contadores de historias. "¡No sigáis mi ejemplo!", me gustaría gritaros al oído.»

Dirigiéndose a los lectores como si fueran un jurado silencioso, Penélope hace lo que una crítica describe como «contar una historia para nombrar y culpar a un malhechor».[55] Al mismo tiempo, el coro de las criadas cuenta una historia distinta, acusa a Penélope de errores que ella intenta refutar, culpando a otros, o minimizar, diciendo que estaba «desesperada» o «quedándose sin tiempo». El relato de Penélope nos recuerda que, bajo el principio abstracto de la justicia, acechan las desigualdades sociales y las relaciones de poder asimétricas, además de las disputas y las venganzas personales. Las criadas son las némesis de Penélope, pero también nos recuerdan que los narradores, por mucho que se empeñen en contar la verdad y llegar al fondo de las cosas, solo pueden ofrecernos una perspectiva, una única perspectiva que no cuenta la historia completa ni resuelve la cuestión de la culpabilidad moral. ¿O acaso la autora de *Penélope y las doce criadas* escapa a esa acusación y consigue ser «la más justa de todas» al ofrecernos múltiples perspectivas? ¿Es Margaret Atwood, entonces, nuestra nueva heroína cultural, la que le dice la verdad al poder?

En lugar de héroes genéricos, impulsados por conflictos y contiendas y conocidos por sus acciones (Gilgamesh, Beowulf, Hércules), ha surgido una nueva heroína tipográfica, conocida por sus poderes intelectuales y sus hazañas literarias. Ya en 1841, Thomas Carlyle, en sus conferencias sobre los héroes, el culto a los héroes y lo heroico en la historia, celebraba un nuevo arquetipo, el «Hombre de Letras», una figura singular que se dedica al «maravilloso arte de la *Escritura*, o de la Listo-escritura que llamamos *Imprenta*».[56] Heredero de los profetas, poetas y videntes de tiempos pasados, este héroe conjura con las palabras. A fin de cuentas, añade Carlyle, «las grandes hazañas de héroes como Aquiles, Eneas o Régulo no serían nada sin los esfuerzos literarios de Homero, Virgilio u Horacio». Esta forma de heroísmo se convierte en la característica distintiva de algunas de nuestras heroínas del siglo pasado y del actual.

Casandra y Calíope dicen lo que piensan

Hoy en día podemos hablar sin dudar de heroínas con mil y una caras, y es posible que las escritoras encabecen esa lista. Para ellas, la llamada a la aventura puede adoptar la forma de una epifanía, de un reconocimiento de que la historia antigua ya no es cierta y de que una nueva orientación ideológica puede transformar la manera en que se contó en su día. Pero ¿qué estrategias concretas utilizan las autoras para identificar a las otras mil heroínas que hay entre ellas? En la actualidad, muchas escritoras parecen volver la vista atrás, resucitar a figuras de tiempos pasados para revelar que las mujeres marginadas desde el punto de vista social no eran tan débiles e impotentes como podría parecer a primera vista. Al encontrar dignidad, valor y significado en la vida de quienes fueron relegadas de una u otra manera, estas escritoras nos proporcionan nuevos ángulos, nuevas perspectivas y nuevas historias.[57] ¿Y si somos capaces de escuchar la voz de Europa, de Aracne, de Hécuba, de Psique y de otras? El efecto es desfamiliarizar las historias que tan ampliamente circulan en nuestra cultura, cuestionar esas mismas historias antiguas —con el instinto crítico activado— y reflexionar sobre lo viejo frente a lo nuevo. Pero, más allá de eso, estas narraciones nos desafían a esforzarnos por entender bien las historias, a reconocer que ningún protagonista tiene una línea directa con la verdad y a comprender que la justicia es un bien social difícil de conseguir que requiere que escuchemos más de una voz y que estemos dispuestos a prestar atención tanto a los testimonios individuales como a los coros de lamentos y quejas.

El mundo antiguo rara vez permitía que las mujeres dijesen lo que pensaban, ni en la vida real ni en los mitos, los relatos y la historia. Hay, por supuesto, excepciones, y Eurípides deja que Hécuba arremeta contra Odiseo cuando se entera de que iba a ser su esclava: «¡Me ha tocado en suerte ser la esclava de un hombre abominable, doloso, enemigo de la justicia, bestia al margen de la ley, que a todo le da la vuelta, [...] lo que amigo primero era, en enemigo trastoca!». Pero también es Eurípides quien nos ofrece un verso que culpa de toda la Guerra de Troya a «una sola mujer y un odioso matrimonio».[58]

Margaret Atwood descubrió que podía revivir y dar voz a las mujeres del mundo antiguo. Pero ya antes de *Penélope y las doce criadas*, Christa Wolf había descubierto un espíritu afín en una mujer griega cuya voz había quedado desatendida por completo y debía ser escuchada hoy. «Hablar con mi propia voz: lo máximo», nos dice la Casandra de Wolf en la novela homónima de 1983. En Casandra, Wolf descubre un álter ego, una doble que puede mirar al futuro porque tiene «el valor de ver las cosas como son realmente en el presente».

¿Había leído Christa Wolf a Simone Weil, que escribió un ensayo sobre la *Ilíada* como «poema de la fuerza»? El verdadero héroe de la epopeya de Homero, había argumentado la filósofa y activista política francesa, era la fuerza, un vector que esclaviza convirtiendo en objeto a cualquiera que esté sometido a ella. En las voluminosas notas que adoptan la forma de cuatro ensayos que acompañan a la novela y describen su génesis, Wolf explica por qué eligió canalizar la voz de Casandra: el destino de Casandra prefigura el que iba a ser el destino de las mujeres en general durante los siguientes tres mil años: «ser convertidas en objeto».[59]

«¿A quién puedo decir que la *Ilíada* me aburre?», pregunta Wolf en un momento de franqueza absoluta. Cuando leí esta pregunta me sorprendió su enorme sinceridad y reflexioné sobre el hecho de que, durante mucho tiempo, yo tampoco había conseguido conectar de forma plena y apasionada con la *Ilíada*, puesto que mi mente se resistía a aclarar todos los detalles militares y a memorizarlos. ¿Por qué siempre confundía a los guerreros griegos con sus homólogos troyanos (¿en qué bando está Áyax?) y era incapaz de mantener sus respectivas tramas intactas? No era porque no fuera capaz de «identificarme» con Aquiles, con Héctor o con Príamo, sino porque Homero nos legó una historia que se sostiene gracias a la rabia, la guerra, la violencia, el homicidio, la carnicería y las hazañas «heroicas». Las mujeres, nos dice Wolf, experimentan «una realidad diferente» y el mundo de la *Ilíada*, cuando se ve a través de la conciencia de Casandra, sacerdotisa y vidente, cobra vida y atrae a los lectores de nuevas formas. De repente, Aquiles recibe un nuevo epíteto: «Aquiles la bestia» (*das Vieh Achill*, en el original alemán, que podría traducirse como 'Aquiles el animal'). La búsqueda heroica de la «gloria» y la inmortalidad se desvía de repente hacia una búsqueda distinta: el esfuerzo por evitar la ruinosa destrucción de una ciudad y sus habitantes, un *Untergang*, la aniquilación total.

La amenaza de aniquilación —en este caso nuclear— es el motor de *Casandra*. En 1980 Christa Wolf, que vivía en la entonces llamada Alemania del Este, viajó a Grecia con su marido Gerhard. Dos años más tarde pronunció cinco «Conferencias sobre poética», cuatro de las cuales versaban sobre sus viajes a Grecia y la quinta era un borrador de la novela *Casandra*. Las cuatro conferencias introductorias se publicaron por separado como *Conditions of a Narrative* y nos llevan al mundo del turismo y la historia antigua, la poética y la política.

¿Qué motivó a Wolf a centrar su atención en Casandra, más allá del deseo de reflejar algo de una mujer que, como la autora de la novela, traficaba con palabras? Para Wolf era mucho lo que había en juego, pues quería ofrecer nada menos que un desmantelamiento de la lógica autodestructiva del mundo occidental, de la pulsión de muerte que había llevado a la aniquilación de una ciudad, la matanza de los hombres y la esclavización de las mujeres. Para ella, la amenaza de la obliteración nuclear se convierte en la razón para escribir acerca de una civilización antigua que siguió un camino que llevaba a su propia destrucción. Casandra, cuyas palabras y profecías no tienen ningún valor, se convierte en una representante de la escritora de la época de Wolf, que busca desesperadamente advertir y disuadir («El que ataca primero morirá segundo»), pero que fracasa por completo a la hora de ejecutar un plan de resistencia eficaz.

Frederick Sandys, *Helena y Casandra*, 1866

En *Las mil naves* (2019), Natalie Haynes, una escritora británica licenciada en Clásicas por la Universidad de Cambridge, asume el reto de orquestar un coro polifónico que nos permita escuchar la voz de las muchas mujeres silenciadas por Homero. ¿Quién canaliza esas voces sino Calíope, la musa de la poesía épica? ¿Y qué canta?

> Y he cantado sobre las mujeres, las mujeres en la sombra. He cantado sobre las olvidadas, las ignoradas, las ninguneadas. He tomado las viejas historias y las he sacudido hasta poner a la vista a las mujeres en la sombra. Las he homenajeado en mi canto, porque ya han esperado bastante. Tal como le prometí a él, esta nunca ha sido la historia de una o dos mujeres, sino la de todas. Una guerra no ignora a la mitad de la población cuya vida ha sido trastornada.[60]

Calíope, en su relato, rinde homenaje a Mnemósine, que ayuda a evocar y conmemorar las hazañas de las mujeres de la antigüedad. Oímos las distintas voces de un desfile de mujeres troyanas, entre las que se cuentan Hécuba, Políxena y otras, y también la de varias mujeres griegas, desde Ifigenia hasta Penélope. Resulta que Homero nos contó solo la mitad de la historia y que la mitad silenciada está caracterizada por actos de heroísmo que superan los que tenemos en lo que Haynes llama «uno de los grandes textos fundacionales sobre la guerra y sus combatientes, los hombres y la masculinidad». ¿Quién puede olvidar las palabras de Políxena mientras marcha hacia su ejecución: «No podrían llamarla "cobarde"»? «¿Es menos héroe Enone que Menelao? —pregunta Calíope—. Él pierde a su esposa y reúne un ejército para traerla de vuelta, lo que cuesta innumerables vidas y deja innumerables viudas, huérfanos y esclavos. Enone pierde a su marido y cría a su hijo. ¿Cuál de esos actos es más heroico?» «Nadie canta sobre el coraje de los que quedamos atrás», escribe Penélope.

La esposa de Odiseo le escribe una serie de misivas a su marido, todas ellas impregnadas de sarcasmo. «Estás más casado con la fama de lo que lo has estado jamás conmigo —escribe—. Y la relación que mantienes con tu propia gloria nunca ha cesado», añade mientras reflexiona sobre todas las razones por las que Odiseo tarda en volver a casa con su mujer y su hijo. En otras palabras, el verdadero heroísmo se sitúa no en los que luchaban por la gloria y la inmortalidad, sino en las mujeres intrépidas que intentaban preservar la vida —a veces solo para sobrevivir— en lugar de participar en actos de aniquilación sin sentido.

En un momento dado, Calíope le susurra a Homero al oído: «Ella [Creúsa] no es una nota al pie; es una persona. E igual que a todas las mujeres troyanas, deberíamos conmemorarla como a cualquier otra persona. Y a las mujeres griegas también». Haynes se ha convertido en la nueva barda, inspirada por una musa que estaba harta de Homero y que decidió ungir a una nueva poeta para que contara la historia de la guerra de Troya. Al igual que Homero, a través de la agencia de la musa, Natalie Haynes emprende la tarea de conmemorar, esta vez recordando y otorgando la inmortalidad a quienes una vez fueron dadas por muertas, enterradas y olvidadas. Tanto las mujeres griegas como las troyanas cobran vida, nos hablan, nos acechan con una nueva forma de comprender el valor y la atención que supuso sobrevivir y convertirse en nuestras nuevas heroínas.

Levantar el silencio

Como hemos visto, los hombres del mito han salido mucho mejor parados que las mujeres, ya que a menudo oímos hablar de las pasiones que los enardecen —la ira, la venganza o el romance— y de mucho más. *Lavinia* (2008), de Ursula K. Le Guin, comienza con una queja. «Mi papel en todo ello, la vida que [Virgilio] me dio en su poema, es tan aburrido —salvo en el momento en que me arde el cabello—, tan monótono —salvo cuando mis mejillas de doncella enrojecen como el marfil pintado con tinte carmesí—, tan convencional, que ya no puedo seguir soportándolo.» Lavinia quiere ser escuchada: «Tendré que romper el silencio y hablar. Él no me dejó decir una sola palabra, así que habré de arrebatársela. Me dio una vida larga, pero pequeña. Necesito espacio, necesito aire».[61]

Ursula K. Le Guin, que se definía a sí misma como una rompedora de géneros, escribió una vez que sus «juegos» eran la «transformación y la invención». La ficción especulativa —el mito, la fantasía, la ciencia ficción— le permitía servirse de la imaginación no solo para subvertir y desafiar el *statu quo*, sino también para explorar la alteridad y el género. «Lo único que cambié fue el punto de vista», dijo en una entrevista, y, con ese cambio de perspectiva, vemos todo un mundo «desde el punto de vista de los que no tienen poder». Escribir ficción le daba acceso a otras mentes, la capacitaba para explorar la conciencia de otros seres. En *Lavinia* descubrimos una voz que Virgilio no nos dejó escuchar nunca. Le Guin, que pasó años «luchando por aprender a escribir como una mujer», decidió en un momento dado no «competir» con el *establishment* literario, «con todos esos tipos y sus imperios y territorios».[62]

En un discurso de graduación pronunciado en el Bryn Mawr College en 1986, Le Guin les habló a las graduadas sobre los diferentes registros lingüísticos, una lengua paterna que es la voz del poder y la razón, y una lengua materna, el idioma de las historias, la conversación y las relaciones. En esta dicotomía ideológica, la lengua materna se devalúa como «inexacta, poco clara, tosca, limitada, trivial, banal». «Es repetitiva —añadió—, lo mismo una y otra vez, como el trabajo al que llamamos femenino.» Instó a aquellas jóvenes, al igual que Campbell cuando habló del poder de los artistas, a alzar la voz en una tercera lengua, la voz del canto, la poesía y la literatura. «Estoy harta del silencio de las mujeres. Quiero oíros hablar [...]. Hay muchas cosas de las que quiero oíros hablar.»[63]

En 2018, la novelista británica Pat Barker respondió a Le Guin escribiendo *El silencio de las mujeres*, que comienza desfamiliarizando el comportamiento heroico en la *Ilíada*: «El gran Aquiles. El genial Aquiles, el deslumbrante Aquiles, el divino Aquiles... Cómo se amontonan los epítetos. Pero nosotras no lo llamábamos así; lo llamábamos el Carnicero».[64] *El silencio de las mujeres* da voz no solo a Briseida, reina de uno de los reinos vecinos de Troya y esclava cautiva de Aquiles, sino a todas las mujeres que sufrieron durante el asedio de Troya. ¿Qué se nos ha transmitido? «Esta es la historia de Aquiles. La suya, no la mía»: tenemos las palabras y los hechos de Aquiles, pero no los de Briseida. «¿Qué pensará de nosotros la gente que viva en aquellos tiempos, lejanos hasta lo inimaginable? —se pregunta—. Una cosa sí que sé: que no querrán para sí una realidad recrudecida a base de esclavitud y conquista. No querrán oír hablar de las masacres de hombres y niños, de la esclavización de mujeres y niñas. No querrán saber que vivíamos en un campamento en el que los violadores campaban a sus anchas. No, mejor querrán que los solacen con algo menos fuerte.» Es casi como si Pat Barker hubiera reclutado a Briseida para el movimiento #MeToo, para escribirse en la historia, encontrar su voz y recuperar su humanidad a través del acto de escribir. «Ahora mi propia historia puede comenzar», es como termina su relato.

La entrega de Briseida a Agamenón por parte de Aquiles, fresco del siglo I e. c. en Pompeya

En cierto sentido, una vez que a Briseida se le proporcionan un relato y una historia, se convierte en una figura tan heroica, si no más, que la de Aquiles, el «héroe» griego que la esclavizó y se aseguró de que no supiéramos nada de ella. El canto y la historia empiezan a triunfar sobre las hazañas cuando descubrimos qué es lo que importa de verdad cuando se trata de un más allá literario que le otorga «inmortalidad» a una figura. Al principio es Aquiles quien recurre a su lira para entonar cantos que «hablaban de la gloria inmortal, de héroes que morían en el campo de batalla o, rara vez, de su regreso a casa, triunfantes». Pero, a medida que Briseida va desgranando su historia, cae en la cuenta de que las sencillas nanas que las mujeres troyanas cantan a sus bebés griegos (en la lengua materna) garantizan que ellas también seguirán viviendo: «Sobreviviremos, en nuestras canciones, en nuestros relatos. No lograrán olvidarse de nosotros. [...] sus hijos varones seguirán recordando las canciones que les cantaban sus madres troyanas».

La novela de Barker invoca de muchas maneras el tropo del libro parlante, un oxímoron acuñado por Henry Louis Gates Jr. en su volumen de crítica literaria *The Signifying Monkey* (1988). En él, Gates ilustra cómo se ha representado la tensión entre lo oral y lo escrito en la tradición literaria negra, que privilegia la voz y la lengua vernácula sobre la palabra escrita y que favorece la autobiografía sobre la narrativa en tercera persona. Aquí es importante recordar que a Briseida, al igual que a los afroamericanos del Sur anterior a la guerra, no se le reconoce el estatus de persona. Como esclava, es una cosa, «un objeto, una posesión que puede tasarse, intercambiarse, codiciarse, desecharse [...]. Su identidad y su humanidad han quedado borradas».[65]

En un momento dado, Briseida oye una disputa entre Aquiles y Néstor. Sin embargo, deja de escuchar las «palabras tan altisonantes [que] salieron a colación»: honor, valor y lealtad. ¿Por qué no continúa prestando atención? Porque se da cuenta de que, cuando hablan de ella, no la llaman «Briseida», sino que se refieren a ella como a una cosa. «Para mí solo había una palabra, una palabra muy pequeña: "lo". No le pertenece, no se "lo" ha ganado.» Reducida a la condición de objeto que circula en transacciones e intercambios, se le niega también el poder de la palabra hablada, el derecho a interrumpir y a hacer valer su humanidad.

Al igual que Penélope en la nueva epopeya de Atwood, Briseida vuelve de entre los muertos para hablarnos, aunque, a diferencia de Penélope, habla como un ser vivo y sensible, no como una mujer que se comunica desde el inframundo. Briseida utiliza la lengua vernácula en un relato autobiográfico para poner de manifiesto los defectos y las fallas del relato de Homero y para escribirse en la historia. «¿Quién cuenta tu historia?»: este verso del musical de Broadway *Hamilton* es un recordatorio de lo constante y obstinadamente que se ha descuidado el lado femenino, a pesar de que la vida de las mujeres está llena de palabras y proezas que están a la altura y, en muchos casos, superan las de los «héroes» de una cultura. Es poco probable que «ellos» cuenten tu historia y por eso tienes que contarla tú, esa es la inferencia. Al igual que Eliza en *Hamilton*, aunque de forma más completa y no solo en un cameo, Briseida «vuelve a introducirse en la narración» y obtiene, a través de su voz, el tipo de inmortalidad literaria concedida a hombres como Aquiles.

Los mitos y los cuentos de hadas nos invitan a pulsar el botón de actualización, a oxigenar a los personajes, a rellenar los huecos de la trama y hacer nuevas versiones. No olvidemos que se improvisaban en los espacios sociales como una primitiva forma de negociación colectiva, con llamadas y respuestas, tomas y dacas y un vaivén parlanchín que a menudo adoptaba la forma de «A mí no me lo han contado así». Las figuras femeninas de los mitos dominados por los hombres ya están listas para la acción, y las escritoras actuales han puesto de manifiesto que la mente de esas figuras puede ser tan profunda, rica y compleja como las de los personajes de las novelas que leemos hoy en día. Una vez redondeadas y puestas en el centro de la acción, se han convertido en personajes plenamente realizados, honestos y francos, dispuestos a cambiar las historias que otros han contado sobre ellas o a insertarse de una forma más activa en la historia. Y, en efecto, cambian la narración, como puede descubrirse al echarles un vistazo a los títulos de las novelas del siglo XXI inspiradas en narraciones míticas. Una rápida mirada a las revisiones de la historia de Hades y Perséfone resulta significativa, pues en la actualidad hay más de doscientas versiones impresas: desde *Radiant Darkness*, de Emily Whitman, y *Everneath*, de Brodi Ashton, hasta *For the Love of Hades*, de Sasha Summers, y *My Ex from Hell*, de Tellulah Darling.

En *Circe*, Madeline Miller convierte a la hija de Helios, una infame bruja que transforma a los hombres en cerdos, en una mujer con un fuerte instinto maternal, poderes de curación y el ánimo de anular la crueldad que ha heredado de los dioses y sustituirla por compasión. Circe tiene una historia y nos pone al corriente de su amor no correspondido por un mortal (un pescador llamado Glauco), de cómo limpió a Jasón y a Medea de sus crímenes y del papel que desempeñó en la historia del Minotauro. Para cuando Odiseo llega a la isla de Eea, sabemos que Circe tiene un motivo para hechizar a los marineros: ella también ha sobrevivido a múltiples agresiones sexuales defendiéndose de los depredadores. A diferencia de los dioses, con su limitada paleta emocional, Circe comienza a evolucionar, pasa de la inmutable rectitud y la fría indiferencia de los dioses a una especie de atención compasiva que la humaniza. Cuando le sugiere a Telémaco que quizá se le haya empezado a conocer como «el Justo», él responde diciendo: «Así te llaman cuando eres tan aburrido que no se les ocurre nada mejor».

En muchos sentidos, Miller, como Margaret Atwood antes que ella, se convierte en la verdadera hechicera, pues invoca la presencia de Circe y le da vida con un dominio impresionante del mundo de la antigüedad, tanto de sus dioses como de sus mortales. Cuando Circe contempla su recién descubierta vulnerabilidad y se tumba en la cama preocupada por la mortalidad de sus hijos y su marido, se levanta y acude a sus hierbas. «Creo algo, transformo algo», nos dice. Siente que su brujería es «tan fuerte como siempre, más fuerte aún», agradece «tanto poder y tranquilidad y defensas» como posee. Miller, una astuta doble de su personaje, crea una narración autorreferencial, un texto sobre la magia tanto de las palabras como de las pociones. Nos hechiza mientras nos adentramos en el mundo de los antiguos y descubrimos la rica vida interior de figuras que antes eran inescrutables, pero que ahora tienen una historia que nos trae ecos de los relatos que hemos leído en obras de autores masculinos.[66]

Barker salva a Briseida y Miller hace lo propio con Circe, conmemoran sus respectivas vidas y las rescatan del olvido. Recordemos que Hannah Arendt nos habló de la importancia de contar historias. A Homero se lo conocía como el «educador de la Hélade» porque hizo inmortales a los guerreros al recapitular sus hazañas. Ahora ha llegado el momento de que las nuevas voces asuman el papel de educar a los jóvenes, de mantener vivos los clásicos con contranarraciones y vidas reimaginadas. Ahora las narradoras pueden canalizar las historias de héroes y heroínas, crear comunidades de memoria que conserven la vida de las palabras y de las hazañas de quienes nos precedieron y se ganaron no solo la gloria, sino también la dignidad y la humanidad.

Arañas, narradoras, telarañas

Durante muchos años, cuando enseñaba *La telaraña de Carlota*, de E. B. White, en una asignatura de la Universidad de Harvard llamada «Cuentos de hadas, mitos y literatura fantástica», siempre me quedaba en blanco cuando algún alumno me preguntaba por qué en esa obra hay un personaje llamado Homero. Me parecía una exageración relacionar a Homer Zuckerman, el anodino tío de Fern, el granjero que exhibe al cerdo Wilbur en la feria, con el rapsoda griego. Pero, con el tiempo, empecé a preguntarme si White no habría colocado hábilmente lo que los cinéfilos llaman un huevo de Pascua en su narración sobre una araña llamada Carlota. Al fin y al cabo, Carlota no es una araña corriente: es un arácnido que sabe hacer cosas con las palabras. Y también es una experta en el arte de la conmemoración.

De todos es sabido que White comenzó *La telaraña de Carlota* con la pregunta: «¿Adónde va papá con esa hacha?», que no es lo que se esperaría en un libro para jóvenes lectores.[67] La novela nos lleva desde que una niña llamada Fern rescata de la muerte a Wilbur hasta una segunda liberación de la amenaza de la matanza cuando Carlota hace magia en su telaraña y describe a Wilbur como, entre otras cosas, «tremendo», «radiante» y «humilde». En un capítulo llamado «El milagro», vemos (y E. B. White se esfuerza mucho en instruirnos sobre cómo debemos visualizarla) una telaraña que es cualquier cosa menos una trampa mortal: «En las mañanas de niebla, la tela de araña de Carlota era verdaderamente bella. Esta mañana cada hilo se hallaba adornado con docenas de gotitas de agua. La telaraña resplandecía a la luz y formaba una trama maravillosa y fantástica, como un finísimo velo». Y en la telaraña están escritas las palabras: «¡Vaya cerdo!».

Qué mejor manera de describir a la escritora mientras trabaja que esta: «Muy avanzada la noche, mientras los demás animales dormían, Carlota trabajó en su tela». La araña de E. B. White no es solo una humilde descendiente de Aracne, la orgullosa tejedora de hermosos tapices, sino también una criatura que sabe hacer magia con las palabras. Revitaliza el lenguaje (algunas de sus palabras proceden del vertedero de la ciudad) y ejerce su autoridad de maneras que transforman y ennoblecen a Wilbur. Además, le enseña a utilizar las palabras para que, cuando ella muera, el cerdo rinda homenaje a su memoria mientras las cálidas brisas de la primavera se llevan a sus hijas. «Yo era un fiel amigo de vuestra madre. Le debo mi vida. Fue brillante, bella y leal hasta el fin. Siempre atesoraré su recuerdo.» La *telaraña de Carlota* toca muchos puntos sensibles y, en un capítulo posterior, descubriremos que el trabajo de las mujeres —hilar, tejer y fabricar— está relacionado con la narración como forma de resistencia y revelación, como esfuerzo por levantar el silencio. Pero, antes, un análisis del trabajo de silenciamiento.

2

EL SILENCIO Y LA PALABRA

DEL MITO AL #METOO

[Según el mito, Júpiter] hubo pretendido el ayuntamiento con Dánae por medio de una lluvia de oro, donde se entiende que el pudor de la mujer fue corrompido por el oro. [...] No puede decirse cuán gran maldad presupusieron [quienes inventaron tales historias] del corazón de los seres humanos, porque podrían tolerar pacientemente estas mentiras, que no obstante también habían acogido de buen grado.

SAN AGUSTÍN,
La ciudad de Dios

Como lector, sostengo el derecho de creer en el sentido de un relato más allá de los elementos particulares de la narrativa, sin jurar por la existencia de un hada madrina o de un malvado lobo. No es necesario que Cenicienta y Caperucita Roja sean personas reales para que yo crea en sus verdades.

ALBERTO MANGUEL,
Una historia natural de la curiosidad

Perséfone, Europa y Dánae: Seducidas y silenciosas

Muchos de nuestros mitos griegos más conocidos —las historias de Leda, Dánae o Europa— rezuman una energía tan violenta que parecen resistentes a cualquier tipo de mensaje social. Algunos educadores han abogado por desterrarlos de las aulas de los más pequeños o, al menos, por añadirles advertencias de contenido. No se trata de tragedias sobre desafíos heroicos o defectos humanos, sino de historias de agresión y secuestro, de lesiones y traumas. Durante muchas décadas no generaron apenas pánico moral entre quienes readaptaban los mitos para los más jóvenes, en gran parte debido a que vivimos en una época que venera la cultura antigua por su belleza, sabiduría y verdad intemporales. Por lo general, hemos evitado juzgar a los dioses, sobre todo cuando son griegos o romanos.

¿Dónde se encuentra la historia de Perséfone y su rapto por parte de Hades en el índice de *Mitología*, el superventas de Edith Hamilton (que durante décadas fue un elemento habitual en el plan de estudios de los institutos de Estados Unidos), sino en una sección titulada «Mitos florales: Narciso, Jacinto y Adonis»? ¿Y de qué tipo de historia se trata? No se habla de dioses lujuriosos que se creen con derecho a todo. Por el contrario, se dice que un hermano llamado Zeus «ayuda» desinteresadamente a otro que se llama Hades. Zeus modela con esmero la delicada belleza del narciso como estrategia para atraer a Perséfone y separarla de sus amigas, permitiendo así a Hades llevarse «a la doncella de la que se había enamorado».[68] No se dice ni una palabra sobre el donjuanismo compulsivo de ambos titanes ni se muestra ninguna compasión por la grave situación de la muchacha que es objeto de un «rapto» o «violación». Hades necesita una reina y ¿quién, aparte de la madre de Perséfone, iba a oponerse al rapto?

Perséfone es, cuando menos, una novia reticente. Grita llamando a su padre y, ya en el inframundo, ansía volver a ver a su madre. La única razón por la que Hades deja que Perséfone regrese a casa es que debe respetar las órdenes de Zeus, pero, aun así, se lo permite solo durante un período de tiempo limitado —los meses de primavera y verano de cada año—. Hades ha engañado a su novia secuestrada para que se coma una semilla de granada (una versión diabólicamente astuta de una droga de violación) que la obligará a regresar a la oscuridad del inframundo. «Me metió en secreto la semilla en la boca, un dulce bocado, y me obligó a comerla contra mi voluntad», le cuenta Perséfone a su madre.[69] La brujería y la superioridad de la fuerza física de Hades se confabulan para mantener a Perséfone cautiva, lejos de la luz y de los placeres de la vida en la tierra.

Edith Hamilton, modelo de erudición mitológica en su época, no tuvo ningún problema en incluir una ilustración a página completa titulada «El rapto de Europa» en su *Mitología*. En ella se muestra el momento de la captura de Europa como un éxtasis, como una travesura en alta mar, como un espectáculo acuático en el que participan con alegría delfines, sirenas y la figura de Poseidón. Europa, leemos, tuvo «bastante suerte. Exceptuando unos instantes de terror, cuando se encontró cruzando el profundo mar a lomos de un toro, no sufrió en absoluto». Y en cuanto al toro, «tan amable y tan encantador parecía que las chicas no le tuvieron miedo a su llegada, sino que se reunieron a su alrededor para acariciarlo y respirar la fragancia celestial que emanaba de él».[70]

Obsérvese que la *Mitología* de Edith Hamilton promete, en su subtítulo en inglés, historias «intemporales» de «dioses y héroes». Las heroínas de muchos de esos mitos resultan a todas luces olvidables, son borradas y eliminadas en su condición de víctimas. Puede que sean capaces de procrear, pero están excluidas de las excentricidades más creativas en las que se ocupa el panteón de héroes griegos, ejemplos brillantes de quienes ponen a prueba los límites de la inteligencia, la astucia, la determinación y el comportamiento criminal del ser humano. Dédalo diseña el laberinto. Prometeo roba el fuego divino. Jasón recupera el vellocino de oro. Perseo mata a Medusa.

Frederic Leighton, *El regreso de Perséfone*, 1891

Muchos años después de que Ovidio describiera a Europa montada en un toro, con el rostro vuelto hacia la costa con expresión de pánico, y de que Mosco, el poeta griego del siglo ii, relatase el rapto de Europa, los artistas europeos se deleitaron de una forma un tanto extraña en la oportunidad de mostrar a un toro huyendo con una chica encaramada a su lomo. Zeus y Europa aparecen en pinturas, grabados, baúles de boda italianos conocidos como *cassoni*, cajas de rapé esmaltadas y muchas otras cosas. «El rapto de Europa», o «La violación de Europa», como a veces se llamaba, se convirtió en el tema de las pinturas de innumerables artistas a lo largo de los siglos. Está Rembrandt, que, en 1632, nos regaló una Europa que volvía la mirada hacia atrás (¿aterrorizada, asombrada o simplemente desconcertada?), hacia una orilla que se desvanece y desde la cual sus amigas la observan con impotencia mientras un toro blanco de aspecto feroz y con la cola enhiesta huye a toda prisa con su víctima. Un historiador del arte insiste en que «en ningún momento hay indicios de violencia o violación», pero la expresión del rostro de Europa en muchas obras de arte refuta esas palabras, sin duda.[71]

¿Cuál es la reacción de los críticos ante esta agresión? He aquí una voz representativa: «Maestro de los efectos visuales, Rembrandt se regodea en describir las variadas texturas de las prendas suntuosas y los resplandecientes reflejos dorados del carruaje y los vestidos».[72] Un compromiso inquebrantable con la estética y la fe en el poder del arte para trascender su tema, por sórdido que este sea, han cegado a los críticos a la violencia del acontecimiento representado. No cabe duda de que los historiadores del arte del siglo xx mostraron mucho más interés por las cuestiones relativas a la forma y al estilo que por el contenido, pero resulta raro que, hasta el siglo xxi, apenas se hablara de la angustiada mujer que aparece en las escenas representadas, sobre todo teniendo en cuenta lo indignante del tema tratado.[73]

El inestimable *El rapto de Europa* de Tiziano, pintado en la década de 1560, se exhibe en el Museo Isabella Stewart Gardner de Boston, donde califican al dios que secuestra a la chica de «pícaro». El comentario nos advierte, además, del embelesado placer de Gardner ante la compra de la obra: «He vuelto aquí esta noche [...] después de una orgía de dos días. La orgía consistió en beber hasta emborracharme de Europa y después sentarme durante horas en mi jardín italiano de Brookline pensando en ella y soñándola».[74] La euforia espiritual se equipara aquí sin miramientos al éxtasis corporal.

En estos cuadros está imbuida la idea de que el rapto de la joven es menos una agresión sexual que una elevación eufórica de su espíritu y, perversamente, también del espíritu del espectador.

Rembrandt, *El rapto de Europa*, 1632.
Imagen digital cortesía del Programa de Contenido Abierto de Getty

He aquí el comentario histórico-artístico de una representación pictórica de *El rapto de Europa* de 1716: «Este delicioso cuadro de Jean-François de Troy [...] representa el momento culminante de la historia de Ovidio en las *Metamorfosis* [...]. Júpiter se ha transformado en un hermoso toro para tentar a la encantadora princesa Europa a subirse a su lomo y llevársela a Creta, donde ella le dará tres hijos».[75] ¿Un toro «hermoso»? ¿Qué rasgos convierten a una bestia feroz en un animal hermoso? ¿Y es eso lo único que se necesita para persuadir a una encantadora princesa de que se adentre en las aguas cabalgándolo? ¿Y cómo es que una escena de captura forzada, conocida en el lenguaje moderno como violación, llega a ser descrita como «deliciosa»?

Por lo general, los títulos de la galería de pinturas europeas en las que aparecen Zeus y Europa se refieren a la escena

Tiziano, *El rapto de Europa*, 1562

de manera eufemística como un rapto en lugar de como un «secuestro» o una «violación». A fin de cuentas, se trata de dioses acostumbrados a salirse con la suya con las mortales y el manto protector del rapto ayuda a ocultar lo que, con toda probabilidad, era la realidad de una agresión sexual. Hay muchos que incluso se resisten a la idea de que la captura implique violencia. Una erudita del campo de los clásicos insistió hace unos años en que «tendríamos que hablar de rapto o de seducción más que de violación, porque los dioses se encargan de que la experiencia, aunque sea efímera, sea agradable para las mortales. Además, las consecuencias de las uniones suelen aportar gloria a las familias de las mortales implicadas, a pesar —e incluso a causa— del sufrimiento que puedan padecer los miembros individuales de la familia».[76] Incluso esta crítica, que se refiere a una «unión» más que a una violación y se empeña en exonerar a los dioses afirmando que estaban autorizados a tomar parte en conductas «reprobables» cuando las perpetraban los mortales, demuestra cierto recelo al reconocer el «sufrimiento» que puede aparecer en la experiencia «agradable». Europa rara vez habla en los relatos que nos han llegado, pero sí dice «unas palabras» en *Los carios* de Esquilo. Su intervención es escueta y solo alude fugazmente al «truco» de Zeus, que utiliza un «prado floreciente» para atraerla, y se centra, más bien, en sus poderes procreativos: la fertilidad, los «trabajos» del parto y su distinguida descendencia.

John Keats, que visitaba con frecuencia el Museo Británico, observó las urnas griegas y estudió los bocetos que mostraban toros persiguiendo a mujeres jóvenes y se sintió lo bastante angustiado como para escribir en su famosa oda «¿Qué hombres o dioses son esos? ¿Qué doncellas reacias? / ¿Qué loco propósito? ¿Y lucha por escapar?».[77] A diferencia de muchos críticos y comentaristas contemporáneos de los raptos que cuelgan hoy en día en las galerías de arte, el poeta británico de principios del siglo XIX comprendía que las doncellas retratadas no estaban necesariamente dispuestas a consentir los deseos de toros y otras bestias. Sin embargo, también escribió sobre el «loco éxtasis», pese a venerar a la «novia aún intacta de la tranquilidad» que es la urna en la que se representan los raptos. «Hija adoptiva del silencio», la urna es muda pero también una «historiadora selvática» que cuenta historias. El poema de Keats retoma y reinterpreta con audacia, pero también de forma críptica, los tropos de las víctimas silenciadas y las imágenes parlantes que rondan la historia cultural de la época clásica.

Otra reflexión importante aquí es la que vincula la violación de Europa con asuntos geopolíticos fundamentales, aunque no esté del todo claro que haya una conexión directa entre Europa, la mujer, y Europa, el continente. Hay que tener en cuenta que tanto el continente europeo como la entidad mayor de la Unión Europea han reclamado a Europa, la víctima de un secuestro, como tocaya. El título de un reciente libro de Lynn H. Nicholas sobre los saqueos de obras de arte de los nazis contiene una inquietante ironía: *El saqueo de Europa: El destino de los tesoros de Europa en el Tercer Reich y la Segunda Guerra Mundial* (1994). Benita Ferrero-Waldner, comisaria europea de Austria, comprendió la extraña singularidad de que el viejo continente se enorgullezca de su relación con un mito sobre el secuestro y, de hecho, lo empeoró al comentar que Europa había sido una joven «promiscua». «Por supuesto, puede perdonarse la analogía con el mito —dijo—. Incluso nuestro nombre está enraizado en la mitología: Europa era una hermosa doncella a la que el dios Zeus, disfrazado de toro, secuestró. Pero la Europa de hoy en día, por muy bella que sea, ya no es ese tipo de chica».[78] No resulta sorprendente que la mayoría de los legisladores y políticos europeos rara vez establezcan un vínculo entre el continente en el que viven y la mujer raptada por Zeus, y que, sin embargo, el edificio que alberga el Consejo de la Unión Europea en Bruselas tenga expuesta una escultura en la que Europa monta un toro a pelo mientras salta triunfante hacia delante.

Mary Beard nos recuerda que el primer caso documentado de un hombre que silencia a una mujer —diciéndole que es indecoroso que las mujeres hablen en público— aparece en la *Odisea* de Homero. Esto es lo que se escribió en una escena que comienza con Penélope saliendo de sus aposentos y entrando en el gran salón del palacio, donde un bardo está cantando sobre los desafíos a los que se enfrentan los héroes griegos en su viaje de vuelta a casa. Penélope pide un relato alentador y se encuentra con una fuerte oposición. Su hijo Telémaco le ordena que regrese a su cámara y añade «ocúpate de tus labores propias, del telar y de la rueca [...]. El relato estará al cuidado de los hombres, y sobre todo al mío».[79] Esta humillante reprimenda, dirigida del hijo a la madre, no tiene por qué reflejar la visión del mundo de Homero, pero es muy reveladora en cuanto a que es posible que las mujeres de la antigüedad griega y romana tuvieran voz, pero no se les permitía usarla en nada parecido a la esfera pública, ni siquiera cuando ese espacio estaba en su casa. ¿Y a qué se dedicaban? Hilar, tejer y otras formas de trabajo manual.

Aún en el siglo XVIII, el sabio Samuel Johnson le dijo a su biógrafo Boswell: «Una mujer que se pone a predicar es como

Léon de Pas, *Europa montando el toro*, 1997, en la entrada de la sede
Justus Lipsius del Consejo de Ministros de la UE en Bruselas

un perro que sabe caminar solo con las patas de atrás. No lo hace nada bien; pero sorprende que lo haga».[80] Puede que a las mujeres no se les prohibiera oficialmente hablar en público, pero, cuando lo hacían, el resultado se percibía como cómico, ya que es evidente que hacer lo que les resulta tan natural a los hombres no forma parte de su composición genética.

Todas estas mujeres míticas secuestradas, privadas de acceso al lenguaje y a la protesta, se nos presentan no solo como carentes de voz, sino también como carentes de cerebro, ya que los narradores de las historias no nos dejan ver cómo procesan esas víctimas de agresión lo que les sucede. Un ejemplo es la historia de cuando Zeus engendró a Perseo fecundando a la bella Dánae, un relato escrito en el siglo I o II e. c. en una obra mitográfica conocida como la *Bibliotheca* o *Biblioteca*. Acrisio, el padre de Dánae, se entera por medio del oráculo de que su hija está destinada a dar a luz a un hijo que lo matará: «Acrisio, temiendo esto, construyó una cámara subterránea de bronce y allí encerró a Dánae. Pero, según algunos, la sedujo Preto [su tío]; según otros, Zeus, transformado en lluvia de oro, se unió a ella, cayendo hasta el seno de Dánae a través del techo».[81] Tal como nos recuerda Edith Hamilton, nunca se nos cuenta cómo se le reveló a Dánae que había sido Zeus quien la había visitado ni descubrimos nada en absoluto sobre su experiencia de esa visita.[82] Encarcelada sin culpa, embarazada sin su consentimiento y puesta a flote con su hijo en alta mar, Dánae es la reiterada víctima de la autoridad patriarcal encarnada en su padre biológico y en el padre de los dioses. Sin embargo, no sabemos nada de su vida interior. En una autorizada obra enciclopédica de reciente publicación, *The Classical Tradition*, su identidad se recoge en la frase: la «amante de Zeus».[83]

En el Occidente posclásico, la historia de Dánae disfrutó de una rica y provocativa vida posterior. Por un lado se veía

Artemisia Gentileschi, *Dánae*, 1612

a Dánae como un símbolo de la modestia y la cámara subterránea (a menudo cambiada por una torre) que la «protegía» se convirtió en una representación alegórica de la castidad. Pero, en 1388, las cosas empezaron a adquirir un matiz diferente cuando un clérigo dominico llamado Francisco de Retz escribió: «Si Dánae concibió de Júpiter a través de una lluvia de oro, ¿por qué la Virgen no habría de dar a luz cuando la fecunda el Espíritu Santo?».[84] En otras palabras, Dánae es, como argumentó el renombrado historiador del arte Erwin Panofsky, una prefiguración pagana de la Virgen María, otra forma de sugerir una extraña compulsión de repetición cultural. Al hacer hincapié en la concepción, aunque sea inmaculada en al menos un caso, el monje abrió la puerta a la curiosidad sobre la inusual forma de coito del relato bíblico.

En *Genealogía de los dioses paganos*, escrita a finales del siglo xiv, Boccaccio impulsó aún más el giro medieval desde la castidad hacia el libertinaje en la historia de Dánae al repetir los rumores escolásticos de que el oro había corrompido a la doncella griega o de que, guiada por su mentalidad pragmática, había sido la propia Dánae quien había sobornado a Zeus para que la ayudara a salir de su prisión. La joven hizo un trato con el padre de los dioses cuyo precio fue «mantener relaciones sexuales con él».[85] De un plumazo, se entiende con mayor facilidad lo que había detrás del retrato pintado en 1799 por el artista francés Anne-Louis Girodet. Para vengarse de una actriz famosa que se había negado a pagarle un retrato anterior, Girodet la pintó esta vez como Dánae recogiendo monedas de oro (presumiblemente de sus amantes) en el regazo. Lo que vemos en la recepción de este mito es una representación casi literal de la dicotomía virgen/puta en la que la mujer griega se ve privada de toda voz tanto en la historia como en su interpretación a lo largo de los siglos.

Filomela teje una historia

Volvamos a Ovidio para analizar un caso de silenciamiento aún más impactante en su historia sobre Tereo, Procne y Filomela, que una vez fue descrito como «texto seminal para mujeres sin lengua».[86] Cuando Filomela va camino de Atenas para visitar a su hermana Procne, su cuñado, Tereo, la agrede. La arrastra hasta una cabaña aislada en lo más profundo del bosque y la viola. Ella amenaza a su cuñado con vengarse denunciándolo de forma pública. «Alguna vez tus castigos me pagarás», anuncia. Aunque esté encarcelada, dice que con su voz «llenaré estas espesuras y a estas piedras, testigos, conmoveré».[87] Nótese aquí la determinación de Filomela de dejar de lado el decoro y alzar la voz. La utilizará de forma que no solo conmoverá a los demás, sino que también evocará el dolor de los objetos inanimados, incluso de las piedras que luego veremos como oyentes «pacientes» en las invenciones folclóricas.

¿Cómo responde Tereo? Con una violencia salvaje que recuerda a una escena de una película de terror: se sirve de unas tenazas para agarrarle la lengua a Filomela y se la corta pese a que ella sigue luchando por hablar. Sin ahorrarnos detalles, Ovidio nos cuenta: «La raíz riela última de su lengua. / Esta en sí, yace, y a la tierra negra temblando, murmura, / y, como saltar suele la cola de una mutilada culebra / palpita». Incluso después de este acto atroz, Tereo continúa («se cuenta») violando el cuerpo mutilado de Filomela. En este momento de total desolación, «se cuenta» se convierte en un faro de esperanza, pues señala que ahora por fin hay gente que cuenta la historia de Filomela y llena el bosque de denuncias.

«¿Qué hacía Filomela?», pregunta Ovidio. «Acude la astucia a las desgraciadas situaciones» y la princesa de Atenas, privada de voz, revela el crimen de Tereo tejiendo su representación en un paño que le entrega a su hermana. Procne, indignada por la revelación de la violación de Filomela en el tapiz, «el dolor de su boca reprimió» e invita a Tereo a un banquete. Allí, su marido «se ceba» alimentándose de la carne y la sangre de su propio hijo, el pequeño Itis, al que Procne ha matado. «Los cuerpos de las Cecrópides con alas volar pensarías: / volaban con alas». Esa frase introduce una serie de metamorfosis ovidianas que ponen fin a los horrores. Procne se convierte en un ruiseñor, condenado, como hembra de la especie, a no cantar nunca, mientras que Filomela se convierte en una golondrina. Tereo, una figura imponente del pecado y la depravación, se convierte también en un pájaro, la colorida abubilla. Es un cambio que no cambia nada, pues el conflicto termina devolviendo a los protagonistas a la naturaleza, sin esperanza de encontrar justicia en el mundo real. Y ahora la historia exhibe un caso de horror tan monumental que nos lleva a considerar que Procne es tan culpable como Tereo.[88]

La vida posterior de la historia de Filomela se encuentra en varias obras y, muy notablemente, en *Tito Andrónico* (c. 1588-1593) la obra de teatro de Shakespeare (más ficticia que histórica) en la que Lavinia, hija del héroe epónimo, es violada por unos hombres que le cercenan la lengua y las manos para impedirle hablar, escribir o tejer. Más adelante, Lavinia se mete un palo en la boca para escribir los nombres de sus agresores en la tierra, lo que nos recuerda que, con el tiempo, surgen nuevas tecnologías de denuncia.

Son muchos los rasgos que destacan en el relato de Ovidio, pero la violación de Filomela, con la consecuente mutilación de la lengua, y el asesinato de Itis por parte de su propia madre, Procne, junto con la preparación del macabro banquete, despiertan un terror poderoso. La historia del cercenamiento de la lengua es larga y

Edward Coley Burne-Jones,
Filomela, 1864

retorcida, al igual que la de la mutilación del cuerpo de las mujeres. Quienes se dedicaban a las persecuciones religiosas favorecían esta forma tortura (sobre todo como castigo por haber blasfemado) y hombres y mujeres sufrían por igual los dolores de la mutilación. En el año 484, Hunerico, un conquistador vándalo, les cortó la lengua y la mano derecha a sesenta cristianos mauritanos. Y también está santa Cristina, hija de un patricio romano que vivió en el siglo III e. c., a la que encerraron en una torre, golpearon, prendieron fuego y torturaron en la rueda. Después le cortaron la lengua, pero siguió hablando y fue sometida a nuevas formas de tortura.

En el panteón folclórico hay muchos ejemplos de mujeres sometidas a mutilaciones corporales, entre ellas «La doncella manca», una figura que debe buscar alimento en el bosque. También abundan los ejemplos en las obras literarias. En «Los zapatos rojos», de Hans Christian Andersen, un hombre vestido de rojo le amputa los pies a una niña que baila como castigo por su amor a la belleza. La mutilación del órgano del habla pervive como forma de silenciamiento en su forma más devastadora en «La sirenita», de Andersen. A la figura que da título a la obra le cortan la lengua cuando cambia su voz por un par de piernas que le permitan avanzar en su misión no solo de conseguir un príncipe, sino también un alma humana. En un clima literario diferente, está el extraño caso de Ellen James en la novela *El mundo según Garp* (1978), de John Irving. Los violadores le cortan la lengua a la niña y esta se convierte en la inspiración de las Ellen Jamesianas, una desacertada secta cuyas miembros se cortan la lengua en solidaridad con la víctima de once años.

La amputación de la lengua garantiza, por supuesto, que las víctimas sean incapaces de denunciar las violaciones corporales mediante la palabra. Quedan limitadas a las demostraciones corporales, a los gestos grotescos en su desesperación. En los lugares donde el analfabetismo es la norma, tampoco pueden identificar a los perpetradores, lo cual las sitúa en una categoría especial entre las víctimas. Como dice una historiadora de la cultura, el simple acto físico de cercenar una lengua representa también la violación y la falta de voz colectivas, es una representación simbólica del silenciamiento de las mujeres a lo largo de la historia. El tropo de la lengua mutilada adquiere una gran fuerza simbólica y real.[89]

Las mujeres silenciadas no carecen de herramientas y Filomela nos recuerda que el llamado trabajo femenino —tejer, coser y trabajar con colchas— ofrece la oportunidad no solo de crear, sino también de comunicar. Los tapices, los tejidos y los bordados: todos pueden contar historias. Así es como Edith Hamilton describe la difícil situación de Filomela y su ingeniosa solución: «estaba silenciada, no podía hablar, y en aquellos días no había escritura. [...] Sin embargo, aunque la gente de entonces no escribía, podían contar historias sin necesidad de palabras porque eran magníficos artesanos [...]. Así que Filomela se dirigió a su telar: tenía el mejor motivo que nunca haya tenido ningún artista para exponer claramente la historia que iba a contar».[90] El hecho de que el lenguaje de la producción textil esté vinculado de una forma tan estrecha con la generación de historias y su poder revelador nos dice mucho sobre el oficio silencioso de las mujeres en las culturas preliterarias.[91]

Qué extraño y, a la vez, qué lógico es que muchas de nuestras metáforas sobre la narración de historias se hayan extraído del campo discursivo de la producción textil. Tejemos argumentos, hilamos tramas, fabricamos relatos: es una forma de recordar que el trabajo de nuestras manos generaba espacios sociales que promovían el intercambio de historias, primero quizá a modo de cháchara, cotilleo y noticia, después en forma de narraciones y de otras densas perlas de sabiduría entretenida que se transmitían de generación en generación. Lo curioso es que la fabricación también implica tergiversación. Las historias pueden ser inventadas, pero también pueden ser verdaderas en cuanto forma de sabiduría de un orden superior. Hemos visto que las tergiversaciones y las mentiras funcionan en el folclore como modo oblicuo de revelar los detalles más horribles de los crímenes violentos. Los cuentos de hadas, como el británico «El señor Zorro», representan la posibilidad de crear ficciones sobre daños y heridas indecibles mediante el uso de lo supuestamente contrafáctico para sacar los hechos a la luz.

Atenea silencia a Aracne con una lanzadera

Los griegos nos legaron a muchas maestras tejedoras, sobre todo Penélope, que, como ya hemos visto, instaló un gran telar en su palacio para tejer un sudario para Laertes y todas las noches deshacía su trabajo. También están las Moiras o Parcas: Cloto, que hilaba una hebra con su huso; Láquesis, que mide la hebra, y Átropos, que la corta. Se ciernen sobre los humanos y parecen controlar sus destinos. Y luego está Aracne, la inventora de la tela de lino, cuyo hijo Closter introdujo el huso en la fabricación de la lana. Aracne reta a Atenea (utilizaré los nombres griegos aunque nuestra fuente autorizada sobre la historia es Ovidio) a una competición de tejer —ambas utilizan madejas de hermosos hilos coloreados como el arcoíris y filamentos de oro y plata— y la diosa, adorada como protectora de los olivos, los barcos y el oficio de tejer, no la rechaza. ¿Qué representa Atenea? Su tapiz muestra a los dioses, sentados en las alturas en toda su gloria mientras asisten a un concurso en el que la propia diosa derrota a Poseidón. Como una sutil alusión a la audaz doncella a la que se está enfrentando, coloca en las esquinas del tapiz cuatro escenas de mortales castigados por atreverse a desafiar a los dioses.[92] Por el contrario, Aracne utiliza el reto como una oportunidad para exhibir los defectos de los dioses y teje escenas de violentas agresiones sexuales en su «hermoso» tapiz. Ahí está Zeus, «engañando» a Europa al convertirse en toro y secuestrarla. A continuación, vemos a Asteria, madre de Hécate, perseguida por el mismo dios, que ahora se ha disfrazado de águila. Leda se encoge de miedo bajo el ala de un cisne. Una vez más, es Zeus, que adopta la apariencia de criatura aviar. Después volvemos a ver al dios, que ahora se hace pasar por Anfitrión para engañar a Alcmena, que lo confunde con su marido. Y, en seguida, abandona ese cruel ardid para adquirir la forma de una lluvia de oro, de una llama, de un pastor y de una serpiente multicolor para sus sucesivas conquistas. Poseidón también aparece en esta galería de canallas, primero como un toro que intenta seducir a Cánace, luego como un carnero para engañar a Teófane y, finalmente, en escenas adicionales, como caballo, pájaro y delfín. La cosa se acaba ahí. También vemos a Apolo, en su labor de «seducción», disfrazado de pastor, después ataviado con plumas y, más tarde, luciendo una piel de león. La representación de estas orgías de «mala conducta celestial» (es el término de un traductor) enfurece a Atenea, que también se indigna por la habilidad de la tejedora. La diosa desgarra el tapiz y golpea a Aracne en la cabeza con un huso. Aracne, humillada, se ahorca para evitar sufrir más agresiones y, tras su muerte, se convierte, como no podía ser de otro modo, en una araña que jamás cesa de tejer telas que no tardarán en convertirse en nuevas metáforas de la narración.

No debemos olvidar que Atenea es la diosa que surgió, crecida y sin madre, ya ataviada con su armadura, de la cabeza de Zeus. Como favorita de Zeus y diosa guerrera, le ofenden los desafíos a la autoridad de Aracne, su negativa a aceptar la humildad y la obediencia. Destrozar un tapiz que da voz a una enorme cantidad de violaciones, convertir la lanzadera del huso en un instrumento de silenciamiento más que de revelación y devolver a una mujer a la naturaleza: todas estas tácticas son muy elocuentes y cualquiera pensaría que habrían fomentado el apoyo a la causa de Aracne. Sin embargo, los traductores y educadores llevan décadas poniéndose del lado de Atenea. He aquí la historia de Aracne, una versión representativa, tal como se encuentra en la obra *Old Greek Folk Stories* de Josephine Preston Peabody. En ella, como en muchas versiones modernas de la historia, la vanidad y la insensatez de Aracne conducen a su caída. La cito

René-Antoine Houasse, *Minerva y Aracne*, 1706

aquí completa para reflejar el horror del castigo de Aracne y el hecho de que cada versión de una historia es también una interpretación de esta.

Había una vez una doncella de Lidia, llamada Aracne, famosa en todo el país por su habilidad como tejedora. Era tan ágil con los dedos como Calipso, aquella ninfa que retuvo a Odiseo durante siete años en su isla encantada. Era tan incansable como Penélope, la esposa del héroe, que tejía día tras día mientras esperaba su regreso. Aracne también tejía un día tras otro. Hasta las ninfas se reunían en torno a su telar, las náyades del agua y las dríadas de los árboles.

—Doncella —le dijeron con asombro mientras se sacudían las hojas o la espuma del cabello—. ¡Palas Atenea debe de haberte enseñado!

Pero el comentario no fue del agrado de Aracne. Se negaba a reconocerse deudora ni siquiera de la diosa que protegía todas las artes domésticas y por cuya única gracia se tenía alguna habilidad en ellas.

—No aprendí de Atenea —contestó—. Si ella sabe tejer mejor, que venga y lo demuestre.

Las ninfas se estremecieron al oírla y una anciana, que la estaba mirando, se dirigió a Aracne.

—Sé más prudente con tus palabras, hija mía —le advirtió—. Puede que la diosa te perdone si pides perdón, pero no trates de obtener honores entre los inmortales.

Aracne rompió el hilo y la lanzadera dejó de murmurar.

—Guárdate tu consejo —replicó—. No le tengo miedo a Atenea; ni a ella ni a nadie.

Mientras miraba a la anciana con el ceño fruncido, se maravilló al ver que de pronto se transformaba en una mujer alta, majestuosa y bella, una doncella de ojos grises y cabello dorado, coronada con un casco de oro. Era la propia Atenea.

Las espectadoras se encogieron de miedo y mostraron reverencia; solo Aracne permaneció inmutable y se aferró su insensata arrogancia.

En silencio, las dos empezaron a tejer y las ninfas se acercaron aún más, embelesadas por el sonido de las lanzaderas, que parecían zumbar con deleite sobre los dos tapices: adelante y atrás como abejas.

Contemplaron el telar en el que la diosa llevaba a cabo su tarea y vieron las formas e imágenes que surgían de los maravillosos colores, igual que las nubes del atardecer se convierten en criaturas vivas cuando las observamos. Y vieron que la diosa, aún misericordiosa, estaba tejiendo, como advertencia para Aracne, las imágenes de su propio triunfo sobre dioses y mortales imprudentes.

En una esquina del tapiz creó un relato acerca de su propia conquista sobre el dios del mar, Poseidón. El primer rey de Atenas había prometido dedicar la ciudad al dios que le hiciera el regalo más útil. Poseidón le dio el caballo. Pero Atenea le dio el olivo, un medio de vida, un símbolo de paz y prosperidad, y le pusieron su nombre a la ciudad. También representó a una vanidosa mujer troyana que había quedado convertida en grulla por disputarle la palma de la belleza a una diosa. Las demás esquinas de la tela contenían imágenes similares y el conjunto brillaba como un arcoíris.

Mientras tanto, Aracne, que tenía la cabeza bien alta debido a su vanidad, bordó su tapiz con historias contra los dioses, ridiculizó al mismísimo Zeus y a Apolo, y los representó como pájaros y bestias. Pero tejía con maravillosa habilidad; las criaturas parecían respirar y hablar, y todo era tan fino como las telarañas que se encuentran en la hierba antes de la lluvia.

Incluso Atenea estaba maravillada. Ni siquiera su ira por la insolencia de la muchacha superó por completo a su asombro. Durante un instante se quedó embelesada; luego rasgó el tapiz y le tocó tres veces la frente a Aracne con su huso.

—Sigue viviendo, Aracne —dijo—. Y, ya que tejer es tu gloria, tú y los tuyos deberéis tejer para siempre.

Y, tras esas palabras, roció a la doncella con una poción mágica.

La belleza de Aracne se desvaneció; entonces, su forma humana se redujo a la de una araña y así permaneció. Como araña, se pasaba los días tejiendo y tejiendo, y en cualquier momento puedes ver una obra similar a la suya entre las vigas.

Aracne teje un tapiz con criaturas que cobran vida, que parecen «respirar y hablar». Este don creativo es tan poderoso que rivaliza con el de los dioses, así que la competición entre la diosa y la mortal que se da en la mitología griega se encuentra repetida y reconfigurada en historias de todo el mundo. Los lenape o indios Delaware (una tribu indígena que originalmente vivió en las regiones del noreste de Estados Unidos y Canadá) tienen una historia sobre «Cómo llegó a existir la araña». Se dice que deriva del cuento de Aracne, pero lo más probable es que surgiera de manera independiente como una fábula acerca de la rivalidad entre una «creadora» y una «tejedora hábil». En ella, la mujer, que resulta ser la «segunda mejor tejedora de toda la Creación», recibe un castigo por el «orgullo» que siente por sus obras. La creadora la convierte en araña.[93] Las mujeres pueden procrear y crear, pero competir contra los poderes de los seres divinos es un acto de arrogancia. Lo que vemos en el mito de Aracne y en la fábula lenape sobre el origen de las arañas es una clara muestra de la ansiosa necesidad de poner límites a la creatividad de las mujeres, ya que su poder para procrear y generar algo más que la mera apariencia de vida las sitúa en competencia con las deidades supremas (masculinas). Las tejedoras, como narradoras y transmisoras de crudas verdades, representan una amenaza poderosa para el *statu quo* y reducirlas al tamaño de arañas, obligadas a tejer sus telas en rincones oscuros o entre las vigas, significa que su trabajo puede ignorarse o pasar desapercibido.

Hay mucho más que decir sobre la tradición de las arañas y, dadas las conexiones entre las telas, el tejer, los hilos y la narración, de historias, me viene a la mente una figura de la tradición africana como Anansi. Se trata del dios patrón del lenguaje y de la narración, y llegó a ser conocido en el Caribe y en el sur de Estados Unidos como la tía Nancy, Nancy o la señorita Nancy. Estas arañas narradoras pueden ser tanto siniestras como benévolas. Las primas de Anansi desafían constantemente las convenciones del orden social y también revelan los escándalos que forman parte del *statu quo*. Antes de analizar las nuevas estrategias que desarrollaron las mujeres —más verbales que visuales— para exponer las malas conductas y acusar a los que llevaban a cabo las fechorías, veamos la vida posterior de la historia de Filomela para ver cómo llega su eco hasta la actualidad.

Escribir cartas y coser pantalones: El color púrpura *de Alice Walker*

Alice Walker tuvo en mente el trabajo manual de las mujeres mientras reflexionaba acerca de que quería «hacer algo parecido a una colcha de *patchwork* disparatada» y escribir una historia que pudiera «saltar adelante y atrás en el tiempo, trabajar a muchos niveles distintos e incluir el mito».[94] Walker nunca menciona de forma explícita las *Metamorfosis* de Ovidio con relación a su historia sobre una joven negra llamada Celie que reclama su agencia y construye su identidad escribiendo cartas y cosiendo ropa. Pero, si recordamos que Filomela «unas purpúreas notas entretejió en los hilos blancos», es casi imposible imaginar que Walker no estuviera tramando algo, conectando una historia ambientada en la Georgia rural de la década de 1930 con un relato de la antigua Grecia.

El color púrpura comienza con una carta dirigida a Dios. A Celie la han silenciado, un hombre que cree que es su padre la ha violado y después la ha incapacitado para comunicarse con nadie que no sea un ser superior. Ha decretado: «No se lo cuentes a nadie más que a Dios. A tu mamá podría matarla».[95] Dios Padre sigue siendo su interlocutor hasta que descubre las cartas de su hermana Nettie. El marido de Celie, Albert, le ha ocultado esa correspondencia. Albert es un hombre con sus propias formas de silenciar a las mujeres: la fuerza física bruta y el disimulo. «Ya no escribo más a Dios. Te escribo a ti», declara Celie una vez que descubre las cartas de Nettie.[96]

¿Cómo consigue Walker renovar la historia de Filomela y Procne, señalar el camino hacia algo situado más allá de un ciclo que comienza con la violencia y continúa con una venganza que repite y perpetúa la ferocidad del acto inicial? Celie rompe el silencio que le ha impuesto su doble violación. Lucha por encontrar su voz, contar su historia y crearse una identidad. Su hermana Nettie, que se libró por los pelos de la violación a manos de «Pa» y de su cuñado, Albert, se convierte (como Procne para Filomela) en el público de Celie mientras esta pasa de la incapacidad de decir «yo soy» a convertirse en propietaria de nada más y nada menos que una empresa de venta de cosas hechas de tela: «La Pantalonera Ilimitada».

Contar su historia en cartas es solo una de las estrategias que Celie utiliza para reconstituir su identidad. Avanza desde la aniquilación de su identidad («Eres fea. Eres flaca. Eres rara. Solo servirás para hacer de criada», le dice Albert) hacia algo constructivo: recurre a coser pantalones, una actividad en la que mezcla lo femenino y lo masculino al servirse del oficio de la costura para crear prendas tradicionalmente usadas por hombres. Una elección extraña a primera vista, aunque la costura se convierte en la actividad que reconcilia a Celie con Albert y le permite hablar con él de formas que jamás había siquiera imaginado: «Cosemos y charlamos». Celie encuentra una alternativa al ciclo destructivo de violencia iniciado por la violación que la silenció: «Todos los días leeremos las cartas de Nettie y coseremos. Con una aguja en la mano en lugar de una navaja, pienso».[97]

La imaginación mítica se enorgullece de la exageración y la amplificación. Nos ofrece lo más crudo en lugar de lo endulzado, nos pone en contacto con el lado oscuro de la naturaleza humana, con vicios tan terribles que incluso los filósofos rehúyen hablar de ellos, puesto que van más allá del pensamiento racional. Los cuentos, en su forma primigenia, nos conectan con lo irracional más que ninguna otra cosa y nos recuerdan nuestra naturaleza animal.[98] La historia de Filomela y Tereo es materia mítica precisamente porque nos lleva al proverbial corazón de las tinieblas, representa lo inimaginable y nos desafía a pensar y hablar de emociones oscuras que nos sacan de nuestra zona de confort. Cuando Alice Walker nos presenta la historia de Celie, está creando una narración que, más que reinventarlo, tiene ecos del relato de Ovidio sobre Filomela. Celie y Filomela no son reinvenciones ficticias que desfilan de forma lineal a través de los tiempos desde Ovidio hasta nosotros, sino que se convierten en figuras de un ámbito literario abarrotado.

Una crítica señala que el lápiz y la aguja de Celie repasan, revisan y reescriben la historia de la violación de Filomela, así como la narrativa maestra de la subordinación de las mujeres en las culturas patriarcales.[99] Pero quizá tenga sentido cuestionar la idea de la influencia griega en la ficción moderna, como hizo Toni Morrison en 1989: «Encontrar o imponer influencias occidentales en/sobre la literatura afroamericana tiene valor, pero, cuando su único propósito es *otorgar* valor solo allí donde se encuentra esa influencia, es pernicioso».[100] Los griegos no inventaron el filicidio, pero Medea se ha convertido en nuestra clave para referirnos a una madre que asesina a un hijo. Al mundo antiguo de los griegos se le atribuye (nos guste o no) haber producido el texto fundacional sobre ese tema, con el resultado de que *Beloved*, de Toni Morrison, se transforma en una adaptación de la *Medea* de Eurípides en lugar de en lo que es en realidad: un eslabón de una red dorada y global que conecta todas las historias. Alice Walker elabora un contradiscurso de las narrativas sobre el silenciamiento de las mujeres. Su obra es una especie de texto liminal que bebe del legado del pasado mítico —con sus mujeres silenciadas dedicadas a las labores manuales—, pero que también mira hacia delante, hacia una época en la que la palabra hablada, la narración, la escritura y la revelación se convierten en instrumentos poderosos para las mujeres. Scheherezade, una mujer cuyo nombre ha llegado a ser sinónimo de narradora, nos servirá, una vez más, de guía, en esta ocasión para adentrarnos en el universo de las mujeres que utilizan la palabra para transmitir historias, de los cuentos sobre la narración de cuentos y sobre el poder de encontrar y utilizar tu propia voz.

Scheherezade: Narración, supervivencia y cambio social

Scheherezade siempre ha sido un misterio y no sabemos exactamente cómo llegó a convertirse en el punto de recogida de un vasto conjunto de textos procedentes tanto de Oriente Medio como del Extremo Oriente. Aparece por primera vez en el cuento marco de *Las mil y una noches*, que pasó de los manuscritos persas a los árabes en la segunda mitad del siglo VIII e. c., y luego emigró a las culturas de todo el mundo.[101] Al igual que Europa, Perséfone, Dánae y Aracne, es producto de un imaginario colectivo moldeado en gran parte por hombres (y solo hombres) de letras. Pero, a diferencia de las figuras de la mitología griega, tiene voz, un instrumento poderoso que le asegura la supervivencia y cambia su cultura. En las páginas que siguen pasaré de las mujeres mudas y silenciadas de la mitología griega, cuyos esfuerzos por comunicar las malas conductas están muy limitados, a las invenciones folclóricas que dotan a las mujeres de voz. Scheherezade, única en su especie, encabeza una procesión de mujeres que comienzan a hacer un uso estratégico de la narrativa, que la utilizan para protegerse del peligro, para decirle la verdad al poder y para transformar su mundo social.

Si leíste *Las mil y una noches* a una edad temprana, es probable que no tuvieras acceso a una versión no expurgada. Yo todavía veo, en mi mente, los magníficos lomos dorados de los varios volúmenes de *Las mil y una noches* que había en el vestíbulo de la casa de una amiga de la infancia. Esos volúmenes se hallaban entre los pocos libros prohibidos por su contenido picante (los *Cuentos libertinos* de Balzac estaban en esa misma estantería), vedados para los adolescentes de la casa. Por supuesto, todos los adolescentes de la familia intentaron, con mayor o menor éxito, ver lo que contenían. ¿Qué hay más sabroso que la fruta prohibida? Las ediciones de *Las mil y una noches* adaptadas para los niños no solo omiten algunos cuentos y censuran otros, sino que además eliminan los detalles escandalosos de la narración marco, con su relato de mujeres lascivas, intrigas sexuales y orgías en el patio.[102]

A Scheherezade la celebramos como una heroína cultural, pero, por lo general, en sus historias las mujeres se nos presentan como disolutas y engañosas. El marco narrativo de la colección es de todo menos apto para el público infantil y destaca como un crudo recordatorio de que lo que consideramos cuentos de hadas para niños eran en realidad lo que John Updike llamó, con gran acierto, «la televisión y la pornografía de una época anterior».[103] *Las mil y una noches* comienza con los relatos de Shahzamán y Shahriar y el espectacular fracaso de sus respectivos matrimonios. La promiscuidad de las mujeres, descubrimos, no tiene límites. En una cultura que imponía estrictas restricciones a la movilidad de las mujeres y limitaba su conducta social de forma severa, nos encontramos con esposas que son audazmente lascivas y que se embarcan de manera rutinaria en fechorías sexuales.

Shahzamán de Samarcanda anuncia su intención de ir a visitar a su hermano Shahriar, pero a mitad de camino se da la vuelta para recuperar un regalo olvidado y es entonces cuando sorprende a su esposa in fraganti. Allí está ella «yaciendo en brazos de un esclavo negro» (los relatos han sido acusados tanto de racismo como de misoginia) y, enfurecido, mata a la «asquerosa» mujer y a su amante. Cuando Shahzamán llega al palacio de su hermano, no comparte de inmediato la historia de la «traición» de su esposa y su desdichado estado de ánimo le impide salir a cazar con su hermano. Mientras mira por la ventana, es testigo de un ejemplo aún más flagrante de comportamiento disoluto en el jardín de su hermano: «Mientras Shahzamán miraba, se abrió una puerta y salieron veinte esclavas y veinte esclavos, en medio de los cuales estaba la bellísima esposa de Shahriar. Llegaron a una fuente donde se quitaron la ropa y las mujeres se sentaron con los hombres. "Mas'ud", llamó la reina, ante lo cual un esclavo negro se acercó a ella y, después de que se abrazaran, yació con ella mientras los otros esclavos yacían con las esclavas, y pasaron el resto del día besándose, abrazándose, fornicando y bebiendo vino».[104]

La desgracia ama la compañía, así que Shahzamán termina por contarlo todo, tras lo cual los dos hermanos traicionados abandonan el reino en busca de otras víctimas de la traición femenina. En su primera parada encuentran a un genio que tiene a «una chica esbelta, radiante como el sol» encerrada en un baúl. Mientras el genio duerme, la muchacha llama por señas a los hermanos y les dice que deben «satisfacerla» o los delatará ante el genio: «Poseedme lo más fuerte que podáis o lo despertaré». A regañadientes, los hermanos acceden, y hacen «turnos con ella». Como muestra final de su depravación, la mujer exige añadir los anillos de Shahzamán y Shahriar a su colección, que va desde los noventa y ocho hasta los quinientos setenta que aparecen en la traducción de Edward Lane, así como en la traducción posterior de Richard Burton.[105] En una coda del episodio, se extrae la moraleja del cuento con los siguiente versos:

No deposites tu confianza en las mujeres
ni creas en sus pactos. [...]
Hacen una falsa demostración de amor,
pero sus ropajes están rebosantes de traición.
Extrae una lección de la historia de José,
y descubrirás algunos de sus trucos.
¿No ves que a tu padre, Adán,
lo expulsaron del Edén gracias a ellas?

Las mujeres no solo son indignas de confianza, falsas, traicioneras y engañosas, sino también responsables de la Caída. Al parecer, la hipocresía del genio, que secuestró a la joven cuando estaba prometida con otro y ahora la mantiene encerrada bajo llave —salvo durante unos momentos de libertad cuando él duerme—, no es tan importante.[106] También Eva cedió a la tentación. (No se menciona que Eva no hace más que cometer el «pecado» de comer el fruto del Árbol del Conocimiento y ofrecerle parte de él a Adán.) Aún hay más y, en un apéndice desconcertante, nos enteramos de que un poeta ha escrito:

Soy amante, pero lo que he hecho
no es más que lo que los hombres de antaño hicieron
*   antes que yo.*
Un verdadero motivo de asombro sería un hombre
nunca antes atrapado por el encanto de las mujeres.[107]

En otras palabras, los hombres han hecho gala del mismo comportamiento que las mujeres y también sucumben perpetuamente a la tentación. Sin embargo, en realidad nunca es culpa suya, ya que se ven siempre «atrapados» por mujeres seductoras. En cierto modo, el comportamiento de la muchacha cautiva no hace más que recordarles a los dos hermanos, además de al público que escucha su historia, un descarado doble rasero que ve la depravación en conductas que no se sancionan ni censuran cuando son los hombres quienes las muestran.

¿Y qué hay de Scheherezade? Su personaje entra en escena tres años después de que Shahzamán y Shahriar regresen a casa, una vez que ambos han encontrado a un hombre que ha sufrido un destino peor que el suyo. El primer acto de Shahriar al llegar a su palacio es decapitar a la reina que lo traicionó antes de que comenzaran sus aventuras con Shahzamán. A continuación mata a todos los esclavos que retozaban con ella. Por último, y como ya se ha señalado con anterioridad, elabora un plan con consecuencias tremendas: todos los días tomará una nueva novia y, tras una noche de placer, la ejecutará. La práctica comienza en el momento de su regreso y se prolonga durante tres años, hasta que pronto «no quedan muchachas núbiles» en la ciudad. Es entonces cuando Scheherezade se ofrece voluntaria.

¿Quién es Scheherezade? En primer lugar, es la hija del hombre encargado de procurarle las novias a Shahriar, y también de despacharlas. El padre de Scheherezade estaba más que familiarizado con el ritual diario establecido por el rey; de hecho, forma parte de sus aspectos más horripilantes. Lo extraño es que Scheherezade, pese a lo sabia que es, desconoce la misión diaria de su padre y su relación con la desaparición de las vírgenes de su ciudad. Impasible ante la furia vengativa de Shahriar, insiste en casarse con él: «O vivo o serviré de rescate para las hijas de los musulmanes y las salvaré de él».[108] Pensadora estratégica e idealista compasiva a la vez, es una mujer preparada para la acción o el autosacrificio.

¿Cómo se convirtió Scheherezade en una maestra de la narración? La respuesta puede tener menos que ver con la inmersión en una cultura de la narración oral que con la pasión por la lectura. Scheherezade es, en efecto, una lectora voraz: «Había leído libros e historias, relatos de reyes antiguos y crónicas de pueblos anteriores, y por eso había reunido, según se decía, mil volúmenes de ese tipo, que abarcaban pueblos, reyes y poetas». Como señala un crítico, se la veneraba como lectora y erudita, una heroína «novelesca», cuyo hábitat natural es la biblioteca, no la cama del rey. Entonces los combina ambos «transformando el lecho del rey en un lugar para la narración de historias».[109] ¿Y qué clase de historias cuenta? Hay cuentos de demonios y monstruos, de ladrones y rameras, de moralidad y depravación, de piratas y bestias, de aventuras y rompecabezas, de todo tipo, como cabía esperar en un volumen de su tamaño. A través de la narración, Scheherezade no solo se salva de la muerte, sino que además transforma a Shahriar de tirano déspota en gobernante ilustrado y compasivo. Los finales llenos de suspense que elabora «educan» al rey al exponerlo a todo el espectro del comportamiento humano y despertar su deseo de saber no solo «¿qué pasa después?», sino también «¿por qué?». Scheherezade cuenta historias, pero también crea una relación de pareja en la que hay mucho que hablar, tanto que, presumiblemente, el rey llega a adquirir una comprensión más profunda de cómo debe gobernar.

Scheherezade es un misterio y también una paradoja. Su objetivo es curar al rey de su misoginia. Pero le cuenta historias que parecen pensadas para reforzar la convicción de Shahriar de que las mujeres son licenciosas, astutas y taimadas. Un ejemplo es el cuento «El porteador y las tres muchachas», en el que tres hermanas ricas invitan a un porteador que han contratado a pasar con ellas un día de juerga en la ciudad de Bagdad. Después de haber agasajado con comida y bebida al mozo, las tres hermanas se desnudan y, una por una, se sientan en el regazo del mozo, le señalan las partes íntimas y le preguntan: «¿Qué es esto?». El porteador les sigue el travieso juego y les pide a las hermanas que nombren su equivalente anatómico. También puede tomarse en cuenta el «Cuento del esposo celoso y el loro», en el que se asesina a un loro por decir la verdad sobre «una mujer de perfecta belleza y elegancia» que se dedica a los dobles engaños. También está la historia de «El joven de piedra», en la que una hechicera casada con un príncipe se acuesta con uno de los esclavos de la casa. Cuando su marido descubre el adulterio, ella le lanza un hechizo que le convierte la mitad inferior del cuerpo en mármol, transforma su reino en un lago y a sus antiguos habitantes en peces.

Cuando el novelista turco Orhan Pamuk reflexionó sobre su lectura de *Las mil y una noches*, recordó lo impresionado que se quedó, de niño, con sus «mentiras, trucos y engaños, los amantes y los traidores, los disfraces, los giros y las sorpresas».[110] Pero, al leerlo en la veintena, hubo muchas cosas de las historias que lo «angustiaron». «Los hombres y las mujeres estaban siempre en guerra —observó—. Me inquietaba su interminable ronda de juegos, trucos, engaños y provocaciones.» Y lo que es aún más importante, el volumen transmitía el mensaje de que «no se puede confiar jamás en ninguna mujer, no puedes creerte nada de lo que te digan, no hacen más que engañar a los hombres con sus jueguecitos y artimañas». *Las mil y una noches*, concluyó, era el producto de una cultura en la que los hombres temían a las mujeres y el poder de sus «encantos sexuales».[111] Más adelante descubrió que el libro era un «cofre del tesoro», un texto que nos muestra «de qué está hecha la vida». Sus recuerdos son reveladores, pues nos recuerdan que puede que la sabiduría de Scheherezade no busque tanto convertir a Shahriar a un nuevo sistema de valores como reclutarlo como compañero de conversación en los intersticios de las historias, en lagunas de las que no somos partícipes, pero que vamos completando a medida que leemos. Historias como las de *Las mil y una noches* nos enardecen y exigen que las procesemos mediante conversaciones sobre los mensajes que envían.

Al igual que Filomela en las *Metamorfosis* de Ovidio, Scheherezade tiene una doble misión. No es una mera «superviviente inteligente», sino que también es un «agente transformador».[112] Filomela teje la historia de su violación en un tapiz, además de para vengarse, para modelar formas de airear lo que toda una cultura ha silenciado. Tanto Filomela como Scheherezade comienzan como víctimas, pero el arco de sus respectivas historias las lleva a una posición que las capacita para hablar por sí mismas y para hablarle a toda una cultura de maneras que les permiten perdurar en la historia y en la canción.

La ilustración del artista danés Kay Nielsen para el cuento marco de *Las mil y una noches* nos recuerda que Scheherezade, a pesar de su heroica vitalidad, sigue siendo pequeña y débil. Sentada ante el rey, está desnuda, expuesta literal y figuradamente, es el blanco no solo de su mirada, sino también de su poder regio. En la imagen de Nielsen, Shahriar parece sobrehumano gracias a su enorme turbante y a sus vaporosos ropajes reales, y puede que haya caído bajo el hechizo de las historias de Scheherezade, pero sigue estando al mando. Scheherezade, por su parte, nos recuerda más a Hestia, diosa del hogar, que a Afrodita o Atenea. ¿Quién no llega a la conclusión, al contemplar la representación que Nielsen hace de la relación entre ambos, de que Scheherezade se convierte en una figura afiliada a la sumisión y la domesticidad?[113] Su voz y su cuerpo están puestos al servicio del rey.

Puede que Scheherezade carezca de la movilidad y los apetitos de los héroes culturales masculinos, pero trasciende el estrecho espacio doméstico del dormitorio gracias a su amplio alcance narrativo y acepta un arriesgado desafío al proponerse rehacer los valores de la cultura en la que habita sirviéndose solo de la palabra. Es capaz de despertar la curiosidad, pero, además, se convierte en una máquina de transvaloración mediante la narración, puesto que, en lo más profundo de su ser, entiende que las palabras pueden cambiarte. Detrás de su arte transformador se esconde la artimaña del desempoderado y, a pesar de las limitaciones físicas que se le imponen, Scheherezade utiliza el lenguaje de una forma que pone de manifiesto lo que el filósofo J. L. Austin denominó su poder «perlocutivo», su capacidad para persuadir, enseñar o inspirar. Scheherezade opera a un nivel culturalmente productivo y también biológicamente reproductivo. Creativa y procreadora, engendra hijos con Shahriar y también prepara el terreno, de manera poderosa, para la progenie literaria que surge de su historia: las numerosas narradoras que nos encontraremos en los capítulos siguientes.

Scheherezade siempre será un misterio, una paradoja productiva en su poder para generar una regresión infinita de lugares de conversación. Cada vez que leemos *Las mil y una noches* descubrimos nuevas facetas de su identidad, rasgos que nos retan a repensar cómo la veíamos antes. Al igual que Orhan Pamuk fue revisando su forma de entender las *Noches* con sus sucesivas lecturas, nosotros también modificamos, ajustamos y afinamos nuestra apreciación de una maestra narradora que sigue manteniéndonos a la espera, en vilo, de la siguiente entrega de sus encantos.

La compulsión de confesar: víctimas y piedras de la paciencia

En una de las versiones de la historia de Filomela, Procne y Tereo, Filomela no pierde la capacidad de hablar. Al contrario, utiliza la voz para contar su historia, pero más en forma de lamento íntimo que de comunicación. Cuando alguien la oye sin que ella lo sepa, la historia de su violación se hace pública. Antes de investigar el discurso de las mujeres —junto con el rumor, el chisme y la narración— en el próximo capítulo, quiero explorar una historia que revela por qué el asesinato (u otras escandalosas formas de comportamiento criminal) termina saliendo a la luz. La compulsión de confesar y contarlo todo afecta no solo al malhechor, sino también a la víctima, tal como nos demuestran los cuentos populares de todo el mundo.

Durante siglos, las mujeres de los cuentos de hadas han recurrido a un discurso velado y a artimañas ingeniosas para moverse por los márgenes de los mundos narrativos. Se han dedicado a una práctica que una experta denomina «idionarración», según la cual se hablan a sí mismas tanto como a los demás, utilizan las palabras para que su historia «salga al exterior», incluso cuando, o quizá sobre todo cuando, nadie parece prestarles atención.[114] Al igual que los niños de los cuentos de hadas, a menudo se ven silenciadas por su padre, sus hermanos u otros parientes masculinos y, en algunos casos, incluso por criaturas que ocupan una posición muy baja en la cadena trófica, pero también por quienes se hallan en lo más alto de las jerarquías divinas.

En primer lugar analizaré varios de los cuentos que aparecieron en una colección publicada por los hermanos Grimm, dos eruditos y estadistas alemanes decididos a utilizar el folclore como medio para consolidar la identidad cultural en un momento en el que su país estaba ocupado por fuerzas francesas. Lo que comenzó como un proyecto con aspiraciones nacionalistas se convirtió en la creación de un repertorio de narraciones que se extendió por todo el mundo hasta crear un corpus de folclore compartido que recibió un reconocimiento mucho mayor del que los Grimm podrían haber siquiera imaginado. Los cuentos se tradujeron al inglés poco después de la publicación de los dos volúmenes, en 1812 y 1815, y en seguida viajaron a Inglaterra y a Estados Unidos, donde se convirtieron en éxitos de ventas y empezaron a rivalizar con la tradición doméstica. Entonces llegó Walt Disney, que se basó en los cuentos de los Grimm para crear el primer largometraje de animación, *Blancanieves y los siete enanitos*. Cuando la película se estrenó en 1937 (y después se proyectó en cuarenta y seis países), el *The New York Times* la calificó de «película folclórica», una película que marcó el inicio de un nuevo canon transnacional del folclore: «Al igual que antiguamente los cuentos populares se transmitían de una tribu a otra y de una nación a otra, de modo que a pocas sociedades les ha faltado algo parecido a la historia de Cenicienta o de Aladino, también podemos tener películas populares». Sin mostrar ningún recelo hacia el lado siniestro de esta toma de posesión de un patrimonio folclórico heterogéneo por parte de una gran corporación, el reportero aplaudió el proceso de estandarización y comercialización.

Aun así, las historias de las que se apropió la Walt Disney Company apenas han sufrido contratiempos y un simple vistazo a algunos de los cuentos de la colección de los Grimm revela que lo que en ellas se conserva posee ecos de narraciones de todo el mundo, lo cual nos recuerda que las historias nunca dejarán de reproducirse en lo que Darwin llamó «infinitas formas bellísimas y maravillosas». En ningún caso es esto más cierto que en los cuentos sobre mujeres silenciadas y mujeres dotadas del poder de hablar y contar su historia.

Los ejemplos de niñas silenciadas abundan en los *Cuentos de niños y del hogar* de los Grimm. En «El rey Rana», el famoso primer cuento de la colección (recordemos que Campbell lo utilizó como pieza preliminar de *El héroe de las mil caras*), el personaje que da título a la historia, con instinto de autoridad, le dice a una princesa que llora por la pelota dorada que ha perdido: «Cállate y deja de berrear». «No llores, Gretel» y «cállate»: eso es también lo que Hansel le dice a su hermana cuando se pierden en el bosque y son incapaces de encontrar el camino de vuelta a casa. Y la niña del cuento de los Grimm titulado «La hija de la Virgen María» pierde la facultad de hablar cuando se niega a reconocer que ha abierto una puerta que le estaba prohibida. Privados una y otra vez de la palabra, estos personajes femeninos de los cuentos de hadas se nos presentan como indefensos y vulnerables. La queja continúa siendo un tabú para ellas.

«La pastora de ocas», un cuento incluido en la colección de los Grimm de 1812, revela las complejas formas en que el silencio y la palabra funcionan en tándem para producir narraciones autorreflexivas que aluden al poder de las historias para enmendar las cosas o, en otras palabras, para hacer justicia. En este caso, sin embargo, es una rival femenina, en lugar de un depredador masculino, quien inflige el sufrimiento a la heroína, lo cual nos recuerda que la villanía puede proceder de cualquier parte. El salvador adopta la forma de un oyente paciente, que hace las veces tanto de pretendiente como de rescatador.

Una princesa que viaja a tierras extranjeras para casarse es traicionada por una ambiciosa camarera que usurpa su posición. Obligada a cuidar gansos en el reino que iba a gobernar, la princesa no puede revelar su verdadera identidad, so pena de muerte. Mientras tanto, conserva sus poderes mágicos y convoca a los vientos para desviar la atención de los pretendientes indeseados o se comunica con la cabeza de su amado caballo, animal decapitado por la camarera. Pese a que se le niega el habla en su forma más urgente, sigue encontrando, como es el caso de Cenicienta, Blancanieves, Bestia Peluda y otras muchas heroínas de los cuentos de hadas de la colección de los Grimm, algún consuelo en su poder para comunicarse con el mundo natural y sentirse cómoda en él.

Es el padre del príncipe quien, tras enterarse de los rumores de intriga y traición por medio de la cabeza de caballo dotada de habla, propone que la pastora de gansos le cuente sus problemas a una vieja estufa de hierro. Una vez que el rey se aleja, la princesa se arrastra hasta la estufa de hierro y comienza a hablar «entre lamentos y lágrimas». «Desahogando su corazón, dijo: "Aquí estoy, abandonada del mundo entero y, no obstante, soy hija de un rey; una pérfida camarera me redujo a esta situación usando de la violencia, obligándome a quitarme mis vestidos de princesa y suplantándome ella como prometida del príncipe, mientras yo debo hacer trabajos humildes y guardar ocas. ¡Si mi madre lo supiera, de pena le estallaría el corazón en el pecho!".»[115] El astuto rey no se había alejado mucho de donde estaba la princesa y se acercó sin ser visto a la estufa para captar hasta la última palabra del lamento de la pastora de ocas. La verdad se hace pública gracias al fisgón real, un oyente comprensivo que, además, es un intermediario masculino con autoridad para validar y airear los hechos, incluso cuando, o quizá sobre todo cuando, se niegan con empeño. Contar tu historia, encontrar el poder de la palabra —aunque parezca adoptar la forma de un mero soplo al aire— libera y enmienda los errores.

La colección de cuentos italianos del siglo XVII de Giambattista Basile, conocida como el *Pentamerón*, contiene un cuento que se parece a la versión de «Blancanieves» de los Grimm. Sin embargo, hay una diferencia crucial: en este, es una tía quien desempeña el papel de cruel perseguidora. La niña maltratada le pide un día a su tío que le traiga de sus viajes una muñeca, un cuchillo y una piedra pómez. ¿Qué hace Lisa, como se llama la niña, cuando llega la muñeca? La pone delante de ella y empieza a llorar y contarle «a aquel bulto de trapos toda la historia de sus desventuras, como si hablase con una persona viva». ¿Y para qué sirven el cuchillo y la piedra pómez? Cuando la muñeca no responde, Lisa la amenaza con afilar el cuchillo con la piedra y apuñalarse. «¡Sí, que te he oído mejor que un sordo!».[116]

Puede que la muñeca sea un ser animado, pero no sustituye a un interlocutor real y, un día, el tío de Lisa la escucha a hurtadillas desde la puerta. Oye a la niña llorar y hablar con una oscura intensidad:

[El barón] vio que Lisa le contaba a la muñeca lo del salto de la madre sobre la rosa, lo del pétalo comido, lo del parto, lo de la maldición del hada, lo del peine hincado en la cabeza, lo de la muerte, lo de los siete ataúdes, lo de la habitación en la que la habían metido, lo de la muerte de su madre, lo de la llave dejada al hermano, lo de su cacería, lo de los celos de la mujer, lo de su entrada en la habitación contrariando la orden del hermano, lo del corte de pelo, lo del trato de esclava y lo de las muchísimas torturas que le habían infligido y, hablando así y llorando, decía: «Respóndeme, muñeca; si no, me mato con este cuchillo». Y, después de afilarlo con la piedra pómez, se disponía a clavárselo cuando el barón, dando una patada a la puerta, le arrancó el cuchillo de la mano.

Como una especie de segundo yo, la muñeca se convierte en una compañera de conversación. No es humana, eso está claro, pero tampoco «sorda». Está dispuesta a escuchar el relato de las miserias de Lisa sin desencadenar el miedo a las represalias por «delatar» a la tía. El barón le pide a su sobrina que le cuente el relato completo y luego organiza un banquete en el que quiere que la propia Lisa «contase la historia de los afanes pasados y de la crueldad de la mujer». La historia hace «llorar a todos los comensales». Recitar las penas a un objeto inanimado, en este caso una especie de figura personal «talismánica», crea la oportunidad de que un oyente comprensivo las oiga, lo cual, a su vez, prepara el camino para una actuación pública, una escena de narración que suscita la simpatía por la víctima y desemboca en un castigo para la perseguidora: «despidió a su mujer, enviándola de vuelta a la casa de sus parientes». En el banquete del barón se sirve una venganza quizá no del todo fría.

Hay muchos cuentos de hadas que tratan el tema del mutismo autoimpuesto o del silencio forzado seguido de revelaciones de abusos. El cuento portugués «La doncella de la rosa en la frente» nos presenta a una heroína que le pide a su tío un talismán. ¿Qué hace sino llevarse el objeto de piedra a su habitación y colocarlo sobre su cama?

Como el príncipe sentía curiosidad por saber qué haría con él, se escondió bajo la cama. La muchacha comenzó a contarle su historia a la piedra diciendo: «¡Oh, talismán!, soy la hija de una princesa, hermana del príncipe, mi tío, que vive en este palacio y está casado. Pero él no sabe que soy su sobrina, porque me mantuvieron encerrada en un cofre de hierro, hechizada, y su mujer y la madre de esta me quemaron toda la piel con un hierro candente».[117]

En este caso, el parentesco se ha suprimido y se revela al fin a través de la confesión de la chica ante un objeto inanimado, escuchada por el príncipe. El príncipe le devuelve su rango real a la muchacha y se deshace de su esposa y de su suegra abrasándoles la piel y emparedándolas tras un muro.

En ocasiones, las historias sobre traiciones y abusos tienen como víctimas a los hombres, como en «El señor de Lorn y el falso mayordomo», una balada que Francis James Child documentó en la Gran Bretaña del siglo xix.[118] El mayordomo de este cuento, al igual que la heroína de «La pastora de ocas» de los Grimm, se ve obligado a intercambiar su lugar con un sirviente. Su verdadera identidad se revela cuando le cuenta su historia no a la señora de la casa directamente, sino a un caballo que lo cocea. Al igual que en «The Golden Bracelet» («El brazalete de oro»), recogido en Kentucky e incluido en una colección titulada *Tales from the Cloud Walking Country* (1958), el testigo de la historia de desdicha, contada esta vez por una «verdadera novia», es un animal en lugar de un objeto inanimado.[119] «Había dejado que su perrito la siguiera hasta España —leemos en ese cuento sureño— y la consolaba mucho hablar con él todas las noches y contarle que había perdido el brazalete de oro que la protegía de cualquier daño. Mantuvo su promesa de no contárselo a ningún ser humano. Pero la sirvienta del viejo rey la oyó y se lo contó al anciano rey.» Aunque en estas historias aparecen a veces hombres jóvenes agraviados, las mujeres siguen siendo mucho más numerosas que ellos y puede decirse que sufren tanto a manos de madres, hermanas, tías y sirvientas como a manos de padres, maridos, hermanos y tíos.

A principios de la década de 1940, Susie Hoogasian Villa decidió recopilar cuentos populares de informantes que vivían en una comunidad armenia situada en Delray, al suroeste de Detroit. Sirviéndose de la taquigrafía Gregg, escribió varios centenares de cuentos, entre ellos «Nourie Hadig», una historia que le contó la señora Akabi Mooradian. En un apéndice a *100 Armenian Tales*, lo más destacado de su extenso archivo, añadió notas acerca de una decena de relatos similares contados en regiones próximas a Armenia, lo que indica la amplia difusión de la historia.

Nourie Hadig, al igual que la pastora de ocas de los Grimm y la Lisa de Basile, es víctima de una rival que hace todo lo posible por que intercambien sus posiciones. En este caso, Nourie Hadig lleva siete años cuidando a un príncipe dormido y, cuando este por fin despierta, cree que la responsable de su recuperación es una sirvienta tramposa. «Ninguna de las dos jóvenes le contó al príncipe la verdad del asunto»: el orgullo de Nourie Hadig y el enamoramiento de la sirvienta les impiden sacar al príncipe de su error. Antes de la boda, el príncipe sale de compras y le pregunta a Nourie Hadig qué necesita. La respuesta es «una Piedra de la Paciencia». El príncipe acude a un cantero, que le entrega el objeto deseado y le ofrece un discurso sobre sus poderes:

> Si uno tiene grandes problemas y se los cuenta a la Piedra de la Paciencia, se producirán ciertos cambios. Si los problemas de uno son grandes, tan grandes que la Piedra de la Paciencia no soporta el dolor, se hinchará y estallará. Si, por el contrario, uno hace una montaña de las quejas leves, la Piedra de la Paciencia no se hinchará, pero el hablante sí. Y, si no hay nadie presente para salvar a esa persona, estallará. Así que escucha al otro lado de la puerta de tu sirvienta. No todo el mundo conoce la Piedra de la Paciencia y tu sirvienta, que es una persona muy poco común, debe de tener una valiosa historia que contar.[120]

¿Qué hay menos vivo y sensible que una piedra? La idea de que exista una piedra de la paciencia, una piedra capaz de escuchar unas penas humanas tan intensas que incluso siente empatía, se hincha y estalla, es una genialidad. Como era de esperar, Nourie Hadig le cuenta sus sufrimientos a la piedra y en la narración popular nos encontramos con una versión en miniatura de los hechos ya contados, ahora desde el punto de vista de la heroína:

> —Piedra de la Paciencia —dijo—, fui la única hija de una familia acomodada. Mi madre era muy hermosa, pero tuve la desgracia de ser aún más hermosa que ella. Mi madre siempre le preguntaba a la luna nueva quién era la más bella del mundo. Y la luna nueva siempre respondía que mi madre era la más bella. Un día mi madre volvió a preguntárselo y la luna le contestó que Nourie Hadig era la más bella de todo el mundo. Mi madre se puso muy celosa y le dijo a mi padre que me llevara a algún sitio, que me matase y le llevara mi camisa ensangrentada. Mi padre no pudo hacerlo, así que me dejó libre —dijo Nourie Hadig—. Dime, Piedra de la Paciencia, ¿quién es más paciente, tú o yo?

La Piedra de la Paciencia comenzó a hincharse.

La muchacha continuó:

—Cuando mi padre me abandonó, caminé hasta que vi esta casa a lo lejos. Me dirigí hacia ella y, cuando toqué la puerta, se abrió sola por arte de magia. Una vez dentro, la puerta se cerró a mi espalda y no volvió a abrirse hasta siete años después. Dentro encontré a un joven apuesto. Una voz me dijo que le preparara la comida y lo cuidara. Lo hice durante cuatro años, día tras día, noche tras noche, viviendo sola en un lugar extraño, sin nadie que escuchara mi voz. Piedra de la Paciencia, dime, ¿quién es más paciente, tú o yo?

La Piedra de la Paciencia se hinchó un poco más.

—Un día un grupo de gitanos acampó justo debajo de mi ventana. Como llevaba sola muchos años, compré a una niña gitana y la subí con una cuerda hasta el lugar donde estaba confinada. A partir de ese momento, nos turnamos para servir al joven, que estaba hechizado. Un día era ella quien cocinaba para él, al día siguiente era yo. Un día, tres años más tarde, mientras la gitana lo abanicaba, el joven se despertó y la vio. Pensó que ella lo había servido durante todos esos años y la tomó como prometida. Y la gitana, a la que yo había comprado y consideraba mi amiga, no le dijo ni una sola palabra sobre mí. Piedra de la Paciencia, dime, ¿quién es más paciente, tú o yo?

La historia dentro de la historia refleja el relato más amplio, pero también presenta una nueva perspectiva y un nuevo público, pues la Piedra de la Paciencia modela el comportamiento empático, les recuerda a los oyentes que las historias pueden ser apasionadamente tiernas y emocionalmente intensas. Además de ejercicios intelectuales para trazar escenarios de «¿Y si...?», el cuento también contiene una buena dosis de magia, con la piedra que se hincha de pena. Al contar un cuento, se pueden transmitir el dolor, el sufrimiento y la injusticia. Y el príncipe, que escucha la escena de la narración a escondidas, admite de buen grado los riesgos del conocimiento parcial: «No conocía la historia completa». Y, con eso, mandan a la gitana de vuelta a la servidumbre (creando la oportunidad de un nuevo relato de injusticia) y Nourie Hadig se casa con el príncipe.

Las piedras de la paciencia son una rareza en el folclore europeo y angloamericano, aunque hay un dicho alemán acerca de ser capaz de hacer llorar a una piedra o de volverla empática (*etwas könnte einen Stein erbarmen*) que sugiere una especie de profundo abismo que separa el frío y mudo silencio de una superficie dura como una roca y la amable y efusiva calidez de la compasión humana. El folclore persa tiene un cuento llamado «Sangue Sabur» y la paciente piedra del título representa al oyente más empático que se pueda imaginar. Tras recoger toda la compasión que se ha despilfarrado en el mundo, absorbe el sufrimiento cuando escucha las tribulaciones de quienes deben soportar una carga de tristeza intolerable. La piedra paciente se sacrifica, estalla voluntariamente en pedazos al hacerse cargo de lo que, de otro modo, destrozaría a su interlocutor humano.

La piedra de la paciencia llegó hasta Armenia y, de maneras misteriosas, otros tropos y motivos del cuento persa relacionados con una joven que sufre durante largo tiempo emigraron también hasta la tradición europea. En 1966, un ama de casa de treinta años llamada Hayā, habitante de la ciudad de Herāt, en Afganistán, le contó a Hafizullah Baghban un relato titulado «El cadáver de setenta años».[121] En la década siguiente, Baghban documentó otras dos versiones del cuento, un hecho que sugiere una amplia difusión de las historias sobre las piedras de la paciencia. Los elementos del cuento se reconfiguran de manera caleidoscópica en el repertorio europeo, se readaptan para que tengan mayor sentido cultural para el público. En ocasiones, sin embargo, contienen la clave de los enigmas del cuento. Por ejemplo: ¿por qué la heroína de «La pastora de ocas» le cuenta sus penas nada más y nada menos que a una estufa de hierro? La respuesta se hace evidente cuando analizamos su lejano análogo, el cuento afgano sobre un cadáver anciano.

Un hombre se gana la vida vendiendo arbustos de espino y tiene una hija que hila algodón mientras él está fuera. Un día, un ruiseñor se posa en una pared y le dice a la chica que se casará con un cadáver de setenta años. Al día siguiente, el hombre y su hija se marchan a visitar a un pariente. Por el camino, se quedan sin agua y la hija camina hasta un fuerte donde llena la jarra, pero después es incapaz de encontrar una salida. Comienza a llorar y se abre una ventana que le da acceso a siete habitaciones. En la séptima yace el cadáver que da título al relato, lleno de agujas. La muchacha contrata los servicios de una concubina a la que le da la orden de quitarle al cadáver todas las agujas clavadas, excepto una. Sin embargo, la concubina, desafiante, retira todas las agujas. El cadáver resucita, se casa con la concubina y convierte a la hilandera en su segunda esposa. Aquí encontramos la misma inversión de los papeles de princesa y sirvienta, de chica guapa y gitana, que aparece en los análogos europeos.

Como en las historias de «La Bella y la Bestia» y «La Cenicienta», la heroína hace una petición modesta y le ruega al «cadáver» que le traiga una piedra de la paciencia y un cuchillo de mango negro cuando regrese de comprarle cosas a la esposa número uno. Tras adquirir los objetos, el «cadáver» se entera de que debe atender a cómo los usan: «[La segunda mujer] se meterá en un horno y lo tapará. Luego le contará su historia desde el principio hasta el final [a la piedra]. Por último, se matará [con el cuchillo]». El septuagenario hace caso a lo que le dicen y se sienta cerca del horno para escuchar la historia de la hija del anciano. ¿Cómo reacciona? Aturdido por la revelación de la traición de la esposa número uno, le ata el pelo a la cola de un caballo y hace que el animal corra hasta que la mujer queda «despedazada». Luego, le cubre el cráneo de plata y lo convierte en un vaso para beber. La joven que ha conseguido sacar la verdad a la luz tiene la «suerte» de casarse con el cadáver de setenta años y solo cabe esperar que el ejercicio de revelación lo haya transformado tanto física como emocionalmente: «Dios cumplió el deseo de la muchacha».

¿Qué ocurre cuando el cadáver de setenta años es la piedra de la paciencia? Esta es la premisa de la novela que Atiq Rahimi, escritor y cineasta franco-afgano, publicó en 2008. *La piedra de la paciencia* está ambientada «en alguna parte de Afganistán, o en cualquier otro lugar».[122] En este escenario, que es a la vez un pueblo muy real devastado por la guerra y un lugar imaginado en cualquier rincón del mundo, una mujer cuida de su marido comatoso, un yihadista herido en el cuello durante una disputa con un familiar. Poco a poco, la mujer comienza a confiar en su esposo, a revelarle sus miedos y sus deseos, la tortura de su matrimonio, sus secretos más ocultos, en definitiva.

Es la mujer quien establece la conexión entre el marido mudo y la piedra de la paciencia. «Antes de recoger su velo, le vienen las palabras: "¡Sangue sabur!"». Se sobresalta: "Ese es el nombre de la piedra, *sangue sabur*, ¡la piedra de la paciencia!, ¡la piedra mágica!", se acuclilla al lado del hombre. "¡Sí, tú, ¡tú eres mi *sangue sabur!*" [...]. "Voy a contártelo todo, mi *sangue sabur*, todo. Hasta que me deshaga de mis sufrimientos, de mis desgracias. Hasta que tú, tú..."» Por primera vez en su matrimonio, es capaz de replicar, de romper el código de silencio que había prevalecido durante una década, con un marido tan absorto en el conflicto armado que no intercambiaba palabras con su mujer. Para ella, el proceso de hablar con el marido inmovilizado es terapéutico, aunque sabe —y porque sabe— que las palabras que dice solo pueden pronunciarse cuando su marido carece de la posibilidad de responder con palabras o golpes. «Lo que brota de ella no es solo una confesión valiente y estremecedora, sino una acusación salvaje contra la guerra, la brutalidad de los hombres y las normas religiosas, maritales y culturales que agreden continuamente a las mujeres afganas y las dejan sin más recurso que absorber sin rechistar, como una piedra de paciencia», escribe Khaled Hosseini en su introducción a la novela de Rahimi.[123]

Las mujeres que cuentan sus historias con franqueza corren un riesgo. Puede que contarlo todo les aporte alguna ventaja terapéutica, pero el riesgo no siempre merece la pena. ¿Qué pasaría si el marido de la mujer afgana se despertara del coma y dijese que ha oído toda la historia de su sufrimiento, que ahora sabe que su mujer es consciente de lo que se describe como la esterilidad del esposo y, además, que ella le ha sido infiel para intentar quedarse embarazada? Esa pregunta se responde (¡alerta de espóiler!) al final de la novela, cuando queda claro que las confesiones de la esposa no han ablandado el corazón de su marido. La piedra de la paciencia, en este caso, no estalla en una identificación empática, sino que cobra vida impulsada por una rabia homicida que la esposa evita en el último momento gracias al uso de la daga que una vez había colgado en la pared junto al retrato de su marido. La mujer afgana de *La piedra de la paciencia* encuentra su voz. Contar su historia la dota de agencia, le permite defenderse del ataque homicida de su marido.

Los hermanos Grimm incluyeron, en sus *Cuentos de niños y del hogar*, un relato que entronca con «El señor Zorro» bri-

Walter Crane, ilustración para
«La novia del bandolero» de los Grimm, 1886

tánico y nos ofrece un cuadro final en el que una escena de
narración se convierte en la parodia de un juicio. Animada por
su prometido a contar una historia en el banquete de bodas,
la joven de «La novia del bandolero» enmarca su narración
como un sueño:

> —Muy bien —contestó—, voy a contaros un sueño que tuve.
> He aquí que soñé que iba caminando sola por el bosque y llegué
> a una casa. Allí no había ni un alma, pero de la pared colgaba
> una jaula y un pájaro encerrado en ella me cantó:
> «Vuélvete, vuélvete, joven prometida,
> asesinos viven en esta guarida».
>
> »Lo cantó dos veces. Tesoro mío, no debió de ser más
> que un sueño. Entonces recorrí una habitación tras otra y

LA HEROÍNA DE LAS 1001 CARAS

todas estaban desiertas. ¡Qué miedo daban! Al final, bajé al sótano, donde había una mujer viejísima, que no cesaba de menear la cabeza. Le pregunté: «¿Vive mi prometido en esta casa?». Y ella me respondió: «¡Ay, hija mía, has ido a parar a una madriguera de asesinos! Tu prometido vive aquí, pero te matará y despedazará, y después de cocinarte se te comerá». Tesoro mío, no debió de ser más que un sueño. Pero la vieja me escondió detrás de un gran barril y, en cuanto me ocultó de la vista, entraron los bandoleros arrastrando a una doncella tras ellos. Le dieron a beber tres clases de vino: blanco, tinto y amarillo, y el corazón se le partió por la mitad. Tesoro mío, no debió de ser más que un sueño. Le arrancaron entonces los primorosos ropajes, le cortaron el hermoso cuerpo en pedazos y lo rociaron con sal. Tesoro mío, no debió de ser más que un sueño. Uno de los bandoleros se fijó en que la doncella aún conservaba un anillo de oro en el dedo meñique y, como le costaba sacarlo, cogió un hacha y se lo amputó. El dedo saltó por encima del barril y fue a caerme en el regazo. Y aquí está el dedo con el anillo.

Y, con estas palabras, sacó el dedo y se lo mostró a todos los presentes.

El bandolero, que en el curso del relato se había ido poniendo blanco como un fantasma, se levantó de un brinco y trató de huir, pero los invitados lo sujetaron y lo entregaron a las autoridades. Él y su banda fueron ajusticiados con toda su banda como castigo por sus terribles actos.

Contar historias a objetos inanimados y declarar los daños en audiencia pública tiene una larga y venerable historia folclórica. En este caso, no se trata de Scheherezade llevando a cabo una práctica narrativa que entretiene e instruye, que mantiene al rey intrigado de una forma que retrasa su ejecución, que le enseña a su marido el valor de la empatía y lo lleva a comprender toda la gama de las emociones y los comportamientos humanos. Estamos en el aquí y en el ahora y el acto de comunicar los daños y perjuicios —de contarlo todo— resulta ser algo más que catártico. También puede garantizar la justicia social y castigar a las mujeres traidoras y a los hombres bárbaros. Pero tampoco está exento de riesgos.

Tecnología y habla: De ELIZA a Twitter

Hoy en día seguimos hablando con ciertos objetos, quizá no con estufas y piedras, pero sí con cosas duras y metálicas que dan la sensación de escuchar, con paciencia y compasión, nuestras historias. Las nuevas tecnologías han hecho posible que contemos nuestras historias con el máximo efecto dramático en las interacciones con las máquinas. En 1971, Joseph Weizenbaum desarrolló un programa informático llamado ELIZA. La ironía de ponerle al programa el nombre de Eliza Doolittle no pasa desapercibida entre las viejas generaciones de usuarios de programas. El exitoso musical de Broadway *My Fair Lady* (1956), basado en la obra teatral de George Bernard Shaw *Pigmalión* (1913), trata de un profesor de idiomas llamado Henry Higgins que está decidido a demostrar que es capaz de elevar el rango social de una mujer haciendo que cambie su manera de hablar. El control del habla de las mujeres sigue siendo sumamente importante, tanto entonces como ahora.

Para programar ELIZA, Weizenbaum se basó en lo que se denomina los aspectos no directivos de la terapia rogeriana, que abogaba por la aceptación incondicional de los puntos de vista del cliente/paciente con el fin de promover la expresión desinhibida de los sentimientos. «¿Cómo te sientes al respecto?» era la respuesta clásica a cualquier declaración de abuso, maltrato y victimización. ELIZA, por supuesto, no alcanza a comprender las declaraciones de su usuario, pero «ella» es capaz de generar una variedad de preguntas capciosas que fomentan el intercambio de sentimientos intensos y crean un vínculo afectivo con una entidad que transmite una (falsa) sensación de sensibilidad y empatía.

La gurú de la tecnología Sherry Turkle ha observado que quienes utilizan el programa «quieren contarle sus secretos». Una vez que se produce incluso «el más mínimo gesto que sugiera que [ELIZA] es capaz de empatizar, se activa el instinto de hablar, revelar y confesar». «He visto a centenares de personas introducir su primera frase en el primitivo programa ELIZA —añade Turkle—. Lo más habitual es que empiecen con un "¿Cómo estás hoy?" o un "Hola". Pero, cuatro o cinco intercambios después, muchos pasan a "Mi novia me ha dejado", "Estoy preocupado porque creo que voy a suspender química orgánica" o "Mi hermana ha muerto".»[124] En cuanto se les da la oportunidad, la mayoría de los usuarios se prestan de buen grado a entablar un diálogo con un objeto inanimado, una moderna piedra de la paciencia que promete una liberación emocional terapéutica. Por supuesto, la promesa de total discreción debe tenerse en cuenta en el impulso confesional que describe Turkle.

En el sistema de justicia penal estadounidense se ha puesto de manifiesto de diversas maneras el valor de contar tu historia, más allá de su uso como prueba. Muchos estados han aprobado enmiendas que permiten que las víctimas hagan declaraciones de impacto. «No todo el mundo encuentra alivio en la sala de un juzgado, pero muchas personas que han sufrido delitos violentos o que han perdido a un ser querido dicen experimentar una catarsis tremenda después de tener la oportunidad de describir su sufrimiento ante un tribunal. Los que no ven con buenos ojos esta práctica dicen que, al menos, debería haber unas normas mejores, más justas y de aplicación más clara al respecto.»[125] Contar tu historia, en entornos tanto privados como públicos, puede ir más allá de la liberación terapéutica y convertirse en parte de un esfuerzo investigativo para garantizar la justicia universal, pues allana el camino para el tipo de justicia restaurativa que tantos defienden hoy en día.

Los griegos aún cuentan una historia acerca de una mujer llamada Maroula, cuya suegra traicionera asesina a sus hijos. Sin embargo, culpan del crimen a la madre de los niños y su marido, enfurecido, ordena que le corten las manos y se las cosan a un saco con los cadáveres de los niños. Destierran del reino a Maroula, que vaga de una región a otra con el saco atado al cuello. Un día conoce a un monje al que le cuenta su historia y este resucita a los niños y vuelve a unirle las manos al cuerpo a Maroula. La verdad llega también hasta el marido, en forma de cuento. La justicia sigue su curso cuando el relato se narrar por tercera vez en un banquete en el que los invitados dictan sentencia contra la suegra villana: «Tomaron la decisión de meterla en un barril de alquitrán y prenderle fuego en el mar».[126]

Las mujeres siempre han alzado la voz y actuado, pero, como ya hemos visto, a menudo se las silenciaba de maneras que las obligaban a canalizar sus sentimientos confiando en artefactos asociados con el trabajo femenino. En un acto de desesperación, hablaban consigo mismas o con objetos inanimados y eso las llevaba a descubrir que la justicia solo podía llegar cuando un intermediario masculino las oía y arreglaba las cosas. Hoy en día, hemos desarrollado nuevas tecnologías y nuevos procedimientos judiciales que permiten la narración de historias. Las redes sociales ofrecen plataformas públicas en las que airear las quejas y exponer las injusticias. En un breve período de tiempo, hemos establecido un sistema alternativo que a veces rivaliza con nuestras instituciones legales en su poder para avergonzar, castigar y escarmentar, para conjurar a Némesis. ELIZA promete confidencialidad, pero Twitter, Facebook e Instagram garantizan la máxima exposición. El valor de contar historias, junto con toda la ansiedad concomitante respecto a su fiabilidad y la preocupación por escuchar a una sola parte, nunca ha sido mayor. Los retos que están por venir nos recuerdan las enojosas complejidades que implica la diferencia entre contar una buena historia y contar una historia verdadera. Como siempre, la estética y la ética bailan un tango en los dramas, reales y embellecidos, que resultan convincentes, inquietantes y, a veces, exasperantemente enigmáticos en su esencia.

Estrategias de silenciamiento: Cuentos sobre el bloqueo de la narración

La palabra *silencio* proviene del latín *silentium*, que significa «tranquilo, quieto, calmado», un estado de ausencia de ruido. Pero hay una importante diferencia de significado entre este sustantivo y el verbo derivado de él. Cuando hablamos de «silenciar», nos referimos a algo impuesto o infligido; sin embargo, el «silencio» es oro (como cantaban los Tremeloes en su éxito de 1967), un estado de serenidad asociado al bienestar físico y espiritual y a no causar daño. Como la escritora Rebecca Solnit, podemos pensar en «el silencio como lo que se impone y en la calma como lo que se busca»; de este modo reservamos el «silencio» (sobre todo en su forma verbal) para una forma de comportamiento coercitivo que va desde la amputación violenta de la lengua hasta la fuerza ilocutiva de que te manden callar.[127]

Nuestra propia cultura nos ha proporcionado demasiados ejemplos de compra del silencio de las mujeres que han sido víctimas de agresiones sexuales. En una entrevista descrita en *Depredadores*, un detallado relato de los esfuerzos de Harvey Weinstein por pagar para silenciar a las víctimas de su comportamiento delictivo, la productora de cine Alexandra Canosa le dijo al autor del libro, Ronan Farrow: «Te pone en tal situación que sabes que te conviene más callarte que hablar». En cuanto a los acuerdos de confidencialidad que preparó el equipo de abogados de Weinstein, Rosanna Arquette observó: «Va a hacer todo lo que esté en su mano para perseguir a todo el mundo y silenciarlo».[128]

En *Tengo un nombre*, Chanel Miller escribió sobre la agresión sexual que sufrió en el campus de Stanford, así como sobre su declaración de impacto como víctima, publicada en línea por BuzzFeed. Describió con gran detalle el tratamiento de los casos de agresión sexual en un sistema judicial diseñado para proteger a los agresores. «Durante años, el crimen de la agresión sexual se ha basado en nuestro silencio —escribió—. En el miedo a saber lo que pasaría si hablábamos. La sociedad nos dio miles de razones: no hables si no tienes pruebas, si pasó hace demasiado tiempo, si estabas borracha, si se trata de un hombre importante.»[129] Su historia no llevó solo a la introducción de cambios en las leyes de California, sino también a la destitución del juez que instruyó el caso, lo cual pone de manifiesto la fuerza de los testimonios extrajudiciales a la hora de decidir la culpabilidad y la inocencia y la conveniencia de la sentencia.

«Cómo silenciar a una víctima»: ese es el título de un capítulo de *She Said*, el relato de Jodi Kantor y Megan Twohey sobre cómo dieron a conocer la historia de acoso sexual que «impulsó el movimiento #MeToo». Las dos reporteras se dieron cuenta en seguida de que para superar el problema de «él dijo, ella dijo», tendrían que encontrar pruebas irrefutables de la veracidad de los relatos autobiográficos a los que habían tenido acceso. Y al final las encontraron, irónicamente, en los acuerdos de confidencialidad, nada más y nada menos que en los mismos documentos legales que se habían diseñado para silenciar las denuncias de agresión y acoso sexual. Los acuerdos y pactos de confidencialidad habían evolucionado a partir de un aparato legal desarrollado por equipos de abogados más interesados en ganar honorarios cuantiosos que en hacer públicas las historias: «Dinero en metálico a cambio de su silencio, ese era el trato». Para los abogados que cobraban honorarios condicionales y se llevaban hasta un tercio de la indemnización del cliente, el incentivo era llegar a un acuerdo extrajudicial para evitar así la posibilidad de perder el caso y quedarse sin nada, así como el riesgo de que una clienta retirara la demanda por miedo a la humillación ante un tribunal. El resultado era un sistema que «espoleaba a los acosadores en lugar de frenarlos».[130]

El próximo capítulo subirá la apuesta de lo que entra en juego en la narración femenina y explorará el profundo compromiso de los cuentos contados con la Voz de la Madre (para retomar el término de Ursula K. Le Guin) con la revelación, la resistencia y la restauración. Pero antes quiero analizar el hecho de que la imaginación folclórica puede, por paradójico que parezca, apostar tanto por silenciar como por promover la palabra. En tres cuentos —uno de Kenia, otro de Japón y otro de Rusia— surge un contradiscurso de la narración de las historias de las mujeres. Los relatos son lo bastante impactantes como para justificar su inclusión aquí, ya que nos aclaran mucho sobre la vulnerabilidad de quienes utilizan las historias para transmitir sabiduría, consejos y valores.

«Nos contamos historias a nosotros mismos para poder vivir», afirma Joan Didion en forma de epigrama en *El álbum blanco*, y las historias que las mujeres han contado nos confirman esa opinión de manera entusiasta. La «fantasmagoría movediza» de la experiencia real, añade Didion, exige una «línea narrativa», junto con un «sermón» y una «lección moral o social». En otras palabras: por instinto, intentamos aprender de las historias que contamos y no vale la pena hablar del pasado a menos que haya algún tipo de moraleja para quienes nos escuchan.[131] Por eso es importante preguntarse: ¿quién cuenta, quién escucha y con qué fin?

Con la expresión «para poder vivir», Didion se refiere a algo más que a la supervivencia. Las historias confieren sentido a nuestra vida, nos nutren y alimentan los vínculos. Recordemos que la historia de Filomela pone de manifiesto que en muchas ocasiones las mujeres han dado a conocer sus historias bajo la forma de un simple grito de justicia. La posibilidad de tener voz se inserta en los espacios silenciosos del trabajo de las mujeres (hilar, coser y tejer) y del tapiz de Filomela. Cuando se convierte en un pájaro, Filomela canta una canción de lamento y se transforma en representante de la voz del poeta. En cierto modo, la historia de Filomela y Procne revela una poderosa forma de envidia narrativa, ya que Ovidio es incapaz de exponer «la experiencia vivida» a través de la imagen y el canto, como hace Filomela. Él solo puede contar la historia de oídas. Pero eso también es, por supuesto, su gran suerte y privilegio.

Y ahora, para la Voz del Padre, unos cuantos contrarrelatos de los cuentos sobre el valor y con moraleja contados por mujeres entre mujeres. ¿Es de extrañar que el primer cuento popular documentado cuente una historia sobre una falsa acusación de agresión sexual? En el siglo XIII a. e. c. había un relato llamado «Cuento de los dos hermanos», en el que uno se llamaba Baîti y el otro Anupu.[132] Es la esposa de Anupu la que intenta seducir a su cuñado y, cuando este rechaza sus avances (Baîti promete generosamente no delatarla), la esposa le dice a su marido que Baîti la ha agredido y llega incluso a provocarse lesiones falsas. La historia termina cuando Anupu se entera de la verdad, mata a su esposa y arroja el cadáver a los perros. Este relato inaugural de una acusación inventada se incluye entre una serie de cuentos populares que representan la contratradición de lo que domina en el repertorio folclórico.

«Carne de la lengua» es un cuento que se encuentra en los países de la parte oriental del continente africano, en la encrucijada entre las tradiciones islámicas y las culturas tribales. La versión impresa a continuación se recogió en Kenia en la década de 1960 como parte de un proyecto para preservar la tradición de la narración oral. Demuestra lo fundamental que es la narración de relatos para el bienestar humano. Aunque disfraza su energía narrativa bajo un título poco apetecible, materializa la necesidad de contar historias. Pero, en un giro sorprendente, también inviste solo a los hombres con el poder de contarlas, de hablar, de cantar, de alimentar, de nutrir y de curar. En los destinos opuestos de las dos esposas se nos transmite una clara sensación de que necesitamos los cuentos «para vivir», pero, en este caso, solo los hombres entienden el poder «secreto» de las historias y se lo transmiten entre ellos.

Un sultán vivía con su mujer en un palacio, pero su esposa era infeliz. Cada día que pasaba estaba más delgada y menos animada. En esa misma ciudad vivía un hombre pobre cuya esposa estaba bien alimentada, sana y feliz. Cuando el sultán oyó hablar de la pareja, convocó al hombre pobre a su corte y le preguntó por su secreto. El hombre pobre respondió: «Es muy sencillo. La alimento de carne de la lengua». El sultán llamó a un carnicero y le dijo que comprara las lenguas de todos los animales sacrificados en la ciudad y se las llevara a él, el sultán. Todos los días, enviaba hasta la última lengua al palacio y le ordenaba a su cocinero que horneara y friese, asara y salase esas lenguas de todas las formas conocidas y que preparara todas las recetas de lengua jamás escritas. La reina tuvo que comerse esos platos tres o cuatro veces al día, pero no sirvió de nada. Cada vez estaba más delgada y le empeoró la salud. El sultán ordenó entonces que el hombre pobre le cambiara la esposa, a lo que este accedió a regañadientes. Se llevó a la delgada reina con él y envió a su propia esposa al palacio. Allí, esta perdió cada vez más peso a pesar de la buena comida que le ofrecía el sultán. Quedó claro que en el palacio no prosperaría.

El hombre pobre, cuando volvía a casa por la noche, saludaba a su nueva esposa y le contaba las cosas que había visto, sobre todo las divertidas. Le contaba historias que la hacían llorar de risa. Luego cogía sus instrumentos de cuerda y le cantaba canciones, de las que conocía muchas. Hasta altas horas de la noche, tocaba y la divertía. Y he aquí que la reina engordó en cuestión de semanas. Resultaba hermosa a la vista y tenía la piel brillante y tersa, como la de una joven. Y sonreía todo el día, recordando las cosas graciosas que le contaba su marido. Cuando el sultán la llamó, ella se negó a volver. Entonces el sultán fue a buscarla y comprobó que había cambiado y era feliz. Le preguntó qué había hecho el hombre pobre y ella se lo contó. Entonces comprendió el significado de la carne de la lengua.[133]

Mucho antes de que los terapeutas y los manuales de autoayuda atrajeran la atención de las parejas con problemas, los cuentos populares ofrecían consejos para hacer funcionar un matrimonio. Pero no era lo único que hacían. «Carne de la lengua» es una historia que tiene poderosos ecos de otros cuentos sobre lenguas, cuentos trágicos y esperanzadores, catastróficos y seguros. «Esto es justo lo que hacen los cuentos —como dice un crítico—: reúnen a todos sus narradores y lugares, y ahí radica su misterio y su magia.»¹³⁴ Tenemos un cuento en el que primero se nos habla de lenguas cortadas a animales como un recordatorio de las historias en las que puede hacerse lo mismo para torturar a los humanos, a los que se puede privar del poder del habla, la comunicación y las relaciones saludables. En «Carne de la lengua», el marido controla el lenguaje y lo utiliza como una herramienta para engordar a su esposa y embellecerla. Y es él quien tiene la capacidad de salir al mundo exterior y volver con historias divertidas, de contar «las cosas que había visto» en todos los lugares en los que ella no puede estar. El cuento keniano aporta sabiduría y verdad acerca de que las historias entretienen y revitalizan, pero también es un recordatorio de que —como Ovidio en la antigüedad, los hermanos Grimm en Alemania o Andrew Lang en Inglaterra— quienes poseen el poder de hablar y escribir son capaces de apropiarse de la narración y reclamarla para sí. Cuesta imaginar por qué Angela Carter, que reunió cuentos sobre mujeres «sabias» e «inteligentes», incluyó este relato en particular en sus *Cuentos de Hadas*, ya que ninguna de las dos esposas tiene mucha agencia y, además, los dos hombres se las intercambian libremente. Los personajes masculinos transmiten una lección sobre el poder de la narración para mantener a una esposa «hermosa» y «feliz». Por otra parte, su inclusión tiene también una lógica aleccionadora.

Si analizamos el cuento ruso «Cómo un marido alejó a su mujer de los cuentos de hadas», una historia de una concisión ejemplar, en seguida se hace evidente que se entorpecen los esfuerzos por tomar la palabra, por interrumpir e improvisar, por formar parte de la conversación y del proceso de creación de la historia, en resumen. En este relato, recogido a mediados del siglo XIX por Aleksandr Afanásiev (la respuesta rusa a los hermanos Grimm), los placeres de contar y escuchar cuentos cortocircuitan y producen, más que nada, una historia de terror, un relato escalofriante sobre la necesidad de privar a las mujeres del placer de la narración, que constituía un antídoto contra las labores repetitivas de la vida diaria.

Había una vez un posadero cuya esposa amaba los cuentos de hadas por encima de todo y solo aceptaba como huéspedes a quienes sabían contar historias. Por supuesto, el marido sufría pérdidas por ello y se preguntaba cómo podía alejar a su mujer de los cuentos. Una noche de invierno, a una hora tardía, un anciano que temblaba de frío le pidió refugio. El marido salió corriendo y le preguntó: «¿Sabes contar cuentos? Mi mujer no me permite dejar entrar a nadie que no sepa contar cuentos». El anciano vio que no tenía otra opción; estaba casi muerto de frío. Respondió: «Sí, sé contarlos». «¿Y los contarás durante mucho tiempo?» «Toda la noche.»
Hasta aquí, todo bien. Dejaron entrar al anciano. El marido dijo: «Esposa, este campesino ha prometido contar cuentos toda la noche, pero solo si no discutes con él ni lo interrumpes». El anciano dijo: «Sí, no debe haber interrupciones o no contaré ninguna historia». Cenaron y se acostaron. Entonces el anciano comenzó: «Un búho entró volando en un jardín, se sentó en el tronco de un árbol y bebió un poco de agua. Un búho entró en un jardín, se sentó en el tronco de un árbol y bebió un poco de agua». Siguió repitiendo una y otra vez: «Un búho entró en un jardín, se sentó en el tronco de un árbol y bebió un poco de agua». La esposa escuchó y escuchó y por fin dijo: «¿Qué clase de cuento es este? ¡No para de repetir lo mismo una y otra vez!». «¿Por qué me interrumpes? ¡Te he dicho que no discutas conmigo! Eso era solo el principio, luego iba a cambiar.» El marido, al oír esas palabras —que eran justo las que quería oír— se bajó de la cama y empezó a reñir a su mujer: «¡No debías discutir y ahora no le has dejado terminar el cuento!». Y la azotó y azotó, de modo que la mujer empezó a odiar los cuentos y desde entonces renunció a escucharlos.

Esta compacta alegoría yuxtapone la improvisación y la renovación con los efectos mortíferos de la repetición memorística, y la victoria de esta última es clara. La esposa comprende que las palabras crean zonas de contacto comunitario y animan a hablantes y oyentes por igual —aunque solo cuando el narrador es creativo, inventivo y cooperativo—; sin embargo, la insistencia del anciano en contar siempre la misma historia y la validación por parte del marido de esa repetición *ad infinitum* y *ad nauseam* desafían su convencimiento. Rara vez se ha plasmado de forma tan vívida y breve el conflicto entre el espíritu vivo y la letra muerta. Aquí, como en «Carne de la lengua», los hombres se apropian de la actividad de contar historias, pero, además, la controlan y organizan de forma que acaba castigando el deseo de las mujeres no solo de contar, sino también de escuchar y de formar parte de la narración como una presencia encarnada.

En Japón, el cuento del gorrión de la lengua cortada está muy extendido. Habla de una mujer que le corta la lengua a un pájaro (recordemos que Procne y Filomela se convirtieron en una golondrina y un ruiseñor) y después recibe un castigo por bloquear el canto y su belleza. Aquí está «El gorrión de la lengua cortada» en una versión documentada a principios del siglo XX:

En un pueblo de Japón, un anciano vivía con su esposa en una casa de campo.

Una mañana, la anciana vio en la puerta de su casa un pobre gorrión. Lo recogió y le dio de comer. Luego lo sostuvo bajo el sol brillante de la mañana hasta que se le secó el frío rocío de las alas. Lo dejó marchar para que volviera a su nido, pero él se quedó un rato y le dio las gracias con sus cantos.

Todas las mañanas, el gorrión se posaba en el tejado de la casa y cantaba su alegría. Los ancianos le daban las gracias al gorrión, pues les gustaba levantarse pronto para trabajar. Pero cerca de ellos vivía una vieja arisca a la que no le gustaba que la despertaran tan temprano. Al final, se enfadó tanto que cogió al gorrión y le cortó la lengua. Entonces, el pobre pajarito se fue volando a su casa, pero nunca pudo volver a cantar.

Cuando la anciana amable se enteró de lo ocurrido, se puso muy triste. Le dijo a su esposo: «Vamos a buscar a nuestro pobre gorrión». Así que se pusieron juntos en marcha y les preguntaron a todos los pájaros: «¿Sabes dónde vive el gorrión de la lengua cortada?».

Por fin vieron a un murciélago colgado bocabajo, echándose una siesta diurna. «Oh, amigo murciélago, ¿sabes adónde ha ido a parar el gorrión de la lengua cortada?», le preguntaron.

«Sí. Al otro lado del puente y subiendo la montaña», respondió el murciélago.

Al fin, el hombre y la mujer llegaron al hogar de su pequeño amigo. Cuando el gorrión los vio llegar se puso muy contento. Tanto él como su mujer y sus hijos se acercaron y agacharon la cabeza en señal de respeto. Entonces el gorrión se irguió y guió a los ancianos hasta su casa mientras su mujer y sus hijos se apresuraban a llevarles arroz hervido, pescado, berros y sake.

Cuando el sol comenzó a ocultarse, el anciano y su esposa emprendieron el camino de vuelta a casa. El gorrión sacó dos cestas. «Me gustaría daros una de estas —dijo—. ¿Cuál queréis?» Una de las cestas era grande y parecía muy llena, mientras que la otra parecía muy pequeña y ligera.

Los ancianos decidieron no llevarse la cesta grande, pues quizá contuviera todo el tesoro del gorrión, así que le dijeron: «El camino es largo y nosotros somos muy viejos, así que, por favor, dejad que nos llevemos la más pequeña».

La cogieron y volvieron a casa bajando la montaña y cruzando el puente, felices y contentos. Al llegar a casa, decidieron abrir la cesta y ver qué les había regalado el gorrión. Encontraron muchos rollos de seda y montones de oro, suficientes para hacerlos ricos.

La anciana arisca que le había cortado la lengua al gorrión los estaba espiando a través de la puerta mosquitera cuando abrieron la cesta. Vio los rollos de seda y los montones de oro y pensó cómo podría conseguir lo mismo.

A la mañana siguiente fue a ver a la mujer amable y le dijo: «Siento mucho haberle cortado la lengua a tu gorrión. Por favor, dime cómo llegar a su casa para poder pedirle disculpas». La anciana amable le indicó el camino y la arisca se puso en marcha. Cruzó el puente, subió la montaña y atravesó el bosque. Por fin llegó a la casa del gorrión. El animal no se alegró tanto de ver a esta anciana, pero, aun así, fue muy educado y la hizo sentirse bienvenida. Cuando la mujer iba a marcharse, el gorrión sacó dos cestas, como el día anterior. Por supuesto, la anciana eligió la cesta grande. Pesaba mucho y se le enganchaba en los árboles mientras caminaba por el bosque. Cuando por fin llegó a su casa, estaba medio muerta, pero echó las cortinas para que nadie pudiera espiarla. Luego, abrió su tesoro.

¡Menudo tesoro! Todo un enjambre de horribles criaturas salió de la cesta en cuanto la abrió. La picaron y la mordieron, la empujaron y tiraron de ella, la arañaron y se rieron de sus gritos. Por fin, gateó hasta el borde de la habitación y apartó la mosquitera para alejarse de las alimañas. En cuanto abrió la puerta, las criaturas se abalanzaron sobre ella, la cogieron y se la llevaron volando. Desde entonces, no se ha vuelto a saber nada de la anciana.[135]

«No se ha vuelto a saber nada de la anciana.» El gorrión queda silenciado cuando la vieja le corta la lengua y, al mismo tiempo, ella queda silenciada cuando las «horribles criaturas» la atacan y se la llevan. La última frase del relato silencia a la mujer de una manera tan poderosa como la amputación de la lengua del gorrión, y parece casi perverso que sea a una anciana que vive sola a quien se demoniza como enemiga del canto y la belleza.

¿Se trata de una especie de remodelación fantasmagórica de los tropos que aparecen en la historia de Procne y Filomela de Ovidio, reconfigurados de forma que marcan a las mujeres como agentes de la violencia? ¿O es más bien una especie de extraña negación de cómo se silencia a las mujeres, un reproche contra todas las esposas viejas, que las acusa de cortar la lengua y apagar el canto? El destino del gorrión, como vemos en nuestros tres sugestivamente característicos cuentos populares sobre canciones, historias y silenciamiento, es emblemático de cómo las palabras, al mismo tiempo que circulaban con libertad en los círculos sociales donde se desarrollaba el trabajo de las mujeres, también se sofocaban y controlaban de múltiples formas. En esta alegoría del silenciamiento, la mujer se convierte en agente y no en víctima del habla cortada. Recordemos que el lenguaje, la palabra y los argumentos se contaban entre los pocos instrumentos de desafío y cambio de los que disponían las mujeres de tiempos pasados. El reconocimiento de su autoridad y el descubrimiento de su audacia llegaban no solo en forma de fábulas de empoderamiento, sino también en forma de historias —a menudo escritas por coleccionistas masculinos— que desalentaban la charla ociosa, la improvisación y la discusión, al mismo tiempo que proyectaban sobre las mujeres acciones crueles destinadas a silenciar la belleza del canto y la historia.

El movimiento #MeToo puso de manifiesto el profundo empeño de nuestra cultura en silenciar a las mujeres, en impedir que hablen entre ellas y se expresen en espacios públicos. Los acuerdos de confidencialidad, los acuerdos de no divulgación, etcétera, formaban parte de una estrategia legal más amplia que se utilizaba para garantizar que las víctimas de acoso sexual, atrapadas por la vergüenza y la culpa, guardasen silencio. Los capítulos que siguen documentan la historia del habla de las mujeres, que está marcada por los esfuerzos para devaluarla, desacreditarla y menospreciarla. Cuando Julia Louis-Dreyfus habló en la Convención Demócrata de 2020, hizo una importante declaración sobre nuestro sistema legal cuando afirmó: «Tengo una corazonada sobre la justicia y lo que es correcto», con lo cual dio a entender que nuestras instituciones no siempre están en sintonía con la voz de las mujeres y que ahora podría ser el momento de enmendar ese error prestándonos atención. En la última década hemos descubierto una verdad universalmente reconocida en los cuentos de hadas: que hay momentos en los que nuestro instinto de lo que está bien y lo que está mal puede y debe prevalecer, y que el sistema jurídico debería volcar sus esfuerzos (por difícil que pueda resultar emprender ese proyecto) en investigar cómo incorporar esa sencilla premisa a sus prácticas de forma justa e imparcial, en lugar de en elaborar acuerdos lucrativos que encubran comportamientos delictivos.

3

RESISTENCIA Y REVELACIÓN

LA NARRACIÓN Y LAS HEROÍNAS OLVIDADAS DE LOS CUENTOS DE HADAS

Puede que a esa edad pensara que historias tan conmovedoras sobre el valor y la aventura me abrirían las puertas de mi propio futuro, aunque unos años más tarde, cuando tenía diez, once años, más o menos, mi mundo empezó a ser más limitado y me di cuenta de que aquellas canciones eran patrimonio de mis hermanos, no mío.

PAT BARKER,
El silencio de las mujeres

Puede que la historia suene como un mero chisme cuando la cuenta otra persona, pero, en boca de un narrador, el chisme era arte.

BARBARA NEELY,
Blanche on the Lam

Cuando, en 2016, Chanel Miller publicó su declaración de impacto como víctima en BuzzFeed, utilizó el seudónimo de Emily Doe. «He aquí la poderosa carta que la víctima de Stanford leyó a su atacante», fue el titular del relato de su agresión sexual. Casi de inmediato, la historia se hizo viral, pues recibió la visita de once millones de personas en solo unos días. El anonimato, como la propia Miller escribió más tarde, había sido su «escudo de oro», ya que la había protegido de la humillación, las represalias, las amenazas en línea y otras formas de acoso. El silencio significaba seguridad, señaló más tarde en un ensayo para la revista *Time*. Pero alzar la voz y contar su historia de forma pública se convirtió, como descubrió más adelante, en un ejercicio de reconstitución de su identidad: «Se acabó la fragmentación: todas las piezas encajaban. Le había devuelto la voz a mi cuerpo». Y en poco tiempo pudo decir: «Sentía mi propia autoridad».[136]

«Alzar la voz» puede sonar a tópico o a una alternativa demasiado fácil a la acción política, sobre todo en una cultura que nos permite expresar el agravio narcisista, la angustia personal y la indignación basada en el postureo ético a través de las redes sociales. Pero hablar siempre nos ha llevado a algún sitio, como bien sabemos gracias al profundo silencio que rodea asuntos que van desde el abuso infantil (fue necesario que la gente hablara en el programa de Oprah Winfrey, en lugar de los tribunales, para desafiar y cambiar ese tema) hasta la agresión sexual (en este caso, el cambio surgió de las mujeres que hablaban entre ellas, no de los equipos legales). Se hace evidente en seguida que el habla, sin lugar a dudas, debe moldear nuestra comprensión del heroísmo, tanto mediante la acción legal como mediante la acción política, tanto por medio de las palabras como por medio de los hechos. «Los secretos profundamente enterrados no hicieron más que prolongar mi sufrimiento», escribió Gretchen Cherington en *Poetic License* (2020), unas memorias sobre su crianza en un hogar en el que el padre que era un poeta distinguido y un progenitor abusivo. «El silencio es aislamiento, tan terrible como el propio abuso.»[137]

La negativa a permanecer en silencio se convierte en el sello distintivo de las nuevas heroínas modernas, tanto en el arte como en la vida. La palabra en forma de contradicción se convierte en su herramienta, en la forma de revelar que las verdades intemporales no son en realidad más que ficciones socialmente construidas e históricamente contingentes. Pensemos en Jane Eyre, la heroína de la novela homónima que Charlotte Brontë escribió en 1847, una joven que nos muestra el poder del lenguaje para espetarle nuevas verdades al poder de los mayores, para replicar, para socavar la autoridad y para crear un nuevo mundo reivindicando la agencia a través de la narración. El suyo es uno de los primeros apasionados arrebatos de una muchacha en una novela y demuestra el poder de las palabras para resistirse a la subordinación. Es la joven Jane la que habla, no la versión «mayor y más sabia», socializada, que aparece más adelante en el relato. No es casualidad que se haya visto a la propia Jane como una amalgama de cuentos de hadas: una joven que es en parte Cenicienta, en parte Piel de Asno y en parte la mujer de Barba Azul. Aquí está el arrebato de Jane, gritado a pleno pulmón, cuando desafía la autoridad de su cruel tutora, la señora Reed: «si alguien me pide mi opinión sobre usted y sobre cómo me trató, responderé que el simple recuerdo de su existencia me pone enferma, y que su conducta hacia mí fue mezquina y cruel. [...] Siempre recordaré que me empujó hacia el interior de la habitación roja (sí, me

F. H. Townsend, ilustración para *Jane Eyre*, 1847

empujó con todas sus fuerzas y me encerró allí), desoyendo mis súplicas de compasión. Yo no paraba de gritar: "¡Tenga piedad! ¡Tenga piedad!". Y todo ese castigo simplemente porque su malvado hijo me pegó y me tiró al suelo sin ningún motivo. Esto es lo que explicaré a todos los que me pregunten. La gente cree que es usted una buena mujer, pero se equivocan: usted tiene mal corazón. ¡*Usted* es la mentirosa!».[138]

Acusada de «mentir», Jane niega la acusación y se embarca en la tarea de invertir los valores repitiéndole a la señora Reed: «Usted es la mentirosa». El hecho de que Jane coja un libro «de cuentos árabes» después de este arrebato de emoción no es una mera coincidencia. Scheherezade y ella están unidas —a través de la narración y la transmisión de historias— por un

LA HEROÍNA DE LAS 1001 CARAS

parentesco más cercano de lo que parece evidente a primera vista. El hecho de que los críticos contemporáneos se escandalizaran por el comportamiento de Jane es un recordatorio de lo atrevido que era que una chica alzase la voz y replicara. Como escribió Elizabeth Rigby en el *Quarterly Review* en 1848, «el tono de la mente y el pensamiento que ha derrocado la autoridad y violado todos los códigos humanos y divinos en el extranjero y fomentado el cartismo y la rebelión en casa es el mismo que ha escrito *Jane Eyre*».[139] Cuando hoy leemos la reacción de Rigby, solo podemos jalear a Jane.

Hay otras estrategias para reclamar la agencia y la autoridad, y Zora Neale Hurston le asigna a su personaje, que casualmente se llama Janie, un camino distinto. *Sus ojos miraban a Dios* (1937) aborda cuestiones como el amor, el noviazgo y el matrimonio, y también pone de manifiesto que el impulso de contar una historia está enmarañado con el cotilleo. Janie Crawford es una mujer que sabe que ha sido objeto de rumores en su pueblo: «mi nombre es el que ahora pronuncian todas las bocas».[140] En el porche de su casa, el tradicional lugar de reunión para contar historias en las comunidades negras de la posguerra, se sienta con su vecina Pheoby y toma el control de la narración contándola ella misma.[141] Y ese relato se convierte en el volumen que el lector tiene en las manos, el famoso «libro parlante» de la escritura afroamericana.[142] Utilizando la lengua vernácula, las formas de hablar de la vida cotidiana, Janie sale de su aislamiento y de su silencio y, en una doble ironía, coge los cotilleos y los transforma en una manera de contar la verdad que, a su vez, es un relato de ficción cuya autora es una escritora llamada Zora Neale Hurston.

Janie es una mujer acostumbrada a que la silencien. Se ha casado dos veces y sus dos maridos hicieron grandes esfuerzos por limitar su discurso y sus movimientos, la trataron como a una propiedad. Su segundo marido, el dueño de una tienda que llegó a convertirse en alcalde, la humilla en público cuando afirma en la tienda: «mi mujé no sabe ná de echar discursos. Yo nunca me hubiera casao con ella por algo así. Ella es una mujé y su sitio está en la casa». Es justo ahí, en la casa, en el porche delantero, en ese espacio del umbral entre una cosa y otra, donde Janie comienza su historia: «Pue si lo que quieren es ver y saber, ¿por qué no vienen a hacer las paces? Podríamos sentarnos aquí toas juntas y yo les contaría cosas. Yo he sido una delegada de la gran asociación de la vida. ¡Jesú bendito! La Gran Morada, la gran convención de los vivos, allá es donde he pasao todo este año y medio que habéi estao sin verme». Y allí, acurrucada con Pheoby en el porche, Janie hace lo que las mujeres llevan haciendo desde el principio de los tiempos, contar su versión de la historia: «Se sentaron muy juntas en la reciente y fresca oscuridad. Pheoby, muerta de ganas de oír y sentir lo que Janie tenía que contar, pero ocultando a duras penas sus ansias de saber, por miedo a que pareciera pura curiosidad. Janie, rebosante del más antiguo de los anhelos humanos: sincerarse».[143]

Jane Eyre replica y se enfrenta a la autoridad; Janie se abre y confía en una amiga para contar su historia. Ambas son autoridades que se convierten en autoras de sus respectivas historias vitales. La resistencia y la revelación están emparejadas en estos dos relatos que muestran cómo espantar el mutismo, la vergüenza, la resignación y la sumisión. Ambas autobiografías de ficción desafían el orden social imperante mediante el uso de la narrativa como un confesionario, un púlpito y un atril.[144]

Contar tu historia: *Calaveras parlantes*
y una princesa con traje de cuero

El imaginario folclórico es una desenfrenada máquina de contar historias y no es de extrañar que incorpore publicidad para sí misma, puesto que existen muchos relatos sobre el poder de los relatos. La poesía hace que las cosas sucedan, con independencia de lo que declarara W. H. Auden, y las historias simbólicas tienen su propio y enérgico poder.[145] Muchos cuentos de las tradiciones orales transmiten el lado bueno de la narración, incluso cuando revelan ingenuamente el lado malo de la confabulación. Puede que estas historias inventadas no hablen de hechos reales, pero reflejan verdades afiladísimas que pertenecen a la sabiduría de los tiempos. Autorreferenciales hasta decir basta, revelan lo que puede ocurrir cuando se cuenta un cuento incluso en el mismo momento en que se está contando un cuento. Una de estas historias está muy extendida, tal como han demostrado los folcloristas, ya que tiene análogos en Nigeria, Ghana y Tanzania, así como en Estados Unidos y las Antillas.[146] Leo Frobenius, un etnólogo alemán que recogía historias del continente africano, documentó una de las versiones en 1921. Resulta evidente que el narrador explota la angustia respecto a los cráneos, los huesos y la mortalidad para producir el máximo efecto dramático y recordar a los oyentes que una buena historia puede ser cuestión de vida o muerte.

> Un cazador se adentra en el monte. Se encuentra un viejo cráneo humano. El cazador le dice: «¿Qué te trajo hasta aquí?». La calavera responde: «Hablar me trajo hasta aquí». El cazador sale corriendo y va a buscar al rey. Le dice al rey: «He encontrado una calavera humana en el monte y, cuando le he hablado, me ha respondido».

El rey dijo: «Nunca, desde que mi madre me parió, había oído que una calavera pudiera hablar». El rey convocó a los alkali, los saba y los degi y les preguntó si alguna vez habían sabido de algo parecido. Ninguno de los sabios había oído hablar de nada parecido, así que decidieron enviar a una guardia con el cazador para averiguar si su historia era cierta. La guardia acompañó al cazador al monte con la orden de matarlo en el acto si mentía. La guardia y el cazador encuentran la calavera. El cazador le dice a la calavera: «Calavera, habla». La calavera permanece en silencio. El cazador le pregunta, como antes: «¿Qué te trajo hasta aquí?». La calavera permanece en silencio. Durante todo el día, el cazador le suplica a la calavera que hable, pero esta permanece en silencio. Al anochecer, la guardia le dice al cazador que haga hablar a la calavera y, como no habla, lo matan como el rey les ha ordenado.

Cuando la guardia se va, la calavera abre las mandíbulas y le pregunta a la cabeza del cazador muerto: «¿Qué te trajo hasta aquí?». El cazador muerto responde: «Hablar me trajo hasta aquí».[147]

«La calavera parlante» es un cuento que nos advierte respecto a informar de lo que hemos visto y oído, pero también crea de forma autorreflexiva una narrativa significativa que socava su propio mensaje. Por un lado, descubrimos los riesgos de revelar noticias sobre cosas extravagantes, pero, por el otro, tenemos una historia que se deleita en informar sobre un evento impactante, sorprendente y escandaloso. Los narradores de este relato conocían la compulsión de revelar, confesar, airear y, simplemente, hablar. Pero también comprendían, a un nivel profundo, que la tentación de contarlo todo puede tomar un rumbo equivocado y conducir a una sentencia de muerte.

«Tengo miedo de que me maten. Dijeron que me matarían si los delataba.» Eso es lo que Recy Taylor le dijo en 1944 a un periodista después de que seis hombres blancos la secuestraran y la violaran al salir de la iglesia un domingo por la tarde en Alabama. Este capítulo vergonzoso de la historia de Estados Unidos pone de manifiesto que contar historias puede tener consecuencias fatales. Taylor recibió amenazas de muerte por parte de justicieros blancos, que además pusieron una bomba en su casa y le prendieron fuego al porche. Aunque en Estados Unidos las víctimas negras de agresiones sexuales rara vez encontraban justicia en los tribunales, sus historias ayudaron a movilizar a los líderes del movimiento por los derechos civiles para crear coaliciones legales y políticas.[148] Fue Rosa Parks quien ayudó a organizar la defensa de Recy Taylor y quien se trasladó a Abbeville en 1944 para recopilar los datos del caso y asegurarse de que la historia de Taylor se contaba.

Dado lo mucho que uno se juega al contar su historia o al decirles la verdad a los guardianes del poder, siempre se corre un riesgo. Incluso cuando se informa de hechos objetivos, el público puede mostrarse escéptico u hostil, acusarte de hacer afirmaciones falsas, de hipocresía o de burda exageración. La calavera parlante es, por supuesto, un prodigio, un oxímoron encarnado en el que cuesta creer. La historia de su hipocresía se repite sin cesar en una metafórica sala de espejos cuando se transmite, se repite y varía de una generación a otra. Está «La calavera que replicó», recogido por Zora Neale Hurston en la década de 1930 en el Sur profundo, el relato ghanés «El cazador y la tortuga» y el cuento de Ozark sobre una tortuga parlante.[149] En el cuento de Hurston, Calavera Vieja le dice a un hombre llamado Caminante Alto: «Mi boca me trajo hasta aquí y, si no tienes cuidado, la tuya te traerá a ti también».[150] El cuento popular recuerda a los oyentes que deben mantener la boca cerrada incluso cuando el propio narrador del cuento se está yendo de la lengua, lo cual convierte una historia sobre la narración de historias en una alegoría de la dicción como contradicción.

El riesgo que supone la denuncia pública se hace evidente cuando vemos que las niñas y las mujeres de las invenciones folclóricas recurren a subterfugios, se disfrazan y emplean todo tipo de estrategias de disimulo antes de contar sus historias. En los propios relatos, siempre acuden al engaño, a veces se ponen pieles de animales (como en «Piel de asno», «Bestia Peluda» o «Piel de Gato»), en ocasiones se esconden en cajas, barriles y cestas («El pájaro del brujo») o se cubren con cenizas, brea, musgo verde o plumas («Capa de Musgo»). Las heroínas se aprovechan de la mímica y la mascarada, participan en misteriosos juegos del escondite, ocultan su identidad y luego la revelan.

En el cuento egipcio «La princesa del traje de cuero», Juleidah —la muchacha que lleva el extraño traje que se nombra en el título— huye de casa cuando una «matrona arrugada» le aconseja a su padre viudo que se case con su propia hija. La princesa salta un muro de palacio, le encarga un traje de cuero a un curtidor, se convierte en sirvienta en el palacio de un sultán y se gana el corazón del hijo del gobernante, con quien se casa. Un día recibe la visita de su padre y de la turbia matrona que le había propuesto el desacertado matrimonio. Tras ponerse la túnica y el tocado de su marido, empieza a contar historias para «entretener» a sus invitados. La matrona no deja de interrumpir sus relatos, preguntando con nerviosismo: «¿No se te ocurre otra historia mejor?». Es entonces cuando Juleidah cuenta la «historia de sus propias aventuras» y, al terminar, anuncia: «Soy tu hija la princesa, sobre la que recayeron todos estos problemas por las palabras de esta vieja pecadora e hija de la vergüenza». Tiran a la matrona por un acantilado; el rey le entrega a Juleidah la mitad de su reino y todos los supervivientes viven «felices y contentos».[151]

Muchos de los llamados cuentos de viejas nos ofrecen, hacia el final de la historia, un breve resumen de la narración, que podría haber quedado fragmentada por interrupciones que van desde remover la sopa hasta calmar a un bebé que llora. Esta densa perla de sabiduría de las ancianas era una póliza de seguros contra la amnesia cultural y garantizaba que las historias que trazaban las rutas de escape de los compromisos matrimoniales poco convenientes, las circunstancias abyectas y los matrimonios tóxicos tuvieran más posibilidades de sobrevivir y perdurar. Por un lado, los cuentos proclaman la importancia de revelar los hechos en el aquí y ahora («¡Alza la voz! ¡Cuenta tu historia!»), pero también contribuyen a la memorización de los cuentos contados, a asegurar su replicación y supervivencia en forma de ficción más que de hecho, como un meme que puede, en el sentido positivo del término, hacerse viral.

«La princesa del traje de cuero» se imprimió en el siglo XX, pero el relato ya circulaba desde hacía mucho en las diversas tradiciones orales bajo la forma de un cuento de hadas, de una de esas historias que clasificamos como «cuentos de viejas». Estas confabulaciones tienen una larga y venerable historia como entretenimientos nocturnos narrados por chismosas, abuelas, niñeras y empleadas domésticas, tanto entre ellas como a las generaciones más jóvenes. Platón habla de los *mythos graos*, los «cuentos de viejas» narrados para divertir o castigar a los niños (nótese el uso del término *mythos*, del que deriva nuestro término *mito*).[152] También existe el *anilis fabula* ('cuento de viejas'), término utilizado en el siglo II e. c. por Apuleyo, que armó una escena de narración en *El asno de oro*, cuando una «vieja arpía borracha» intenta consolar a la víctima de un secuestro contándole un cuento llamado «Cupido y Psique».[153] Incluso antes del auge de la cultura impresa y de la producción de antologías de cuentos de hadas destinadas a los niños de forma explícita, los cuentos tradicionales que contaban las ancianas ya se habían degradado a la categoría de pasatiempos para los más jóvenes.

Los cuentos como «La princesa del traje de cuero» pueden darnos que pensar y hacer que nos preguntemos si las mujeres que los contaban eran en realidad solo «viejas», las señoras mayores y las empleadas domésticas a las que se les suelen atribuir. Durante siglos, los recopiladores de cuentos de hadas describieron a sus fuentes como ancianas, invariablemente deformes, viejas arpías (ese es el término utilizado por el escritor napolitano del siglo XVII Giambattista Basile), o como sirvientas y niñeras (Madame de Sévigné las calificó así en el siglo XIX), o como ancianas, abuelas y matronas (a quienes Charles Perrault atribuyó su colección de cuentos franceses del siglo XVII). Tadeo, anfitrión de las sesiones de narración del *Pentamerón*, elige a diez mujeres, las «mejores de la ciudad» en el arte de hablar, «las más duchas y charlatanas». He aquí el desfile de arpías: «Zeza la patoja, Cecca la chueca, Meneca la papuda, Tolla la nariguda, Popa la gibosa, Antonella la cachazuda, Ciulla la jetona, Paola la bizca, Ciommetella la tiñosa y Iacova la perdularia».[154]

Los frontispicios de las colecciones de cuentos de hadas muestran a las narradoras como mujeres arrugadas, encorvadas por la edad, apoyadas en bastones, a menudo rodeadas de nietos. Al atribuir la autoría de los cuentos de hadas a las generaciones mayores y pertenecientes a las clases trabajadoras, los recopiladores, hombres cultos de una clase social más alta, se distanciaban de las voces femeninas al mismo tiempo que se hacían con su control. Despojaron a los cuentos de su autoridad al renegar de la amplia propiedad cultural de los relatos, que pertenecen a jóvenes y mayores, cultos y analfabetos, aristócratas y plebeyos.

Desacreditar la sabiduría de los cuentos de viejas

Los cuentos de viejas encierran conocimientos valiosos. El hecho de que la sabiduría se conserva a través de las conversaciones en los círculos domésticos femeninos y en los momentos rutinarios de *tête-à-tête* entre mujeres se hace evidente en un cuento documentado en 1931 por un administrador colonial británico en lo que hoy es Ghana. Lo tituló «Guarda tus secretos». Al igual que la historia de la calavera parlante, este relato también es agresivamente didáctico y exhorta a sus oyentes de ser discretos. Advierte sobre los peligros de divulgar las estrategias para salvar vidas que se han transmitido de una generación de mujeres a la siguiente.

En «Guarda tus secretos», una joven decide elegir a su propio marido y se casa con un hombre que en realidad no es un hombre, sino una hiena. Por la noche, el marido le pregunta a su esposa qué haría si se pelearan y ella responde que se convertiría en un árbol. «Te atraparía de todos modos», responde la hiena-marido. La madre de la esposa, que escucha a hurtadillas la conversación sobre las diversas tácticas de su hija para huir a toda prisa, grita desde su habitación: «Cállate, hija mía, ¿es así como una mujer le cuenta todos sus secretos a su hombre?». El relato concluye hablando de la decisión de la esposa de abandonar a su marido-hiena y de los trucos que utiliza para huir. Él está al tanto de todos sus subterfugios excepto de uno, la única «cosa» que ella había logrado guardarse para sí.

A la mañana siguiente, cuando despuntaba el día, el marido le dijo a su mujer que se levantara porque él regresaba a su casa. Le pidió que se preparase para acompañarlo un breve trecho del camino para despedirlo. Ella obedeció y, en cuanto la pareja perdió de vista la aldea, el marido se transformó en hiena e intentó cazar a la muchacha, que se transformó en un árbol, luego en un charco de agua y después en una piedra, pero la hiena estuvo a punto de derribar el árbol, se bebió casi toda el agua y medio se tragó la piedra. Entonces la muchacha se transformó en la única cosa que su madre había conseguido que no revelara la noche anterior. La hiena miró y remiró por todas partes y, al final, temiendo que los aldeanos acudieran a matarla, se marchó. Al instante, la chica adoptó de nuevo su propia forma y corrió de vuelta a la aldea.[155]

«Guarda tus secretos» evita, sabia y pícaramente, revelar el secreto que salva vidas, de manera que los lectores nos quedamos con la duda no solo de cuál habrá sido la estrategia de la esposa, sino también qué se comentaría en las conversaciones posteriores a la narración de la historia. ¿Serían especulaciones ingeniosas sobre la identidad de la «cosa» compartida entre la madre vigilante y la hija de lengua larga? ¿O sobre cómo protegerse de los hombres violentos, incluso de los maridos? ¿Hablarían de la naturaleza bestial de los esposos? Seguro que las maravillas de esta historia dieron lugar a reflexiones acerca del porqué y el cómo, así como sobre las muchas formas de sortear los riesgos y los peligros de los acuerdos domésticos.

Ese tipo de conversaciones entre mujeres eran peligrosas, así que existían formas de desacreditar los cuentos que las originaban. El escritor alemán Christoph Martin Wieland protestó por lo que consideraba una merma del nivel literario cuando, en 1786, pocos años antes de que los Grimm empezaran a recopilar cuentos de hadas entre las tapas de un libro, declaró: «Está muy bien que los cuentos populares, contados por el pueblo, se transmitan oralmente, pero no deben imprimirse».[156] Su advertencia, con dejos de resentimiento, es un recordatorio claro de la profunda necesidad de asegurar

El cuento lúgubre, pintado por Thomas Stothard (1755-1834)
y grabado por H. C. Shenton. *Wellcome Collection*

la frontera que separa la elocuencia impresa de los hombres cultos de la mera cháchara de las mujeres. El canon literario que había creado la élite tenía que mantenerse aislado de las narraciones improvisadas de la gente corriente, sobre todo de las de las viejas chismosas y tontas.

Los cuentos de hadas de los círculos de narradoras se segregaron aún más y se mantuvieron así cuando se trasplantaron a la cultura de la infancia. Transmitidas de generación en generación, las historias —salvo las que daban un giro hacia lo atrevido y subversivo— podían utilizarse para enseñar lecciones sobre los valores, las creencias y los principios morales. Se convirtieron en parte de un plan pedagógico libre que precedió al auge de la alfabetización y que ofrecía sabiduría envuelta en ingenio. La escritora francesa Marie-Jeanne L'Héritier de Villandon defendió la habilidosa inteligencia de las niñeras e institutrices señalando las «características morales» de los cuentos que contaban. Al mismo tiempo, a diferencia de sus contemporáneos masculinos, entendió que los cuentos podían seguir funcionando de manera eficaz en los salones para adultos de la élite social, pues permitían a los oyentes entregarse al romanticismo aristocrático, servían como iniciadores de conversación y construían plataformas para la sociabilidad que tanto se apreciaba en esos entornos.[157]

Tal como ha señalado con gran perspicacia Marina Warner en una historia cultural de los cuentos de hadas, los argumentos como los de Madame L'Héritier para extraer los cuentos de la guardería y reutilizarlos para el público de la élite estaban condenados al fracaso, ya que los cuentos de viejas se habían trivializado, habían quedado reducidos a la categoría de tonterías y cháchara. «Al igual que los chistes, los "meros cuentos de viejas" poseen connotaciones de error, de falsos consejos, de ignorancia, de prejuicios y de falacias.»[158] Y, como decía Angela Carter, una vez que los cuentos se asociaban a las viejas, podían menospreciarse con facilidad. «Son *cuentos de marujas* (es decir, historias sin ningún valor, falsedad, chismorreo banal): una etiqueta denigrante que asigna a las mujeres el arte de contar exactamente al mismo tiempo que lo despoja de su valor.»[159]

Un vistazo a los frontispicios de las colecciones de cuentos de hadas nos recuerda por qué tantos se empeñaron en excluir esos relatos de la cultura «literaria». En la mayoría de esas imágenes, una figura femenina doméstica de edad avanzada (pensemos de nuevo en las abuelas severas, las niñeras encorvadas por la edad o las sirvientas con ropa remendada) recita cuentos a niños y niñas. Los cuentos de hadas pertenecen ahora a los más pequeños o a los más mayores, pero nunca a los del medio. Los padres están ausentes y ¿cómo iban a sumarse unos adultos en su sano juicio a los embelesados oyentes de tales tonterías? El control de la circulación entre lo oral y lo literario y el rechazo a la entrada de lo oral en la cultura impresa reflejan la firme voluntad de mantener las historias que se habían convertido en cuentos de viejas en el ámbito del hogar y lejos de la imprenta, que creaba vías de acceso a la esfera pública. De lo contrario, podrían difundirse de manera general en lugar de existir de manera obstinada en los focos de narración oral de las culturas locales.

Cuando los cuentos de hadas se trasladaron de las salas de hilado, los círculos de costura y la chimenea a la guardería, perdieron gran parte de su energía subversiva. Los editores de las famosas colecciones que se siguen publicando hoy en día (los hermanos Grimm, Charles Perrault, Joseph Jacobs, Aleksander Afanáseiv, etcétera) eran en su mayoría hombres, destacadas figuras literarias y actores políticos que no mostraban ningún reparo a la hora de tomar las riendas y reconvertir esas voces fastidiosas

George Cruikshank, frontispicio de *Cuentos populares alemanes*, 1823. *Colección Richard Vogler Cruikshank, Centro Grunwald para las Artes Gráficas, UCLA* que habían transmitido los cuentos de una generación a la siguiente.

Al igual que la regañona común —la designación de la mujer cascarrabias que se convertía en una molestia pública por participar en formas negativas de discurso como las quejas, las discusiones y las peleas—, las narradoras de cuentos hablaban de maneras que podían resultar irritantes, provocativas e incendiarias. Giambattista Basile permitió que una de esas mujeres malhabladas se colara en el marco narrativo de su *El cuento de los cuentos*. Cuando un paje de la corte rompe la jarra que una anciana utilizaba para recoger el aceite de cocina, esta deja escapar un torrente de insultos: «¡Ah, mocoso, pelagatos, guarro, meón, lengüeta de clavicordio, descamisado, soga de ahorcado, mulo bastardo! [...] ¡Bribón, sabandija, hijo de mujer del arte, ladrón!».[160] No es de extrañar que un dramaturgo británico del siglo XV comparara el discurso de las mujeres con los desechos de los animales: «¡Salid y dejad que las putas graznen! / Donde hay mujeres, hay muchas palabras: / ¡dejad que con sus plumas salten! / Donde se sientan los gansos, hay muchos zurullos».[161] Las palabras de los poetas pueden resultar reveladoras, pero las regañonas suelen ofender más que complacer. ¿Qué mejor manera de marginar a las narradoras de cuentos de hadas que asociarlas con las arpías y las malas viejas, que, por su proximidad con las regañonas y las brujas, no parecen fuentes fiables de sabiduría y orientación? El hecho de que la palabra inglesa *scold*, 'regañona', derive del nórdico antiguo *skald*, 'poeta', es sugerente, ya que apunta a la posibilidad de que esas viejas malhumoradas tal vez compartieran arsenales de armas satíricas con los poetas.

Los cuentos de hadas se remontan a tiempos muy lejanos y entraron en el canon literario como cultura impresa con

Charles Perrault, frontispicio de
Contes de ma mère l'Oye, 1697

colecciones como *Honesto y agradable entretenimiento de damas
y galanes* (1550-1553), de Giovanni Francesco Straparola, y la
obra burlesca de Giambattista Basile *Pentamerón* (1634-1646),
que presentan cuentos contados por mujeres, damas en un
caso, viejas arpías en el otro. Tanto Chaucer como Boccaccio
se inspiraron en las tradiciones orales, en las que las voces
femeninas se mezclan con las de los hombres y en las que los
temas y motivos proceden de los cuentos de hadas.

La inquietud por la traslación de los cuentos de hadas y
los relatos populares al ámbito de la cultura impresa continuó
hasta bien entrado el siglo xx, e incluso hasta nuestra época.
Resurge en los pronunciamientos de una persona tan razo-

nable como Karel Čapek, reconocido autor checo de la obra *RUR* (1920). En un ensayo sobre los cuentos de hadas, insistió en que «un verdadero cuento de hadas popular no se origina cuando lo documenta el recopilador de folclore, sino cuando una abuela se lo cuenta a sus nietos», lo cual perpetúa una vez más el mito de que todas las fuentes son mujeres viejas y de que el público de los cuentos está limitado a los más pequeños. «Un verdadero cuento de hadas —añadió— [es un] cuento dentro de un círculo de oyentes.»[162] Los cuentos de hadas deben mantenerse en su lugar y es mejor confinarlos al hogar.

Chismorreos y relatos

La charla, la cháchara, el cotilleo, el parloteo y la conversación siempre han cumplido una importante labor cultural para nosotros y, hoy en día, siguen sirviendo como fuentes de conocimiento, pues nos ayudan a dar sentido al entorno, ofrecen oportunidades para la creación de vínculos sociales y dan forma a nuestra manera de entender los valores del mundo en el que vivimos. Durante siglos, los filósofos condenaron las «charlas insignificantes» y excluyeron de sus estudios los cuerpos de conversación que se ocupan de los asuntos personales y locales más que de las cuestiones públicas a gran escala. «No prestes atención a las habladurías», advertía Immanuel Kant, porque surgen de un «juicio superficial y malicioso» y son un «signo de debilidad». Sin embargo, una reciente biografía del filósofo alemán sugiere que se entregaba a ellas con asiduidad en las cenas que organizaba.[163] Kierkegaard condenaba los chismorreos por considerarlos triviales y efímeros y los contraponía a las «conversaciones reales», que abordan temas de gran importancia y con una influencia duradera. Se esforzó por disminuir el poder de los cotilleos, a pesar de que comprendía su fuerza y su peso, ya que un periódico local, para gran angustia del filósofo, no dejaba de menospreciar su trabajo y su aspecto físico: Parece «O lo Uno o lo Otro», escribieron.[164] «La charla ociosa [*Gerede*] es algo que cualquiera puede sacar a relucir», entonó Heidegger para condenar la naturaleza igualitaria de los chismorreos y su valor para los marginados sociales, aunque reconociendo su valor pragmático.[165] Ser visto y ser escuchado, nos dice Hannah Arendt, solo es posible en la arena pública, un espacio de recuerdo organizado. Todo lo demás es efímero e indigno de conmemoración. El desprecio de la alta cultura hacia los cotilleos es estratégico, y también es sintomático de las profundas preocupaciones sobre el poder subversivo del cotorreo, el intercambio de historias y la participación en la aparentemente frívola actividad de la charla, maliciosa o benigna.

Castigo a la regañona en una silla de inmersión,
de un pliego de cordel británico, 1834

Es todo un reto identificar alguna cultura que no haya menospreciado y difamado el discurso de las mujeres ni lo haya tachado de chismoso. «La parlera chismosa, víctima de desvaríos y amante de la cháchara, la habladora, la maledicente, la regañona, la desdentada vieja de cuyos labios brota un sinnúmero de palabras huecas son mucho más viejas que los cuentos de hadas», nos dice un crítico, y así vincula, de manera involuntaria, el cotilleo con el folclore y cimenta la conexión entre los chismes y las mujeres ancianas y deformes.[166] Juvenal describe la locuacidad de las mujeres en términos cacofónicos: «Con tanta fuerza caen las palabras, que se diría son golpeadas a un tiempo gran número de bandejas y campanas».[167] La idea de locuacidad se filtra en el concepto de moral relajada y nos recuerda que la libertad verbal y sexual de las mujeres crea una gran ansiedad e incita esfuerzos por contener y vigilar sus libertades y, sobre todo, cualquier comportamiento libertino. ¿Es necesario añadir que quienes comprenden a un nivel profundo los atractivos de los deseos que con tanto vigor tratan de reprimir redoblan esos esfuerzos?

El miedo a lo oral, a las historias que carecen del lustre de lo literario, proviene, en parte, del vínculo que se establece entre los cuentos de viejas y los chismes o charlas ociosas. ¿Cómo iban a dignificarse esas nimiedades con la letra impresa? Pero los cotilleos tienen valor precisamente porque crean oportunidades para hablar por medio de los enredos emocionales de nuestra vida social. De manera conjunta, sus participantes construyen narrativas a partir de la materia de la vida cotidiana, tramas picantes cargadas de gozo especulativo. Los chismes abarcan una serie de temas, entre ellos el escándalo, que nos invitan a charlar sobre dilemas morales y conflictos sociales.[168] Y, lo que es aún más importante, sirven como recurso para aquellos que no tienen acceso a otras opciones de adquirir conocimientos, ya que operan como una forma autorizada de liberación que tal vez no cambie de forma drástica el orden de las cosas, pero que sigue resultando útil como salida expresiva.

¿Cuál es el mayor pecado del cotilleo? Una posibilidad es que una a las mujeres para crear redes de interacción social que escapan al control y a la supervisión patriarcales. Puede interpretarse como un contradiscurso que opera en contra de las normas comunitarias imperantes, una estrategia para recopilar conversaciones en forma de historias atrayentes que pueden diseccionarse y analizarse para convertirse en fuentes útiles de sabiduría y conocimiento. Se transforma en un recurso narrativo incorporado a un sistema de apoyo preexistente para aquellas cuya movilidad está limitada y están confinadas a la esfera doméstica.

Que hay algo amenazante en los chismes se hace evidente en el relato de F. G. Bailey, un antropólogo social que estudió un pueblo de los Alpes franceses. Contrastó dos grupos, divididos por género. Cuando los hombres se sientan y la conversación se torna chismosa, se considera algo socialmente aceptable, ya que los intercambios se entienden como «desenfadados, amistosos, altruistas», una forma de recopilar información y expresar opiniones. Cuando se ve a las mujeres charlando, la cosa cambia mucho: «Es muy probable que se estén dejando llevar [...] hacia los chismes, la malicia, el "asesinato de caracteres"».[169] «Asesinato de caracteres»: estas son palabras de lucha. Está claro que se percibe algo peligroso, sórdido y malévolo en las mujeres chismosas y las historias que cuentan.

El lenguaje siempre ha sido, por supuesto, el único recurso disponible para los subordinados, los privados de derechos y los desposeídos. A menos que se les amordace y ate o se les corte la lengua (como hemos visto, una de las muchas formas inimaginablemente crueles de tortura y castigo inventadas por los humanos), siguen pudiendo hablar. Puede que se les limiten las palabras, pero, aun así, el habla es posible. La escritora afroamericana Audre Lorde escribió en una ocasión que «las herramientas del amo nunca desmantelarán la casa del amo», dando a entender que el lenguaje, moldeado por los amos, no puede emplearse para minarlos y nunca puede lograr una «auténtica victoria».[170] Todo lo que se gane a través del lenguaje es parcial y provisional, sin efecto duradero. Sin embargo, el chismorreo crea un sentido de solidaridad liberador para los que no tienen voz. Se convierte en un arma eficaz en manos de los subordinados, ya que pasa de ser una charla banal a ser algo mucho más potente, sobre todo si, de alguna manera subrepticia, puede salir del hogar y entrar en la esfera pública.

Pero el cotilleo se degradó y pasó de ser una forma de apoyo y vínculo social a convertirse en un sabotaje social. Empezó a señalar no solo una charla ociosa y rencorosa (¿hay algo peor que ser cronista de sociedad?), sino también su fuente y, en la mayoría de los idiomas, «cotilla» es casi siempre femenino. En las regiones de habla alemana hay chismosos masculinos (*Klatschvater* es el término), pero se ven a todas luces superados en número por sus homólogas femeninas (*Klatsche*, *Klatschweib*, *Klatschlotte*, *Klatschtrine*, *Klatschlise*, etc.). Los antropólogos han estudiado los cotilleos en lugares que van desde la isla antillana de San Vicente hasta las residencias de estudiantes de una universidad estadounidense. A pesar de que existen pruebas de que las mujeres chismorrean solo un poco más que los hombres, las anécdotas, los proverbios, los cuentos y chistes populares y la sabiduría convencional conspiran para convertir el chismorreo en una forma de comunicación y vinculación femenina que rezuma más malicia que cualquier otra cosa.[171]

Los folcloristas y antropólogos nos dicen que cuando los cotilleos se convierten en historias —cuando se transforman en un híbrido de verdad y ficción, una especie de confabulación— nos ayudan a abordar las angustias sociales colectivas y las contradicciones culturales. Los cuentos populares nos permiten procesar los sentimientos, pues les ponen nombre a nuestros miedos y dificultades, los vuelven «una forma simbólica representativa y reconocible».[172] Una historia inventada podría tener su origen en un relato real acerca de, por ejemplo, el temor de una mujer al matrimonio o el resentimiento de otra hacia un hijastro, pero también disfrazará esos relatos despersonalizando su contenido, proyectándolos en un mundo imaginario y exagerando y ampliando su alcance.

He aquí un ejemplo del tipo de historia que comienza como noticia, se convierte en leyenda y termina como cuento. Se trata de un cuento de los nativos americanos, narrado por el pueblo salish, que vive en el noroeste de Estados Unidos y en las regiones del suroeste de Canadá:

Una vez, varias personas estaban acampadas en las colinas cercanas a Lytton y, entre ellas, había dos niñas a las que les gustaba jugar lejos del campamento. Su padre las advirtió sobre los gigantes, que habían infestado el país.

Un día se alejaron, jugando como de costumbre, y dos gigantes las vieron. Se las metieron bajo el brazo y huyeron con ellas hacia su casa, en una isla remota. Las trataron con bondad y les dieron mucha caza para comer.

Durante cuatro días, las niñas se sintieron casi superadas por el olor de los gigantes, pero, poco a poco, se acostumbraron a él. Durante cuatro años, vivieron con los gigantes, que las llevaban al otro lado del río para buscar raíces y recoger bayas que no crecían en la isla.

Un verano, los gigantes las llevaron a un lugar donde abundaban los arándanos. Sabían que a las niñas les gustaban mucho los arándanos. Las dejaron recogiendo bayas y les dijeron que se iban a cazar y que volverían al cabo de unos días. La hermana mayor reconoció el lugar y se dio cuenta de que estaba a no muchos días de viaje del hogar de su pueblo, así que huyeron.

Los gigantes regresaron y, al ver que las chicas se habían marchado, siguieron sus huellas. Las muchachas se percataron de que estaban a punto de alcanzarlas y treparon a la copa de un gran abeto, donde no podían verlas. Se ataron con las correas de las cestas. Los gigantes dedujeron que debían de estar en el árbol e intentaron encontrarlas. Lo rodearon, pero no las vieron. Lo sacudieron muchas veces y lo empujaron y tiraron de él, pero el árbol no se rompió y las muchachas no cayeron. Así que los gigantes se marcharon.

Los gigantes seguían buscándolas y no tardaron en verlas a lo lejos. Las persiguieron y, cuando las chicas se dieron cuenta de que estaban a punto de atraparlas, se escondieron en un gran tronco hueco. Cubrieron las aberturas con ramas. Los gigantes tiraron de las ramas, pero estas no se movieron. Intentaron hacer rodar el tronco cuesta abajo, pero pesaba demasiado. Al cabo de un rato, se rindieron.

Una vez que se fueron, las muchachas echaron a correr y por fin llegaron a un campamento de su propia gente en las montañas. Tenían los mocasines desgastados y la ropa desgarrada. Le contaron a la gente cómo vivían y se comportaban los gigantes. Les preguntaron si los gigantes tenían nombre y contestaron que se llamaban Stosomu'lamux y TsekEtinu's.

«Esta es la esencia del juego —nos dice el célebre folclorista Roger Abrahams—: objetivar [...] las situaciones de ansiedad, permitir el libre gasto de energía sin temor a las consecuencias sociales.»[173] De repente, ya no son necesarios el encierro y el secreto, dos rasgos distintivos de la cháchara y el cotilleo. Ahora la historia puede difundirse, contarse en público sin temor a las represalias. También está «bajo control» de maneras que nunca se dan en la vida real. Al encapsular un conflicto de gran envergadura, el relato sitúa el problema en el pasado y en la lejanía del «Érase una vez» mediante la conversión de los protagonistas en figuras con nombres o descriptores genéricos y el aumento de la monstruosidad de los villanos, que ahora son gigantes, dragones, madrastras y ogros. Y de repente la historia se ha vuelto «inofensiva», es un mero entretenimiento, un simple cuento de hadas o un mito. Pero sigue obsesionándonos, ejerciendo su magia al empujarnos a hablar de todos los conflictos que expone, al magnificarlos para crear una sensación.

Para obtener una visión clara de cómo se transforman en mitos las noticias, los rumores y los chismes, podemos recurrir a las observaciones antropológicas de Melville J. Herskovits y Frances S. Herskovits, una pareja que estudió y documentó los protocolos de narración de los aldeanos de la isla de Trinidad: «Viejos y jóvenes se deleitan en contar, y en oír contar, hasta el último de los incidentes que ocurren en el pueblo. Desde fuera, la rapidez con la que se difunden las noticias nunca dejó de ser una fuente de asombro. Igualmente asombrosa era la celeridad con la que la historia adquiría una textura que convertía lo común en algo de secuencias significativas o irónicas».[174] Textura: es lo que se añade a la historia para convertirla de banal, trivial y ordinaria en algo de peso mítico. Y esa textura llega a través del intercambio conversacional, con respuestas de los oyentes que ponen en marcha un «tejido que va hacia atrás y hacia delante en el tiempo de las historias de hechos sobrenaturales y de retribución». En resumen, la sabiduría ancestral plasmada en el folclore del pasado enriquece y narrativiza las habladurías, de manera que genera nuevas historias que, a su vez, se transmitirán a la siguiente generación. De repente, pasamos de las particularidades de la vida cotidiana a los trazos amplios y generales y a las verdades superiores del pensamiento mítico.

Los Herskovits fueron testigos del hecho de que los aldeanos de Trinidad convertían la vida en arte, o lo que Clifford Geertz llamó una «forma de arte». Y las formas de arte no son meros «reflejos de una sensibilidad preexistente», sino también «agentes positivos en la creación y el mantenimiento de tal sensibilidad». El famoso análisis de Geertz sobre la pelea de gallos balinesa pone de manifiesto cómo operan las formas simbólicas: «Es esta clase de focalización de experiencias separadas de la vida cotidiana lo que realiza la riña de gallos (con independencia de que esta sea "solo un juego" y constituya algo "más que un juego"); de esta manera crea lo que podríamos llamar antes que típico o universal un evento humano paradigmático».[175] «Solo un juego» y «más que un juego» reflejan que la historia es a la vez una apuesta baja y una apuesta alta, pues exige nuestra atención y nos permite jugar y, a la vez, que nos entretengan. Operísticas y melodramáticas, las historias contadas en un entorno comunitario capturan lo imposible y lo ponen a la vista de todos para que lo contemplen, se maravillen y comiencen la ardua tarea de la especulación; en resumen, para que filosofen, para se dediquen a una actividad que los humanos hacen espectacularmente bien.

En mi opinión, Geertz no presta suficiente atención a que el trabajo interpretativo que se lleva a cabo en el ámbito de la narración puede alterar el *statu quo*. La narración de historias es una forma de crear un discurso alternativo, un discurso que se desvía de lo que se oye en el habla política y pública y lo rebate. Como hemos visto, en Estados Unidos el movimiento #MeToo ha representado de una forma vibrante el poder de los cotilleos y de la narración de historias para desafiar las normas imperantes. Y las historias de la vida real contadas por ese movimiento se han filtrado en nuestras formas de entretenimiento: *The Morning Show*, la serie de *streaming* de 2020 de

Apple, recicló el escándalo que sacudió el programa *Today* de la NBC. Ese y otros tipos de entretenimiento nos dan mucho que hablar mientras vemos que el arte procesa la vida y la amplía.

Heroínas olvidadas

Con la Gran Migración de los cuentos de viejas hacia el cuarto infantil se perdieron muchas cosas, y gran cantidad de relatos desaparecieron como por arte de magia. Los cuentos de hadas que hablaban de violencia doméstica (todas esas historias similares a «Barba Azul», con sus maridos misteriosos, carismáticos y crueles), los relatos acerca de abusos sexuales («Piel de Asno», por ejemplo, en el que una niña escapa por los pelos de un padre que exige su mano en matrimonio) y las ficciones sobre encierros y mutilaciones («La doncella manca») disminuyeron, se esfumaron del repertorio por razones obvias. Estos cuentos, con sus cimitarras levantadas, sus miembros amputados y sus noches en vela bajo las sábanas con erizos o serpientes, no eran una lectura adecuada para los más pequeños. Por supuesto, no se habían concebido para ellos, sino para las mujeres, tanto jóvenes como mayores, para que imaginaran todos los giros inquietantes que podían producirse en el cortejo y el matrimonio, el camino y la meta para la mayoría de ellas.

Charles Perrault, los hermanos Grimm, Joseph Jacobs y muchos otros filólogos, anticuarios y hombres de letras (como se los llamaba entonces) que elaboraron antologías nacionales de cuentos populares comenzaron el lento y constante proceso de eviscerar el archivo de las narraciones, de eliminar el contenido más oscuro, expurgar las escenas que aludían a agresiones sexuales, violencia doméstica e incesto. No prescindieron de inmediato de cuentos como «Piel de Asno», «Bestia Peluda», «Piel de Gato», «La osa» y «El rey que quiere casarse con su hija», en todos los cuales aparecía un deseo incestuoso, pero se esforzaron por que ese tipo de cuentos ocuparan un lugar menos prominente en sus colecciones. Y algunos editores de esos relatos apartaron la culpa del padre al dejar claro que eran los consejeros del rey, y no el propio rey, los que se empeñaban en la perversa alianza. Otros atribuyeron el acoso por parte del rey viudo a su hija a un ataque de locura temporal tras la pérdida de su amada esposa.

Más adelante, en el siglo XIX, folcloristas como Andrew Lang, que elaboró la popular serie de volúmenes de cuentos de hadas británicos conocida como «Rainbow» ('arcoíris'), aunque en realidad fueron su mujer y un equipo de amigos y colaboradores quienes hicieron el trabajo de recopilación, trataron de hacer que historias como «Piel de Asno» fueran aptas para niños.[176] En la versión de Lang, la niña es una hija «adoptada» y se nos repite una y otra vez que el rey no es su verdadero padre, sino que solo lo llama así. Incluso en su forma censurada, este tipo de relatos no resultaban atractivos para alguien como Walt Disney, que prefería los cuentos protagonizados por reinas malvadas (*Blancanieves y los siete enanitos*), madrastras crueles (*Cenicienta*) y hechiceras malvadas (*La Bella Durmiente*) a los padres que tenían las miras puestas en sus hijas. Él y muchos otros hicieron caso omiso de los numerosos cuentos sobre padres que encierran a sus hijas en torres, les cortan las manos o las venden al diablo.

Los cuentos sobre padres abusivos y hermanos acosadores desaparecieron del canon de los cuentos de hadas. El «Penta» de Giambattista Basile nos muestra a una mujer que se enfrenta a su hermano, un hombre decidido a convertir a su hermana en su esposa: «¡Me maravillo de que seáis capaz de soltar semejantes palabras de la boca, que, si están dichas en broma, burradas son, si en serio, apestan a cabrón! Y lamento que vos tengáis lengua para decir semejantes atrocidades y yo oídos para oírlas. ¿Yo, vuestra mujer? ¿Dónde tenéis el cerebro? ¿De cuándo acá se hacen estas calabriadas, estas ollas podridas, estas mezcolanzas?». El hermano responde cantando las alabanzas de las manos de su hermana. ¿Cómo reacciona ella? Cortándoselas y enviándoselas en una bandeja, tras lo cual el hermano la encierra en un baúl que luego arroja al mar. Al final, un hechicero le devuelve las manos, en un cuadro final de reconciliación.[177]

¿Por qué han desaparecido todas las heroínas que muestran una determinación feroz frente a la violencia doméstica? La pérdida de estas historias tiene consecuencias reales, ya que la mujer de Barba Azul, Piel de Gato, la doncella manca, Bestia Peluda y muchas otras heroínas con nombres que no reconoceríamos hoy en día modelan un comportamiento heroico y demuestran que las víctimas de circunstancias familiares terribles son capaces de encontrar formas no solo de sobrevivir, sino de prevalecer, incluso después de soportar lo inimaginable. Resistencia: ese es el rasgo que Clarissa Pinkola Estés, autora de *Mujeres que corren con los lobos*, consideró que era la lección rectora de historias como «La doncella manca». La palabra *resistencia*, señala, no significa solo continuar sin cesar, sino también «endurecimiento, robustecimiento, fortalecimiento». «No seguimos adelante porque sí —añade—. La resistencia significa que estamos haciendo algo importante.»[178]

Junto con la cultura de narración oral que unía a las sirvientas domésticas, a las mujeres en círculos de costura, a las nodrizas y a las cocineras ante la chimenea, los cuentos sobre la violencia doméstica se han ido desvaneciendo y olvidando, se han transformado en un «inocente» juego de niños en lugar de seguir siendo un tema de conversación para adultos. Si bien es cierto que las versiones indisimuladas y sin adornos de estos cuentos han desaparecido, los tropos de algunos de ellos tienen un gran poder de permanencia. En nuestros entretenimientos actuales abundan las cámaras prohibidas, las llaves ensangrentadas y los maridos con esqueletos en el armario. Y, como veremos, estas son precisamente las historias que las escritoras retomaron a finales del siglo XX para resucitar tradiciones que de otro modo se habrían perdido.

«Una mujer sin lengua es como un soldado sin arma», escribió el poeta británico George Peele en su obra de 1595 *The Old Wives' Tale*.[179] Silenciar las voces de las mujeres, mantener sus historias alejadas del canon oficial, se convirtió en una especie de misión, consciente o no, y la estrategia de menospreciar los cuentos de hadas fue una forma importante de impedir que se convirtiesen en una especie de capital cultural disponible para las mujeres pertenecientes a las clases educadas, como lo habían sido antes para las iletradas. También impidió una difusión más amplia de todo un género de historias, las que hablan de las complicaciones del cortejo, el amor y el matrimonio, de los desvalidos que consiguen darle la vuelta a la tortilla de los ricos y poderosos, de las fantasías utópicas que terminan con un «felices para siempre».

Antes de pasar a analizar la vida posterior de algunos de estos relatos en las obras de las escritoras, veamos uno de los cuentos de viejas que desaparecieron como por arte de magia. «El pájaro de Fitcher», incluido en los *Cuentos de niños y del hogar* de los Grimm, nos presenta a una heroína que no solo es valiente e inteligente, sino que además actúa como sanadora y salvadora. Esta es su historia, una variante del relato de «Barba Azul», un cuento de hadas que tradicionalmente termina con la liberación de la heroína por parte de sus hermanos:

Había una vez un mago que se disfrazaba de pobre e iba mendigando de puerta en puerta para raptar a las muchachas guapas. Nadie tenía ni idea de lo que hacía con ellas, pues todas desaparecían sin dejar rastro.

Un día, el mago se presentó ante la puerta de un hombre que tenía tres hijas preciosas. Parecía un mendigo débil y llevaba una cesta atada a la espalda, como si estuviera pidiendo limosna. Cuando suplicó que le dieran algo de comer, la hija mayor se acercó a la puerta para darle un mendrugo de pan. El hombre no hizo más que tocarla, pero ella se vio obligada a meterse de un salto en su cesta. Luego el mago puso pies en polvorosa y se la llevó corriendo a su casa, que estaba en medio de un bosque oscuro.

En la casa todo era grandioso. El mago le daba a la muchacha todo lo que quería y le decía: «Querida, estoy seguro de que serás feliz aquí conmigo, pues tendrás todo lo que tu corazón desee». Al cabo de un tiempo, le dijo: «Tengo que irme de viaje y te dejaré sola una temporada. Aquí tienes las llaves de la casa. Puedes ir adonde quieras y mirar todo lo que quieras, pero no entres en la habitación que abre esta llavecita. Te lo prohíbo bajo pena de muerte».

También le dio un huevo y le dijo: «Llévalo contigo allá donde vayas, porque, si se pierde, sucederá algo terrible». Ella cogió las llaves y el huevo y prometió hacer exactamente lo que le había dicho. Cuando el mago se marchó, la muchacha recorrió la casa de arriba abajo y observó con detenimiento todo lo que había en ella. Las habitaciones brillaban, repletas de plata y oro, y pensó que nunca había visto nada tan magnífico. Cuando por fin llegó a la puerta prohibida, estaba a punto de pasar de largo cuando la curiosidad la venció. Inspeccionó la llave y descubrió que era idéntica a las demás. La introdujo en la cerradura, la giró solo un poco y la puerta se abrió de golpe.

¡Imaginaos lo que vio al entrar! En el centro de la habitación había una enorme palangana llena de sangre y de extremidades cercenadas de cadáveres. Junto a la palangana había un bloque de madera con un hacha reluciente clavada en él. La muchacha estaba tan horrorizada que el huevo que sujetaba entre las manos se le cayó en la palangana. Aunque lo sacó en seguida y le limpió la sangre, no sirvió de nada. La mancha volvió a aparecer. Limpió y frotó, pero no se quitó.

Poco después, el hombre regresó de su viaje y lo primero que le pidió a la muchacha fueron la llave y el huevo. Ella se los dio, pero estaba temblando y, cuando el mago vio la mancha roja, supo que la muchacha había penetrado en la cámara ensangrentada. «Has entrado en la cámara en contra de mis deseos —le dijo—. Ahora volverás a entrar en contra de los tuyos. Tu vida ha llegado a su fin.»

El hombre la tiró al suelo, la arrastró por los pelos hasta la cámara, la degolló sobre el bloque de madera y la descuartizó de tal manera que su sangre corrió por todo el suelo. Luego la arrojó a la palangana con las demás.

«Ahora iré a buscar a la segunda», dijo el mago, y volvió a la casa vestido de pobre y pidiendo caridad. Cuando la segunda hija le ofreció un mendrugo de pan, la atrapó como había hecho con la primera, con solo tocarla. Se la llevó y a ella no le fue mejor que a su hermana mayor. La curiosidad la venció: abrió la puerta de la cámara ensangrentada, vio lo que había dentro y, cuando el mago regresó, tuvo que pagar con su vida.

El hombre fue a buscar a la tercera hija, pero esta era lista y astuta. Después de entregarle las llaves y el huevo, el mago se marchó, y ella dejó el huevo en un lugar seguro. Exploró la casa y entró en la cámara prohibida. ¿Y qué vio? Allí, en la palangana, estaban sus dos hermanas, vilmente asesinadas y descuartizadas. Pero ella se puso a trabajar para recopilar todas las partes del cuerpo y colocarlas donde les correspondía: cabeza, torso, brazos y piernas. Cuando todo estuvo en su sitio, los restos empezaron a moverse y a unirse. Las dos muchachas abrieron los ojos y recuperaron la vida. Alborozadas, se besaron y abrazaron.

Cuando volvió a casa, el hombre pidió en seguida las llaves y el huevo. Como no encontró ni rastro de sangre en el huevo, declaró: «Has pasado la prueba y te casarás conmigo». Él ya no tenía ningún poder sobre ella y debía hacer lo que le pidiera. «Muy bien —respondió la muchacha—. Pero primero debes llevarles una cesta llena de oro a mis padres, y debes llevarla cargada a la espalda. Entretanto, yo me encargaré de los preparativos para la boda.»

Corrió hacia sus hermanas, a las que había escondido en una habitación pequeña, y les dijo: «Ahora puedo salvaros. Ese bruto será quien os lleve a casa. Pero, en cuanto estéis allí otra vez, enviadme ayuda». Metió a las dos niñas en una cesta y las cubrió de oro hasta que quedaron ocultas por completo. Entonces llamó al mago y le dijo: «Coge la cesta y empieza a caminar, pero no te atrevas a pararte a descansar por el camino. Estaré mirando por mi ventana, vigilándote».

El mago se echó la cesta al hombro y se puso en marcha. Sin embargo, pesaba tanto que el sudor empezó a correrle por la frente. Se sentó a descansar un rato, pero, al cabo de unos instantes, una de las muchachas gritó desde la cesta: «Estoy mirando por mi ventana y veo que estás descansando. Muévete». Cada vez que se detenía, la voz hablaba y tenía que seguir avanzando, hasta que, al final, jadeando y gimiendo, consiguió llevar la cesta con el oro y con las dos muchachas hasta la casa de los padres.

Mientras tanto, la novia preparaba la celebración de la boda, a la que había invitado a todos los amigos del mago. Cogió una calavera con dientes sonrientes, la coronó con joyas y una guirnalda de flores, se la llevó escaleras arriba y la colocó en una ventana del desván, mirando hacia fuera. Cuando todo estuvo listo, se metió en un barril de miel, rajó un edredón de plumas y se revolcó en ellas hasta parecer un extraño pájaro que nadie podría reconocer. Salió de la casa y, por el camino, se encontró con unos invitados a la boda, que le preguntaron:

«Oh, pájaro emplumado de Fitcher, ¿dónde has estado?».
«De la casa del emplumado Fitze Fitcher vengo.»
«Y a la joven novia que hay allí, ¿cómo le va?»
«Ha barrido la casa de cabo a cabo
y desde la ventana del desván os está mirando.»

Después se encontró con el novio, que volvía a casa caminando muy despacio. Él también le preguntó:

«Oh, pájaro emplumado de Fitcher, ¿dónde has estado?».
«De la casa del emplumado Fitze Fitcher vengo.»
«Y a la joven novia que hay allí, ¿cómo le va?»

«*Ha barrido la casa de cabo a cabo*
y desde la ventana del desván te está mirando.»

El novio levantó la vista y vio la calavera decorada. Pensó que era su novia, asintió y la saludó con un gesto de la mano. Pero, cuando llegó a la casa llena de invitados, los hermanos y parientes que iban a rescatar a la novia habían llegado antes que él. Cerraron las puertas de la casa para que nadie pudiera salir. Luego le prendieron fuego y quemaron vivos al mago y sus amigos.[180]

La heroína alemana se rescata a sí misma del mago Fitcher, un experto en el arte de la división y un maestro del desmembramiento. Utiliza su bloque de madera para hacer pedazos lo que debía estar entero. La tercera hermana debe invertir ese proceso volviendo a unir las partes desmembradas de sus hermanas, curándolas y devolviéndoles la vida.

Arthur Rackham, ilustración para *Hermano y hermana y otros cuentos*, de los Grimm, 1917

En este relato, la palabra alemana *heilen* (curar), a pesar de sus muchas asociaciones dañinas con la retórica política del Tercer Reich, es en realidad el santo grial de muchos cuentos populares, ya que el objetivo de estos es a menudo el de recomponer, restaurar el equilibrio e igualar. Los cuentos de hadas nos ofrecen melodramas envueltos en un marco cerrado, propulsor, pero también sobrio y contenido, con el resultado de que las apariencias cuentan más que en la mayoría de las formas narrativas. De ahí la frecuencia con la que la curación y la plenitud se encarnan en la belleza, un atributo de la heroína. Como señala Elaine Scarry en un tratado filosófico sobre la belleza: los objetos bellos hacen visible «el bien manifiesto de la igualdad y el equilibrio».[181] Sobre todo en épocas tempranas, «cuando una comunidad humana es demasiado reciente para haber tenido aún tiempo de crear justicia», añade, la simetría de la belleza puede modelar la justicia. Es en el cuento de hadas donde la belleza y la justicia son sumamente adecuadas para reflejarse y ampliarse la una a la otra, porque el código moral de ese género no es sino una especie de moral ingenua: «nuestro juicio instintivo absoluto de lo que es bueno y justo».[182] El atributo característico de las heroínas de los cuentos de hadas, la belleza, llega a funcionar como un índice de justicia en ambos sentidos del término. Así, la belleza, la magia, la curación y la justicia social operan en tándem en muchos relatos populares para producir resultados restaurativos, cuadros finales en los que, como dice el viejo castaño, la virtud se premia y el vicio se castiga.

La más «inteligente» del trío de hermanas, la tercera, se convierte también en la preservadora de la vida. No solo desafía los poderes del mago recomponiendo a sus hermanas, sino que además preserva el huevo, lo protege de la profanación de la sangre al colocarlo en un lecho de plumas de ganso.

A continuación, se transforma en una criatura híbrida —mitad humana, mitad animal— bañándose en miel y revolcándose sobre un montón de plumas. Y para atraer a su novio a la muerte, confecciona el objeto que debe funcionar como su propio doble: una calavera decorada con flores y joyas que Fitcher creerá, al menos desde la distancia, que es su novia. La imagen creada por medio de la calavera adornada produce un nexo simbólico que vincula a la novia con la belleza y la muerte. La astuta hermana crea un segundo yo que se corresponde por completo con los deseos de su novio, mientras que ella misma escapa al toque fatal del mago transformándose en una cosa con plumas, una criatura viva relacionada con la ligereza, la seguridad, la vida y la esperanza. La heroína reclama los poderes del mago, pero los utiliza para restablecer la vida en lugar de para maquinar escenas de matanza.

Alzar la voz y escribir

Hemos visto que los rumores y cotilleos se convirtieron en cuentos de viejas que, a su vez, se transformaron en cuentos de hadas que aterrizaron directamente en la cultura de la infancia, con la consiguiente pérdida casi instantánea de las historias sobre mujeres que sobreviven, triunfan y se imponen, siempre contra todo pronóstico. Los cuentos que planteaban el espectro del «no tan felices para siempre» y abordaban las angustias sobre el cortejo, las nupcias y la vida matrimonial también desaparecieron del repertorio a medida que las esferas de la actividad social de las mujeres iban reconfigurándose. Atrás quedaban las sesiones de narración de cuentos que en su día servían de cauce para la socialización y la aculturación, así como para la resolución de problemas y las reflexiones filosóficas. Al mismo tiempo, los mitos de la antigüedad, junto con epopeyas como la *Ilíada* y la *Odisea*, se incrustaron en sistemas de creencias que se consideraban el patrimonio cultural de Occidente y se convirtieron en elemento obligatorio del plan de estudios del sistema educativo estadounidense. Los alumnos descubrían cómo ser un héroe leyendo sobre Aquiles, Odiseo, Prometeo y Hércules.

Que, más allá del ámbito del cuento y el mito, las voces de las mujeres se han silenciado es algo que ya señaló la poeta Adrienne Rich cuando leyó su discurso de aceptación del National Book Award de poesía de 1974, para el que fue elegida correceptora junto con Allen Ginsberg. Rich y las otras dos mujeres nominadas habían hecho un pacto para compartir el premio entre las tres en caso de que una de ellas resultase galardonada, y esto es lo que leyó Rich: «Nosotras, Audre Lorde, Adrienne Rich y Alice Walker, aceptamos juntas este premio en nombre de todas las mujeres cuya voz ha pasado y sigue pasando inadvertida en un mundo patriarcal y también en nombre de aquellas que, como nosotras, son toleradas como mujeres simbólicas en esta cultura, a menudo a un gran coste y con gran dolor». Dedicó el premio a «las mujeres silenciosas cuya voz nos ha sido negada, a las mujeres elocuentes que nos han dado fuerza para hacer nuestro trabajo».[183] Puede que esas voces no hayan llegado a imprimirse, pero eran de todo menos silenciosas, tal como revela un análisis de la tradición de la narración oral en épocas anteriores. Es hora de recuperar algunas de esas voces ancestrales, y eso es justo lo que han hecho varias escritoras a lo largo de las últimas décadas.

Como escritoras, las mujeres se han enfrentado a enormes desafíos, sin ocupar nunca un lugar tan destacado como el de sus homólogos masculinos en el canon literario. En 2019, de los ciento dieciséis galardonados con el premio Nobel de Literatura, solo quince habían sido mujeres. «Una mujer que escribe [...] está en contacto con el pasado a través de sus madres», escribió Virginia Woolf, y esas madres, como hemos visto, presidían una esfera social que era doméstica, prosaica y profundamente centrada en lo ordinario y cotidiano, así como en lo sentimental y sensacional.[184] No era solo la falta de una habitación propia lo que impedía a las mujeres convertirse en escritoras. Era la ausencia absoluta de un entorno social que apoyara a las mujeres que se sentaban ante un escritorio, sopesaban tramas, las escribían y lanzaban sus palabras al mundo.

El hecho de que, desde hace siglos, las novelistas hayan menospreciado su propia obra de formas que recuerdan a las de quienes deseaban desacreditar los cuentos de viejas tampoco ha ayudado. La novelista británica Frances Burney se sintió presionada para dejar de escribir porque se consideraba una práctica «poco femenina». Durante un tiempo escribió en secreto y acabó quemando su primer manuscrito, *The History of Caroline Evelyn*. Cuando, un año después, en 1778, publicó *Evelina* la describió como «la insignificante producción de unas cuantas horas». Mary Wollstonecraft Shelley, cuya *Vindicación de los derechos de la mujer* se publicó en 1792, se refirió a las «novelistas estúpidas» y expresó su desprecio por las obras de estas. Y George Eliot (que renegó de su identidad femenina utilizando un seudónimo masculino) escribió un ensayo entero titulado «Novelas tontas», en el que denunciaba el trabajo de las novelistas como «ocupación ociosa». En torno a la misma época, Jo March, la audaz, desafiante y animosa segunda hermana de las cuatro muchachas March, quemó un conjunto de relatos que había decidido que eran «tontos» (tras una conversación con el profesor Bhaer), algo que su autora también había hecho en la vida real. Ya en 1959, Sylvia Townsend Warner, una escritora británica que estaba a la vanguardia de la emancipación y el empoderamiento femeninos, expresaba su preocupación por el hecho de que «una mujer escritora es siempre una aficionada».[185]

Cuando leemos a Rich, Woolf, Burney y otras, se hace evidente que el reto de las escritoras es escuchar las voces de sus antepasadas (así lo dijo Toni Morrison), excavar, desenterrar y redescubrir historias que eran cualquier cosa menos frívolas y triviales. Puede que sea cierto que los mundos mitológicos no paran de destrozarse una y otra vez, tal como escribió en su día el célebre antropólogo Franz Boas, pero también están siempre en proceso de reconstrucción.[186] Es curioso que por lo general sean las escritoras de la vanguardia las que emprenden proyectos de recuperación y preservación involuntaria. Hemos visto que Margaret Atwood, Pat Barker, Madeline Miller y Ursula K. Le Guin remodelaron mitos, nos ofrecieron una perspectiva diferente del comportamiento heroico al poner en primer plano a figuras marginadas del pasado mítico y al descubrirnos cómo devolverle el poder de la palabra a quienes habían sido silenciadas por su cultura. Las escritoras de la sección siguiente utilizaron muchas de las mismas estrategias: retroceder en el tiempo para reimaginar historias de épocas pasadas, presentarnos en muchos casos a embaucadoras en lugar de a víctimas puras (lo que los folcloristas denominan el arquetipo de la «niña inocente y perseguida»). Al adquirir autoridad a través de la habilidad analítica y la magia verbal, estas mujeres se confirieron autoridad a sí mismas y elevaron el género de los cuentos de viejas a lo que ahora se dignifica con el nombre de *literatura*. Al fin y al cabo, fue escuchando a las antepasadas como la ganadora del Premio Nobel Toni Morrison insufló nueva vida a los cuentos sobre africanos voladores, utilizó los tropos de esas historias, los remezcló, los fundió y produjo nada más y nada menos que *La canción de Salomón*.

Mary Lefkowitz nos dice que el legado más importante de los griegos no es, «como nos gustaría pensar, la democracia; es su mitología». Esa mitología ha contribuido de forma crucial a perpetuar los mitos sobre la feminidad y a naturalizar los discursos patriarcales que sitúan a las mujeres como seres que sufren en silencio y que carecen de cualquier forma de agencia real, a menos que utilicen su apariencia como arma para embrujar y desconcertar. Lo mismo ocurre con el folclore, ya que los cuentos de hadas llevan a cabo la misma labor cultural de perpetuación de mitos, que es precisamente la razón por la que algunas escritoras decidieron, a finales del siglo xx, «desmitificarlos».[187]

Las historias sobre mujeres que bailan hasta la muerte con unos zapatos de hierro al rojo vivo, sobre niñas obligadas a trabajar en las cocinas como fregonas y sobre la miríada de madrastras y brujas malvadas que se dan un festín con sus hijos y nietos están pensadas para escandalizar y asustar y nadie discute que el género contiene altos coeficientes de extrañeza y brutalidad. El lenguaje simbólico de los cuentos de hadas hace saltar las alarmas, pero también les ha concedido cierto poder de permanencia y profundidad. Razón de más para cuestionar la interminable relación de las mujeres con el canibalismo y las maldiciones —todo el mal que alimenta las tramas de los cuentos de hadas— y para mirar bajo la caperuza, como decía Angela Carter. Tanto ella como otras autoras se propusieron revivir los cuentos que habían desaparecido y desmontar las viejas historias, descomponerlas en sus partes constitutivas y volverlas a ensamblar, al mismo tiempo que las remendaban, reparaban y renovaban.

Rebeldes que escriben con causa: Anne Sexton, Angela Carter, Margaret Atwood y Toni Morrison

Si alguien vivió una vida de cuento de hadas en el sentido más desgarrador de esa metáfora, fue la poeta Anne Sexton. Probable víctima de incesto y culpable de abusar de sus propias hijas, la vida de Sexton terminó cuando se suicidó en un soleado día de otoño en Nueva Inglaterra. Después de comer con la poeta Maxine Kumin, regresó a su casa, se sirvió una copa de vodka, se quitó los anillos de los dedos, los dejó caer en su bolso y se puso un abrigo de piel que había pertenecido a su madre. A continuación, entró en el garaje y cerró la puerta con cuidado a su espalda. Se subió a su Mercury Cougar rojo de 1967, lo arrancó, encendió la radio y fue tomándose la copa que se había preparado mientras los gases de escape del motor hacían su lento trabajo.

En su introducción a *Transformaciones* (1971), la colección de diecisiete poemas de Sexton que reescribe el canon de los Grimm, Kurt Vonnegut Jr. cuenta que una vez le pidió a un amigo que se planteara qué hacen los poetas. «Amplían el lenguaje», fue la respuesta. Anne Sexton nos hace un «favor más profundo», añadió él. «Domestica mi terror.»[188] ¿Qué quería decir Vonnegut con esa frase? ¿Que Sexton trasplantaba el horror al hogar? ¿Que la poeta naturalizaba el miedo? ¿O que domesticaba el miedo? Tal vez todo lo anterior, porque Sexton estaba decidida a demostrar que el terror de los cuentos de hadas era algo más que el producto de la imaginación desbocada. Los relatos pueden parecer exagerados, extravagantes, barrocos y llenos de excesos, pero eso no significa que no sean verdaderos.

¿Cómo se le ocurrió a Sexton, en 1970, la idea de utilizar los cuentos de los Grimm para domesticar el terror? Para conocer los orígenes de *Transformaciones*, tenemos que recurrir a las memorias de Linda Gray Sexton: *Buscando Mercy Street: El reencuentro con mi madre, Anne Sexton*. ¿Qué hacía Linda después del colegio mientras su madre estaba ocupada en el despacho de su casa? Se preparaba algo para comer y ponía un libro en la mesa para leer mientras se tomaba un plato de sopa. Un día, «madre» entra en la cocina y pregunta: «¿Qué estás leyendo, cariño?». La respuesta de Linda: «A los Grimm». «Nunca te cansas de esas historias, ¿verdad?», observó Anne Sexton. Y la Linda adulta reflexiona sobre la asiduidad con la que «había leído y releído» esos cuentos de hadas.[189] Sexton se reapropió de las historias, las trasladó desde la cultura de la lectura infantil hasta su propio estudio de poesía, tomó los cuentos que más le gustaban a su hija y los readaptó para los adultos. Este episodio de la vida real representa un proceso de reapropiación que comenzó en la década de 1970, se aceleró en las dos siguientes y ahora mismo se ha convertido en una fuerza cultural imparable.

En Houghton Mifflin, la editorial de Sexton, Paul Brooks se mostraba inquieto porque los poemas de *Transformaciones* carecían de la «fuerza terrible y de la franqueza» de su «poesía más seria».[190] El humor negro de los poemas debió de enmascarar —al menos para él— su seriedad, ya que es difícil pasar por alto el duro golpe que asesta *Transformaciones*. En ese delgado volumen, Anne Sexton encarna por igual a las villanas y a las víctimas de los cuentos de hadas. Es la bruja que aterroriza a jóvenes y viejos. Es Rosa Silvestre (la Bella Durmiente), que no reposa serenamente en el castillo, sino que yace en la cama «tan quieta como una barra de hierro» con su padre «inclinándose sobre [su] cama dando tumbos». Y en su versión de «Caperucita Roja», los secretos se filtran «como gas» en la casa que habita. Lo folclórico se convierte en personal cuando acoge los horrores de los cuentos de hadas, y no solo les da la bienvenida, sino que los invita a quedarse.

El poema inicial de *Transformaciones* es el título del último cuento de la colección de los Grimm: «La llave de oro». En él, Sexton se posiciona como «narradora», no como «escritora» o «poeta». Es la nueva barda o rapsoda inspirada que ha heredado la tradición oral, que la retoma donde los dos hermanos alemanes la dejaron. Puede que los poemas hayan llegado a plasmarse en un libro, pero fue su voz lo que los revigorizó («mi boca bien abierta») utilizando el registro de habla de lo que su mundo social llama «una bruja de mediana edad». Está «preparada para contaros una historia o dos».[191] Y eso es lo que hace, además de transformar los relatos de los hermanos Grimm de tal manera que lo ordinario y cotidiano se convierte justo en lo que Vonnegut encontró en la colección: terror domesticado. Los poemas fusionan las fantasías de los cuentos de hadas del «érase una vez» con el «aquí y ahora» y nos llevan al oscuro mundo de la familia nuclear como crisol de la violencia doméstica, con todos sus conflictos y traumas perturbadores.

Sexton forma parte del cuento y, a la vez, es su narradora, de modo que nos ofrece una conciencia dividida que transmuta, por así decirlo, un cuento de una época pasada en el presente vivo. La poeta, que reconoce sin miedo el lado oscuro de la vida familiar y el siniestro papel que ella misma desempeña en él, lleva a cabo su propio acto de heroísmo en un verso confesional que la sitúa como víctima y villana. No es casualidad que se sintiera atraída por los cuentos de hadas, ya que le brindaban la oportunidad de convertirse en literalista de la imaginación (recurriendo a las palabras de Yeats), de convertir la fantasía en algo muy real. Si Sexton no logró convertirse en la heroína de la historia de su vida, sí consiguió transformarse en heroína para el mundo literario al reconocer las duras verdades de la sabiduría ancestral.

Apenas dos años después del suicidio de Anne Sexton, Angela Carter redescubrió los cuentos de hadas (los había leído con su abuela cuando era niña) y quedó impresionada por la tóxica mezcla de muerte y deseo que contenían. Durante los meses del verano de 1976, la venerable editorial británica Victor Gollancz le encargó la traducción al inglés de la famosa colección francesa de cuentos de hadas publicada en 1697 por Charles Perrault. «Qué regalo inesperado —escribió— descubrir que en esta gran colección original (de la que surgieron la Bella Durmiente, el Gato con Botas, Caperucita Roja, Cenicienta, Pulgarcito, todos los héroes de la pantomima) todos los cuentos infantiles están disfrazados a propósito de fábulas de la política de la experiencia.» Pero, cuando empezó a leer con mayor profundidad lo que se conoce como la tradición infantil, comprendió la perversidad de las fábulas.

Todos esos «animales destructores» de los cuentos de hadas, ¿qué eran sino dobles de nuestra propia naturaleza animal, «el id indómito [...] con toda su peligrosa energía».[192]

No es que Angela Carter estuviera en contra del id. Pero se enraizó firmemente en el campo que analizaba cómo los lobos, las bestias y los Barbas Azules de los cuentos de hadas nos presentan la ferocidad sexual entrenada en las mujeres como presa. «¡Cuentos de viejas comadres para asustar a los niños!» Desde la infancia, las mujeres aprenden que ahí fuera hay bestias que «te comerían de un bocado». Y colaboran en su propia victimización cediendo al «aterrorizado deleite» o a la excitación, a «ese cosquilleo agradable de los portentos supersticiosos». «Fascinado horror»: eso es lo que siente la heroína de «La cámara sangrienta» hacia el «ser misterioso» que se ha propuesto domarla, dominarla y, por último, asesinarla. El culto al amor y a la muerte, Eros y Tánatos, requiere un esfuerzo conjunto. Y aunque se cree de manera conjunta por marido y mujer, la única que está en peligro es la esposa.[193]

Angela Carter estaba decidida a cambiar los relatos del pasado, y eso significaba ir más allá de la tarea de traducir cuentos de hadas franceses y elaborar colecciones de cuentos de hadas como su *Niñas malas, mujeres perversas* (1986). En la parte superior de las notas de Carter a los cuentos de Perrault, encontramos escritas las palabras «Nombre en clave: *La Nueva Mamá Oca*».[194] Este fue el primer indicio de *La cámara sangrienta y otros cuentos* (1979), una colección de cuentos de hadas reformulados que no solo descubre la «sexualidad reprimida» de los relatos, sino que también revela nuestro parentesco con las bestias, una conexión que, más que en cualquier otro ámbito, queda clara en la sexualidad «humana». Al volver a narrar los cuentos, Carter pretendía señalar el camino para aceptar nuestra naturaleza animal al mismo tiempo que descubríamos cómo hacer las paces con el reino animal y nuestra bestialidad interior.

«Tomaba [...] el contenido latente de esas historias tradicionales —explica— y lo utilizaba; y el contenido latente es violentamente sexual. Y, como soy mujer, lo leo así.»[195] «En compañía de lobos», su versión de «Caperucita Roja», no termina con el lobo devorando a la muchacha (como sí hacía la versión francesa de Perrault), sino con la reconciliación y la reciprocidad. Cuando las fauces del lobo comienzan a «salivar» y la seductora mezcla de amor y muerte (*Liebestod*) del bosque invade la habitación, ¿qué hace la joven, sino estallar en carcajadas y declarar que no es «comida para nadie»? En una vuelta de tuerca que a nadie se le había ocurrido darle al cuento (o la muchacha burla al lobo o el lobo la engulle), Carter ofrece un cuadro final de los dos viviendo felices para siempre en una historia en la que el apetito sexual no implica la aniquilación de uno de los dos compañeros: «¡Mirad! Ella duerme, dulce y profundamente, en la cama de abuelita, entre las zarpas del tierno lobo».

«La Bella y la Bestia», otra historia sobre la bestialidad de los depredadores masculinos, se convierte en «La prometida del tigre», un relato en el que «los miedos infantiles hechos carne y nervio» se modulan en otra escena de ternura, con la luz blanca de una «luna de nieve» brillando sobre una bestia que ronronea: «Y cada lamida de su lengua iba arrancándome piel tras piel [...] y descubría una naciente pátina de brillante pelaje. Mis pendientes volvieron a trocarse en agua, y cual lágrimas resbalaron sobre mis hombros; yo sacudí las gotas de mi hermoso pelaje». «El señor León, enamorado» da un giro menos dramático, pero la heroína también toma la iniciativa en él, se arroja a los brazos de Bestia para provocar una «lenta transformación» de bestia a hombre. Dándoles la vuelta a los cuentos, ambientándolos en contextos modernos, explorando la conciencia de los personajes e invirtiendo los papeles del héroe y el villano, Carter reimagina el pasado mítico y cumple la promesa de acabar con los efectos tóxicos de la sexualidad reprimida.

La perversión cultural del deseo se hace evidente en el relato que da título a la colección, «La cámara sangrienta». A primera vista, el cuento es un reciclaje literario de «Barba Azul», con una heroína que siente atracción y a la vez asco hacia su lascivo marido: «Y lo deseaba. Y me repelía».[196] La engañan para que se traicione a sí misma representando una «charada de inocencia y vicio» y jugando una «partida de amor y muerte» que la lleva a una sentencia de decapitación, susurrada «casi con voluptuosidad» junto a su oído.[197] La trama da un giro inesperado hacia el territorio mítico cuando una madre parecida a Deméter se lanza en picado como una *dea ex machina* para rescatar a su hija de la cuchilla que está a punto de rebanarle el cuello. A caballo y armada con un arma de servicio, hace lo que ninguna otra madre de cuento consigue hacer: convertirse en la heroína de la historia de su hija. «Lo mío es desmitificar —declaró una vez Angela Carter—. Me interesan los mitos, aunque mucho menos que el folclore, solo porque son mentiras extraordinarias diseñadas para hacer que la gente no sea libre.»[198] Al igual que el teórico literario francés Roland Barthes, Carter veía el mito como un constructo cargado de ideología, un esfuerzo por naturalizar los conceptos y creencias creados por el hombre. Nos «fiamos» de ciertas ideas, imágenes e historias sin reflexionar realmente sobre lo que comunican, nos dice. Las parábolas religiosas, los eslóganes nacionalistas, las narraciones míticas: todo queda bajo sospecha. Debemos cuestionar sus términos sin concesiones. Pensemos en Dánae, a la que se describe como «ya no está sola» y como la «feliz novia» de Zeus después de que el dios la visite en la cámara sellada en la que su padre Acrisio la había encerrado.[199] O en el hecho de que a Bella se le exige que sienta pasión por un jabalí, un león o una serpiente en las numerosas versiones de su historia. Angela Carter estaba decidida a reescribir las historias que se han considerado sagradas y que imponen cómo «han sido y siempre serán» las cosas. Al renegar de la autoridad moral y espiritual de los cuentos antiguos, estaba resuelta a juguetear con ellos, a crear el impacto de lo nuevo como recordatorio de que no siempre debe ser como «érase una vez».

En un último golpe de genialidad, Angela Carter trató de romper de forma concluyente el hechizo mágico que nos ha atrapado a todos desde que Charles Perrault y los hermanos

Grimm codificaron la historia de la Bella Durmiente y Disney se aseguró de que el cuento quedara fijado en una única versión estable. «En una tierra lejana, hace mucho tiempo»: *La Bella Durmiente* de Disney comienza con esas palabras que nos recuerdan el afán de preservar el poder mítico de los cuentos antiguos, de perpetuar el culto a lo que Angela Carter convertirá en un bello cadáver en «La dama de la casa del amor», el canon de los cuentos de hadas en la forma que se contaba antaño.

«La dama de la casa del amor», de Carter, se convierte en una alegoría del cuento de hadas, en una representación del destino de los cuentos de hadas en la era de la cultura impresa. La Bella Durmiente de ese relato repite «crímenes ancestrales», de la misma manera que el cuento de hadas como género nos permite perdernos en un ciclo compulsivo de repetición sin sentido que reproduce y refuerza las normas sociales. La casa de los cuentos de hadas, al igual que la casa del amor, puede convertirse en ruinas —«telarañas, vigas roídas por la carcoma, mampostería en derrumbe»— cuando se la deja a su suerte, visitada solo por pretendientes aduladores más impulsados por el atractivo de la belleza que por el deseo de reanimar. Sin el pretendiente adecuado, la belleza sonámbula de Carter se convierte en «ecos en una caverna, un sistema de repeticiones, un circuito cerrado». Lleva una «ominosa existencia póstuma» y se alimenta de los humanos para mantener su oscura existencia.[200]

¿Qué entra en juego en la reescritura de estos cuentos de hadas por parte de Carter? Nada menos que una protesta centrada, un reproche impenitente y una poderosa réplica a los relatos que en su día nos engañaron al acogernos con su trato amigable. Las heroínas de Carter, empeñadas en la autorrealización y la reconciliación —la palabra *paz* se repite como un mantra en *La cámara sangrienta y otros relatos*—, repudian el culto a la autodestrucción y la inmolación en los cuentos de hadas que sigue perpetuándose por medio de películas como *La bella y la bestia* (1991) de Disney. Esa película no se inspiró en Angela Carter, sino que siguió los consejos de Christopher Vogler, autor de *El viaje del escritor. Las estructuras míticas para escritores, guionistas, dramaturgos y novelistas*. Como ya se ha dicho, ese fue el libro que se sirvió del famoso viaje del héroe de Campbell para producir lo que se ha llamado una «guía de estudio» para Hollywood. Bella siente la llamada de la aventura, al principio la rechaza, cruza el umbral y demás. Tuvieron que pasar otros diez años para que DreamWorks le diera a «La Bella y la Bestia» el tipo de giro sorpresa que habría contado con la aprobación de Angela Carter: en *Shrek*, el protagonista masculino desmerece el romance de los cuentos de hadas tirando sus guiones por el retrete y la heroína de la película abraza la alteridad para vivir feliz para siempre con el aspecto de un monstruo verde.

Si Angela Carter transmite un poderoso mensaje de rechazo al terrorismo emocional que se incorporó a los cuentos de viejas cuando se trasladaron a la cultura de la infancia y empezaron a fomentar el «asustar a los niños», Margaret Atwood admira muchas cosas de los relatos que contaban nuestros antepasados, pues ve en ellos una forma de energía transformadora o de toma de conciencia, como decían las feministas de los años sesenta y setenta. Atwood reconoció muy pronto que los cuentos de hadas no son en absoluto tan represivos desde el punto de vista cultural como algunos críticos nos han querido hacer ver. Había mucho que admirar en la colección de los Grimm, que era muy superior en términos ideológicos a los cuentos franceses que Angela Carter había traducido al inglés.

Los *Cuentos de hadas de los hermanos Grimm*, sin expurgar, contienen varios relatos en los que las mujeres no son solo los personajes centrales, sino que además ganan utilizando su propia inteligencia. Hay personas que opinan que los cuentos de hadas son malos para las mujeres. Esto es cierto si se refieren únicamente a las acicaladas versiones francesas de «Cenicienta» y «Barba Azul», en las que son los hermanos de las protagonistas quienes las rescatan. Pero, en muchos de ellos, son las mujeres y no los hombres quienes tienen los poderes mágicos.[201]

La observación de Margaret Atwood acerca de la necesidad de pasar del «ahora» al «érase una vez» sigue siendo más pertinente que nunca. Pero las escritoras no son las únicas que tienen el deber de emprender ese viaje. «Todos debemos cometer actos de latrocinio, o bien de reclamación, según se mire. Puede que los muertos custodien el tesoro, pero es un tesoro inútil a menos que lo devolvamos a la tierra de los vivos y le permitamos entrar una vez más en el tiempo, lo cual significa entrar en el reino del público, el reino de los lectores, el reino del cambio».[202] En otras palabras, tenemos que tomar esas historias de tiempos pasados y hacerlas nuestras.

Atwood, que entreteje motivos de los cuentos de hadas a lo largo de sus narraciones con una energía creativa casi sin precedentes, trasladó la teoría a la práctica cuando escribió una nueva versión de «Barba Azul». «El huevo de Barba Azul», en la recopilación de relatos que lleva el mismo título, está narrado en tercera persona, pero desde el punto de vista de una mujer llamada Sally, una aspirante a escritora que tiene dificultades con su identidad social y, también, con el «rompecabezas» que es su marido. Ed es cirujano cardíaco, un hombre que evita la intimidad y muy difícil de entender.[203] La profesora de la asignatura de escritura creativa de Sally les pone a los alumnos un ejercicio sobre el punto de vista. Durante la clase, la gurú de la escritura creativa, en un intento de reproducir cómo se transmitían las historias en el pasado, atenúa las luces y les cuenta a sus alumnos el relato de «El pájaro de Fitcher». En esta versión de la historia de Barba Azul, como se ha señalado más arriba, la heroína vuelve a ensamblar los cuerpos de sus hermanas muertas, planea su huida y organiza la incineración del mago Fitcher en su propia casa. Al estilo de Barba Azul, Fitcher es un asesino en serie que ha matado a todas sus esposas «desobedientes», una tras otra.

El ejercicio de escritura que Sally debe completar coincide con su proyecto de enfrentarse a la dura verdad de las probables infidelidades de Ed. Ed no tiene barba, pero la abundancia de vello está cofrada de forma bastante evidente en su apodo: Sally lo llama cariñosamente «Edward el Oso». El «mundo interior» de Ed se convierte en una especie de cámara secreta, un espacio en el que Sally es incapaz de penetrar, ya que no es tan transparente como creía. Pronto nos damos cuenta de que la historia tiene muchas cámaras ocultas —desde el cobertizo desvencijado que hay al fondo del jardín de Sally y la «habitación oscura y pequeña» que es la consulta de exploración médica de Ed, hasta las cavidades anatómicas del corazón humano y el recién comprado escritorio del siglo XIX de Sally— y todas ellas presentan potenciales roces con la infidelidad. Las crecientes sospechas de Sally se confirman cuando ve a Ed «demasiado cerca» de su amiga Marylynn y observa que «Marylynn no se aparta». Se da cuenta de que ha cometido el error de utilizar los cuentos de hadas equivocados para descifrar el «mundo interior» de Ed. El hombre al que antes consideraba el «tercer hijo», «una bestia sin cerebro» y una «Bella Durmiente» es en realidad un maestro del cálculo y la hipocresía que ha dictado los términos de su matrimonio y el papel servil de Sally en él.

Atwood desmonta la historia tradicional de «Barba Azul» al mostrar que el viejo cuento (en su versión francesa) se repite una y otra vez a lo largo de los tiempos. Pero su relato de «El huevo de Barba Azul» propone una versión alternativa, mucho más cercana a los cuentos de viejas. Sally debe producir una historia «ambientada en el presente y redactada de forma realista». «Explora tu mundo interior», les dice la profesora a sus alumnos. En muchos sentidos, Sally seguirá una serie de instrucciones que definen cómo oyentes y lectores debemos procesar los cuentos de hadas. Cuando se bombardea a sí misma con preguntas —«¿Qué pondría en la habitación prohibida?»; «¿Cómo puede narrarse una historia desde el punto de vista del huevo?»; «¿Por qué un huevo?»—, está haciendo justo lo que pretenden los cuentos: provocarnos con su magia, enredarnos en sus complicaciones surrealistas e inspirarnos para repensar la historia y comprender su relevancia para nuestra propia vida.[204]

Las dificultades de Sally con el cuento de «El pájaro de Fitcher» desembocan en poderosas revelaciones sobre su propia vida. El ejercicio metaficcional de Atwood (una narración sobre la narración) sugiere que el proceso de interiorizar y volver a contar puede abrirte los ojos a realidades que —aunque sean perturbadoras, dolorosas e inquietantes— no carecen de potencial liberador. Al igual que en los cuentos de hadas la narración de historias lleva al descubrimiento y la revelación, también la reescritura de la historia puede conducir a una especie de renacimiento liberador. De ahí que el cuento de Atwood termine con la imagen de Sally en la cama con los ojos cerrados, soñando con un huevo «que brilla débilmente, pese a que hay algo rojo y cálido en su interior». Un día ese huevo eclosionará: «Pero ¿qué saldrá de él?». Algo que tenga vida, como mínimo, que es justo lo que le ha faltado a la exhausta existencia de Sally, llena de actos de sacrificio que la han consumido. Como sugiere el título de la historia de Atwood, Barba Azul ha quedado desplazado por el huevo, y lo que nazca de él se convertirá en la nueva figura principal de la historia: una heroína por derecho propio.[205]

«El huevo de Barba Azul» nos ofrece un metamito, un relato que recicla trozos del caldero mágico de los cuentos para crear una mitología nueva y personal que habla sobre el poder del mito. Los cuentos de hadas tienen la misma fuerza cultural que los mitos de la antigüedad, y en muchos aspectos apenas se diferencian de ellos. Sin embargo, se han empleado para diferentes rituales sociales. Fue Italo Calvino quien escribió una vez: «Por el bosque del cuento de hadas, la vivacidad del mito pasa como un temblor del viento».[206] Atwood nos cuenta que las historias antiguas nos desafían a rediseñar nuestra propia vida no siguiendo los viejos guiones, sino creando narrativas nuevas en las que las mujeres puedan convertirse en heroínas en lugar de resignarse a desempeñar papeles secundarios.

Pocos escritores comprendieron tan bien el capital social del folclore como Toni Morrison, que miraba con buenos ojos las historias que recogían el saber ancestral. En una entrevista publicada como «El arte de la ficción», Ralph Ellison había llamado la atención hacia el hecho de que el folclore «preserva principalmente aquellas situaciones que se han repetido una y otra vez a lo largo de la historia de cualquier grupo» y de que «encarna aquellos valores por los que el grupo vive y muere».[207] Para Morrison, el folclore es la encarnación viva del antepasado. Y en la ficción escrita por afroamericanos, Morrison observó que la ausencia de esa sabiduría ancestral se vive como una pérdida devastadora: «Causó una destrucción y un caos enormes en la obra en sí».[208] Es probable que Morrison tuviera en mente *Sus ojos miraban a Dios*, la obra de Zora Neale

Hurston, cuando escribió esa frase. En la novela de Hurston, Nanny le dice a su nieta Janie: «Nosotros, la gente de coló, somos como tallos sin raíces, y eso hace que las cosas sucedan de forma muy extraña».[209]

Puede que Morrison tuviera otra obra en mente, una en la que el exceso de «destrucción» y «caos» resulta desconcertante: *El hombre invisible*, de Ralph Ellison. Tras una experiencia cercana a la muerte en una fábrica de pintura, el protagonista es hospitalizado. ¿Cómo lo tratan? Lo someten a terapias de choque y, tras las descargas, su médico le muestra una serie de tarjetas. «¿QUIÉN ERA TU MADRE?», le pregunta una, en un intento de determinar si su memoria autobiográfica permanece intacta. Otra tarjeta lleva la inscripción: «CHICO, ¿QUIÉN ERA BRER RABBIT?». En este caso, es la memoria cultural del Hombre Invisible la que ponen a prueba, pero de una forma que degrada al narrador y desprecia al personaje folclórico. Desconcertado, el narrador se pregunta: «¿Creía que yo era un niño?». Pero, irónicamente, es el curso acelerado en memoria cultural lo que impulsa al Hombre Invisible a la acción, lo que lo lleva a decidirse a adoptar, como su antecedente folclórico, «una actitud astuta y alerta».[210]

El médico de *El hombre Invisible* bien podría haber levantado una tarjeta en la que preguntara «¿QUIÉN ES EL MUÑEQUITO DE ALQUITRÁN?». Toni Morrison ofreció una respuesta aproximada a esa pregunta en su novela de 1981 *La isla de los caballeros*. Lo que hace Morrison es insuflarle una nueva vida al cuento popular, pues reutiliza la historia como un relato acerca de que «las máscaras cobran vida, se apoderan de la vida, ejercen las tensiones entre ellas mismas y lo que cubren».[211] Es más, la historia de Brer Rabbit y su encuentro con una trampa pegajosa se convierte en una alegoría del atrapamiento y *La isla de los caballeros* replantea el cuento de formas misteriosamente complicadas. Los dos protagonistas de la novela —una glamurosa, privilegiada y nómada, y el otro de carácter fuerte, sin dinero y arraigado— representan una actitud conflictiva respecto a la conciencia racial afroamericana. Jadine, la heroína de Morrison, ha medido el éxito según los estándares de la cultura blanca, al mismo tiempo que ha interiorizado sus valores. Huérfana en términos sociales, también está desarraigada en términos culturales. Por el contrario, Son, el hombre que desafía la historia de éxito de Jadine, se orienta hacia el pasado, vuelve al hogar y a una herencia cultural que se niega a aceptar los marcadores convencionales del éxito. Es él quien debe recordar a Jadine la historia del muñequito de alquitrán.[212]

En realidad Brer Rabbit y el muñequito de alquitrán nunca estuvieron conectados a una máquina de respiración artificial, pero Ellison y Morrison resucitan esas historias de manera que las hacen relevantes para la vida de los afroamericanos actuales. Comprometidos con la necesidad de la sabiduría ancestral, los dos escritores —a menudo enfrentados entre sí en cuanto a lo político— vuelven la vista atrás y recuperan la sabiduría de las voces del pasado. En *The Grey Album*, el poeta y ensayista Kevin Young describió su ambición de emprender un proyecto de recuperación, la necesidad de «rescatar aspectos de la cultura negra abandonados incluso por los negros, ya sea el blues o la cocina casera o formas más amplias no solo de supervivencia sino de triunfo».[213] Recuperar una herencia significa construir unos cimientos que sean los ancestros en su significado tanto literal como literario, unos cimientos que proporcionen un legado cultural sobre el que construir la identidad personal.[214]

Anne Sexton, Angela Carter, Margaret Atwood y Toni Morrison recuperaron como cuarteto literario historias que proporcionaban una «conexión vital» con la imaginación resiliente de sus antepasados. Anne Sexton puso en práctica una poderosa estrategia de reapropiación al rescatar los cuentos de un libro para niños y renovar el poder oracular de lo oral para los adultos, todo ello identificándose con los personajes y encarnándolos en sus interpretaciones en verso de los cuentos de hadas. Angela Carter, a quien su abuela le había contado el cuento de «Caperucita Roja» —en una implacable versión francesa que termina con la niña en el vientre del lobo—, entendió los cuentos como forma de desmitificar las verdades intemporales que han llevado a la subordinación de las mujeres. Margaret Atwood nos desafió a volver para recoger los fragmentos, a ensamblarlos de formas nuevas que reaniman y remitifican al mismo tiempo que transforman. Y Toni Morrison, en audaces números sobre la cuerda floja, reveló la importancia de los ancestros, de los relatos y las historias que construyeron una base sobre la que crear algo parecido a la novela costumbrista (como ella la describió con ironía). Son nuestras guías sobre cómo gestionar, aunque nunca se resuelvan, los conflictos culturales. El título de uno de los ensayos de Morrison, «Rootedness: The Ancestor as Foundation» ('El arraigo: El antepasado como fundamento'), lo dice todo.

Los cuentos de hadas pertenecen a las artes domésticas y las recetas para componerlos varían infinitamente. «¿Quién fue el primero en inventar las albóndigas? —pregunta Carter—. ¿Existe una receta definitiva para la sopa de patatas?» Las cuatro escritoras aquí consideradas canalizan las tradiciones orales, nos recuerdan que las nociones modernas de intertextualidad (la comprensión de toda la escritura como parte de una red conectada a través de actos de préstamo, robo, plagio, piratería y apropiación) reflejan las técnicas que utilizaron nuestros antepasados para crear los mitos. Es bien sabido que Claude Lévi-Strauss llamó a los creadores de mitos *«bricoleurs»*, es decir, expertos en el arte de reparar, remendar y reutilizar lo que se tiene a mano para hacer algo nuevo. La descripción que hace Angela Carter de los contadores de cuentos se aplica también a los escritores de ficción: «Es muy probable que la historia se compusiese tal y como nosotros la conocemos [...] a base de todo tipo de fragmentos de otras historias de épocas y lugares lejanos que luego se han unido y remendado, añadiendo ciertos fragmentos y dejando fuera otros, y mezclándola con otras historias». Y luego, dependiendo del público («niños, borrachos en una boda, un grupo de viejas verdes o plañideras en un velatorio»), se recorta y se adapta hasta que se convierte en la prenda adecuada para la ocasión.[215]

«Este fin de semana, hablando con una amiga, le mencioné tu nombre y me dijo que ella no era muy dada al culto a los héroes, pero que tú eras su heroína.» Eso es lo que Lennie Goodings, que trabajó en Virago Press durante más de cuarenta años como publicista, editora y redactora, le escribió a Angela Carter poco antes de la muerte de la escritora a causa de un cáncer de pulmón. «Supongo que es otra manera de decir lo que yo también siento —añadió—. Salvo por que los héroes suelen ser distantes y fríos, hasta que te acercas demasiado a ellos y entonces tienen pies de barro.»[216] Carter tenía cualquier cosa menos pies de barro. Su brillante irreverencia, su talento animoso y su sincera generosidad la convirtieron en una heroína de su tiempo, una escritora que compartió esos honores con el resto de las mujeres valientes incluidas en estas páginas, además de con las otras muchas que renovaron y revitalizaron los antiguos cuentos de viejas.

4

CHICAS MARAVILLA

ESCRITORAS CURIOSAS Y DETECTIVES QUE CUIDAN

Por favor, no me tome por una entrometida. No es la curiosidad lo que me mueve. Yo también tengo un propósito definido, aunque lo mío no es un peregrinaje sino una misión.

AGATHA CHRISTIE,
Némesis

La única razón por la que la gente no sabe gran cosa es porque no le interesa saber. Son incuriosos. La falta de curiosidad es el defecto más extraño y tonto que existe.

STEPHEN FRY,
The Fry Chronicles

No mucho después de que el psiquiatra estadounidense Fredric Wertham mostrara su preocupación por la seducción de los inocentes (ese fue el título de su ensayo de 1954) a través de los cómics, yo estaba, como muchas niñas de mi generación, inmersa en el mundo de la Mujer Maravilla. Wertham había afirmado que la existencia de los delincuentes juveniles era, más o menos, consecuencia de los temas morbosos y las imágenes violentas que aparecían en los cómics. A fin de cuentas, el 95 por ciento de los niños que vivían en lo que entonces se llamaban reformatorios leían cómics, argumentaba el psiquiatra con una lógica impecable. En cuanto a la Mujer Maravilla, no es, ¡horror!, un ama de casa y no se dedica a crear una familia. En aquella época, esa era la combinación ganadora para mí. ¿Qué podía no gustarme de una superheroína que hablaba todas las lenguas, tenía un lazo dorado y brazaletes antibalas y además poseía un nivel superior de empatía otorgado por Artemisa? Para las chicas que leían cómics, era una auténtica heroína, aunque llevara puesto un bañador que parecía hecho con los retales de una bandera.

La Mujer Maravilla fue la primera figura de acción femenina en el Universo Marvel de superhéroes del cómic. Aunque tuvo un gran éxito comercial, Hollywood tardó setenta y cinco años en llevarla a la gran pantalla. Las películas de superhéroes siempre se habían orientado hacia un público de chicos adolescentes, y no fue hasta el éxito de Jennifer Lawrence como Katniss Everdeen en la franquicia de «Los juegos del hambre» cuando DC Films se animó por fin a grabar *Wonder Woman*. La película, estrenada en 2017, muestra a la princesa amazona Diana enfrentándose al reto de acabar con la Primera Guerra Mundial.

«Fíjate en las imágenes del hombre. Siempre están haciendo algo, siempre están representando algo: están en acción», señaló Joseph Campbell al hablar del arte del Paleolítico. En cambio, las figuras femeninas de esa misma época son «simples desnudos femeninos inmóviles». «Su poder reside en su cuerpo —añadió—, en su ser y su presencia.» Lo preocupaban los «importantísimos problemas» que surgen cuando las mujeres creen que su valor reside en el logro y no en el simple «ser».[217]

Seguro que Joseph Campbell se habría llevado las manos a la cabeza solo de pensar en personajes femeninos tan sobresalientes como la Mujer Maravilla, una superheroína de cómic desarrollada por William Marston, un hombre que vivía no muy lejos de él, en Rye, Nueva York. Justo cuando Campbell estaba enfrascado en la escritura de *El héroe de las mil caras*, Marston estaba inventándose a la Mujer Maravilla. «Ni siquiera las niñas querrán ser niñas —se quejaba Marston— mientras nuestro arquetipo femenino carezca de fuerza, fortaleza y poder.» Y para él, el antídoto obvio contra una cultura que infravalora a las niñas es la creación de un «personaje femenino con todos los rasgos de Superman, más todo el atractivo de una mujer buena y hermosa».[218]

La mayoría de las heroínas literarias de este capítulo viven de su ingenio. Curiosas por naturaleza, son, a su vez, vistas como curiosidades en sus respectivos mundos de ficción. Todas ellas podrían convertirse en miembros honorarios de la Liga de la Justicia formada por DC Comics, ya que todas se embarcan en algún tipo de misión siguiendo una vocación impulsada por ideas progresistas. Desde Jo March, en *Mujercitas*, de Louisa May Alcott, hasta Starr Carter en *El odio que das*, de Angie Thomas, estas muchachas —que es lo que son la mayoría de las figuras de las que hablaré— emprenden viajes que quizá no las obliguen a salir de casa, pero que sí las enfrentan a retos que las sacan del ámbito doméstico. En el próximo capítulo hablaré con más detenimiento sobre la Mujer Maravilla. Por ahora, mientras examinamos a las «chicas maravilla» que son escritoras y detectives, es importante recordar que la Mujer Maravilla permaneció firmemente anclada durante muchas décadas en el mundo cultural de las niñas. Tuvo que llegar su encarnación cinematográfica para que por fin se impusiera en el mundo del entretenimiento para adultos. Puede que sea más acción que palabras (aunque también es palabras) y también que se desvíe un poco de la norma de muchas otras heroínas, que están, en su mayoría, casadas con la palabra. Pero las chicas y las mujeres que aparecen a continuación están unidas por un rasgo que siempre se ha visto, desde que Eva sucumbió a él en el Jardín del Edén, como el defecto por excelencia de las mujeres: la curiosidad.

La curiosidad y sus insatisfacciones

Llevamos la curiosidad en el ADN y eso es algo que nos convierte en extraordinarias máquinas de aprender desde el día en que nacemos. En un libro titulado *Una mente curiosa* (2015), el guionista Brian Grazer atribuye su éxito profesional a la curiosidad y nos recuerda que Einstein no creía que tuviera dones especiales, sino que solo era «apasionadamente curioso». «No importa que tu curiosidad tenga bien cargada o no la batería, está ahí, lista para ser despertada», les dice Grazer a sus lectores en un libro pensado para quienes buscan la superación personal. Garantiza una «vida más completa» como recompensa por cultivar la curiosidad.[219]

Hoy vivimos en una cultura que asegura valorar la curiosidad, la fomenta e incluso manifiesta pasión por ella. Pero no siempre ha sido así, y menos cuando ese rasgo se asociaba a las mujeres adultas, esas señoras sexualmente intrépidas que, en el siglo XIX, crearon casi por sí solas un nuevo género: la novela de adulterio. Resulta revelador que, con toda probabilidad, *Fortunata y Jacinta* (1887), de Benito Pérez Galdós, sea la única novela de adulterio decimonónica que forma parte del canon e incluye a un hombre mujeriego.[220]

Simone de Beauvoir confirma lo señalado en un capítulo anterior: que, para una mujer, conseguir la libertad significa entregarse a la infidelidad: «solo con la mentira y el adulterio puede probar que no es cosa de nadie». La filósofa francesa descubrió que, en 1900, el adulterio se había convertido en «el tema de toda la literatura», con mujeres infieles como la Anna Karenina de Tolstói, la Emma Bovary de Flaubert y la Effi Briest de Fontane, que se sentían presas en sus matrimonios y ansiaban algo más allá de los confines de la casa y el hogar.[221] En cambio, los héroes de esa época y de ese género literario suelen ser aventureros valientes, espadachines intrépidos, animosos e inteligentes. Pensemos en todos los viajeros, exploradores y revolucionarios de obras como *De la Tierra a la Luna* (1865), de Julio Verne, *El conde de Montecristo* (1844), de Alejandro Dumas, *Historia de dos ciudades* (1859), de Charles Dickens, y *Moby Dick* (1851), de Herman Melville.

El siglo xix nos dio la novela de adulterio, pero también fue testigo del florecimiento del género de las historias de maduración, adaptado por Louisa May Alcott para mostrar que las niñas poseen tanta, y quizá más, energía imaginativa, impulso investigador y preocupación social que sus homólogos masculinos. Dado que tal vez no sea seguro escribir sobre mujeres audaces y ambiciosas, ¿por qué no embarcarse en una estratagema furtiva, construir personajes de niñas heroicas y retratar todas las formas de cuidado y atención que constituyen su misión social más amplia? ¿Quién mejor para encabezar la marcha que Jo March, la chica que escribe para abrirse camino en el mundo?

Las jóvenes escritoras, con su pasión por emplear las palabras para promover sus causas, son primas hermanas de las chicas detectives como Nancy Drew, también impulsadas por la curiosidad y posicionadas como agentes de la justicia social.

Curiosamente, el universo de las mujeres detectives sufre una especie de crisis de madurez en la primera mitad del siglo xx, ya que está dominado bien por investigadoras adolescentes, bien por detectives solteronas (entre ellas, la señorita Climpson, de Dorothy L. Sayers, y la señorita Marple, de Agatha Christie) que adquieren todas las cualidades alegóricas de Némesis. Antes de examinar con más detenimiento a las escritoras y detectives de menor edad, vale la pena contemplar la relación de las mujeres con el conocimiento a lo largo de los siglos, además de a algunas mujeres bíblicas y míticas que quieren saber demasiado.

La historia de la palabra inglesa *curiosity* está llena de sorpresas, pues sufre inesperados cambios de significado a lo largo de los siglos. El *Diccionario de inglés Oxford* precede sus definiciones de *curious* señalando que el término se ha utilizado «con muchos matices de significado» a lo largo del tiempo. Dado que la curiosidad se ha vinculado a un determinado tipo de heroína, tiene sentido explorar esos significados: uno, ya obsoleto, se refiere a un individuo «que presta atención o cuidados, esmerado, estudioso, atento»; el otro, que es el que se utiliza hoy en día, hace referencia a alguien «deseoso de ver o saber; ávido de aprender; inquisitivo» y a menudo se utiliza con una connotación un tanto negativa.

La curiosidad parece invitar al juicio. «Detesto la curiosidad, ¡un vicio tan soez!», escribió Lord Byron en el Canto XXIII de *Don Juan* (1819). Sin duda, se trata de un comentario irónico de un poeta conocido por sus aventuras amorosas, que incluso llevaron a una amante a llamarlo «loco, malo y peligroso de conocer».[222] Más de un siglo después, el sociólogo francés Michel Foucault soñaba con una «Era de la curiosidad» y nos recordaba que la curiosidad evoca «la preocupación» y «el cuidado que se tiene con lo que existe y podría existir».[223] Una mirada a la etimología del término ayuda a entender cómo es posible que la curiosidad llegara a verse como un rasgo tanto valioso y constructivo como problemático y siniestro, y en torno al que constantemente se pronuncian juicios morales y religiosos a favor y en contra. Podemos empezar con una fábula recogida por el autor romano Higino (nacido en el 64 a. e. c.). En ella, se nos habla de una diosa romana llamada Cura ('Cuidado' o 'Preocupación'), que fue la encargada de moldear al primer humano a partir de arcilla o tierra (*humus*). El filósofo Martin Heidegger retomó la historia de Cura, que compite con los relatos cristianos, en los que la mujer es un personaje menor en una historia de la creación con un Dios masculino. Lo que fascinaba a Heidegger era la forma en que Cura representaba el cuidado de algo en el sentido de preocupación o «absorción en el mundo» y también de «dedicación».[224] Hoy en día, Cura ha caído en el olvido, igual que la palabra *curiosidad* en el sentido de 'cuidado', 'preocupación' o 'atención' ha quedado obsoleta. Pero ese significado arcaico capta algo paradójico y nos recuerda que el valor afirmativo y restaurador del cuidado puede convertirse en seguida en una meticulosidad dominante y una atención ansiosa (y generadora de ansiedad). ¿A que no resulta sorprendente que la encarnación alegórica de la «cura» sea una mujer?

Hoy en día utilizamos el término *curiosidad* para referirnos al «deseo de saber o aprender», pero esa avidez, como revela el *Diccionario de inglés Oxford*, puede juzgarse de múltiples maneras, como «censurable», «neutra» o «buena», y el instinto «bueno» se define como «el deseo o la inclinación a saber o aprender sobre cualquier cosa». Tenemos una actitud profundamente contradictoria hacia la curiosidad, pues la consideramos tanto una adicción molesta como una atención generosa. La curiosidad es un conducto hacia el conocimiento, pero, como todas las formas de deseo, puede llevar a excesos y corre el riesgo de pivotar hacia una sed de conocimiento fáustica que jamás podrá saciarse. En resumen, el cuidado de los demás y el deseo de conocimiento se integran en la «curiosidad», pero ambos pueden desembocar en el exceso adoptando la forma de unas ansias que sobrepasan los límites de lo apropiado o lo permisible. Y el valor negativo que se confiere a la «curiosidad» en ambos sentidos del término implica que hay una autoridad que toma decisiones sobre lo que es ilícito o está prohibido y lo que es un objeto legítimo de atención e indagación.[225]

Nuestras historias culturales sobre la curiosidad y el conocimiento también se bifurcan y nos ofrecen un relato a todas luces sexista de lo que significa tener una mente inquisitiva. Cuando Aristóteles declaró que «todos los hombres por naturaleza desean saber», estaba preparando el terreno para la creencia de que el deseo puede llevar a cosas buenas, la más importante de las cuales es el conocimiento científico.[226] Pero hay asuntos que escapan a los límites de la inteligencia humana, y el abad francés del siglo XII Bernardo de Claraval fue uno de los primeros en poner límites a la curiosidad en su forma social: «algunos desean saber solo por saber; eso es vulgar curiosidad», vulgaridad en el sentido de impropio, pero también asociada a la creación de escándalos, a la curiosidad entrometida y al entrometimiento fisgón.[227]

Pandora abre una tinaja y Eva come el fruto del árbol del conocimiento

El problemático y persistente deseo de conocimiento de las mujeres se hace obvio al instante en las historias de Pandora y Eva, dos mujeres cuya curiosidad intelectual las lleva a adoptar comportamientos transgresores que introducen el mal y la desgracia en el mundo. En esos relatos con moraleja, la curiosidad se enmarca en términos despectivos, se señala la necesidad de refrenarla cuando se manifiesta en las mujeres.

Los científicos y filósofos que vivieron en la Europa de la Edad Moderna (que abarca los tres siglos que van desde el año 1500 hasta el 1800) intentaron demostrar que la curiosidad era moralmente neutra, sobre todo, siguiendo el espíritu de Aristóteles, con la intención de legitimar la investigación científica. Sin embargo, en dicha época la investigación científica continuaba siendo un ámbito a todas luces masculino. Cuanto más se apoyaba y se rehabilitaba el concepto de curiosidad en nombre de la ciencia, más se imponía una forma de «curiosidad mala», una curiosidad que era de género femenino y se asociaba a la rumorología, el desorden y la transgresión. La *Iconología*, de Cesare Ripa, un libro de emblemas muy influyente que se publicó en Italia en 1593, representaba a la curiosidad como una mujer con alas y el pelo alborotado, con los rasgos distorsionados por una expresión de rabia. «No soy ningún ángel», parece decir, a pesar de las alas.

Antes de pasar a Eva, conviene analizar la figura de Pandora, la mujer que Zeus mandó crear para castigar a los humanos por el hecho de que Prometeo les hubiera robado el fuego a los dioses. Fue ella quien introdujo el mal en el mundo al abrir no una caja (como tradujo por error el humanista holandés Erasmo), sino una tinaja llena de «innumerables plagas». El poeta griego Hesíodo nos ofreció, en torno al año 700 a. e. c., los dos relatos estándar sobre los orígenes de Pandora y de sus poderes. En *Los trabajos y los días*, nos informa de que su creador fue Hefesto, que contó con la contribución de otros dioses y diosas como Afrodita y Atenea, que le otorgan dones a Pandora, muy al estilo de las hadas madrinas de nuestra conocida historia de la Bella Durmiente. Hermes es quien le pone el nombre a Pandora (un término rico en matices que puede significar «la de todos los dones» o «la que todo lo da»), además de dotarla de «cínica mente y carácter ladino», y del poder de la palabra, que le confiere una tendencia a decir «engaños» y utilizar «lisonjeras palabras». La *Teogonía* de Hesíodo describe a Pandora como un «bello», una criatura de «dolo sutil, incomprensible para los hombres».

Zeus le ordena a Hermes que lleve a Pandora ante Epimeteo, el hermano del valeroso Prometeo. El ingenuo Epimeteo no hace caso a la advertencia de su hermano sobre los regalos de Zeus y así se cumple la venganza por el robo del fuego: «Entonces él, tras haberlo recibido, conoció lo que ciertamente mal tenía. Antes vivía sobre la Tierra la raza de los hombres lejos de los males y sin el duro trabajo y las enfermedades penosas. Pero la mujer, quitando con sus manos la gran tapa de la tinaja, los derramó, y para los hombres se urdieron sufrimientos terribles».[228] Solo queda un elemento en la jarra: la Esperanza.[229]

Pandora, que combina el encanto seductor de la belleza superficial con los rasgos intelectuales del engaño y la traición, es la primera mujer mortal y se erige como un modelo perverso, como *femme fatale*. Su apariencia y su embellecimiento no son más que una trampa. Al igual que Prometeo, es astuta, pero su duplicidad toma un rumbo equivocado y desemboca en un desenlace trágico, por lo que se convierte en una perversión de la inteligencia y la destreza. Los muchos y, por lo demás, magníficos dones de los dioses se corrompen y distorsionan, se emplean para fines malignos cuando se le conceden a ella.

Todas las épocas parecen reinventar a Pandora, la recrean de manera que refleje las inquietudes culturales acerca de la mujer y el poder, el mal y la seducción. Pero hasta el siglo XIX su deseo de conocimiento solía considerarse curiosidad sexual, y por eso se la relacionó con Eva y la seducción. En innumerables cuadros se la representa sin los relucientes ropajes de plata que le regaló Atenea. Aparece desnuda, con una tinaja o caja a su lado, más parecida a Venus que a cualquier otra persona. De vez en cuando, recupera parte de su ropa, aunque por lo general el atuendo sigue siendo bastante revelador para los estándares de la época.

El pintor francés del siglo XIX Jules Lefebvre nos presenta a una Pandora desnuda, sentada en un acantilado, de perfil, cierto, pero dejando poco margen a la imaginación, ya que su pelo rojo y su chal de gasa no cubren apenas nada. Más audazmente, John Batten, en su *Creación de Pandora* de 1913, nos ofrece una vista frontal completa de la mujer sobre un pedestal, recién salida de la fragua de Hefesto. El cuadro *Pandora* (1896), de John William Waterhouse, capta a la bella seductora en el momento de abrir la caja, con la mirada clavada en el contenido y los hombros desnudos, ataviada con un vestido diáfano y revelador. La *Pandora* de Dante Gabriel Rossetti, de 1879, ofrece una representación más casta, ya que solo muestra los hombros y los brazos. La mayoría de las pinturas europeas muestran a Pandora bien como una figura seductora y desnuda, bien como una mujer vestida,

John William Waterhouse, *Pandora*, 1896

aunque igual de bella, a punto de sucumbir a la tentación. Se la sitúa a la vez como tentadora fascinante y cizañera culpable.

Como muchos mitos griegos, la historia de Pandora se desarraigó de la cultura literaria de los adultos y se trasplantó al terreno de los cuentos para niños. Al principio se magnificó la naturaleza malvada de Pandora, pero, en cuanto rejuveneció unos cuantos años, se convirtió en una niña «traviesa», culpable de dejarse seducir por una mezcla de belleza y misterio. La caja (y, después de Erasmo, siempre es una caja) es por lo general un recipiente brillante con incrustaciones de joyas y, aunque su tamaño varía, cuantos más años va perdiendo su propietaria, más va pareciéndose a un baúl de juguetes en lugar de a un joyero. El *D'Aulaires' Book of Greek Myths* sigue presentándola como una mujer, pero «hermosa y tonta», maldita con una «curiosidad insaciable».[230] Edith Hamilton es mucho más dura con Pandora, pues la llama «bello desastre». De ella, nos dice, viene «la raza de las mujeres, que causa el mal al hombre y que es malvada por naturaleza». Pandora era una «cosa peligrosa», escribe Hamilton, que lo exagera aún más. Al fin y al cabo, Pandora, «como todas las mujeres», posee una «viva curiosidad». «*Tenía* que saber lo que había en la caja», añade Hamilton de una manera que nos hace sentir la exasperación que le provoca el mítico ser.[231]

Fue Nathaniel Hawthorne quien inició la moda de convertir a Pandora en una niña. A escasos kilómetros de donde Herman Melville estaba dando forma a «la gigantesca concepción de su "Ballena Blanca"», Hawthorne decidió, poco después del nacimiento de una hija, reescribir los mitos griegos. *El libro de las maravillas para chicos y chicas*, publicado en 1851, versiona las historias de Perseo y la Medusa, del rey Midas y su toque de oro, de Pandora, de Hércules y de las manzanas de oro de las Hespérides, de Baucis y Filemón y de la Quimera.

Walter Crane, ilustración para *El libro de las maravillas*
para chicos y chicas (1893), de Nathaniel Hawthorne

Con la esperanza de purgar los cuentos de su «frialdad clásica» y de su «vieja maldad pagana», Hawthorne planeó añadir moralejas allí donde fuera «viable».[232]

Bajo el título de «El paraíso de los niños», Hawthorne versiona la historia de Pandora y Epimeteo convirtiéndolos en dos niños huérfanos que viven en una casa de campo. Pandora cae bajo el hechizo de una hermosa caja y habla sin cesar sobre ella. Un día, su curiosidad se hace tan enorme que se decide a abrir la caja. «¡Ah, Pandora traviesa!», la regaña el narrador. Luego, cuando la pequeña está a punto de abrir la caja, Hawthorne aumenta su disgusto con «¡Oh, qué traviesa y qué tonta es Pandora!». Pero el narrador no deja a Epimeteo libre de culpa: «No debemos olvidar mostrarle también nuestra desaprobación a Epimeteo», pues no pudo evitar que Pandora abriera la tapa de la caja y estaba igual de ansioso por descubrir lo que contenía.[233]

En 1893, el ilustrador británico Walter Crane añadió imágenes al *El libro de las maravillas para chicos y chicas* de Hawthorne por encargo de la editorial Houghton Mifflin en Estados Unidos. Sus Pandora y Epimeteo adolescentes son figuras estilizadas, con una apariencia más griega que estadounidense o británica. Para la edición de 1922 de la obra de Hawthorne, Arthur Rackham, famoso por sus ilustraciones de los cuentos de hadas de los Grimm y de Hans Christian Andersen, agregó imágenes que convertían a Pandora y Epimeteo en preadolescentes desnudos y con aspecto de duendecillo que vivían en un

Arthur Rackham, ilustraciones para *El libro de las maravillas para chicos y chicas*, 1922

exuberante paraíso natural. Así, tanto en el cuento como en sus ilustraciones, son los niños quienes se han convertido ahora en el objetivo de la lección sobre la curiosidad.

El siglo XIX, que presenció el auge de la cultura impresa y el aumento de las tasas de alfabetización, proporcionó un acceso sin precedentes a la información y el conocimiento no solo para los hombres, sino también para las mujeres y los niños. ¿Acaso resulta sorprendente, entonces, que la curiosidad se demonizara en ese siglo y el siguiente utilizando a Pandora como prueba irrefutable de su perversidad? Como encarnación de la curiosidad en su forma más condenatoria y perjudicial, Pandora facilitó una coartada no solo para refrenar la rebelde necesidad de las mujeres de investigar ámbitos de acción tradicionalmente vetados para ellas, sino también para regañar a los niños y las niñas, pero sobre todo a estas últimas.[234]

El deseo de conocimiento de Pandora se equiparó, en primer lugar, con la curiosidad sexual. Luego, su historia se convirtió en un cuento infantil con moraleja que advertía a los niños del peligro de violar las prohibiciones. En la actualidad, el mensaje que extraemos del relato es, en gran medida, sobre la supervivencia de la esperanza y nuestra necesidad de resiliencia ante los cataclismos o acontecimientos catastróficos. La prima bíblica de Pandora, la Eva del Génesis, nunca se ha librado del todo del papel de culpable de la caída de la humanidad y de la expulsión del Paraíso. Fusionada con Pandora en el título de un cuadro del artista francés Jean Cousin el Viejo, se tumba desnuda en una alcoba, con un brazo apoyado en una calavera y el otro en una especie de urna. *Eva Prima Pandora*: ¿no existen similitudes sorprendentes entre la primera mujer modelada por Hefesto y la pecadora de las creencias judeocristianas? ¿No será en realidad Pandora la que aparece en el lienzo?

Jean Cousin el Viejo, *Eva Prima Pandora*, c. 1550

La tentadora Eva se convirtió en la principal fuente bíblica de seducción (con la serpiente como mera facilitadora más que como agente), y su deseo de conocimiento se sexualizó, se convirtió en algo carnal en lugar de intelectual.[235] Tal como nos dice Stephen Greenblatt en su magistral *Ascenso y caída de Adán y Eva*, Eva, la madre de todos los humanos, carga con la culpa de nuestra pérdida de la inocencia y de la consiguiente maldición de la mortalidad, ya que trae la muerte al mundo. Ella es la pecadora que encarna el espíritu de los deseos transgresores. Recordemos, sin embargo, que la serpiente no tienta a Eva con nada que no sea el conocimiento: «Se os abrirán los ojos, y seréis como Dios, conocedores del bien y del mal». Eva no ha hecho más que aceptar la invitación a convertirse en un ser humano sensible dotado de conciencia moral y sabiduría y, sin embargo, se la equipara a la serpiente; es más: en algunos casos ella es la verdadera serpiente.[236]

Tanto Pandora como Eva palidecen en comparación con una criatura bíblica que nos recuerda las poderosas angustias que despierta la sexualidad femenina. Pocas mujeres pueden superar a la Puta de Babilonia, una figura alegórica que lleva en la frente un estandarte que anuncia su maldad al mundo: UN NOMBRE MISTERIOSO, LA GRAN BABILONIA, MADRE DE LAS PROSTITUTAS Y DE LAS ABOMINABLES IDOLATRÍAS DE LA TIERRA. Representa el libertinaje extremo, ha fornicado con los «reyes de la tierra» y se sienta sobre las aguas. Montada en una bestia con siete cabezas y diez cuernos, va «vestida de púrpura y escarlata, y adornada con oro, piedras preciosas y perlas. Tenía en la mano una copa de oro llena de abominaciones y de la inmundicia de sus adulterios».[237]

La carnalidad femenina se plasmó sobre todo en alegorías del exceso que terminaron por convertirse en los mitos e historias fundacionales de muchas culturas. El deseo de conocimiento se vuelve peligroso y lo que los filósofos llaman epistemofilia (el amor por el conocimiento) se ensombrece en seguida para convertirse en un deseo sexual desenfrenado. Los hombres mujeriegos son legión tanto en los mitos como en la ficción, pero rara vez se les describe como figuras de mala reputación, sino que son libertinos legendarios, granujas traviesos, canallas intrigantes, sinvergüenzas insolentes y bribones entrañables. Casi nunca se les tilda de seductores e hipócritas: esos atributos se reservan para las mujeres míticas y bíblicas, como Pandora y Eva.

El hecho de que la curiosidad deriva del cuidado y la preocupación es un hecho que no suele reconocerse en el cálculo moral de nuestras historias culturales fundacionales sobre las mujeres. El cuento de hadas protagonizado por Barba Azul y su esposa es excepcional en cuanto a que presenta la curiosidad como una estrategia que salva vidas. Pese a que se denuesta y se ataca el instinto de exploración e investigación de la heroína, también es un impulso que le salva el cuello. «Barba Azul o los fatales efectos de la curiosidad y la desobediencia», el título de una versión del cuento escrita en 1808, nos recuerda lo sencillo que resultaba malinterpretar el cuento, convertir una historia sobre el valor del conocimiento en una parábola sobre los peligros de tener una mente inquisitiva.

Charles Perrault fue el primero en escribir la historia de Barba Azul en su colección *Historias, o cuentos de otros tiempos, con moralejas* (subtitulada *Cuentos de Mamá Oca*), publicada en 1697 bajo el nombre de su hijo adolescente, Pierre Darmancourt. Perrault se apartó doblemente de la autoría, primero mediante la atribución de los cuentos a las viejas y después a un joven que en teoría escuchaba los cuentos, pues sin duda temía que estas nimiedades empañaran su reputación literaria. A fin de cuentas, era un distinguido miembro de la Academia Francesa y secretario de Jean-Baptiste Colbert, ministro de finanzas del rey Luis XIV, un monarca francés famoso por su gran número de amantes e hijos ilegítimos. Una de esas amantes murió en el parto a la edad de diecinueve años, y no resulta inverosímil que Barba Azul, con su legendaria riqueza, sus carruajes de oro y su desfile de esposas, guarde algo más que un parecido superficial con el Rey Sol. Los relatos de la colección de Perrault se convirtieron en su legado más importante, ya que los cuentos de la tradición popular francesa se introdujeron en los círculos de la corte, donde se convirtieron en una fuente de deleite y placer para el público sofisticado antes de retirarse a los cuartos infantiles.

El «Barba Azul» de Perrault comienza destacando los atractivos de la riqueza y la belleza: «Había una vez un hombre que tenía magníficas posesiones en la ciudad y en el campo, vajillas de oro y plata, muebles adornados con finas florituras y carrozas doradas». Pero el hombre en sí es «desagradable y terrible» y su gran riqueza no puede compensar su aspecto y el hecho de que tenga un pasado («se había casado antes con varias mujeres, y [...] no se había vuelto a saber nada de ninguna de ellas»). Sin embargo, una joven queda tan deslumbrada por su ostentosa riqueza que acepta el matrimonio.[238]

Lo que viene a continuación es lo que los folcloristas llaman una «prueba de obediencia», y la esposa de Barba Azul la falla con rotundidad. Cuando tiene que salir de la ciudad por motivos de trabajo, Barba Azul le da a su esposa permiso para recibir visitas y celebrar fiestas mientras él está fuera. Tras entregarle las llaves de varias cámaras y trasteros, le da una última llave que abre «un gabinete que hay al final de la galería de mi habitación», un lugar que resulta aún más tentador por su lejanía. «Puedes abrirlo todo, andar por todas partes, pero en este gabinete te prohíbo entrar, y te lo prohíbo tan terminantemente, que si se te ocurre abrirlo, nada en el mundo podrá ponerte a salvo de mi cólera.» Aquí tenemos la «Tentación eterna» de J. R. R. Tolkien: la «puerta cerrada» con una orden explícita de no abrirla. ¿Quién podría resistirse? ¿Y qué podría salir mal? Es más que probable, para mérito de todos los humanos, que tengamos un impulso incorregible de desafiar las órdenes y prohibiciones emitidas sin ningún contexto explicativo, sobre todo cuando existe la tentación añadida de una llave que cuelga justo ante nuestros ojos. Los que recopilaron los cuentos de hadas para ponerlos entre las tapas de un libro no lo veían así.

En la versión del cuento de Perrault, la mujer de Barba Azul no pierde el tiempo y se va directa a la habitación que le han prohibido. Mientras que sus entrometidas compañeras rebuscan en los armarios, se admiran en los espejos de cuerpo entero y declaran su envidia por la riqueza que se exhibe, la

Gustave Doré, ilustración para «Barba Azul», 1862

esposa de Barba Azul está tan «invadida» por la curiosidad
que casi se rompe la cabeza al bajar corriendo la escalera para
abrir la puerta de la cámara prohibida. Durante un instante,
reflexiona sobre el daño que podría sufrir tras el flagrante acto
de «desobediencia», pero en seguida sucumbe a la tentación
y abre la puerta. Esto es lo que ve: «El suelo estaba completamente cubierto de sangre coagulada, y [...] en esta sangre se
reflejaban los cuerpos de varias mujeres muertas, colgadas a
lo largo de las paredes. (Eran todas las anteriores esposas de
Barba Azul, que habían sido degolladas por él una tras otra)».

Dado que vivía en una época en la que a los hombres, ins-
pirados por su monarca, no les resultaba extraño coleccionar

amantes, Perrault juzgó de inmediato a la esposa de Barba Azul y a sus amigas, acusó a esas hijas de Eva de envidia, codicia, curiosidad y desobediencia. Parece menos dispuesto a denunciar a un hombre que ha degollado a sus otras esposas. Sin duda, puede parecer redundante comentar el carácter de Barba Azul una vez que los cadáveres de sus esposas salen a la luz, pero, a menos que adoptemos la perspectiva de que esta es una historia de «curiosidad peligrosa y homicidio justificable» (como hace un dramaturgo británico del siglo xix), las repetidas referencias a la curiosidad desenfrenada de la esposa de Barba Azul resultan, cuando menos, peculiares. Lo que interesa en este relato, sugiere Perrault, es más el instinto inquisitivo de la esposa que los actos homicidas del marido. Fátima, como a veces se la llama en las versiones europeas de la historia, se ha convertido en investigadora, ha volcado todos sus instintos, lógica y astucia, en la detección y el descubrimiento.

La historia homicida de Barba Azul pasa a un segundo plano frente a la curiosidad de su esposa (¿por qué tiene tantas ganas de hurgar en el pasado de su marido?) y su acto de desobediencia (¿por qué no hace lo que le pide su esposo?). «La llave ensangrentada como signo de desobediencia»: ese es el motivo que los folcloristas han destacado durante muchos años como rasgo definitorio del cuento. La llave ensangrentada señala una doble transgresión, puesto que es tanto moral como sexual. Para un crítico, era un signo de «infidelidad matrimonial»; para otro, marcaba la «pérdida irreversible de la virginidad» de la heroína; para un tercero, era un signo de «desfloración».[239] Y así, como Eva, la esposa de Barba Azul es vilipendiada por su naturaleza inquisitiva. Lo que acaba con ella es lo que Agustín describió como la «lujuria de los ojos». Al asociar la curiosidad con el pecado original, Agustín convierte un instinto intelectual en un vicio sexual, consolidando así la conexión entre la curiosidad (femenina) y el deseo sexual.

Los antiguos denigraban la curiosidad, ya que la veían como una falta de propósito unida al fisgoneo y al cotilleo, al contrario que el más honorable «asombro», que era el verdadero manantial de la sabiduría, la filosofía y el conocimiento. Este rasgo siempre daba mala fama a las mujeres. Una y otra vez, la curiosidad y el deseo excesivo de conocimiento se vinculan a las mujeres, como si se quisiera pregonar a los cuatro vientos que la verdadera fragilidad de las mujeres reside en la incapacidad de resistir el impulso de saber más: «Curiosidad, tienes nombre de mujer». La mujer curiosa también se convierte en la mujer compasiva, profundamente comprometida con llegar al fondo de los asuntos y, también, con restablecer la equidad en el mundo a través de la preocupación y la atención, a menudo para aquellos a los que ni se ve ni se oye, para los parias sociales y los inadaptados marginados del mundo.

«La literatura es un marido cariñoso y fiel»: Mujercitas, *de Louisa May Alcott*

¿Dónde podía ir a refugiarse la curiosidad de las mujeres para plantar cara a la sexualización y para permanecer pura y sin adulterar, por decirlo de alguna manera? Me viene a la mente *Las aventuras de Alicia en el País de las Maravillas*, publicado solo tres años antes que *Mujercitas*, pero Lewis Carroll, cuya atracción hacia las niñas pequeñas está bien documentada, se aseguró de que Alicia siguiera siendo inocente y pura, de que no la contaminara el deseo por nada que no fueran los dulces. La verdadera resistencia se encuentra en una forma de ficción inventada, casi en solitario, por Louisa May Alcott cuando aceptó un reto de su editor literario, Thomas Niles. Debía escribir un libro para niñas, algo que le exigía poco más que revivir su infancia y describir, con imaginación e inventiva, el mundo doméstico de cuatro hermanas, así como sus ambiciones: literarias, artísticas, espirituales y domésticas. Las chicas March sentaron las bases para muchas otras aspirantes a artistas y escritoras que aparecerán en las próximas páginas, desde la *Ana, la de Tejas Verdes* de L. M. Montgomery hasta Hannah Horvath en *Girls*.

Henry James escribió, con cierta envidia, que Alcott comprendía a un nivel íntimo a «las jóvenes que describe, a expensas de sus pastores y amos».[240] En otras palabras, al autor de *Lo que Maisie sabía* (una novela que nos lleva al interior de la mente de una hija de padres divorciados) le preocupaba que Alcott conspirara con los niños contra los adultos, como Roald Dahl afirmó en una ocasión que hacía cuando escribía libros infantiles. Alcott le dio la espalda a una sólida tradición literaria que había convertido la elevación espiritual de los niños y la domesticación de sus instintos indómitos en su objetivo principal. La literatura infantil, con muchos trazos de la pluma de Alcott, se convirtió en algo para los niños, en lugar de para el bien de los niños.

Louisa May Alcott detestaba escribir sobre niñas: «Sigo trabajando, a pesar de que no disfruto con estas cosas. Nunca me cayeron bien las niñas ni conocí a muchas, salvo a mis hermanas, pero nuestros extraños planes y experiencias tal vez resulten interesantes, aunque lo dudo».[241] Abigail (Abba) Alcott, la «Marmee» de la vida real de las cuatro hermanas Alcott, describió actividades infantiles que se asemejan mucho a las que animan el mundo doméstico de *Mujercitas*: «En los buenos tiempos, cuando las "Mujercitas" trabajaban y jugaban juntas, la gran buhardilla era el escenario de muchas revelaciones dramáticas. Tras un largo día dando clases, cosiendo y "ayudando a mamá", el mayor deleite de las niñas era transformarse [...] y ascender a un mundo de fantasía y romance».[242] «La historia se escribiría sola y Louisa lo sabía», afirma una biógrafa.[243] En dos meses y medio, Alcott escribió 402 páginas de la obra que se convertiría en *Mujercitas*. ¿Era optimista respecto a las perspectivas comerciales del volumen? En absoluto, y tampoco lo era su editor, pero cuando este le entregó el manuscrito a su sobrina, Lilly Almy, la niña se enamoró de los personajes, era incapaz de dejar de leer y se rió hasta que se le saltaron las lágrimas. Aun así, nadie podría haber predicho el gran éxito de *Mujercitas, o Meg, Jo, Beth y Amy*, publicado en Boston por los hermanos Roberts en el otoño de 1868. Los dos mil ejemplares, impresos y encuadernados en tela morada, verde y terracota, se agotaron antes de finales de octubre, y otros cuatro mil quinientos ejemplares del libro salieron de las prensas antes de que terminara el año.

Alcott comenzó a trabajar en el segundo volumen de *Mujercitas* el 2 de noviembre, tras prometer que escribiría «como una máquina de vapor», un capítulo al día. El 17 de noviembre, ya tenía trece capítulos listos (debía de descansar los domingos), y pasó su cumpleaños, que se celebró el 29 de ese mismo mes, sola y «escribiendo mucho». Para ella, escribir era un arduo trabajo manual, además de intelectual, pero también una especie de adicción. Resulta revelador que, cuando se lesionó la mano derecha por el uso excesivo de la pluma de acero, aprendió a escribir con la izquierda. La pasión por la escritura no se alimentaba solo gracias al sueño de la fama literaria, sino también a la necesidad de «hacer el bien» manteniendo a su familia.

Jo March, la figura dominante del cuarteto de las hermanas March, también aspira a forjarse un nombre. A Jo le encanta contar historias. Es una ávida lectora que cita con entusiasmo a Isaac Watts, John Bunyan y Harriet Beecher Stowe, y además pone en escena obras teatrales de gran patetismo y dramatismo y produce un periódico inspirado en *Los papeles póstumos del Club Pickwick*. Lo único que anhela es un establo lleno de «corceles árabes, habitaciones llenas de libros y [...] un recado de escribir mágico, con lo que mis obras serían tan famosas como la música de Laurie».[244] En su lucha por la inmortalidad, quiere hacer «algo heroico o maravilloso, que me permita seguir viva en el recuerdo». Aunque es consciente de que podría estar construyendo castillos en el aire (ese es el título del capítulo en el que Jo articula sus aspiraciones), añade: «Creo que escribir, hacerme rica y famosa es mi mayor sueño».[245] Pero la ambición de Jo de convertirse en escritora choca con sus actividades benéficas (crea una escuela) y domésticas (su marido la reprende por escribir «basura»). Contar historias está escindido de la labor social y cultural y, de repente, las ambiciones de engrandecimiento personal no pueden coexistir con las empresas filantrópicas, que exigen una modestia discreta.

El conflicto entre las ambiciones literarias, por un lado, y los instintos altruistas y la felicidad doméstica, por el otro, se refleja en la vida de la creadora de Jo. Louisa May Alcott, siempre compasiva, bondadosa y abnegada, solicitó un puesto de enfermera militar en 1862, el día en que cumplía treinta años, la edad más temprana a la que podía alistarse. Limpiar y vendar heridas la llevó a contraer una infección de tifus que comprometió su salud para el resto de su vida. Después de la guerra escribió casi desafiando sus numerosas dolencias físicas, que iban desde las encías doloridas hasta los miembros vendados: «Dado que escribí *Mujercitas* con un brazo en cabestrillo, la cabeza inmovilizada y un pie agonizante, quizá el dolor tenga un efecto beneficioso sobre mis obras».[246] Como por arte de magia, se las ingenió para combinar la escritura con las buenas obras, pues publicó abundantes relatos en revistas con el objetivo de mantener no solo a sus padres, sino también a sus hermanas y sus respectivas familias. «Temo a las deudas más que al diablo», afirmaba, y podría decirse que la adicción a la escritura y el impulso de mantener a raya la pobreza se retroalimentaban. La escritura era el «pan de cada día» de Alcott, además de una forma de poner en práctica el tema principal de *Mujercitas*: el trabajo esforzado y la generosidad desinteresada son virtudes cardinales en la historia de las hermanas March y su peregrinaje por la vida. Louisa May Alcott se convirtió más tarde en tutora de la hija de su hermana y en «padre» de dos sobrinos, y también fue la principal fuente de ingresos de la familia ampliada durante algún tiempo, lo que hizo que, cuando ella cumplió los cuarenta años, todos hubieran alcanzado la estabilidad económica.

Como ya se ha señalado, *Mujercitas* puede leerse como autoficción, una forma de escribir sobre uno mismo en un relato inventado pero con marcados rasgos autobiográficos. Lo más destacable es que Alcott utilizó una historia de vida —doméstica, autocontenida y animada, pero, al mismo tiempo, de todo menos «heroica» o «maravillosa»— para asegurarse de que «seguiría viva en el recuerdo», pues pasaría a la historia como la heroína de su propio relato. Alcott fue mucho más allá de lo doméstico. Las hermanas March tienen distintas ambiciones. Todas son lectoras y utilizan los libros como portales a otros mundos que amplían su imaginación y les permiten soñar, imaginar e inventar. Meg, Jo, Beth y Amy están moldeadas por las historias que leen y Louisa May Alcott creó un universo literario construido por las obras de ficción que había leído, firmadas por autores que iban desde Bunyan y Brontë hasta Shakespeare y Dickens. Al escribir a la sombra de *El progreso del peregrino*, de John Bunyan, con su lúgubre y aleccionadora búsqueda de la redención, Alcott se insertó en una tradición literaria, pero también inauguró un nuevo género al crear una contranarrativa que sustituía al héroe impulsado por la fe de la novela de Bunyan por cuatro niñas, todas ellas capaces de encontrar una vocación, de forjar cuatro identidades muy diferentes.

Aparte de eso, *Mujercitas* es, en más de un sentido, un parto del ingenio de Louisa May Alcott. Imaginamos que los autores son creadores, divinos en su poder de construir mundos enteros a partir de las palabras y de engendrar una progenie literaria. Pero, de Dios en adelante, han sido los hombres quienes han creado, mientras que el destino de las mujeres ha sido procrear. ¿Qué ocurre, como se pregunta Louisa May Alcott en un ensayo titulado «Happy Women», cuando ellas deciden unirse a la clase de «mujeres superiores, que, por diversas causas, permanecen solteras y se dedican a algún trabajo serio; se desposan con la filantropía, el arte, la literatura, la música, la medicina»? ¿Pueden permanecer «tan fieles y felices en su elección como las mujeres casadas con esposo y hogar»? Alcott procede a reunir poderosos ejemplos de quienes lo hacen, entre ellos el de una mujer que ha seguido sus instintos y ha decidido seguir siendo una «vieja doncella crónica». He aquí su descripción de una mujer a la que se ve como una anomalía social:

> El amor filial y fraternal debe satisfacerla y, agradecida de que tales vínculos sean posibles, vive para ellos y está contenta. La literatura es un marido cariñoso y fiel y la pequeña familia que ha surgido en torno a ella [...] es una provechosa fuente de satisfacción para su corazón maternal [...]. No está sola [...] no está ociosa, pues la necesidad, severa pero bondadosa maestra, le ha enseñado el valor del trabajo; no

es infeliz, pues el amor y el trabajo, como buenos ángeles, caminan a su lado.

¡La literatura como el marido que siempre permanecerá «cariñoso y fiel»! ¿Y qué es la «pequeña familia» que ha creado sino su progenie literaria? Es más que probable que Louisa May Alcott sea la solterona de la vida real descrita en «Happy Women». Es, en cualquier caso, una de ellas, una solterona por excelencia que, además, da a luz a *Mujercitas*, una obra marcada por muchos antepasados literarios. Con un dejo de arrepentimiento, Alcott escribió una vez que sus historias eran como los hijos: «Vendo a mis hijos y, aunque me alimentan, no me quieren como los de Anna» (Anna era la hermana mayor de la autora, en quien se inspiró para el personaje de Meg en *Mujercitas*). Pero, a través de su descendencia literaria, Alcott fue capaz de «valorar» el talento que poseía, «utilizarlo fielmente para el bien de los demás» y convertir la historia de su vida en un «hermoso éxito». Escribir llegó a ser sinónimo de hacer el bien.

En 1979, durante el momento álgido de la segunda ola del feminismo, con sus fuertes críticas contra las ideologías centradas en el hombre, Sandra Gilbert y Susan Gubar publicaron un volumen de crítica literaria con un título que hacía alusión a Bertha Mason, el «monstruo» cautivo que aparece en *Jane Eyre*, de Charlotte Brontë. *La loca del desván* documentaba con detalle hasta qué punto la cultura occidental define al autor como «un padre, un progenitor, un procreador, un patriarca estético cuya pluma es un instrumento de poder generativo». Todo lo que sucede en las historias que constituyen el canon literario puede verse como lo que Atenea es para Zeus: un parto del ingenio de un escritor masculino. El «hombre de letras» se convierte no solo en un ser de gran autoridad e influyente, sino también en héroe, en pionero espiritual y líder patriarcal.[247]

Si la religión occidental instala a un Dios masculino como creador de todas las cosas y la cultura que la rodea asimila ese modelo para todos los esfuerzos creativos, ¿en qué lugar deja eso a las mujeres? Esa es la pregunta que Gilbert y Gubar dedican varios cientos de páginas a contestar. ¿Los partos del ingenio son también para las mujeres o ellas están limitadas a la procreación biológica? Louisa May Alcott trazó un posible camino para las escritoras, pues, situando su relato en una época hostil a la idea de que las mujeres se ganaran la vida escribiendo, nos ofreció la historia sin precedentes del nacimiento de la artista adolescente. Josephine March se convierte no solo en una mujer de carácter fuerte que reivindica su derecho a la autoexpresión y a la autorrealización profesional, sino también en un modelo para las lectoras de la vida real que llegan después de ella (al igual que su autora, Louisa May Alcott).

Para calcular el impacto de Jo en las lectoras, podemos recurrir a otro éxito literario: la serie británica de Harry Potter. Su autora, J. K. Rowling, nos dice: «Mi heroína literaria favorita es Jo March. Es difícil exagerar lo que significó para una niña del montón llamada Jo, que tenía mucho temperamento y la abrasadora ambición de ser escritora». O fijémonos en Ursula K. Le Guin, que escribe: «Sé que Jo March debió de tener una verdadera influencia sobre mí cuando era una joven escribiente [...]. Es tan cercana como una hermana y tan común como la hierba».[248] Sin embargo, el logro de Jo March tiene límites, como los tuvo Alcott. ¿Se había convertido Alcott en lo que su madre Abigail llamaba una «bestia de carga»? A algunos les preocupaba que Alcott hubiera reescrito la infancia de las niñas en la figura de Jo, pero que fuese incapaz de reinventar lo que significaba ser una mujer adulta.[249]

Casarse con un cónyuge «cariñoso y fiel» de carne y hueso pone fin a las ambiciones de Jo de convertirse en una gran escritora. En un capítulo titulado «La cosecha», Jo aún no ha renunciado a la esperanza de escribir un buen libro, «pero puedo esperar», se dice a sí misma. Jo se instala en el papel más tradicional de madre y maestra y no solo cría una familia, sino que también funda una escuela. «Debería darte vergüenza escribir historias populares a cambio de dinero», le dice el profesor Bhaer a Jo en un libro escrito por una mujer para ganar dinero. Y, en un segundo giro irónico, una autora que renunció al matrimonio y se dedicó a la carrera literaria escribe un libro sobre abandonar la escritura y entregarse a los placeres del matrimonio. Sin duda, Alcott habría preferido convertir a Jo en una «solterona literaria», pero tantas «jóvenes entusiastas» clamaban por casarse con Laurie que, «por perversidad», la autora le buscó un «emparejamiento cómico». Por desgracia, la broma es a costa de Jo y no nos llega sin algo del dolor y de la humillación que sufrió la propia Louisa May Alcott en su camino hacia el éxito profesional y la soltería literaria.

La imaginación de la huérfana Ana

Aunque *Ana, la de Tejas Verdes* (1908), de Lucy Maud Montgomery, está separada de *Mujercitas* por unos cuarenta años, Jo y Ana tienen mucho en común, a pesar de que sus circunstancias familiares son radicalmente diferentes. La escritora canadiense conocía bien la obra de Louisa May Alcott y, sin duda, encontró inspiración para Ana en la figura de Jo March. Pero la Ana Shirley de Montgomery es huérfana, no cuenta con el apoyo constante de unos padres cariñosos, unos hermanos afectuosos y unos vecinos generosos que la cuidan, la guían y evitan que se aburra. La novela de Montgomery relata las interminables aventuras y apuros de una huérfana vivaz, adoptada por unos hermanos de mediana edad, y muestra cómo se gana el corazón de sus padres adoptivos y crea con ellos una verdadera familia. Ana, como Jo antes que ella, tiene una imaginación desbordante y encuentra en la escritura una salida expresiva para su inventiva.

«Para mí, Ana es tan real como si la hubiera dado a luz», escribió Montgomery, que reveló así que su personaje, al igual que Jo March, está sacado de la vida.[250] Cuando la madre de Montgomery murió de tuberculosis, su padre la llevó a vivir con sus estrictos abuelos maternos, mientras que él se trasladó a Saskatchewan y volvió a casarse. Tanto Alcott como Montgomery adoptan un estilo transparentemente autobiográfico que contrasta sobremanera con la voz narrativa objetiva que encontramos en las obras de autoras como Jane Austen y las hermanas Brontë. Sus novelas de maduración insinúan la posibilidad de su identidad como escritoras profesionales de una forma poco habitual en las obras de la época.

Al igual que Jo, Ana abandona sus sueños de convertirse en autora y, en las secuelas del primer libro, su voz de escritora queda silenciada. Sin embargo, muchos lectores posteriores comprendieron que Ana Shirley se encontraba ante una puerta que, antes de la publicación de *Mujercitas*, ni siquiera existía y que ahora se abría un poquito más. Pese a que Jo y Ana ceden a los tirones gemelos del matrimonio heterosexual y la domesticidad, siguen representando la dicha que las chicas pueden obtener de la creatividad y la autoexpresión. Y la vida de sus respectivas autoras augura nuevas posibilidades de éxito profesional, aunque en lo personal, sobre todo la de Montgomery, fuera algo agitada.

Montgomery se casó con Ewan Macdonald, un pastor presbiteriano, y, según ella misma, su matrimonio fue siempre una unión sin amor. Su marido sufría graves episodios de depresión derivados de lo que él mismo se diagnosticó como «melancolía religiosa», el miedo a no estar entre los elegidos para entrar en el cielo. Montgomery también debía preocuparse por su propia salud mental («he ido perdiendo la cabeza por rachas»), pero, aun así, se convirtió en la principal fuente de sustento económico para su marido y sus dos hijos. Más adelante, tras alcanzar la fama literaria y el éxito financiero, se sumió en un profundo estado depresivo. Totalmente abatida por la perspectiva de una segunda guerra mundial y el posible reclutamiento de su hijo menor, escribió: «Mi posición es demasiado horrible para soportarla [...]. Qué final para una vida en la que siempre he intentado hacerlo lo mejor posible a pesar de los muchos errores».[251] La causa oficial de su muerte fue una trombosis coronaria, pero es más que probable que Montgomery se administrara una sobredosis de medicamentos para los trastornos del estado de ánimo.

Cuatro editoriales rechazaron *Ana, la de Tejas Verdes* antes de que L. C. Page, una casa de Boston, la aceptara. Se convirtió de inmediato en un superventas. Al igual que Alcott, Montgomery llegó a adquirir la fama de una especie de celebridad literaria, pero su obra nunca entró en el canon oficial de las obras escritas en inglés. Recuerdo que una vez les pregunté a mis colegas del Departamento de Inglés de Harvard, así como a los del Programa de Estudios Estadounidenses, si alguna vez incluían en sus asignaturas el estudio de *Mujercitas*, una obra que hoy en día tiene trescientas veinte ediciones solo en inglés. La respuesta siempre era una mirada algo divertida y extrañada, seguida de un no rápido y definitivo. En seguida deduje que no tenía sentido formular la misma pregunta sobre *Ana,*

Ana Shirley, de *Anne con E*, 2017.
Cortesía de Photofest

la de Tejas Verdes. ¿Qué novela destacaba en la lista de obras estadounidenses del siglo XIX incluidas en el plan de estudios? *La letra escarlata*, escrita por Nathaniel Hawthorne, amigo y vecino de Louisa May Alcott, una novela conocida por explorar con una atención morbosa las vergonzosas consecuencias del adulterio. Ana y Jo no podrían suponer un contraste más marcado respecto a la Hester Prynne de Hawthorne y, sin embargo, tanto *Mujercitas* como la serie de *Ana, la de Tejas Verdes* son despreciadas como literatura infantil y trivializadas como cultura popular carente de mérito literario. No olvidemos que Hawthorne denunció a las escritoras populares como una «maldita turba de mujeres escribientes», si bien puede que hiciera una excepción con Louisa May Alcott, a la que describió como «talentosa y afable», aunque su éxito comercial lo irritara en ocasiones.[252]

Hoy en día, Ana, la de Tejas Verdes, continúa teniendo muchos seguidores. Incluso el irascible Mark Twain reconoció que era «la niña más querida y adorable del mundo de la ficción desde la inmortal Alicia».[253] El libro de Montgomery se ha traducido a treinta y seis idiomas y ha inspirado una película muda, más de media docena de series de televisión, dibujos animados, musicales, etc. Su contribución a la industria turística canadiense en la Isla del Príncipe Eduardo no es en absoluto desdeñable. ¿Quién iba a imaginar que los miembros de la Resistencia polaca llevarían al frente la historia de Ana, que se convertiría en una serie de televisión en Sri Lanka y que se incluiría en el programa escolar japonés de la década de 1950?[254] Ana no se ganó solo el corazón de Marilla y Matthew Cuthbert, sino también el de los lectores de todo el mundo.

Cuando Lucy Maud Montgomery publicó *Ana, la de Tejas Verdes*, puso a prueba la lectura, la imaginación, la fantasía, la conversación y la escritura. En el incesante tira y afloja entre Ana Shirley y Marilla Cuthbert, discernimos las presiones sociales a las que las niñas se ven sometidas de forma implacable a medida que crecen. Todo el personaje de Ana está diseñado para complacer a los lectores de la novela de Montgomery: sus ojos, «amantes de la belleza», su naturaleza habladora, su viva imaginación y su amor por los libros así como por la naturaleza. Pero la compulsiva energía conversacional de Ana no encuentra el favor de Marilla. «Hablas demasiado para una niña», le dice a Ana, que a partir de entonces se calla y «fue tan obediente y quedó tan silenciosa, que su mudez puso nerviosa a Marilla».[255] El desprecio que Marilla siente por la conversación se extiende también a la palabra impresa y a los jóvenes lectores y escritores. Resueltamente poco imaginativa y austera, censura el «asunto de los cuentos» al que Ana y sus amigas se adhieren como «la mayor de las tonterías» y declara que «leer cuentos es malo, pero escribirlos es peor».

En cuanto a la imaginación, el don que hace a Ana tan encantadora y simpática y le augura tan buen futuro, se convierte en un lastre. Las «atroces tonterías» de la imaginación de Ana transforman un bosque de abetos en un Bosque Embrujado lleno de fantasmas, esqueletos y hombres sin cabeza. Otros innumerables actos de inspirada fantasía crean una sobrecarga imaginativa. Cuando Marilla resuelve «curar» a Ana de su imaginación con una caminata forzada por el bosque al anochecer, la muchacha se arrepiente y lamenta «la licencia que diera a su imaginación». Resuelve contentarse con «cosas vulgares» a partir de ese momento. Incluso el juego y la pantomima se convierten en tabú después de que Ana, que adopta el papel de la difunta Elaine en «La dama de Shalott» de Tennyson, se encuentre en una «momento peligroso» mientras navega a la deriva por un río durante una escenificación dramática del poema con sus amigas.

El orden, la eficacia y la limpieza domésticos se ven alterados y debilitados una y otra vez por el talante inventivo de Ana. *Ana, la de Tejas Verdes* corre el riesgo de convertirse en una interminable serie de capítulos que ilustran los peligros de la imaginación, al mismo tiempo que no puede evitar celebrar esa facultad convirtiendo a la heroína en la figura indiscutible de la identificación empática del lector. Cada capítulo se lee como un episodio autocontenido en el que la imaginación de Ana se desboca y la mete en algún lío (quemará cualquier cosa que meta en el horno porque se distraerá con las historias), mientras que los adultos, un tanto deprimidos, al principio se sorprenden y luego se deleitan con su inocencia y espontaneidad infantiles.[256] Sin embargo, la insistencia en considerar la imaginación y todas las actividades relacionadas con ella (fantasear, leer, actuar, jugar y escribir) como algo que te pone en peligro y que causa dolor a los demás sugiere que, a fin de cuentas, madurar hasta dejar atrás esa imaginación desmesurada podría no ser tan terrible. Así se acabarán todas esas «tentaciones irresistibles» de soñar despierta, trenzarte cintas en el pelo o intentar teñírtelo de negro. La imaginación está bien siempre y cuando permanezca en la infancia.

Si los libros clásicos del siglo XIX protagonizados por niños (*La isla del tesoro*, de Robert Louis Stevenson; *Las aventuras de Huckleberry Finn*, de Mark Twain; *Capitanes intrépidos*, de Rudyard Kipling) nos llevan desde el hogar hacia una serie de aventuras que van de mal (el hogar) en peor (el peligro) hasta que se encuentran una solución y una forma de rescate, los libros protagonizados por niñas (*Rebeca de la granja Sol*, de Kate Douglas Wiggin; *Pollyanna*, de Eleanor H. Porter; *Heidi*, de Johanna Spyri) empiezan en el hogar y allí se quedan; además, suelen insinuar una historia de fondo tan inquietante que solo se elabora de forma parcial. Lo sentimental y lo doméstico reinan sobre todo lo demás y expulsan los elementos oscuros y siniestros. Al someterse a la camisa de fuerza de la «estética femenina», Montgomery prefiere la domesticidad sentimental a la emoción palpitante de las aventuras, las búsquedas y los viajes, y emplea una narrativa en la que incrusta elementos ornamentales y afeminados del mundo social de lo ordinario y lo cotidiano, presidido por las mujeres.[257] Están las «mangas abullonadas» que Ana ansía tener en sus vestidos y las constantes tareas de cocina y limpieza en Tejas Verdes.

Lo que tenemos en la novela de Montgomery es una narrativa del hogar que traza un acercamiento gradual entre unos adultos cascarrabias que necesitan redimirse y una huérfana que necesita amor y protección. Ese acercamiento corre el riesgo de caer en la completa asimilación en el mundo de los adultos (al fin y al cabo, Ana terminará por crecer), aunque, de ninguna manera, en el sombrío ambiente que habitaba Marilla anteriormente. Ana contempla su futuro en las últimas páginas de la novela y reconoce que, con la muerte de Matthew, sus horizontes se han «cerrado»: «Pero si la senda ante sus pies había de ser estrecha, sabía que las flores de la tranquila felicidad la bordearían. La alegría del trabajo sincero, de la aspiración digna y de la amistad sería suya; nada podía apartarla de su derecho a la fantasía o del mundo ideal de sus sueños. ¡Y siempre estaba el recodo del camino!». Nadie puede acabar con la imaginación de Ana, ni siquiera la autora de su historia, para quien el personaje cobró vida propia. El trabajo y la amistad se convierten en el centro de la vida de la protagonista, aunque, al igual que Alcott, Montgomery cedió ante los lectores que preferían el romance del matrimonio a la vida de una solterona, de una de las «Happy Women» de Louisa May Alcott que se entregan al romance de la escritura y las buenas acciones.

Montgomery retrasó el matrimonio de Ana con Gilbert todo lo posible y jamás abandonó la idea de que la amistad sería fundamental en la vida de su personaje, incluso después de casarse. Pero la escritura no parece formar parte del futuro de Ana. Si aparece, será de forma limitada. «Me sentí tan avergonzada que quise desistir para siempre, pero la señorita Stacy dijo que podía aprender a escribir bien solo con que me constituyera en mi más severo juez.» Se acabó «El espeluznante misterio de la habitación embrujada», una historia inspirada en la lectura de ficción sensacionalista de Ana. Su club de escritura se disuelve en seguida y «algo de ficción para las revistas» se convierte en su destino, en el que lo doméstico y lo sentimental prevalecen sobre el misterio, el romance y el melodrama.

Ana, la de Tejas Verdes celebra la imaginación, pero también se empeña en demostrar la inevitable disminución de dicha capacidad y la importancia de refrenarla a medida que vas creciendo. La publicación de la obra coincidió con un momento en el que los educadores estadounidenses apenas comenzaban a ensalzar la imaginación y la fantasía como herramientas cognitivas importantes. «Los cuentos de hadas están por encima de la aritmética, la gramática, la geografía y los manuales de ciencias, porque, sin la ayuda de la imaginación, ninguno de esos libros resulta del todo realmente comprensible», aseguró Hamilton Wright Mabie en el prefacio de un volumen de 1905 titulado *Fairy Tales Every Child Should Know*. En él defendía que los cuentos de hadas debían entrar en la órbita del currículo educativo, «pues los niños no solo disponen de capacidad de observación y aptitudes para el trabajo, sino también del gran don de la imaginación».[258] Justo un año antes se había estrenado en el Teatro del Duque de York de Londres la obra de teatro *Peter Pan, or the Boy Who Wouldn't Grow Up* ('Peter Pan, o el niño que no quería crecer'), en la que tanto los adultos como los niños aplaudían con entusiasmo, todas las noches, para mantener viva a Campanilla, a consecuencia de lo cual la fantasía y la imaginación empezaron a resurgir con fuerza a ambos lados del Atlántico.

Durante la mayor parte del siglo XX, el fomento de la imaginación se convirtió en una prioridad de la agenda educativa. «¿Sabes lo que es la imaginación, Susan?», le pregunta Kris Kringle, es decir, Santa Claus, a una niña en la película *De ilusión también se vive* (1947). «Es cuando ves cosas que no existen en realidad», responde ella. «Bueno, no exactamente —dice Kris con una sonrisa—. No, para mí la imaginación es un lugar en sí mismo. Un país maravilloso. ¿Has oído hablar de la nación Británica y de la nación Francesa? [...]. Bueno, eso es la Imaginación. Y, una vez que llegas allí, puedes hacer casi todo lo que quieras.»²⁵⁹ El término *imaginación* es también, como no podía ser de otra manera, el que emplea la compañía Walt Disney para promocionar sus películas y productos de animación. A través de la organización que ahora se denomina «Imagineering», en el siglo XX se abrió un nuevo portal al mundo de las maravillas. En *Ana, la de Tejas Verdes*, L. M. Montgomery reveló la gran importancia que otorgaba a las alegrías de una imaginación expansiva; sin embargo, la historia de Ana Shirley también deja entrever una profunda angustia por el lado antisocial de la imaginación, por el hecho de que puede aislar a una niña y convertirla en una especie de inadaptada, incapaz de seguir el ritmo de las presiones y las exigencias del mundo real. El breve encaprichamiento de Ana con los cuentos y la escritura resulta ser algo que debe dejar atrás tan de prisa como los sencillos vestidos marrones que le cosía Marilla.

Un árbol crece en Brooklyn, *junto con la empatía y la imaginación*

«Y no olvides a Santa Claus.» Estas son las palabras de Mary Rommely, una abuela inmigrante irlandesa, en *Un árbol crece en Brooklyn* (1943), de Betty Smith. Le está dando consejos a su hija sobre la mejor manera de educar a sus hijos, una de las cuales es la heroína de la novela, Francie Nolan. También insta a su hija a contarles leyendas, «los cuentos de hadas de mi tierra» e historias sobre «los fantasmas que se aparecían a los familiares de tu padre». Pero la madre de Francie duda acerca de contarles a sus hijos «mentiras, cosas descabelladas». Aun así, Mary Rommely insiste y ofrece un poderoso contraargumento que recuerda a lo que Kris Kringle (que vivía casi en el mismo barrio) aseguró en *De ilusión también se vive* pocos años después de la publicación de la novela de Smith. Analfabeta y sin estudios, hace un alegato a favor de los prodigios y las maravillas: «La niña tiene que poseer algo muy valioso que se llama imaginación. Necesita crearse un mundo de fantasía todo suyo. Debe empezar por creer en las cosas que no son de este mundo; luego, cuando el mundo se haga demasiado duro para soportarlo, podrá refugiarse en su imaginación. Yo misma [...] gracias a estos pensamientos puedo tolerar lo que me toca vivir».[260]

Vivir en la imaginación es justo lo que hace Francie, «sentada en el borde de la alcantarilla durante horas enteras», como observa su profesora de piano, la señorita Tynmore. «¿En qué piensas en esos momentos?», le pregunta a la tranquila niña. «En nada. Me cuento historias.» Francie, empobrecida y aislada, aprende a hacer algo partiendo de la nada. «Niñita, cuando seas mayor serás escritora», predice la señorita Tynmore.

La propia Betty Smith también se convirtió en escritora y *Un árbol crece en Brooklyn* está tan cerca de la autoficción como *Mujercitas* y *Ana, la de Tejas Verdes*. A los catorce años, la madre de Smith insistió en que dejara los estudios para ayudar a mantener a su familia. A partir de ese momento, Betty Wehner (su nombre de soltera), al igual que Francie, se esforzó mucho y durante muchos años para conseguir recibir una educación formal: trabajaba por las noches y solo consiguió terminar el instituto después de estar casada y con dos hijas. «Me gusta pensar en ella como una feminista de las décadas de 1920 y 1930, de antes de que se desarrollara siquiera el movimiento», escribió más tarde su hija Mary sobre ella. Allí estaba su madre, Betty Smith, en medio de la Gran Depresión, una mujer divorciada con dos hijas que criar. ¿Y cómo se propuso mantenerlas? Para ganarse la vida, aceptaba pequeños papeles en producciones teatrales y se centró en escribir, producía *sketches*, ensayos, obras de teatro (setenta obras de un solo acto, entre otras muchas) y cualquier cosa que le permitiera ganar dinero. Escribía a primera hora de la mañana, antes de que las dos niñas se marcharan al colegio.

No es de extrañar que Francie, al igual que su autora, descubra en la escritura una misión social. La protagonista de la novela renuncia a los placeres del sensacionalismo expresivo y recurre a la experiencia de la vida real: «la pobreza, el hambre y la embriaguez», temas que disgustan a su profesora de inglés, la señorita Garnder. Esas materias, según afirma esta nueva profesora, son «desagradables», y a Francie se le ordena que deje de escribir «esas historias tan sórdidas» y se la anima a que escriba de un modo «bonito» y «agradable». Con un maravilloso sentido del drama y un eco de la quema de las historias del *Weekly Volcano* por parte de Jo March, Francie prende fuego a su prosa y repite «estoy quemando miseria» mientras las llamas ascienden. La novela de Betty Smith recuerda a los lectores que a las mujeres se las desalentaba con la intención de que no abordasen causas sociales en sus escritos y se las orientaba hacia lo doméstico y lo sentimental. Al mismo tiempo, se consideraba que sus textos eran inferiores en términos literarios, precisamente por su temática. Este curioso doble dilema puede rastrearse desde Jo March hasta Ana Shirley y Francie Nolan, jóvenes a las que se critica por atreverse a escribir de formas nuevas y «poco femeninas».

¿Qué inspira a Francie a centrar su atención en temas como la pobreza? Su propio contexto de penuria explica muchas cosas, por supuesto. Pero, a lo largo de la novela, mientras la perspectiva va cambiando de Francie a su madre y viceversa, descubrimos que para Francie la madurez también significa aprender a ser tolerante y a cultivar la empatía. Hacia la mitad de la novela leemos un relato electrizante sobre una joven llamada Joanna que se queda embarazada «fuera del matrimonio» y es apedreada por sus vecinas. «¡Puta! ¡Puta! ¡Puta! —gritó una de ellas enfurecida. Entonces, obedeciendo a un instinto ya vigente en la época de Cristo, recogió una piedra del suelo y se la arrojó a Joanna.» ¿Cómo reacciona Francie al presenciar esta atrocidad? Se siente abrumada por el dolor: «La invadió una oleada de pena que la dejó trastornada. Llegó otra oleada, estalló y finalmente se fue. [...] Había entendido la lección, pero no era la que había querido decir su mamá». «Espero que el ejemplo de Joanna te sirva de lección», había dicho la madre de Francie. La lección se convierte en un tutorial sobre ser «menos cruel» y sentir empatía hacia los demás, así como compasión por sus circunstancias.

Como en muchas otras obras que siguen el patrón del *Bildungsroman*, en este caso la historia de maduración de una niña, hay un poderoso punto de inflexión, un momento en el que la heroína se pone en el lugar de otra persona, siente su dolor o se mete en su piel. Esa forma de conciencia social tiene su origen no tanto en las enseñanzas de los padres como en la experiencia de la lectura. Cuando Francie aprende a leer, el poder de la imaginación se acelera e intensifica. Un día, Francie pasa una página y sucede la «magia». «Miró la palabra y la imagen de un ratón gris se estampó en su cabeza. Siguió leyendo y cuando entrevió la palabra *caballo*, oyó los golpes de sus cascos en el suelo y vio el sol resplandecer en sus crines. La palabra *corriendo* la golpeó de repente, y ella empezó a jadear, como si de verdad hubiese estado corriendo. La barrera entre el sonido de cada letra y el sentido de una palabra entera se había caído.» La imaginación construye un sólido puente entre las concepciones mentales de las cosas y su encarnación en el

Portada de la edición de los Armed Services de *Un árbol crece en Brooklyn*. *North Carolina Collection, Wilson Special Collections Library, UNC-Chapel Hill*

mundo real. Con el poder de pasar del significante (la palabra que designa una cosa) al concepto mental de la cosa y su encarnación en el mundo real, Francie nunca «se sentiría sola». Al mismo tiempo, se consagra como escritora precisamente porque es capaz de visualizar y animar la vida de los demás.

Como facultad creativa de la mente, la imaginación se utiliza para pensar, fantasear y recordar, entre otras cosas. El término *imaginación* viene del latín *imaginare*, que significa «concebirse a uno mismo». Es una facultad con una cualidad autorreflexiva que se hace evidente cuando Francie regresa a su hogar de la infancia y ve «una chiquilla sentada en una escalera de incendios, con un libro en el regazo y un paquete de caramelos al alcance de la mano». ¿Qué hace Francie cuando ve a esta «niña delgada de unos diez años» sino saludarla y gritar «Hola, Francie»?

«No me llamo Francie [...], y bien que lo sabes», le contesta la muchacha, llamada Florry. Pero es en vano. Francie es capaz de imaginarse a sí misma como era en tiempos pasados, leyendo como una niña de diez años, con un paquete de caramelos al lado. Gracias a la imaginación y a su poder para evocar imágenes y recuerdos, Francie es capaz de volver atrás y recordar quién era. El pasado siempre está presente y las generaciones posteriores lo reincorporan y lo recrean.

Las escritoras que inventaron a Jo March, Ana Shirley y Francie Nolan se embarcaron en la misión social de ofrecer modelos de ficción que se preocupaban por el mundo. Si recordamos lo profundamente arraigados que están los cuidados en la noción de curiosidad, resulta evidente de inmediato que nuestras heroínas curiosas no son solo aventureras rebeldes, sino también amables y compasivas. El anhelo de Francie de convertirse en escritora no se verá sometido. Incluso cuando su madre le dice a su hermano Neeley que Cornelius John Nolan es «un buen nombre para un cirujano» y no le dice a su hija que Mary Frances Katherine Nolan es un «buen nombre para una escritora», ella sigue imparable. Como el árbol que crece en Brooklyn, su ímpetu «vivía» y nada podía «destruirlo». Al final escuchamos sus pensamientos sobre su futuro como escritora: «Ahora conocía a Dios un poco mejor. Estaba segura de que a Él no le molestaría si ella empezaba a escribir de nuevo. Bueno, quizá algún día se aventuraría otra vez».

La escritura y el trauma: El Diario de Ana Frank

Alcott, Montgomery y Smith: todas ellas experimentaron el trauma de la guerra. La guerra civil se mantiene a cierta distancia en *Mujercitas*, pero Alcott sirvió como enfermera

militar y sufrió toda su vida las consecuencias de la enfermedad (y del mercurio del medicamento empleado para curarla)
que contrajo mientras cumplía con su servicio. Montgomery
escribió la serie de Ana durante la Primera Guerra Mundial
y, tras el conflicto, su vida empezó a desmoronarse, pues su
marido predicador cayó en una profunda depresión por el papel que había desempeñado al animar a los jóvenes a alistarse
y, luego, debido a la pérdida de su mejor amiga durante la
pandemia mundial de 1919. Betty Smith publicó *Un árbol crece
en Brooklyn* en 1943, justo dos años después de que Estados
Unidos le declarara la guerra a Japón y entrara en la Segunda
Guerra Mundial. Su libro se convirtió en una de las ediciones
que los Armed Services ('Servicios Armados') entregaban a
los soldados que se iban a la guerra y, desde luego, Smith recibió más cartas de admiradores militares que civiles. Las tres
mujeres pasaron por dificultades. Pero dos permanecieron
razonablemente seguras en el frente interno, mientras que la
tercera sufrió apuros, sin duda, pero no de la magnitud de los
de los soldados y los civiles atrapados en las zonas de combate.

Más o menos en torno a la época en la que Betty Smith
estaba dándole los últimos toques a *Un árbol crece en Brooklyn*,
Ana Frank, que vivía con su familia en la ciudad de Ámsterdam
en circunstancias acomodadas, se vio obligada a esconderse
con sus padres y su hermana para evitar la detención y la deportación. Las fuerzas holandesas se habían rendido a los nazis
el 15 de mayo de 1940, justo un día después del bombardeo de
Róterdam. Los Países Bajos permanecieron bajo ocupación
alemana hasta el final de la guerra. Nadie que lea *Het Achterhuis* (*El anexo secreto* es el título que Ana les dio a las entradas
del diario que escribió mientras estaba escondida) es capaz de
escapar a la larga sombra que proyectan las circunstancias
de la muerte de Ana Frank: el asalto al anexo secreto en la

mañana del 4 de agosto de 1944 por parte de un miembro de las SS alemanas y tres agentes de la policía secreta holandesa, los interrogatorios en las Oficinas de Seguridad del Reich, el traslado al campo de refugiados de Westerbork, la posterior deportación a Auschwitz y luego a Bergen-Belsen, donde Ana Frank murió de tifus.

Conocemos a Ana Frank a través de las entradas de diario que escribió primero en un pequeño libro autógrafo encuadernado en tela a cuadros rojos, grises y tostados, con un pequeño candado, y luego en cuadernos escolares. En sus primeras anotaciones, fechadas en junio de 1942, comienza describiendo las alegrías de encontrar sus regalos de cumpleaños —entre otras cosas, una blusa, un juego de mesa, un rompecabezas, un tarro de crema y rosas—, y en seguida pasa a hacer perfiles maliciosos de sus compañeras de clase y termina con un inventario de las muchas restricciones impuestas a la comunidad judía holandesa. Este es un libro que nos desafía a conjugar las banalidades de la vida ordinaria con lo impensable. Menos de un mes después de esos relatos iniciales, el 8 de julio, Ana escribe que «han pasado tantas cosas que es como si de repente el mundo estuviera patas arriba». La entrada del día termina con los Frank cerrando la puerta del que había sido su hogar: «Las camas deshechas, la mesa del desayuno sin recoger, medio kilo de carne para el gato en la nevera, todo daba la impresión de que habíamos abandonado la casa atropelladamente [...] queríamos irnos, solo irnos y llegar a puerto seguro, nada más». Esa seguridad se le concedió a la familia durante dos años y un mes. Luego los acorralaron, muy probablemente debido a la traición de un trabajador del almacén de la *Achterhuis* contratado después de que un empleado de confianza se pusiera demasiado enfermo para seguir trabajando.[261]

Las anotaciones del *Diario* de Ana Frank comienzan con una explosión de entusiasmo ante la perspectiva de tener, por fin, una confidente. «Espero que seas para mí un gran apoyo», escribe el día de su cumpleaños, en el que descubrió el cuaderno en una mesa junto con sus otros regalos. Al principio, el diario (y más tarde su corresponsal imaginaria «Kitty») se convierte en la amiga íntima que anhelaba tener, pues era incapaz de encontrarla en su hermana, en su madre o, antes, en sus compañeras de colegio. Pero, con el tiempo, Ana Frank empieza a entender su escritura como una misión. El 29 de marzo de 1944 escuchó una emisión en la que Gerrit Bolkestein, ministro de Educación, Arte y Ciencia en el exilio, instaba a los habitantes del país a recopilar «diarios y cartas relativos a la guerra» para conformar con ellos un archivo que detallaría los sufrimientos de los civiles durante la ocupación nazi.

Ana comenzó a reescribir su diario con vistas a la posteridad, a documentar lo que su familia había sufrido y cómo habían sobrevivido con la esperanza de ofrecer una imagen de lo que era estar oculto, a pesar de que sentía cierto escepticismo acerca de que su trabajo llegara a ser público alguna vez. En 324 hojas sueltas de papel coloreado, revisó las entradas sin dejar por ello de añadir actualizaciones. Soñaba con que su diario se publicara algún día e incluso había escogido un título (*El anexo secreto*) que prometía transmitir una sensación de misterio e intriga. Por cierto, fue su editor estadounidense quien, en dicho mercado y con fines promocionales, decidió titular la obra de Ana Frank *The Diary of a Young Girl*.

Uno de los primeros amores de Ana Frank fue Hollywood, así que pegaba con esmero fotos de estrellas de cine en una pared de su habitación. Sin embargo, pronto aspiró a otro tipo de fama: la inmortalidad que conseguiría al hacerse un nombre a través de la escritura. No obstante, también comprendía con claridad el valor de la escritura como medio de expresión. «Si llego a no tener talento para escribir en los periódicos o para escribir libros —declaró—, pues bien, siempre me queda la opción de escribir para mí misma. [...] ¡Quiero seguir viviendo, aun después de muerta! Y por eso le agradezco tanto a Dios que me haya dado desde que nací la oportunidad de instruirme y de escribir, o sea, de expresar todo lo que llevo dentro de mí.»[262] Qué diferencia con la inmortalidad ganada en el campo de batalla de figuras como Aquiles. El diario «le hacía compañía y la mantenía cuerda», señaló Philip Roth.[263] Ana, que se definía como una charlatana que decía lo que pensaba, a veces se obligaba a callar para evitar los comentarios mordaces y críticos de sus mayores. El diario le daba la oportunidad de «replicar» con impunidad.

«Una de las figuras más atrayentes de la Segunda Guerra Mundial no fue ni un héroe militar ni un líder mundial», escribió Katerina Papathanasiou en 2019.[264] Ana Frank llegó a ser casi tan conocida como los líderes aliados de esa guerra, aunque a pocos se les habría ocurrido referirse a ella como a una heroína, pues la veían más como una víctima, una mártir o una santa. El historiador Ian Buruma la llamó la «santa Úrsula judía» y la «Juana de Arco holandesa».[265] Philip Roth vio la genialidad de su escritura y se refirió a ella, en *La visita del Maestro* (su reimaginación de la vida de Ana Frank), como «una apasionada hermana pequeña de Kafka». Pero, como tantas otras escritoras antes que ella —todas ellas mayores, aunque no necesariamente más sabias—, Ana Frank se convirtió en una heroína al utilizar las palabras y los relatos no solo como una salida terapéutica para sí misma, sino también como una plataforma pública para conseguir justicia.

Las entradas del *Diario* de Ana están llenas de actos de heroísmo, pequeños y grandes. Ana está dispuesta a dejar que el excéntrico señor Dussel comparta su habitación, pues no lo considera más que otro de los muchos «pequeños sacrificios» por «la causa común» que hace de buena gana. Se preocupa por los que «ya no podemos ayudar». Se considera afortunada de poder comprar comida y se queja del egoísmo de los que viven en las estrechas dependencias del anexo, pero nunca de las forzadas circunstancias de la convivencia familiar. Hay ratas en los alimentos, retretes que funcionan mal, ladrones que amenazan la seguridad del escondite, un constante ruido de disparos, sirenas y aviones y, desde la ventana del anexo, la imagen de las personas a las que la policía se lleva a rastras. Y, sin embargo, aunque Ana reconoce tener miedo, nunca se permite encerrarse ni ceder ante la oscuridad que la rodea. El diario revela que fue capaz de conservar la decencia, la integridad y la esperanza a pesar de vivir en un régimen decidido a exterminarla junto con los ancianos, los enfermos y todos aquellos que no superasen la prueba de la pureza aria.

Clasificado durante mucho tiempo como un libro que «solo» se mandaba leer a los estudiantes de secundaria, al *Diario* rara vez se le reconoce su genialidad literaria. ¿Cuántos adolescentes habrían sido capaces de escribir unas memorias tan absorbentes o de pensar de una forma tan reflexiva como Ana Frank? Escribe con el ímpetu confesional de san Agustín, muestra una comprensión Du Boiseana de la doble conciencia al describir la experiencia extracorpórea de observarse a sí misma y muestra el implacable candor estoico de Kafka. Sin duda hay jóvenes prodigios literarios que escribieron obras que entraron de inmediato en el canon, pero son escasos. Lord Byron publicó dos volúmenes de poesía en su adolescencia. Mary Shelley terminó *Frankenstein o el moderno Prometeo* (1818) cuando tenía dieciocho años. Arthur Rimbaud escribió casi toda su poesía siendo aún un adolescente. Daisy

Ashford escribió *The Young Visitors* (1919) a los nueve años. S. E. Hinton publicó *Rebeldes* (1968) cuando tenía diecinueve años. Estas son las notables excepciones, pero la mayoría de los autores no empezaron a escribir a los trece años una obra que acabaría publicándose.

Según una encuesta de 1996 que aparece en el sitio web del Museo de Ana Frank, la mitad de los alumnos de instituto de Estados Unidos habían tenido el *Diario* como lectura obligatoria. Hoy en día, esa cifra ha disminuido, pero los lectores continúan descubriendo la voz de Ana y cómo utilizó sus dotes de narradora para documentar las atrocidades de la época nazi y también para hablar del heroísmo de los colaboradores que acogieron a los miembros de su familia y los mantuvieron con vida. Pero es, sobre todo, el diario lo que ha mantenido viva a Ana en nuestra imaginación incluso después de las detenciones en el número 263 de Prinsengracht; no solo el diario, por supuesto, sino también los detalles de la vida de Ana en los campos de concentración con su hermana y su madre. Es imposible leer sobre la etapa de los Frank en Auschwitz y Bergen-Belsen sin llorar: Edith, que murió de hambre porque les entregaba hasta la última de sus raciones a sus hijas; Ana, que cargaba piedras y cavaba en la tierra como parte de las inútiles tareas forzosas que se imponían en los campos; los niños menores de quince años enviados directamente a las cámaras de gas; Ana, que se encontraba con antiguas compañeras de clase que la describen como calva, demacrada y temblorosa; Ana, «delirante, terrible, ardiendo», que murió, lo más seguro, en una epidemia de tifus.

En un extraordinario volumen sobre el libro de Ana Frank, su vida y su posteridad, la novelista estadounidense Francine Prose recuerda las horas en las que leyó el diario por primera vez cuando era niña, absorta en él hasta que el día se convirtió en noche. Cincuenta años después, lee el diario con sus alumnos del Bard College: «Y durante aquellas horas en que los alumnos y yo hablamos del libro de Ana, me dio la sensación de que su espíritu —o, en cualquier caso, su voz— había estado allí con nosotros, totalmente presente y viva, audible en aquella otra habitación en que se iba la luz lentamente».[266] Es poco probable que Ana Frank llegara a creer nunca que escribir le proporcionaría la inmortalidad, pero las palabras de su diario resultaron ser proféticas: «¡Quiero seguir viviendo, aun después de muerta!».

Harriet the Spy *se hace menos cruel y* Scout *descubre la empatía*

Justo una década después de la aparición del *Diario* de Ana Frank en Estados Unidos, Louise Fitzhugh publicó una novela sobre una chica obsesionada con escribir en su diario. Parece casi un sacrilegio, o al menos una falta de respeto, evocar la obra de Ana Frank en el mismo párrafo que la escritura compulsiva de Harriet M. Welsch en *Harriet the Spy* (1964), de Fitzhugh. Como una adicta, Harriet se pasa la vida aferrada a su cuaderno, incapaz de «ir a ningún sitio sin él», escribiendo «frenéticamente».

¿Qué escribe Harriet? Desde luego, nada que evidencie una genialidad precoz. Sus cuadernos están llenos de burdos insultos de adolescente, de comentarios del tipo «CARRIE ANDREWS ESTÁ MUCHO MÁS GORDA ESTE AÑO» o «LAURA PETERS ESTÁ MÁS DELGADA Y FEA. NO LE IRÍA NADA MAL PONERSE APARATO EN LOS DIENTES». Y «PINKY WHITEHEAD NO CAMBIARÁ JAMÁS. ¿SU MADRE LO ODIA? SI FUERA HIJO MÍO, LO ODIARÍA».[267] Pero las entradas del diario de Harriet guardan un espeluznante parecido con lo que Ana registra en los primeros días en su diario: «J. R. [...] es una chica presumida, cuchicheadora, desagradable, a la que le gusta hacerse la mayor». O «Betty Bloemendaal tiene aspecto de pobretona, y creo que de veras lo es». «E. S. es una chica que habla tanto que termina por cansarte [...]. Dicen que no le caigo nada bien, pero no me importa mucho, ya que ella a mí tampoco me parece demasiado simpática». Estas dos muchachas con talento encuentran su voz, descubren el valor de la reflexión autocrítica y aprenden el significado de la generosidad y la amabilidad.

«Me crié leyendo una serie de libros que se llamaba *Harriet the Spy* y me parecían magníficos [...]. En cierto modo, modelé mi vida temprana imitando a su protagonista», le dijo Lindsay Moran a un periodista de la CNN en una entrevista sobre su carrera en la CIA.[268] A Moran le llamaban mucho la atención la energía investigadora y la obsesión por la escritura de Harriet M. Welsch, que vive en Nueva York con sus padres. Harriet se empeña en registrar a diario sus observaciones misantrópicas sobre las personas a las que observa: el reponedor Joe Curry, la señora Agatha K. Plumber —una famosilla miembro de la alta sociedad— y Harrison Withers y sus gatos, entre muchos otros. Sus ambiciosos planes de convertirse en escritora le juegan una mala pasada cuando sus compañeros de clase encuentran uno de sus cuadernos y leen los numerosos y despiadados comentarios —salvajemente crueles en muchos casos— sobre su aspecto y lo que dicen.

Lo que de otro modo podríamos considerar admirable en una protagonista de once años (la ambición de convertirse en escritora) se convierte en un lastre a la luz del dolor y la humillación que sufren los demás cuando los cuadernos de Harriet se hacen públicos. Puede que la muchacha no aspire a ser una matona, pero sus juicios hieren a amigos y a compañeros de clase, todos ellos jóvenes y vulnerables. La novela sobre sus desventuras en el espionaje ha desaparecido de las listas actuales de libros recomendados para los jóvenes, pero, en 2004, Anita Silvey, experta en literatura infantil, la incluyó en su lista de los cien mejores libros para niños, en gran parte porque era un volumen con el que los jóvenes lectores se identificaban con mucha facilidad.[269] No les costaba conectar con la sensación de inadaptación social de Harriet. Y les resultaba imposible no admirar cómo se las arreglaba para encontrar un lugar seguro con el que compensar su soledad..., aunque esa seguridad no tardó en desaparecer. Se trata de una niña traumatizada (Ole Golly, la mujer que es su madre *de facto*, abandona sin previo aviso su trabajo como niñera de Harriet) que se convierte en detective y escritora, una muchacha solitaria pero a la vez cotilla que sobrelleva su aislamiento social por medio de una forma de escritura que, hay que reconocerlo, roza la patología social. Pero Harriet encuentra la religión, y lo hace a través de la forma prosocial de la empatía.

El filósofo Richard Rorty nos dice que algunos libros nos ayudan a volvernos independientes y autosuficientes y, también, que hay otros que nos ayudan a ser menos crueles. Divide esta última categoría entre los volúmenes que nos permiten descubrir la maldad de las instituciones sociales (*La cabaña del tío Tom*, de Harriet Beecher Stowe, sería un buen ejemplo) y los que nos permiten ver nuestros propios defectos (*Casa desolada*, de Charles Dickens, pertenece a esa categoría).[270] *Harriet the Spy* entra de lleno en la clase de libros que nos ayudan a ser menos crueles, pues nos permiten ver los efectos de nuestras propias acciones en los demás.

El terapeuta al que los padres de Harriet contratan para ayudar a su hija a superar el trauma de la separación de su querida niñera (estamos en el Upper East Side de Nueva York) tiene ciertas opiniones sobre la mente de la joven escritora en formación. Harriet escucha a escondidas la conversación telefónica que mantienen su padre y el «doctor», pero solo capta fragmentos de lo que dice su padre. «Bien, doctor Wagner, deje que le haga una pregunta... Sí, sí, sé que es una niña muy inteligente... Sí, claro, somos más que conscientes de que es muy curiosa... Sí, un signo de inteligencia, muy bien... Sí, creo que podría llegar a ser escritora.»

La niña curiosa de la novela de Fitzhugh padece lo que también podría diagnosticarse como un flagrante caso de «incuriosidad».[271] De hecho, Harriet se convierte en una especie de monstruo de la incuriosidad, pues muestra una absoluta falta de interés en todo lo que no esté relacionado con su propia obsesión personal y es incapaz de comprender el dolor que ha infligido a los demás. Sin duda, podemos atribuir esa incapacidad de empatizar en parte a su edad y en parte al trauma de la separación de una figura materna, pero su búsqueda privada de la autorrealización y la autonomía por medio de la escritura se basa en ser cruel con casi todas las personas de su entorno real.

¿Qué salva a Harriet de convertirse en un monstruo de la incuriosidad para siempre? Sin dejarse intimidar por el ostracismo social al que la someten sus amigos y compañeros de clase ni tampoco por una carta de Ole Golly que la insta a disculparse, sigue escribiendo una prosa punzante: «FRANCA DEI SANTI TIENE UNA DE LAS CARAS MÁS TONTAS QUE CUALQUIERA ESPERARÍA VER [...] TIENE MÁS O MENOS NUESTRA EDAD Y VA A UN COLEGIO PÚBLICO DONDE SIEMPRE SUSPENDE COSAS COMO TALLER, QUE NOSOTROS NO TENEMOS [...] EN CASA NO LO PASA BIEN, PORQUE TODOS SABEN LO TONTA QUE ES Y NO LE HABLAN».

¿Hay redención para Harriet? ¿Aprende algo, más allá de seguir el consejo de Ole Golly de disculparse y ocultar el desprecio que siente por los demás con «mentirijillas»? En el último capítulo de la novela, Harriet observa a sus dos amigos, Janie y Sport, desde la distancia, y es entonces cuando por fin entra en contacto no con sus propios sentimientos, sino con los de ellos. «Se obligó a ponerse en el lugar de Sport, a sentir los agujeros de los calcetines que le rozaban los tobillos. Fingió que le picaba la nariz cuando Janie levantó una mano distraída para rascarse. Sintió lo que se sentiría al tener pecas y el pelo amarillo como Janie, y luego las orejas raras y los hombros flacos como Sport.» Es posible que esto no sea aún empatía, pero es un momento de transformación para Harriet, pues la convierte de observadora insensible en busca de autonomía y fama en una persona capaz de meterse en la piel de otra.

Al igual que *Harriet the Spy*, *Matar a un ruiseñor* (1960) nos permite ver el mundo a través de los ojos de una niña, aunque en este caso Scout cuenta la historia de su infancia siendo ya adulta. Scout sintoniza fácilmente con la conciencia de su yo menos experimentado y después vuelve sin problemas al de la adulta mayor y más sabia, que añade información y aclara el relato de la niña. La doble conciencia y la doble identidad que se muestra (la joven Scout y el yo narrador mayor y más sabio) explica muchas cosas respecto al público que acogió el libro. *Matar a un ruiseñor* es un libro transversal que atrae tanto a los adultos como a los jóvenes, quizá más a los adultos. Harper Lee permitió a los adultos regresar a la infancia y sumergirse en todos los peligros que se percibían en aquella época: el profundo sentimiento de injusticia en el mundo, la hipocresía de los adultos y una sensación de aguda indefensión. Pero también podemos sumergirnos en los placeres de la infancia, impulsados por pequeños empujones proustianos que nos ayudan a recordar cómo era ser tan ajeno y a la vez tan sensible a los temblores del mundo como lo es Scout.

Matar a un ruiseñor nos lleva al interior de la mente de una niña, pero también envía de forma autorreflexiva un poderoso mensaje sobre la importancia de la perspectiva, la identificación y la empatía. «Uno no comprende de veras a una persona hasta que considera las cosas desde su punto de vista [...]. Hasta que se mete en el pellejo del otro y va por ahí como si fuese ese otro», le dice Atticus a Scout. Y luego está el momento álgido, cerca del final de la novela, cuando la voz de Scout cambia a la tercera persona y, de pie en el porche de Boo Radley («Jamás había contemplado nuestra calle desde [ese ángulo]»), describe los acontecimientos de su historia desde el punto de vista de este. De repente nos damos cuenta de que ha interiorizado la sabiduría de su padre y se está poniendo en la piel de su vecino. En cierto modo, *Matar a un ruiseñor* es el libro que inauguró el giro hacia la empatía como bien social supremo en lo que el sector editorial llama ahora libros para jóvenes adultos. Es todo lo contrario a la crueldad que presenciamos en los cuadernos de Harriet.[272]

Sabemos que la experiencia de conversión de Scout, que ve las cosas desde un ángulo nuevo a través de los ojos de otra persona, la cambia, porque lo que hace es contar un poderoso relato sobre la raza y la injusticia en el Sur profundo durante la Gran Depresión. Ahora su relato figura en un libro y ella misma se ha escrito en una historia, una historia que nos recuerda la producción de significado a través de la narración. En cuanto a Harriet, es un reto especular sobre los efectos del consejo de Ole Golly una vez que su cuaderno sale a la luz. Pero mientras Harriet la espía continúa persiguiendo su sueño de convertirse en escritora, cuesta imaginar que su curiosidad innata no conquistará la incuriosidad y que la compasión no vencerá a la compulsión y la crueldad.

Di su nombre: El odio que das, *de Angie Thomas*

Matar a un ruiseñor fue el libro que les abrió los ojos a muchos lectores estadounidenses respecto al racismo contra los negros y la injusticia racial. Es una obra que marca un hito en su defensa de la comprensión y la empatía. Pero, por irónico que parezca, esa empatía no se dirige hacia Tom Robinson, un negro inocente acusado falsamente de violación y al que la policía dispara mientras intenta escapar de la cárcel, sino hacia Boo Radley, un hombre que sigue libre tras asesinar a otro por agredir a dos niños.

Fue necesario que Toni Morrison reajustara nuestra perspectiva acerca de novelas como *Matar a un ruiseñor*, un libro que ocupa un lugar destacado entre las lecturas asignadas a los alumnos de secundaria en Estados Unidos. En 1990, mientras escribía sobre la blanquitud y la imaginación literaria, se refirió al «uso estratégico de los personajes negros para definir los objetivos y poner de relieve las cualidades de los personajes blancos».[273] Esta forma en absoluto arriesgada de construir el heroísmo es problemática por muchas razones y sigue siendo una dificultad que persiste con obstinación en nuestro imaginario literario y cinematográfico colectivo, con un estereotipo que ha devenido en lo que Spike Lee llamó el «negro mágico»: una figura humilde y de bajo estatus que ayuda de manera desinteresada a los blancos a conseguir su salvación personal. El cineasta tenía en mente a personajes que van desde Jim en *Las aventuras de Huckleberry Finn*, de Mark Twain, y el tío Remus en *Canción del Sur*, de Disney, hasta Red en *Cadena perpetua* y John Coffey en *La milla verde*. Construyen con gran generosidad la plataforma para la redención del héroe blanco en actos de enorme humildad que rara vez se reconocen como heroicos.

«Un retrato empático y matizado del despertar político de una adolescente.» Ese fue el titular de la reseña de Richard Brody en el *New Yorker* sobre la película *The Hate U Give*. Curiosamente, el libro para jóvenes adultos en el que se basó, *El odio que das* (2017), de Angie Thomas, recibió mucha menos cobertura mediática que la película. La empatía se convierte en el afecto dominante, según el crítico de la película, como si, de repente, de la nada, el público pudiera sentir al fin lo mismo que los afectados por la brutalidad policial. La pregunta que me viene a la cabeza es por qué hemos tardado tanto en sentirlo. Y también por qué hemos tenido que esperar tanto tiempo para ver a una chica negra como heroína en una novela para jóvenes adultos. Desde luego, hay más ejemplos, pero datan de hace cuarenta años: *Lloro por la tierra* (1976), de Mildred Taylor, y *Brown Girl Dreaming* (2014), de Jacqueline Woodson. El libro de Thomas ha tocado la fibra sensible de los lectores, tanto jóvenes como adultos, de una manera en que pocas novelas para jóvenes adultos lo habían hecho. *El odio que das* introduce a los lectores en las complejidades del movimiento Black Lives Matter con unas memorias de ficción que reflejan la verdad de un momento histórico. Su perspectiva personal y cargada de emoción sobre las comunidades negras y la acción política conecta con el movimiento #SayTheirNames y con el esfuerzo por recordar a las víctimas, protestar por sus asesinatos y exigir el fin de la violencia policial.

La novela comienza con los gritos desgarradores de Starr Carter, una adolescente negra que acaba de presenciar el asesinato a tiros de a su amigo Khalil por parte de un agente de policía blanco. El «oficial Ciento Quince» confundió el cepillo del pelo de Khalil con una pistola. «No, no, no, solo eso puedo decir», escribe Starr en su relato en primera persona de los acontecimientos de esa noche. Atrapada entre las amenazas de los traficantes de drogas de la zona para que guarde silencio y las súplicas de un abogado activista para que hable y testifique, Starr lucha por encontrar su voz y alzarla, tanto en la sala del tribunal como en una protesta pública provocada por la no acusación del agente Brian Cruise Jr. en el tiroteo que mató a Khalil Harris.

Just Us for Justice representa a Starr de forma gratuita y su abogada, la señorita Ofrah, insta a Starr a hablar: «tú importas, y tu voz importa», le dice. Lo que Starr descubre a consecuencia del tiroteo es la importancia de romper el silencio: «¿Qué sentido tiene tener voz si te quedas callada en esos momentos en que no deberías estarlo».[274] Una heroína reticente, que se siente «no valiente» la mayor parte del tiempo, recurre a «la diminuta partecita valiente» de sí misma y habla, le cuenta la historia tal como sucedió al gran jurado. Su testimonio no consigue cambiar las cosas, pero, en una manifestación de protesta que se torna violenta y termina con incendios y saqueos, Starr despliega su «arma» y alza la voz. «Olvidaos del gusto por disparar —piensa—: lo mío es hablar», y así reafirma el tópico acerca de que las plumas son más poderosas que las espadas.

La novela termina con la promesa de la reconstrucción y de arreglar las cosas. Tras habernos contado su historia en tiempo presente, sumergiéndonos en ella *in medias res*, justo en el meollo de las cosas, Starr comienza a hablar con la cadencia de los bardos, los griots y los cuentacuentos, retrocede para contar la historia de Khalil y rendirle homenaje a su amigo, para dotarlo de la inmortalidad que antaño se confería a los héroes de la antigüedad. Ella es para Khalil lo que Homero fue para Aquiles. «Hace mucho tiempo había un chico con hoyuelos en las mejillas y ojos color avellana. Yo lo llamaba Khalil.

El mundo lo llamaba maleante. Él vivió, pero no lo suficiente, ni de lejos, y recordaré cómo murió el resto de mi vida. ¿Es un cuento de hadas? No. Pero no me doy por vencida para darle un final mejor.» Y con ello recita los nombres de las víctimas de tiroteos policiales remontándose en el tiempo hasta «ese niño de 1955 a quien al principio nadie reconoció: Emmett». Starr invoca a Emmett Till, el chico afroamericano de catorce años natural de Chicago que fue linchado en Misisipi en 1955 y cuyo brutal asesinato lo convirtió en un poderoso catalizador de la acción del movimiento por los derechos civiles. Y cierra sus memorias con una promesa: «Nunca me quedaré callada».

«Mis mayores influencias literarias son los raperos», declaró Angie Thomas en una entrevista publicada en la revista *Time*. En el barrio en el que se crió no había médicos ni abogados de éxito, ni tampoco escritores, pero a los raperos les iba bien y ella se identificaba con sus letras. (Utilizó el álbum *Thug Life*, de Tupac Shakur, como inspiración para su título *The Hate U Give*.) Cuando era adolescente, «Crepúsculo» y «Los juegos del hambre» eran las dos grandes franquicias de libros y películas para el público joven, pero Thomas no era capaz de sentirse identificada con ninguna de ellas. Estaba en contacto no solo con los raperos, sino también con #BlackLivesMatter, que, como el #MeToo, dio lugar a un movimiento. Había sido en 2013 cuando Alicia Garza, Patrisse Khan-Cullors y Opal Tometi habían creado un *hashtag* que llevó a reconocer las dificultades de los negros frente a la brutalidad policial.

Thomas ofrece un relato extraordinariamente ecuánime de los tan interiorizados prejuicios en ambos lados de la división racial, y su llamamiento al activismo, «a seguir luchando por la buena causa», no pretende ser una llamada a las armas, sino a la conversación, con las palabras como herramientas y no con las pistolas como armas. Aunque Thomas, que estuvo a punto de suicidarse cuando era una adolescente víctima de acoso, insiste en que está más interesada en «infundir empatía» a sus lectores que en imponerles una «agenda política», también demuestra que con la empatía llega el despertar político.[275] Su retrato de la resistencia y la fuerza de Starr Carter, de cómo pasa del silencio intimidado al discurso enérgico, sugiere que esta historia de maduración va más allá de los sentimientos y los cuidados. Su vívida descripción de los dos mundos entre los que se mueve Starr Carter —uno su barrio degradado y plagado de bandas, el otro un colegio elitista— la convierte en un llamamiento a la justicia social. Angie Thomas se había criado en una cultura que se basaba en las tradiciones orales para transmitir la sabiduría de una generación a la siguiente y que también había desarrollado un estilo literario que hablaba desde el corazón en lengua vernácula, así que utilizó su voz para transmitir por qué las vidas de sus personajes son importantes y qué podemos hacer entre todos para combatir la violencia contra los negros estadounidenses sancionada por el Estado. Cuando Starr Carter habla al fin, sus palabras animan y transforman a todos los miembros de su órbita social.

5

TRABAJO DETECTIVESCO

DE NANCY DREW A LA MUJER MARAVILLA

Llegué a creer que el trabajo que debía hacer era ser detective privado.

SHIRLEY JACKSON

Dudo que un escritor pueda ser un héroe. Dudo que un héroe pueda ser un escritor.

VIRGINIA WOOLF,
«Profesiones para mujeres»

Cuando Bill Moyers recordaba sus conversaciones con Joseph Campbell en el Rancho Skywalker de George Lucas y más tarde en el Museo de Historia Natural de Nueva York, hablaba de la gran erudición de Campbell. Pero lo que de verdad lo impresionó del gurú estadounidense de la sabiduría mitológica fue que era un «hombre con mil anécdotas». Esas historias, procedentes de culturas de todo el mundo, captaban no solo el sentido de la vida, sino también el «éxtasis» de estar vivo. El éxtasis adopta formas distintas para los hombres y para las mujeres. El del viaje de la mujer sigue el camino que lleva de doncella a madre, un «gran cambio, que implica muchos peligros». Tanto Campbell como Moyers creían que las mujeres se convertían en verdaderas heroínas si daban a luz. El parto era el equivalente a la prueba del héroe. «¿Qué es una mujer? Una mujer es un vehículo de vida [...]. La mujer es eso: dadora de nacimiento y de alimento». Los chicos, por el contrario, privados de la oportunidad de dar a luz, se convierten en «sirviente[s] de algo más grande» una vez que maduran.[276]

Más de dos décadas antes, Betty Friedan había desmontado y deshecho el mito de lo que ella llamaba la «feliz ama de casa, una heroína». *La mística de la feminidad*, publicado en 1963, fue el libro que se atrevió a abordar el problema sin nombre y que lanzó un importante movimiento social, pues llegó a la vida de sus lectoras y la transformó de maneras en las que el parto no lo había hecho.[277] Las mujeres reales de la cultura estadounidense de posguerra, declaró Friedan, seguían teniendo hijos «puesto que la mística de la feminidad afirma que no existe otra manera de realizarse para la mujer». Solo uno de cada cien reportajes impresos en las revistas femeninas de la década de 1950, descubrió Friedan, incluía a una heroína con trabajo, y los artículos de fondo tenían títulos del tipo «Tenga hijos mientras es joven», «¿Prepara usted a su hija para que sea una buena esposa?» y «Guisar para mí es poesía». Mientras leía esa triste lista de títulos, uno de los que menciona Friedan me sonó de algo y estoy segura de que lo leí en su día: «Por qué los soldados prefieren a esas chicas alemanas». Y la respuesta era, por supuesto, el culto a *Kinder, Küche und Kirche* (niños, cocina e iglesia) que seguía floreciendo en la Alemania de posguerra y que se encarnaba en la *Hausfrau* alemana.

En 1962, justo un año antes de la publicación de *La mística de la feminidad*, Helen Gurley Brown, que más adelante fue editora de la revista *Cosmopolitan* durante mucho tiempo, publicó *Sex and the Single Girl* ('El sexo y la chica soltera'), un libro que comunicaba, con una prosa apasionante, los placeres de lucir el mejor aspecto posible, de tener aventuras amorosas y pescar al hombre de tus sueños (entre otras cosas, consideraba obligatorio tener un atomizador de espray en el escritorio para asegurarte de que siempre tenías una apariencia fresca en la oficina).[278] Brown aconsejaba a sus lectoras que cocinaran bien («una habilidad que siempre te será útil»), que se deshicieran de los kilos de más (que no debían superar la etapa de la infancia), que vivieran solas (aunque eso significara alquilar una habitación encima de un garaje) y que le «tendieran una trampa a la vida brillante». Sin las limitaciones del marido y de los hijos, la Chica Cosmo era sexualmente activa, estaba muy segura de sí misma y lista para atacar. Era «una potente mezcla de Ragged Dick, Sammy Glick y Holly Golightly», escribió Margalit Fox en la necrológica de Helen Gurley Brown que publicó en el *New York Times*, y añadió que la Chica Cosmo siempre se lo pasaba bien, tanto si llevaba puestas sus fabulosas prendas como si se las quitaba.[279]

Recordemos los términos de la elección de Aquiles, cuando Tetis, su madre, enfrenta a su hijo, el hombre que se convertirá en el héroe de la guerra de Troya, con una decisión. Puede elegir abandonar la batalla, tener hijos y morir como un anciano feliz o seguir luchando, hacerse famoso y ganarse la inmortalidad. La elección que se le plantea es entre *nostos* (el hogar) y *kleos* (la gloria).

Las mujeres de la posguerra se enfrentaron a una bifurcación similar en el camino, ya que «tenerlo todo» parecía una meta imposible. Pero, en el caso de ellas, como le dijo Campbell a Moyers, los matrimonios pueden desmoronarse, sobre todo cuando los hijos se van de casa: «Papá se enamorará de alguna adolescente y correrá tras ella, y mamá se quedará con la casa y el corazón vacíos, y tendrá que arreglárselas sola, a su modo».[280] Eso en realidad significaba que quizá *nostos* no fuese la mejor opción. Pero ¿cómo iban las mujeres a ganarse la inmortalidad en una época en la que era imposible que fueran a la guerra? Como ya hemos visto, escribir, convertirse en una mujer de letras, encontrar su voz y emplearla para impartir justicia social, se convirtió en el camino hacia la gloria. Sin embargo, en la cultura popular contemporánea esa escritura suele llevarse a cabo en tándem con una cacería que exige la concentrada determinación de un sabueso.

El tropo de la «aspirante a escritora» se encuentra en muchas series de televisión: desde los esfuerzos de Rory Gilmore por convertirse en periodista en *Las chicas Gilmore* (2000-2007) hasta el amargo triunfo de Guinevere Beck, que consigue un contrato para publicar un libro en la primera temporada de *You* (2017) antes de morir a manos de su novio. A partir de *Sexo en Nueva York*, que se emitió entre 1998 y 2004, y hasta *Girls*, que estuvo en el aire desde 2012 hasta 2017, para las chicas y las mujeres ganarse la vida como escritoras era algo parecido al santo grial, tal como lo había sido para Jo March, Ana Shirley y Francie Nolan. Para Carrie Bradshaw, de *Sexo en Nueva York*, esa carrera ocupaba un segundo plano respecto a encontrar al «señor Correcto», que se manifiesta como Míster Big (Helen Gurley Brown habría estado de acuerdo). Para Hannah Horvath, de *Girls*, la autorrealización adopta una forma diferente, ya que su aspiración es convertirse en escritora y, sin quererlo, también acaba teniendo un bebé.

Antes de centrarnos en las detectives adolescentes y adultas, merece la pena echar un vistazo a lo que motiva a Carrie y a Hannah. Ambas han desechado todo el boato de la mística de la feminidad, pero siguen sometidas al doble deber, pues desarrollan una identidad profesional como escritoras al mismo tiempo que buscan una conexión romántica. Carrie coquetea con Míster Big, flirtea con Berger y tiene una aventura con un solista de jazz, mientras que Hannah se embarca en una relación seria con Adam, se permite una «escapada sexual» con el hermanastro menor de edad de un amigo y tiene una aventura con un instructor de surf llamado Paul-Louis. Ambas están al acecho, pero también empeñadas en autorrealizarse. Lo que vemos en los casi diez años que las separan es un giro hacia el trabajo de investigación al servicio de la justicia social, una misión compartida con las detectives privadas y las investigadoras aficionadas que aparecen en este capítulo. Se trata de mujeres de acción y todas nos llevan hacia una esperada superheroína que por fin puede ocupar su lugar entre figuras que van desde Superman y Batman hasta Spider-Man y Thor.

«*Érase una vez en una ciudad muy lejana*»: *Carrie Bradshaw y Hannah Horvath*

Incluso quienes critican *Sexo en Nueva York* como una producción televisiva de poca importancia reconocerán que la serie canalizó y también reconfiguró nuestra comprensión cultural del cortejo, las citas y el matrimonio, sobre todo en lo que respecta al sexo y las mujeres solteras. Las mujeres de *Sexo en Nueva York* eran adultas, pero sobre todo amigas o chicas, en el mejor sentido de esos términos, aventureras y desinhibidas, dispuestas a hacerlo y a contarlo todo. En cierto modo, parecen salidas de las páginas de «Happy Women» de Louisa May Alcott, pero esta vez como solteras modernas en lugar de como solteronas del siglo XIX («¿Por qué a nosotras nos llaman solteronas y amargadas y los hombres son solteros de oro y *playboys*?», les pregunta una airada Miranda a sus amigas).[281] Puede que no fueran felices del todo, pero rara vez se hundían en lo que Freud llamaba miseria neurótica (como esto es Nueva York, el psicoanálisis siempre está ahí para ayudar). Más bien se movían entre lo que el padre fundador del psicoanálisis llamaba formas intratables de infelicidad humana ordinaria.

Mientras lucha por cumplir los plazos, sufre ataques de ansiedad cuando le falla un disco duro y es agasajada en fiestas editoriales, Carrie Bradshaw, interpretada por Sarah Jessica Parker, nos ofrece el retrato de la mujer joven como escritora. Pero, a medida que las temporadas van avanzando, nos vemos arrastrados hacia lo que cada vez se parece más a una montaña rusa de amoríos con temática de cuento de hadas; tanto es así, que el hecho de que al final a Carrie le toque el premio gordo y consiga su «felices para siempre» con cierto príncipe llamado Míster Big se convierte en una especie de alivio. Es él quien rescata a Carrie de un traslado fallido a París con una versión falsa del «señor Correcto» y la lleva de vuelta a la ciudad de Nueva York, donde está condenada a casarse y languidecer en dos secuelas cinematográficas previsiblemente sin alma. Ser una escritora soltera de treinta y tantos años en la ciudad de Nueva York puede tener su lado positivo, pero los consuelos de una columna sobre sexo y relaciones no pueden proporcionar las satisfacciones del matrimonio con un soltero rico, atractivo y esquivo que vaga, como Odiseo, de un puerto a otro hasta que por fin atraca en el correcto.

Tanto más sorprendente es, por tanto, descubrir que la joven Carrie Bradshaw, en *Los diarios de Carrie*, la precuela ficticia o la historia de origen de la serie de HBO, se mueve en una dirección diferente, ya que descubre en la escritura placeres y satisfacciones que compensan las decepciones

Carrie Bradshaw de *Sexo en Nueva York.*
Cortesía de Photofest

amorosas. Como muchas de las que la precedieron, Candace Bushnell, autora de la antología superventas en la que se basó la serie de televisión, veía el oficio de escribir como una forma de expresión, un tipo de autoficción que le permitía procesar los altibajos de la vida cotidiana. «Escribo exclusivamente para descubrir lo que pienso, lo que miro, lo que veo y lo que significa», había escrito Joan Didion en 1976.[282] Tanto la serie como el libro en el que se basa nos ofrecen una dosis de vida real, directa y sin adornos, con poco artificio literario. En la autoficción, la atención se centra en la condición de escritor del narrador y la escritura de un libro se convierte en el objetivo encastrado en el propio libro.[283]

La propia Candace Bushnell empezó a escribir de niña y las dos historias de fondo que escribió para *Sexo en Nueva York* —dirigidas a lectores adolescentes— eran en parte autobiográficas. *Los diarios de Carrie*, publicada en 2010, y *Un verano en Nueva York*, publicada un año después, nos recuerdan que Carrie fue una escritora precoz. «Llevo escribiendo desde que tenía seis años. Tengo bastante imaginación», nos dice, y así subraya el poderoso vínculo que existe en la ficción para chicas entre la imaginación —el poder de visualizar cosas, reales y falsas— y la escritura.[284] De niña, sus modelos eran las «escritoras» que aparecían en las fotos de autora de las novelas románticas de su abuela. Pero pronto aprende a reprimir la «secreta excitación» que siente al escribir ese tipo de ficción y se centra en lo «real» para establecer sus credenciales.

Lo que descubre durante sus esfuerzos por inscribirse en un programa de escritura es, una vez más —al igual que Jo, Ana y Francie—, la necesidad de domar la imaginación, de abordar temas sacados de su propio ámbito social. Mientras escribe para *The Nutmeg*, el periódico de su colegio, descubre el poder de emplear su voz para cambiar la cultura del centro escolar, para abordar nada más y nada menos que la toxicidad de los grupitos del instituto. Es significativo que, para su segundo encargo, un artículo titulado «La abeja reina», utilice un seudónimo de género neutro que «vela su identidad para asegurar que su trabajo se tome en serio».[285] Su misión no es convertirse en la reina del baile, sino criticar el propio concepto de reina del baile.

Lo que se le permite a la joven Carrie Bradshaw no se le permite a su yo mayor y más sabio. La adolescente puede centrar sus esfuerzos en su escritura y prosperar con ella (como hace en *Los diarios de Carrie*), pero la treintañera de *Sexo en Nueva York* debe adiestrar su mirada para encontrar una pareja romántica adecuada. «Siempre he creído con firmeza que los hombres, el matrimonio y los hijos no son la "respuesta" para todas las mujeres», declaró Candace Bushnell en una entrevista impresa como apéndice de *Los diarios de Carrie*, y sonó sin lugar a dudas como Betty Friedan dirigiéndose al público más joven, en una momento en el que canalizaba a Helen Gurley Brown para *Sexo en Nueva York*, que abordaba temas más adultos. Los esfuerzos de la joven Carrie por definirse a sí misma se llevan a cabo sobre un telón de fondo de arquetipos reveladores. Cuando se produce una crisis personal, acuden a su mente «extrañas ideas», entre ellas: «En la vida, solo hay cuatro tipos de chicas: La chica que juega con fuego. La chica que abre la caja de Pandora. La chica que le entrega a Adán la manzana. Y la chica a quien su mejor amiga le roba el novio».[286] (La chica que juega con fuego, una analogía femenina de Prometeo, es muy probablemente una referencia a *The Girl Who Played with Fire*, que en español se tituló *La chica que soñaba con una cerilla y un bidón de gasolina*, que Stieg Larsson publicó en 2006 como segunda parte de su trilogía «Millennium.») Esa serie de «arquetipos», con uno nuevo que, una vez más, denigra a las mujeres, es un recordatorio de que nos centramos en el lado oscuro de las acciones de las mujeres. La historia de origen de *Sexo en Nueva York*, más que la serie de televisión y las películas centradas en la madurez, es una poderosa manera de recordarnos que nuestras historias culturales sobre las mujeres de la antigüedad siguen resonando hoy de forma negativa y que la única forma de aflojar el férreo control que ejercen sobre nosotros es elaborar historias nuevas, transformar a «la chica a quien su mejor amiga le roba el novio» en «la chica que se convirtió en escritora».

La serie *Girls* nos presenta a Hannah Horvath, interpretada por Lena Dunham, como una veinteañera que se abre paso desde la desorientación narcisista posterior a la universidad hasta una forma de autoconciencia y responsabilidad social, y todo ello mientras lucha por encontrar su voz y convertirse en autora publicada. Su círculo de tres amigas y ella reflejan, magnifican y distorsionan el cuarteto de *Sexo en Nueva York*. Estamos en el laberinto de los espejos mirando a Carrie, Samantha, Miranda y Charlotte a través de la lente deformadora de la sensibilidad milenial.

En cierto modo, todos somos escritores, al menos en potencia, y Hannah es muy consciente de ello cuando le preguntan «qué trabajo» hace en Nueva York, que consiste en cubrir turnos ocasionales en una cafetería. «Soy escritora», insiste, no obstante. «¿Y te ganas la vida?», insiste su interlocutor. «No tengo un centavo», responde Hannah, a la que sus padres acaban de cortarle el grifo económico. «¿Tienes representante?», es la siguiente pregunta. «No tengo representante, no», responde ella, derrotada.

El primer éxito de Hannah en lo que a rentabilizar su oficio se refiere adopta la forma de una antología de sus ensayos en formato electrónico que se publicará con un editor que está encantado de que sufra una «enfermedad mental»: «¡Eso se puede trabajar!». Cuando ese proyecto se hunde tras el suicidio del editor, Hannah se inscribe en el Taller de Escritores de Iowa solo para descubrir que no es apta para aventuras que requieren interacciones sociales y colaboración. Su salto a la autorrealización se produce cuando entrevista a un aclamado autor llamado Chuck Palmer y declara, mientras le pregunta sobre las acusaciones de agresión sexual presentadas contra él por varias mujeres: «Soy escritora. Puede que no sea rica ni famosa [...]. El caso es que soy escritora y, como tal, estoy obligada a alzar la voz para hablar de las cosas que me parecen importantes».

La odisea de Hannah la lleva desde el ombliguismo extremo hasta encontrar el sentido de su escritura. La protagonista de *Girls* se convierte en una «It Girl», pues se transforma en una autora de la era #MeToo y deja de lado la emoción de la ficción imaginativa para pasar a la crítica social ensayística. El artículo de opinión de Hannah que se publica en la sección de «Amor Moderno» del *New York Times* y una actuación como cuentacuentos en Housing Works revelan que la joven ha encontrado su misión en la escritura que reniega de la ficción y se vuelca en el ensayo como forma de compromiso social. Sin embargo, en un giro brillante, la última temporada nos ofrece un episodio en el que Hannah ve la película que su exnovio ha creado acerca de su relación, lo que convierte toda la serie en un bucle infinito sobre imaginarse a uno mismo siendo imaginado. Y terminamos con un enérgico recordatorio de que el narcisismo es una característica clave del perfil personal de todo escritor. Da igual que en la vida real Lena Dunham haya encontrado su vocación en el medio cinematográfico.

El giro de Hannah de la ficción al periodismo tiene su propia lógica en una cultura que estaba procesando la rabia y el resentimiento provocados por las noticias sobre décadas de explotación sexual y supresión social. Al llevar a cabo su propia investigación sobre el depredador en serie Chuck Palmer, la joven modela las formas más sutiles que adopta esa explotación y comienza a mostrar, de manera paradójica, que las obras y el cine de ficción pueden resultar tan convincentes como las historias de la vida real que los inspiraron. Tenemos documentales (*Depredadores*), películas inspiradas en hechos reales (*The Morning Show*), libros (*Depredadores. El complot para silenciar a las víctimas de abuso*) y pódcast (*Chasing Cosby*) sobre los desequilibrios de poder y la desigualdad de género. Lena Dunham se une a las cada vez más numerosas filas de escritores y cineastas que utilizan la imaginación para abordar las cuestiones éticas del movimiento #MeToo y para explorar las consecuencias emocionales de los desequilibrios de poder entre géneros.[287] *Girls* nos recuerda que la labor detectivesca siempre forma parte del cálculo cultural en el trabajo que llevan a cabo los escritores de ficción.

Detectives, investigadoras privadas y sabuesos femeninos

El culto a la escritora, como ya hemos visto, llegó casi directamente desde *Mujercitas*, pasando por la ficción para chicas, hasta las fantasías audiovisuales sobre la escritura de actualidad como carrera profesional. Pero la epistemofilia, el amor al conocimiento que tiene su origen en nuestra curiosidad innata, tiene una segunda dimensión que merece ser explorada. ¿Hay mujeres menos inclinadas a la búsqueda de la autorrealización y la ilustración que a la defensa y el tipo de trabajo social asociado a las mentes inquietas? Puede que leer amplíe los horizontes, como les ocurre a las numerosas jóvenes escritoras/heroínas de nuestras ficciones, pero la escritura tiene una honda dimensión privada y personal que reduce el universo a una mente solitaria que lucha con la emoción, la interioridad y la crisis existencial. Es difícil no asociar la soledad de la escritora sufrida con una poeta como Emily Dickinson, sentada a su pequeño escritorio de Amherst, Massachusetts, mientras escribía versos en hojas que luego cosía a mano en fascículos. Pero las palabras en la página, impresas o escritas a mano, al igual que las historias que circulaban en forma de cotilleo, importaban aún más en aquella época, precisamente porque eran una forma de hacer correr la voz cuando hablar en público no solía ser una opción para la mayoría de las mujeres.

A diferencia del escritor, que trafica con palabras en la página, a menudo en espacios privados, los detectives tienen un trabajo que requiere acciones de investigación en el ámbito público: la inspección del escenario del crimen, la búsqueda de pistas, el interrogatorio de los sospechosos. Pero a los detectives se les califica, por una buena razón, de «privados», ya que, por mucho que examinen los escenarios del crimen y busquen sospechosos, también se esfuerzan mucho por pasar desapercibidos, por no llamar la atención para maximizar así su capacidad de recopilar información. La primera mujer detective de la literatura británica fue una tal señora Gladden («el nombre que asumo con mayor frecuencia en mi profesión»), cuyas aventuras publicó James Redding Ware, en 1864, bajo el seudónimo de Andrew Forrester.[288] La señora Gladden atribuye sus habilidades detectivescas a su discreción: se entera sin problema de todos los cotilleos locales, se hace pasar por sirvienta y se aprovecha de la premisa de que, como mujer, sería incapaz de resolver un crimen.

Podría decirse que la mujer detective es una figura rompedora. Impulsada por la curiosidad y decidida a hacer justicia, suele ser tanto una persona integrada como una especie de bicho raro, una mujer que actúa en la esfera pública aunque a menudo intenta desesperadamente cubrir sus huellas o eludir la detección. En cierto modo, encaja a la perfección con las figuras fundacionales de la novela policíaca, esos genios taciturnos conocidos como «detectives de sillón» por su carácter solitario y su aguda inteligencia. El Chevalier Auguste Dupin, de Edgar Allan Poe, y Sherlock Holmes, de Sir Arthur Conan Doyle, debutaron en la literatura con casi cincuenta años de diferencia, uno en 1841 y el otro en 1887. Ambos detectives trabajan guiándose por la lógica, son más introspectivos y reflexivos que aventureros y sociables. Razonan sus soluciones en compañía de interlocutores que los admiran, de compinches aduladores que son más codependientes que socios. «Estoy perdido sin mi Boswell», proclama Holmes en «Escándalo en Bohemia». Tanto el doctor Watson como el compañero anónimo de Dupin se muestran deferentes en extremo y siempre impresionados por el virtuosismo investigador de sus confidentes. A diferencia de Dupin y Holmes, las mujeres detectives tienden a ser solitarias y a enfrentarse solas al proceso de resolución de un crimen. No cuentan con ningún subordinado que las apoye y ensalce sus proezas lógicas y su sagacidad en la búsqueda de datos. Sin duda, en la serie de Carolyn Keene los amigos de Nancy Drew admiran las habilidades detectivescas de la chica, pero casi siempre a una distancia segura: Nancy lleva a cabo la mayor parte de su trabajo de investigadora privada en solitario. La Jane Marple de Agatha Christie también se caracteriza por un alto grado de autonomía: vive sola, piensa sola y su éxito no depende de tener un interlocutor que le sirva de caja de resonancia y de oyente comprensivo. Experta en la resolución de problemas y en convertir el trabajo de investigación en un placer (siente casi «lujuria» por él), la señorita Marple no está sometida a las trabas que suponen los lazos de parentesco. Es una loba solitaria y, por lo tanto, también se libra de tener que elegir entre el matrimonio y la carrera profesional, o entre el amor y la resolución de crímenes, como tan a menudo le ocurre a la generación más joven de investigadoras.[289]

En muchos sentidos, el trabajo de detective parece la profesión perfecta para las mujeres de la primera parte del siglo XX, ya que les permitía actuar de forma clandestina, ser intelectualmente aventureras y romper las reglas en una época en la que la mayoría de las opciones les estaban vetadas. Muchos de sus precursores masculinos ya eran figuras excéntricas: el

Auguste Dupin de Poe solo sale por la noche y no admite visitas en sus aposentos, mientras que Sherlock Holmes, virtuoso del violín, es adicto a la cocaína. Y la tan a menudo señalada cercanía entre los infractores y los agentes de la ley («Los criminales y los detectives podrían ser tan amigos como Sherlock Holmes y Watson», nos dice Walter Benjamin en una meditación filosófica sobre la ficción criminal) se hace aún más fuerte cuando son las rebeldes con causa, las mujeres que están dispuestas a cruzar las fronteras sociales, quienes se dedican a la investigación. Aun cuando el conflicto que divide a los dos grupos de figuras está delimitado con claridad —con uno de ellos como adalid de la ley y el orden y luchando por el bien común y el otro como representación del crimen, el mal y el desorden—, sigue dando la sensación de que no son tanto adversarios puros como cómplices propiciadores.

¿Dónde están las mujeres detectives? Deberían ser omnipresentes, puesto que, al fin y al cabo, las mujeres son fisgonas y cotillas, siempre escuchan a hurtadillas, curiosean y rara vez se ocupan solo de sus propios asuntos. Puede que el término *sabueso femenino* nos chirríe un poco, pero todas las mujeres, con su afán de entrometerse, son en cierto sentido investigadoras. Por cierto, se dice que la expresión inglesa *private eye*, una forma de referirse a los detectives privados, se basó en un logotipo de la agencia Pinkerton, en el que aparecían las palabras «*We Never Sleep*» ('Nunca dormimos') impresas bajo un ojo pintado. El primer uso del término, según documenta el *Diccionario de inglés Oxford*, fue en «Bay City Blues», de Raymond Chandler, publicado en 1937 en una revista llamada *Dime Detective*: «*But we don't use any private eyes here. So sorry*» (en español se tradujo como: «aquí no recibimos a detectives. Lo siento»).[290] Sin embargo, ocho años antes había aparecido en *Nancy Drew en la posada de las lilas*, de 1930, cuando a Nancy Drew le dicen bruscamente: «*Try to figure this one out, Miss Private Eye!*» (en la versión española encontramos: «¡Intente solucionar esto, señorita Detective Privado!») justo antes de que le den un empujón y la arrastren hasta un río.[291] Es muy sintomático que Nancy Drew, que hoy en día sigue siendo una heroína para muchos lectores jóvenes, fuera ignorada cuando se llevó a cabo la tarea de definir el término que la definía.

Los misterios de Nancy Drew, «La mejor de las chicas detectives»

Nancy Drew, la detective adolescente de dieciséis años —que más tarde se convertiría en una chica de dieciocho—, y la señorita Marple, la investigadora septuagenaria, hicieron sus primeras apariciones públicas en 1930, la primera de ellas en *Nancy Drew en el secreto del viejo reloj* y la segunda en *Muerte en la vicaría*. Una mirada a los orígenes de la más joven arrojará luz sobre las aventuras no solo de la anciana británica, sino también de las muchas investigadoras que siguen sus pasos como solucionadoras de crímenes.

Edward Stratemeyer, uno de los escritores más prolíficos del mundo y creador de *The Bobbsey Twins*, *Tom Swift* y otras series de libros para niños, también inventó el personaje de Nancy Drew. Estaba convencido de que la detective aficionada tendría tanto éxito comercial como sus Hardy Boys. Cuando le propuso la nueva serie a la editorial Grosset & Dunlap, la empresa decidió adoptar un enfoque conservador y contrató a una periodista desconocida, llamada Mildred Wirt, para que escribiera los primeros volúmenes a cambio de unos honorarios que oscilaban entre los 125 y los 250 dólares por libro (reducidos a 75 dólares durante la Gran Depresión).

Nancy Drew en el secreto del viejo reloj, el primer libro de la serie, se publicó bajo el seudónimo de Carolyn Keene.

Con los años, los libros sobre Nancy y sus habilidades detectivescas se han traducido a cuarenta y cinco idiomas y han obtenido unas ventas tan astronómicas que ya no es posible cuantificarlas. «Nancy es el mayor fenómeno entre los cincuentones. Es una superventas. Es un misterio cómo irrumpió en un Valhalla que había estado estrictamente restringido a los machos de su especie», comentaba una experta en la serie.[292] Inteligente, intrépida, elegante y fuerte, Nancy Drew está flanqueada por dos compinches, la marimacho George y la muy femenina Bess, cuyas funciones parecen limitarse a hacer que la aventurera y glamurosa Nancy parezca aún mejor de l o que ya es.

¿Es casualidad que tantas juezas del Tribunal Supremo citen la serie Nancy Drew como fuente de estímulo e inspiración? Sandra Day O'Connor, Ruth Bader Ginsburg y Sonia Sotomayor han reconocido su admiración por la investigadora adolescente, ya que se encontraban, en palabras de O'Connor, «totalmente absorbidas» por la serie.[293] La muchacha detective también fue, por supuesto, un modelo a seguir para Hillary Clinton.[294] Parece más que probable que parte del atractivo del personaje para estas mujeres de renombre no fuese solo que Nancy resolviera misterios, sino que además se comprometiera a servir a la justicia, que es lo que Nancy sabe hacer mejor.[295]

En la serie Nancy Drew descubrimos el lado oscuro del bucólico mundo de River Heights, un pueblo que a veces se describe como rural, a veces como urbano y a veces como provinciano, dependiendo del libro de la serie que se lea. Allí es donde vive Nancy con su padre viudo, Carson Drew, y un ama de llaves llamada Hannah Gruen. En los acogedores pueblos de las novelas británicas de asesinatos puede encontrarse un elevado número de cadáveres; en el mundo de Nancy Drew, por el contrario, el índice de robos es inusualmente alto. Hay muchas personas que escapan por los pelos, pero pocos cadáveres. Lo que motiva a Nancy va más allá de la recuperación de los bienes robados. Aunque está comprometida con la búsqueda de la justicia, también encarna la ética del cuidado descrita por Carol Gilligan en su histórico estudio sobre las trayectorias de desarrollo de las mujeres y sobre cómo estas difieren de las de sus homólogos masculinos.[296] «Nunca dejas de esforzarte por hacerle favores a gente que ni siquiera cuenta en tu vida», declara George, la amiga de Nancy, en *The Sign of the Twisted Candles*.[297]

En *In a Different Voice*, Gilligan sostiene que las mujeres, que se ven a sí mismas integradas en una red social, abordan los problemas éticos de forma distinta a sus homólogos masculinos. Mientras que las mujeres se orientan hacia una ética del cuidado, centrada en la conexión, la relación y las responsabilidades en conflicto, los hombres tienden a pensar según una ética de la justicia, con estructuras codificadas de derechos enfrentados. Para Gilligan, los términos *red* y *jerarquía*, aunque no son categorías analíticas perfectas, plasman dos visiones dispares sobre el cuidado y la justicia. Gilligan argumentó más tarde que estas divisiones se basaban menos en el género que en la temática, y que las voces femeninas y masculinas opuestas están tan relacionadas con dos modos de pensamiento como con dos géneros.

No obstante, la insistencia de Nancy Drew en refrendar los principios de los sistemas legales vigentes (su padre es, a fin de cuentas, abogado) no entra para nada en conflicto con el hecho de formar y fortalecer una red comunitaria de relaciones. La joven detective trastoca la división binaria de Gilligan, pues sugiere que es posible asegurar la ley y el orden, pero nunca a expensas de los demás. Ya sea rescatando a una amiga de las aguas turbulentas, devolviéndole a una niña pobre los bienes que le habían robado, salvando a los habitantes de una casa en llamas o liberando a un crío de una cruel explotación, Nancy consigue modelar un comportamiento heroico jugándose el cuello en una serie de peligrosas aventuras que revelan su compromiso de servir a la justicia y de restaurar los bienes y la reputación, y todo ello hablando «dulce» y «amablemente».[298]

Entonces, ¿por qué vetaron a Nancy Drew en las bibliotecas? Recuerdo muy bien que los volúmenes estaban ausentes de las estanterías de la por lo demás bien surtida biblioteca municipal del barrio de las afueras de Chicago en el que me crié. Cuando decidí incluir los libros de Nancy Drew en mi investigación para este volumen, me sorprendí leyendo la serie a escondidas en la Sala Farnsworth de la Biblioteca Lamont de Harvard, donde se conservan las «lecturas extracurriculares», una colección que, como anunciaba un cartel en la propia sala, no pretendía ofrecer «la mejor lectura». Tan solo era un lugar para echar un vistazo, «donde poder pasar una hora con gusto». El sistema de Bibliotecas Públicas de Nueva York no contó con los libros de Nancy Drew hasta mediados de la década de 1970. Se consideraban «de poco valor, sórdidos, sensacionalistas, de mala calidad y perjudiciales», una amenaza para la «buena lectura», en palabras de un bibliotecario canadiense. Bajo la supervisión adecuada, «esta basura encontrará su camino hacia la incineradora a la que pertenece».[299] Al igual que los libros de los Hardy Boys, que fueron denunciados por actuar en el cerebro de los niños «de una manera tan letal como el licor que ataca el cerebro de un hombre», los volúmenes de la serie de Nancy fueron «no escritos sino fabricados».[300] «Me encantaría poder etiquetar cada uno de estos libros: "¡Explosivos! Con la garantía de que le volarán el cerebro a tu hijo"», refunfuñó el bibliotecario jefe de los Boy Scouts.[301] Las metáforas relacionadas con la toxicidad abundan en las descripciones de las series de libros para niñas y niños: «Gran parte de la falta de moral y del desprecio por las convenciones sociales que se achaca a la nueva generación se debe a la lectura de este tipo de ficción venenosa».[302]

Ni las acusaciones de que estaban mal escritas ni las preocupaciones de los adultos acerca de la prosa plana lograron disminuir el atractivo de Nancy Drew para los lectores adolescentes. Los emocionaba con su espíritu aventurero y los inspiraba con su valor y su bondad. Una de las críticas más explícitas que se le hacían a los libros de la serie se refería a que glorifican a personajes que han roto con «las tradiciones y convenciones que la sociedad ha considerado esenciales para sus objetivos más elevados».[303] Muchos jóvenes lectores admitirían su culpabilidad, ya que, una vez que Nancy se convierte en detective, también adquiere una agencia que le permite romper con la dependencia de los adultos que la rodean. En un volumen como *Nancy Drew en la posada de las lilas*, por ejemplo, Carson Drew se muestra asombrosamente despreocupado en lo que se refiere a los numerosos roces de Nancy con la muerte. A diferencia de los padres o cuidadores de la vida real, en esta ficción los adultos nunca hacen nada respecto a sus preocupaciones por la seguridad de Nancy ni limitan sus movimientos de ninguna manera.

Muchos críticos han reflexionado sobre el misterio del encanto y el carisma de Nancy Drew, tanto para los residentes de su ciudad natal, River Heights, como para sus lectores. El descapotable azul explica muchas cosas, junto con la resistencia y el atractivo físicos de Nancy. La joven es capaz de cambiar neumáticos en plena tormenta, de arreglar lanchas en la oscuridad y de trasladar cargas pesadas con confianza. «Tres chicas capaces, musculosas e inteligentes como nosotras no deberían necesitar ninguna ayuda», les dice a sus amigas en *The Clue in the Diary*.[304] «Excepcionalmente guapa», con la piel «clara», unos «amables ojos azules» y el «pelo rizado y dorado», Nancy sabe ganarse a todo el que entra en su órbita.[305] Pero estos atributos palidecen en comparación con los poderes de Nancy en lo relativo a lo que Edgar Allan Poe, autor de, posiblemente, la primera historia de detectives de Estados Unidos, «Los crímenes de la calle Morgue», llamó *raciocinación*. En el primer libro de la serie, Nancy contempla el «desorden» que la rodea y busca una «explicación» en su mente. «¿Qué significará?», se pregunta.[306] Incluso en las circunstancias más extremas, como cuando la encierran en el armario de una casa abandonada y la dejan para que muera asfixiada y de inanición, Nancy se comporta como una joven sensata e imperturbable. «De esta forma no hago más que malgastar mis energías. He de intentar pensar con lógica», se dice a sí misma en *Nancy Drew en el secreto del viejo reloj*.[307]

Descifrar misterios, descubrir la verdad, encontrar significado: esas son las cosas que hacemos cuando leemos. Las actividades detectivescas de Nancy reflejan, exteriorizan y representan justo lo que los jóvenes lectores hacen cuando cogen *Nancy Drew en el secreto del viejo reloj* o *Nancy Drew en la escalera escondida* y trabajan junto a ella para descifrar enigmas y resolver acertijos. Además, los libros de Nancy Drew ofrecen alegorías compactas sobre la pérdida y la restauración, pues en ellos se devuelven los objetos de valor a quienes los merecen y se castiga a quienes no son dignos de ellos. Como en las obras teatrales que se ocupaban de la moralidad en la época medieval, las tramas suelen girar en torno a un único objeto «perdido», un bien robado que se devuelve a su legítimo propietario. El universo recupera el orden.

Los problemas de propiedad y legitimidad no son extraños en una serie escrita por los miembros de un sindicato literario.[308] Lo más irónico es que a la cabeza de los libros de Nancy Drew se encontraba un empresario que subcontrataba a autoras para que escribieran los volúmenes individuales. Edward Stratemeyer, hijo de inmigrantes alemanes y el mago indiscutible de las series de libros, se crió en Nueva Jersey. Trabajaba en el estanco de su padre y utilizaba el sótano para dirigir su propia imprenta y distribuir historias como «The Newsboy's Adventure». En poco tiempo se embarcó en una carrera profesional que lo llevó a escribir y producir más de mil trescientas novelas «de diez centavos», seriales y *westerns*. El gran avance para él se produjo cuando Horatio Alger Jr., aquejado de problemas de salud («en un estado de crisis nerviosa», según sus propias palabras), le escribió para pedirle que le completara dos historias. Tras la muerte de Alger en 1899, Stratemeyer «completó» once de sus libros al mismo tiempo que escribía los Rover Boys, una serie que tuvo un enorme éxito comercial.

En 1900, Stratemeyer, a pesar de no sufrir ningún tipo de bloqueo del escritor, decidió dedicar menos tiempo a escribir y más a reclutar autores para lo que se llegó a conocer como el Sindicato Stratemeyer. Trabajaba con editores y autores para desarrollar una serie con la editorial y luego creaba los personajes y los esquemas argumentales para los negros literarios que se contrataban. Entre 1905 y 1985, el Sindicato produjo más de mil volúmenes que incluían varias franquicias literarias.

Aunque la serie de Nancy Drew nos ofrece una heroicidad individual, con una chica autosuficiente que posee un asombroso conjunto de habilidades, su realidad queda ensombrecida por la tensión entre lo auténtico y lo fraudulento, con una gran cantidad de dobles, suplantadores y ladrones

LA HEROÍNA DE LAS 1001 CARAS

de identidad.[309] La doble autoría llevaba incorporada la rivalidad entre la cara pública de la serie (Carolyn Keene, alias de Edward Stratemeyer) y su negra literaria secreta (Mildred Wirt Benson), y los propios libros reproducen esa rivalidad al poner a su heroína tras la pista de falsificadores y ladrones, de personas que se apropian de bienes que legítimamente pertenecen a otros. En *Nancy Drew en el secreto del viejo reloj* hay un testamento falso y el documento genuino, que Nancy descubre y utiliza para asegurarse de que los beneficiarios legítimos reciban su herencia. En *El misterio del bungalow*, un ladrón de identidad es encarcelado y el verdadero heredero recupera el legado que le corresponde.

¿Es posible que Mildred Wirt Benson introdujera en la serie (de manera consciente o no) su propia lucha con la identidad autoral y convirtiera así a Nancy en una detective que descubre, entre otras cosas, las identidades verdaderas, los documentos genuinos, lo auténtico? Benson fue la primera mujer que se licenció en periodismo en la Universidad de Iowa. Fue campeona de natación, jugaba al golf y pilotaba aviones (empezó a volar a los sesenta años), además de escribir una columna periodística y libros firmados con su propio nombre.[310] Y su intenso interés por la arqueología precolombina es un recordatorio de que escribir novelas de misterio y desenterrar artefactos del pasado son actividades extrañamente compatibles.

Benson no sentía ninguna reverencia especial por la autoría, pues se consideraba a sí misma una mujer que trabajaba a destajo, más que otra cosa: «No las analizaba —escribe refiriéndose a las tramas que le asignaban—. Solo era una labor que había que hacer. Algunas cosas me gustaban y otras no. Era parte de mi trabajo [...]. Un año escribí trece libros completos y, además, mantuve un empleo».[311] Teniendo en cuenta que Stratemeyer redactaba las tramas, quizá él también estuviera implicado y tuviese un sentimiento inconsciente de culpa o vergüenza que se revela en las historias que giran en torno al fraude. Los libros de Nancy Drew presentan dos casos que deben resolverse: el crimen, el delito o el robo manifiesto, que sirve de reto a la joven detective y a sus lectores, y también el misterio de la autoría y la pregunta: ¿quién inventó los libros de Nancy Drew y las maravillas de ese mundo? Al urdir los misterios, Mildred Wirt Benson inscribió la pérdida de su identidad como autora en una serie que lleva el nombre de Carolyn Keene y cuyo autor intelectual fue Edward Stratemeyer, jefe de un sindicato, un hombre que se hacía pasar por mujer.

En la propuesta de la serie, que iba a estar protagonizada por una chica detective, Stratemeyer escribió: «Le he puesto a esta línea el nombre de las "Historias de Stella Strong", pero también podrían llamarse "Historias de Diana Dare", "Historias de Nan Nelson" o "Historias de Helen Hale"».[312] Una propuesta posterior añade detalles: «Stella Strong, una chica de dieciséis años, es hija de un experimentado fiscal del distrito. Su padre es viudo y suele hablar de sus casos con Stella; la chica ha estado presente en muchas entrevistas que su padre ha mantenido con detectives de renombre y en la resolución de muchos misterios intrincados. Entonces, de forma bastante inesperada, Stella se zambulle en algunos misterios propios [...]. Es una chica estadounidense moderna, en su mejor momento, brillante, inteligente, ingeniosa y llena de energía».[313] A Mildred Wirt se le encargó escribir el primer volumen, además de los dos siguientes del trío fundacional de la serie (que cuenta con treinta libros en total). Su recuerdo de la reacción de Stratemeyer (aunque rebatido por algunos estudiosos) revela la decisión de apropiarse de la detective, ya que no se amilanaba cuando se le daban consejos: «El señor Stratemeyer expresó una amarga decepción cuando recibió el primer manuscrito, *Nancy Drew en el secreto del viejo reloj*, pues me dijo que la heroína era demasiado frívola y que nunca sería bien recibida».[314]

A los lectores no pareció molestarles que una chica detective fuera «demasiado frívola» y Nancy Drew sigue viva hoy en día, no solo en los libros y en las nuevas versiones de los libros, sino también en los videojuegos, las películas y los productos de promoción. Una crítica afirma que su atractivo reside en «la imagen, aunque sea abstracta, de una mujer joven que es capaz de olvidar la "distinción de sexo", al menos en tanto en cuanto esa distinción se reescribe como limitación».[315] Laura Lippman, autora de la exitosa serie de ficción policíaca protagonizada por la «detective accidental» Tess Monaghan, reveló por qué sentía predilección por los libros de Nancy Drew. Los libros validaban la curiosidad, la consideraban una virtud más que un vicio.[316] Nancy, capaz y atenta, no solo consigue que los camiones averiados vuelvan a arrancar, sino que también es capaz de atender a los ancianos enfermos hasta que sanan.

Figuras como Elsa, en la franquicia de *Frozen* de Disney, y Katniss Everdeen, en la trilogía de «Los Juegos del Hambre», pero sobre todo Hermione, en la serie de Harry Potter, son recordatorios de las poderosas consecuencias de la vida de Nancy Drew en las producciones culturales para niños. Hermione (¿es una coincidencia que su nombre esté relacionado con Hermes, dios de la palabra y la astucia?) utiliza hechizos y conjuros para orientarse entre los misterios de Hogwarts, con sus trampillas, sus habitaciones secretas, sus mapas enigmáticos y sus armarios mágicos. Desde el «*oculus reparo*» (un encantamiento para arreglar las gafas) y el «*alohomora*» (para abrir puertas) hasta el «*wingardium leviosa*» (el encantamiento de levitación) y el «*petrificus totalus*» (la maldición de paralizar todo el cuerpo), Hermione, alumna modelo y, a la vez, transgresora de las normas, está dispuesta a forzar puertas, a espiar y a robar para descubrir soluciones a los retos a los que se enfrenta el trío de aventureros que forma con Harry y Ron. Además, supera la pasión de Nancy por la justicia al convertirse en la activista social que funda la Plataforma Élfica de Defensa de los Derechos Obreros (P.E.D.D.O.), una organización destinada a defender los derechos de un grupo oprimido. No es casualidad que, al igual que las solteronas de la ficción detectivesca, y que las viejas doncellas antes que ellas, también sea tachada de fisgona «sabelotodo».

Solteronas en busca de justicia

Las solteronas y las viejas doncellas están en declive. Cuando se introducen estas palabras en Google Ngram, se comprueba que el término inglés *spinster* ('solterona') estuvo en alza hasta la década de 1930, con un pico en 1934, y que después decayó. *Old maid* ('vieja doncella') alcanzó su punto álgido en 1898 y, desde entonces, no ha dejado de perder popularidad, aunque en 2004 experimentó un pequeño repunte que tal vez se debiera únicamente al uso de la expresión para difundir lo desfasada que había quedado. Al asociar la juventud con la senectud, el término *vieja doncella* señala a alguien que nunca tiene la edad adecuada y que nunca es capaz de asumir una autonomía plena. Hoy en día, las «solteras» han suplantado a las solteronas y a las viejas doncellas.

Durante un tiempo, *spinster* fue el término que se les asignaba a las mujeres (y algunas veces, aunque pocas, a los hombres, como nos dice el *Diccionario de inglés Oxford*) cuya profesión era hilar (*spin*, en inglés). A partir del siglo XVII, la palabra comenzó a utilizarse como designación legal para las solteras, hasta que al final se convirtió en un calificativo de uso informal para las mujeres que un día fueron fértiles, pero que ya han superado la edad de tener hijos. El *OED* registra un uso del término, en 1882, que denota una actitud de una condescendencia impresionante hacia estas mujeres: «La Providencia es maravillosamente bondadosa con las solteronas sencillas que saben ser útiles». En otras palabras, permanecer soltera significaba que podías ser útil a los demás (por lo general como cuidadora de los padres ancianos y de los hijos de los hermanos), aunque eso no quería decir que pudieras convertirte en algo por ti misma.

El término *solterona* está muy relacionado con las nociones de hilado y de soledad, y también con lo espeluznante de la reclusión autoimpuesta y de los designios siniestros. Como es el caso de muchas otras personas educadas en Estados Unidos a lo largo de los años sesenta y setenta, la representación literaria de las solteronas fue lo que moldeó mi concepto personal de dichas mujeres. Las novelas me enseñaron los horrores de la soltería, sobre todo cuando se trataba de mujeres abandonadas en el altar. He aquí la señorita Havisham de *Grandes esperanzas*, la obra de Charles Dickens, en toda su alarmante morbosidad:

> Vi que la novia que lucía su vestido nupcial se había marchitado al igual que el propio vestido y las flores, y ya no le quedaba brillo alguno salvo el de sus ojos hundidos. Vi que el vestido había sido puesto sobre la figura redondeada de una mujer joven, y que la figura sobre la que ahora colgaba suelto se había encogido hasta quedarse en los huesos. Una vez me habían llevado a la feria a ver una horrible figura de cera que

representaba a no sé qué personaje imposible que yacía en su capilla ardiente. En otra ocasión me habían llevado a una de las viejas iglesias de las marismas a ver un esqueleto envuelto en los restos de un rico vestido, que acababan de excavar de una cripta que había bajo el suelo de la iglesia. Ahora la figura de cera y el esqueleto parecían tener unos ojos negros que se movían y me miraban. Me habría echado a gritar de haber podido.[317]

La señorita Havisham forma parte de los muertos vivientes y habita una casa infestada de arañas y ratones. Esto es lo que ve Pip, el joven héroe de la novela, cuando entra en el comedor de su casa:

El objeto más destacado era una larga mesa que tenía un mantel puesto, como si se hubiera estado preparando un banquete cuando la casa y los relojes se habían detenido a la vez. En medio del mantel había algún tipo de centro de mesa, pero estaba tan lleno de telarañas que era irreconocible, y mientras observaba la extensión amarillenta de la que parecía haber crecido como un hongo negro, vi a unas arañas de piernas moteadas y cuerpos llenos de manchas que iban corriendo hacia él, o salían corriendo del mismo, como si alguna circunstancia de la mayor importancia acabase de hacerse pública entre la comunidad arácnida.

Las solteronas parecen estar condenadas a conchabarse con las arañas. Ambas operan en soledad, tejen afanosamente sus telas, hilos y ovillos, crean trampas mortales para sus presas. El joven Pip se convierte en una especie de mosca extraviada, atraída hacia la infestada mansión de la señorita Havisham. Las grandes esperanzas de Pip y las ilusiones perdidas de la señorita Havisham trabajan codo a codo para producir dos cautivadores relatos de amor truncado. La novela describe en detalle los escalofriantes horrores de la solterona y sus intrigas.

Harry Furniss, «Señorita Havisham»
para *Grandes esperanzas*, de Charles Dickens, 1910

Aunque resulte paradójico, estas mujeres son seres muy visibles y, al mismo tiempo, presencias imperceptibles. Son visibles como objetos de desprecio, lástima, repulsión y burla y, sin embargo, son invisibles porque poseen poco valor social. Consideradas superfluas y designadas como UF (*Unnecessary Females*, 'mujeres innecesarias') en la época posterior a la Primera Guerra Mundial, cuando había 1098 mujeres por cada 1000 hombres, las solteronas fueron objeto de constantes críticas por su falta de trabajo productivo y de capacidad reproductiva.[318]

Fue en Inglaterra donde reaparecieron, ahora como investigadoras que rivalizaban con los detectives privados más curtidos en su astuto despliegue de habilidades inquisitivas. Cómo llegó a suceder algo así es, en sí mismo, un misterio que vale la pena desentrañar. En 1930, un grupo de escritores británicos, entre ellos Agatha Christie, Dorothy L. Sayers, Hugh Walpole y G. K. Chesterton, crearon el Detection Club, cuyos miembros celebraban cenas periódicas en Londres. Todo el que se unía debía prestar el siguiente juramento: «¿Prometen que sus detectives detectarán adecuada y verdaderamente los crímenes que se les presenten utilizando el ingenio que les plazca otorgarles y no confiando en ni haciendo uso de la Revelación Divina, la Intuición Femenina, las Tonterías, las Chorradas, las Coincidencias o los Actos de Dios?».[319] Debemos tener en cuenta que la mayoría de los escritores del Detection Club publicaron sus obras en la llamada edad de oro de la ficción detectivesca y crearon «novelas policiacas», misterios diseñados para «despertar la curiosidad», como dijo Ronald Knox. Knox, que además de escritor de ficción detectivesca era sacerdote, formuló los «diez mandamientos» de las historias de detectives, unos rasgos normativos que se ven empañados por los prejuicios étnicos y los comentarios condescendientes sobre la intuición y las desviaciones de la forma establecida.

1. El criminal debe ser mencionado en la primera parte de la historia, pero no debe ser alguien a cuyos pensamientos haya tenido acceso el lector.
2. Todas las intervenciones sobrenaturales o preternaturales quedan descartadas, como cabría esperar.
3. No se permite más de una sala o pasaje secreto.
4. No pueden utilizarse venenos aún no descubiertos ni aparatos que requieran una larga explicación científica al final.

5. En la historia no debe figurar ningún chino. [Charlie Chan había hecho su primera aparición en *La casa sin llaves* (1925), de Earl Derr Biggers.]

6. Ningún accidente debe ayudar al detective, y este tampoco debe tener una intuición inexplicable que resulte acertada.

7. El propio detective no debe ser quien cometa el delito.

8. El detective está obligado a revelar las pistas que pueda descubrir.

9. El «cómplice» del detective, el Watson, no debe ocultarle al lector las ideas que se le ocurran: su inteligencia debe estar ligeramente, pero muy ligeramente, por debajo de la del lector medio.

10. Los hermanos gemelos y los dobles en general no deben aparecer a menos que hayamos sido debidamente preparados para ello.[320]

La «Edad de Oro del asesinato», como la denominan algunos, estuvo enmarcada por dos guerras mundiales y sirvió para proporcionar consuelo en forma de *cozy mysteries* (o *cozies*, sin más), una expresión que podríamos traducir como 'ficciones detectivescas blandas', en contraste con las más oscuras o 'duras', que son más explícitas en su representación de la violencia. Estos volúmenes, que ofrecían emoción y distracción al mismo tiempo, servían también para reducir una ansiedad amplificando otra.[321]

Puede que hoy en día nos resulten atractivas figuras como la señorita Marple de Agatha Christie, la Harriet Vane de Dorothy L. Sayers o la Jessica Fletcher de la serie *Se ha escrito un crimen*, pero los sumos sacerdotes de la alta cultura tenían una opinión diferente respecto a estas mujeres detectives y a las escritoras de misterio que las crearon. El eminente crítico literario estadounidense del siglo XX Edmund Wilson, que nunca fue un gran admirador de la cultura popular, escribió en el *New Yorker* una serie de artículos acerca de la indiferencia que le provocaba la novela policíaca. En uno de ellos se burlaba de un título de Agatha Christie: «¿A quién le importa el asesinato de Roger Ackroyd?». Todo el género, declaró, no es más que «una droga que crea adicción» y sus lectores son víctimas de una «forma de narcótico». El golpe de gracia llega con su propia decisión de evitar todo tipo de ficción detectivesca, pero sobre todo los volúmenes de Agatha Christie: «He leído también lo nuevo de Agatha Christie, *La venganza de Nofret*, y confieso que la señora Christie consiguió engañarme. No adiviné quién era el asesino, me sentí impelido a seguir leyendo y a descubrirlo y, cuando al fin lo averigüé, me sorprendió. Sin embargo, no me gusta Agatha Christie y espero no volver a leer ninguna de sus obras».[322]

Pero Wilson se ha quedado en minoría. El colosal atractivo de Jane Marple puede documentarse no solo gracias a las cifras de ventas, sino también a la enorme estela literaria y cinematográfica que ha dejado tras de sí la detective solterona. Cuenta con apariciones en el teatro, en la gran pantalla y en la televisión, y también es la madrina de otras detectives: desde la Kate Fansler de Amanda Cross hasta la Cordelia Gray de P. D. James.

Pero, antes de la señorita Marple, existió la señorita Climpson —Alexandra Katherine Climpson, para ser más exactos—, una «solterona» madura que trabajaba al servicio de lord Peter Wimsey, el famoso aristócrata británico y detective aficionado creado por Dorothy L. Sayers. En la ficción detectivesca de 1927 *¿Muerte natural...?*, se la presenta en un capítulo titulado «Una utilidad para las solteronas». El epígrafe de ese capítulo cita a una «autoridad» llamada Gilbert Frankau, que afirma que las mujeres tienen una representación desproporcionada en la población de Inglaterra y Gales, donde «hay dos millones más de mujeres que de hombres».[323] Lord Peter se felicita por emplear a una de las muchas «solteronas» de Inglaterra y se pregunta en voz alta si algún día erigirán una estatua en su honor, pues les ha dado «una misión en la vida» y ha «contribuido a su felicidad».

Aunque la señorita Climpson no es en absoluto cotilla, sí es una experta investigadora que se mezcla con las chismosas locales mientras tejen y llevan a cabo labores de costura. «La gente desea averiguar algo —le asegura lord Peter a su amigo el detective-inspector Charles Parker—. ¿De quién se vale? Generalmente, de un hombre armado con su libro de notas.» Lord Peter no es tonto y su estrategia es enviar a «esa dama» que puede formular todo tipo de preguntas y «nadie se sorprende; nadie se alarma». La señorita Climpson se encarga de hacerle el trabajo de campo a lord Peter y sus contribuciones a la resolución de los crímenes no son para nada desdeñables. La suya tampoco es una profesión exenta de riesgos, como se hace evidente antes de que se cierre el caso. En *Veneno mortal*, escrito tres años después de *¿Muerte natural...?*, es ella quien descubre la prueba clave para solventar un caso de asesinato que acaba con la escritora de novelas de misterio Harriet Vane (que más tarde se convertiría en la esposa de lord Peter) en la cárcel.

Agatha Christie transformó el estatus de la detective solterona, pues convirtió su papel secundario en el de protagonista: pasó a ser una figura enérgica, autosuficiente y de espíritu libre capaz de resolver los casos sin contar con un equipo de subordinados. La señorita Marple de Agatha Christie, la anciana chismosa que hace calceta y cuida su jardín, se caracteriza por su diestramente elaborada torpeza y por ocuparse de sus propios asuntos al mismo tiempo que se mete en los de todos los demás. «Era curiosa», piensa de sí misma en un momento dado; se adapta, por tanto, al estereotipo de la entrometida que tantas formas de «camuflaje» le proporciona como detective. «Resultaba mucho más sencillo enviar a una anciana con el hábito de curiosear y hacer preguntas, de hablar demasiado, de querer averiguar cosas y que pareciera algo perfectamente natural», reflexiona.[324]

Las habilidades de señorita Marple van en la línea de lo que hoy llamamos lo interpersonal, y ella misma nos ofrece una potente refutación de la idea de que los chismes y el hablar «de escándalos» no tienen valor. Asimismo, monta una defensa de las «mujeres superfluas» al rebatir la condescendiente descripción que su sobrino hace de ellas, según la cual tienen «mucho tiempo en sus manos». Resulta que «la gente» es el principal interés de esas mujeres: «Y por eso llegan a convertirse en expertas».[325] Que las conversaciones ociosas y los chismes sirven a veces como conductos de información vital se hace evidente en los métodos de investigación de señorita Marple. «Todo el mundo habla de lo sucedido —observa un inspector en *El espejo se rajó de lado a lado*—. Tarde o temprano acaba por llegar a nuestros oídos.»[326] Fisgonear y escuchar conversaciones ajenas —todas las actividades asociadas con las viudas y las ancianas respetables— permite a señorita Marple unir las piezas de un rompecabezas que resuelve un misterio. La anciana, tan informada como cotilla, aparece al principio de *Némesis* leyendo el periódico, analizando la primera página y luego consultando los nacimientos, los matrimonios y las muertes. En cierto modo, por supuesto, todas estas actividades podrían considerarse también propias de los escritores, de quienes se hacen con el mando de un universo y son capaces de explorar sus espacios ocultos, de adivinar los motivos de sus actores y de restablecer el orden en un mundo que se ha visto sometido a algún tipo de trastorno. La energía interpretativa de la señorita Marple se refleja, claro está, en el impulso hermenéutico de los lectores, que se esfuerzan por dar sentido a la ruptura del orden social que genera un asesinato.

La vieja doncella titubeante se convierte en una amedrentadora encarnación de Némesis, en una agente de la justicia lúcida, sobria e imparcial en un mundo movido por pasiones que pueden volverse tóxicas y asesinas. En un momento dado, la señorita Marple se pone un sombrero con un ala de pájaro, una inequívoca alusión a la alada diosa griega, que también

Alberto Durero, *Némesis (La gran fortuna)*, 1501-1502. *Museo Metropolitano de Arte*

solía llevar un látigo o una daga y que llegó a ser conocida como la hija de la justicia y la hermana de las Moiras o Parcas.

Némesis es la última novela en la que aparece la señorita Marple y se trata de una obra en la que tejer, una de las actividades secundarias de la solterona (junto con cotillear y la jardinería), adquiere un significado mítico. En *Un puñado de centeno*, Neele, un experimentado agente de policía, hace la siguiente observación sobre la detective aficionada: «la señorita Marple no correspondía a la idea popular de una furia vengativa. Y, no obstante, tal vez era exactamente eso».[327] El tejer se une al hilar y a la creación de tapices y telas como actividad que va de la mano con el hecho de impartir justicia.

Némesis y el arte de tejer se relacionan una y otra vez en las novelas de la señorita Marple de maneras que no pueden sino recordarnos a madame Defarge tejiendo «con la impasibilidad del destino» mientras se convierte en un instrumento para asegurar la justicia retributiva en *Historia de dos ciudades*, de Charles Dickens. «Podría serlo [despiadada] si hubiera una causa justificada», le dice la señorita Marple a su ama de llaves. En respuesta a la pregunta de a qué llamaría ella una causa justificada, la anciana declara: «La causa de la justicia».[328] Y Némesis es precisamente el ápodo que se pone a sí misma, aunque a un cliente le parece «divertido» que se describa con esa palabra en particular. El señor Rafiel, el hombre que contrata a señorita Marple por su «genio natural» en el ámbito de la «investigación», refuerza la conexión entre tejer y servir a la justicia cuando intenta, valientemente, desvincular ambas actividades: «Me la imagino sentada en una silla [...] y supongo que pasa la mayor parte de sus horas haciendo calceta [...]. Si prefiere continuar haciendo calceta, es cosa suya. Si prefiere servir a la causa de la justicia, espero que por lo menos le resulte interesante».[329]

Todos los pasatiempos de señorita Marple —tejer, trabajar en el jardín, cotillear y escuchar las conversaciones de los demás— se mezclan sin problema con la raciocinación, y la detective, a diferencia de sus colegas masculinos, no se sienta a fumar ni da paseos nocturnos para que se le activen las neuronas. El ámbito doméstico de las actividades «triviales» no está en absoluto separado del pensamiento de orden superior. «Ya conoce usted mi método —le dice Holmes a Watson, que conecta así sin saberlo sus métodos con los de señorita Marple—: Se basa en la observación de minucias.»³³⁰ Al igual que la solterona, que trafica con lo trivial, el detective también revela cómo el diablo de lo detectivesco está en los detalles, en las cosas pequeñas que muchas veces pasan desapercibidas, pero que se convierten en fundamentales desde el punto de vista simbólico. Del mismo modo que los detalles extraños adquieren importancia y poder explicativo, la solterona marginada, apenas visible, adquiere un peso mítico.

En cierto sentido, a Agatha Christie se la puede considerar la reina del crimen que promovió las oportunidades de las mujeres de mayor edad (en una cultura que se burlaba de ellas por ser débiles, estúpidas e irrelevantes). La señorita Marple, como señalan dos críticas, «subvierte la categoría de "solterona" con la que la sociedad trata de menospreciarla y trivializarla».³³¹ Sin embargo, en un giro irónico, es también la formidable señorita Marple quien salvaguarda y asegura un orden social que ve a la solterona como una figura merecedora de desprecio o que la tolera como un elemento divertido y patético del paisaje social. Saint Mary Mead, ese idílico pueblo en el que se producen asesinatos con una regularidad asombrosa, nunca cambia: «El nuevo mundo era igual que el antiguo. Las casas eran distintas [...], las prendas eran distintas, las voces eran distintas, pero los seres humanos eran los mismos de siempre». Incluso las conversaciones, descubrimos, «eran las mismas».[332] Como en la serie de Nancy Drew, lo que está en juego es la restauración de las reputaciones, de las herencias y del orden social, incluso para los bichos raros, los inadaptados y los excéntricos de los márgenes.

La vena conservadora de la señorita Marple no sorprenderá a quienes hayan leído la autobiografía de Agatha Christie. «Era una mujer casada —escribió— y esa era mi ocupación. Como actividad secundaria, escribía libros.» Son palabras modestas viniendo de una de las autoras más prolíficas del mundo, una mujer que escribió casi un centenar de novelas y otros tantos relatos cortos, además de dos obras autobiográficas. No olvidemos que sus ventas se calculan en miles de millones. Las tareas domésticas no alteraban la rutina de escritura de Christie, sino que mantenían una relación simbiótica con la creación del primer borrador: «El mejor momento para planificar un libro es mientras lavas los platos».[333] El hecho de que la monotonía de las prácticas domésticas fomente una vívida imaginación fascinada por el misterio y el asesinato tiene cierta lógica.

A lo largo del siglo XX, la mujer detective pasa de ser la investigadora adolescente, la solterona curiosa y la agente encubierta de la década de 1930 a ser la esposa obediente de los años cuarenta (que ayuda a desentrañar los misterios para salvar al hombre que ama) y, por último, la detective experta que nos encontramos de la década de los ochenta en adelante, con las policías televisivas Cagney y Lacey, la escritora de ficción Jessica Fletcher y curtidas agentes como Clarice Starling y V. I. Warshawski.[334] La investigadora se libera al fin de la obligación de ceñirse a un pequeño conjunto de estereotipos y, al no estar ya constreñida por el imperativo del matrimonio, puede transformarse en un personaje inquisitivo y sin edad además de polimorfo, por decirlo de alguna manera. De repente, su vida privada se reduce de forma inesperada, se transforma en algo tan intrascendente como la vida interior del Philip Marlowe de Raymond Chandler, que es famoso por caminar por las «malas calles» y por ser no solo «el protagonista», sino «todo».[335]

Privilegiadas y desfavorecidas: Kate Fansler y Blanche White

Carolyn G. Heilbrun, la profesora de literatura inglesa de la Universidad de Columbia que escribía novelas policíacas bajo el seudónimo de Amanda Cross, explicaba a sus lectores que, para ella, escribir novelas policíacas era una forma de autorrealización y también de autocreación, pues le permitía producir una nueva identidad en lugar de replicar lo que siempre ha sido y siempre será. «Me estaba recreando a mí misma —dijo sobre su experimento de escribir novelas policíacas—. Las mujeres descubren la escritura al mismo tiempo que descubren la creación de sí mismas.»[336] Su Kate Fansler también es profesora de literatura y tiene un segundo empleo como detective en el que resuelve los misterios sirviéndose del mismo conjunto de habilidades que emplea para leer textos de forma crítica en su trabajo diurno. A fin de cuentas, la lectura es en muchos sentidos un proceso de detección en el que los autores (fiables y no fiables) nos guían por el terreno narrativo.[337] No es casualidad, podría añadirse, que la compulsión por tejer de muchos de los antecedentes literarios de Kate Fansler se haya visto sustituida ahora por los enredos con los textos. Además, los retos a los que se enfrenta la profesora Fansler suelen ser de naturaleza literaria, como sugiere el título *El caso James*

Joyce (1967), cuyos capítulos llevan el nombre de historias que se encuentran en *Dublineses*, de Joyce. Y resolver el misterio del asesinato de una profesora cuyo cadáver se encuentra en el baño de hombres del Departamento de Inglés de la Universidad de Harvard en *Muerte en la cátedra* (1981) crea muchas oportunidades para la charla literaria sobre autores que van desde George Herbert y Charlotte Brontë hasta George Eliot y Henry James.

La serie de Kate Fansler es profética en muchos aspectos, pues la construye una profesora feminista que escribió larga y elocuentemente acerca de la discriminación de género en su departamento de origen y que también imaginó un futuro que sería diferente tanto para sus alumnas de la Universidad de Columbia como para su progenie literaria. Así describió Heilbrun a su heroína detectivesca, tomando prestada en cierto modo la obra de Joseph Campbell, pero con los papeles de género invertidos:

> Sin niños, soltera, carente de trabas impuestas por las opiniones de los demás, rica y hermosa, la recién creada Kate Fansler me parece ahora una figura de la tierra de nunca jamás. El hecho de que hoy en día a la gente le parezca en menor medida una figura salida de un mundo fantástico —cuando se la critica sobre todo por beber y fumar demasiado y por haberse casado— dice más acerca de los cambios en nuestras costumbres y de mis talentos proféticos que acerca de las intenciones que yo tenía cuando la creé. Yo quería darle todo y ver qué podía hacer con ello. Por supuesto, ella emprendió una búsqueda (la típica trama masculina), se convirtió en un caballero (el papel masculino) y rescató a una princesa (masculina).[338]

Con el auge de la novela policíaca femenina, también empezó a prestarse atención a situaciones de crisis que hasta entonces no habían formado parte del tejido tradicional del género, que se centraba sobre todo en los hombres. El desempleo, la pobreza y la violencia doméstica, temas casi siempre evitados por los autores masculinos de este tipo de novelas, se convierten en la esfera de figuras como Cordelia Gray en *No apto para mujeres* (1972), de P. D. James, al igual que lo habían sido de Francie en *Un árbol crece en Brooklyn*. Cordelia es una «detective privada solitaria, valiente y pobre» que hereda una «agencia de detectives fracasada y sórdida» tras el suicidio de su propietario.[339] Más preocupadas por la amistad que por encontrar pareja, estas mujeres investigadoras ven las relaciones amorosas como una amenaza contra su ganada a pulso independencia, así que a menudo se apasionan más por seguir una pista que por conservar un novio. La búsqueda de la justicia da un nuevo giro y se centra en «arreglar las cosas» y restaurar reputaciones.

En una línea similar, la serie de Blanche White, escrita por Barbara Neely, en la que Blanche se encarga de «proyectos emancipadores» que por lo general no entraban dentro del campo de las competencias de los detectives de la ficción criminal, marca un segundo cambio radical en las mujeres detectives.[340] Como mujer negra, Blanche hace lo que la señorita Marple hacía tan bien y ocultaba a plena vista, el mejor escondite para reunir pistas e información. Como trabajadora doméstica, sigue siendo, por su raza y su estatus social, doblemente invisible para sus empleadores y quienes los rodean. Para que nadie de su entorno sospeche nada, también se hace la tonta: «Hacerse las tontas era algo que muchas personas negras consideraban inaceptable, pero a ella a veces le resultaba un escondite útil. También obtenía un enorme placer secreto al engañar a la gente que se suponía más inteligente que ella basándose en su aspecto y en su forma de ganarse la vida».[341]

«Chica nocturna.» «Mancha de tinta.» «Muñequita de alquitrán.» Esos son los insultos que los primos de Blanche utilizan para burlarse de su color de piel (aunque solo es un poco más oscura que ellos). Lo que antes era humillante se convierte en una fuente de poder para ella, que se transforma en la Chica Nocturna y «se escabulle de la casa a altas horas de la noche para vagar por el barrio sin ser vista». De repente se convierte en una persona «especial», «maravillosa» y «poderosa», capaz de acumular conocimientos que la dotan de lo que otros consideran una segunda visión. Llevar una capa de invisibilidad empodera a Blanche, al igual que su paciente capacidad de escucha. Sabe que a los narradores no se les puede meter prisa: «El ritmo, los silencios entre las palabras y la entonación eran tan importantes para contar el cuento como las palabras que pronunciaban».

Si bien Blanche es igual de curiosa y atenta que sus homólogas blancas en la ficción detectivesca, se enfrenta a retos desconocidos para figuras como Kate Fansler o incluso Cordelia Gray. Para ella, la raza es un hecho fundamental de la vida que la pone en conflicto con los representantes de la ley (*Blanche on the Lam* comienza con una fuga de la cárcel) y le añade responsabilidades sociales desconocidas para las solitarias que componen las filas de las detectives privadas (Blanche es cuidadora parcial de los dos hijos de su hermana muerta). Además, le impone cierto sentido de la obligación para con la comunidad a la que pertenece. Al final, se niega a aceptar el «dinero para comprar su silencio», o la «paga por agravio», que podría permitirle vivir con comodidad, pues prefiere que se haga justicia y que no se empañe la memoria de Nate, víctima del asesino enloquecido al que se enfrenta.

La Mujer Maravilla

Las mujeres detectives parecen de otra raza. Retraídas por naturaleza, suelen vivir solas y, aunque investigan los asesinatos de los ricos y famosos, ellas casi siempre son de baja condición social. En este panorama aparece de pronto una figura que se convirtió en una celebridad instantánea, glamurosa, enigmática y dotada de unos atributos que la convirtieron en nada más y nada menos que una superheroína. Ella también resuelve crímenes (y, asimismo, cuenta con un lado tímido y reservado, un disfraz que la vincula tanto con la detective solterona como con las solteras felices de Alcott), pero utiliza mucho más que su ingenio para ganarles la partida a quienes se encuentran en el lado equivocado de la ley.

¡La Mujer Maravilla! Quién iba a imaginar que en la cultura estadounidense de la década de 1940 iba a surgir un genio obstinado tan audaz como para soñar con una mujer capaz de realizar «sensacionales hazañas» en un «mundo en rápido movimiento». El primer número de *La Mujer Maravilla* comienza con una imagen de Diana corriendo a toda velocidad por el aire calzada con unas botas de tacón de aguja y vestida con una falda azul adornada con estrellas blancas y un corpiño rojo decorado con un águila dorada. «Por fin —leemos—, en un mundo desgarrado por los odios y las guerras de los hombres, aparece una *mujer* para la que los problemas y las hazañas de los hombres son un mero juego de niños.»[342] Esa imagen y esas palabras reflejan a la perfección las fantasías de William Moulton Marston sobre el poder de las mujeres para proteger y salvar.

Es posible que el doctor William Moulton Marston, abogado, psicólogo, guionista e inventor, fuera la única persona —sin duda, uno de los pocos hombres— dotada del tipo de imaginación necesaria para inventar a la Mujer Maravilla. Sus ideas políticas radicales, sus creencias excéntricas y sus poco ortodoxas relaciones matrimoniales lo convirtieron en una especie de anomalía, y en una fuente de asombro, para su propia época. Miembro de la promoción de 1915 de la Universidad de Harvard, Marston obtuvo dos licenciaturas más, una en Derecho y otra en Filosofía. Equipado con esos títulos, soñó una nueva mitología, improbablemente centrada en las mujeres, en un momento en el que Estados Unidos se estaba preparando para entrar en una mortífera guerra mundial, librada en su mayoría por hombres, que provocó la pérdida de setenta y cinco millones de vidas. En el frente interno, las mujeres se incorporaron a la fuerza de trabajo en un número sin precedentes y asumieron papeles que eran vitales, si no tan heroicos (en el sentido convencional del término) como los de los soldados que se desplazaban al extranjero.

Marston fue un iconoclasta intelectual, un hombre muy adelantado a su tiempo en muchos aspectos. Su obra *Emotions of Normal People*, publicada en 1928, más de una década antes de que Estados Unidos se involucrara en la Segunda Guerra Mundial, comenzó como una obra de teorización psicológica, pero se convirtió en un manifiesto político que declaraba que las mujeres pronto dominarían a los hombres y les enseñarían que «el amor (el verdadero amor, no el "apetito sexual") constituye [...] el fin último de toda actividad». Reclutar a «líderes del amor» para reeducar a los hombres revolucionaría el mundo y crearía un orden social más compasivo en el que los modos masculinos de violencia, agresión y fuerza dejarían de dominar. Las mujeres se harían con el liderazgo, declaró más tarde: «Espero sinceramente que algún día las mujeres exijan y creen escuelas y universidades del amor».[343] Menos de una década más tarde, en 1937 y todavía cuatro años antes de la implicación de Estados Unidos en las hostilidades, Marston dio una charla en el Harvard Club de Nueva York y declaró que, en cuestión de mil años, las mujeres gobernarían el país en lo político y lo económico. Citando a Marston, el *Washington Post* escribió que «las mujeres tienen el doble de desarrollo emocional [...] que el hombre. Y, cuando desarrollen tanta capacidad para el éxito mundano como la que ya tienen para el amor, llegarán sin lugar a dudas a gobernar el mundo empresarial, la nación y el mundo».[344]

Tras una serie de empresas fallidas y de puestos académicos temporales, Marston por fin dio con la idea de utilizar el cómic para promover la idea de que la «espeluznante masculinidad» de los superhéroes de DC Comics debía dar paso a una heroína que combinara «la fuerza, la fortaleza y el poder» de Superman o Batman con la capacidad para el amor, la ternura y la generosidad de una mujer. Y, como por arte de magia, nació la Mujer Maravilla, agente de la paz y de la justicia, que se materializó en el momento oportuno, justo antes del ataque japonés contra Pearl Harbor: «¡Aparece como de la nada para vengar una injusticia o reparar una ofensa! Tan hermosa como Afrodita, tan sabia como Atenea, con la velocidad de Mercurio y la fuerza de Hércules, solo se la conoce como la *Mujer Maravilla*, ¡pero nadie sabe quién es ni de dónde viene!».[345]

Marston inventó su propia mitología, pues construyó una historia previa para la Mujer Maravilla que comienza en un mundo utópico llamado Isla Paraíso. «Introducing Wonder Woman» fue una historia de origen de nueve páginas que se publicó en el otoño de 1941.[346] Con unos cuantos trazos rápidos y bocadillos concisos, informaba a los lectores sobre la cultura en la que la princesa Diana se había criado y evolucionado hasta convertirse en la Mujer Maravilla. «En la Amazonia —le cuenta Hipólita a su hija Diana—, las mujeres gobernaban y todo iba bien. Entonces, un día, Hércules, el hombre más fuerte del mundo, irritado por las burlas acerca de que no sería capaz de conquistar a las mujeres amazonas, seleccionó a sus guerreros más fuertes y feroces y desembarcó en nuestras costas. Lo reté a un combate singular, pues sabía que con el CINTURÓN MÁGICO que me había dado Afrodita, diosa del amor, no podía perder.» Es más que curioso que lo que le da a Hipólita la fuerza para vencer a Hércules sea un cinturón mágico. Recuerdo que, de niña, leía los cómics de la Mujer Maravilla y sentía escalofríos ante la idea de que esta superheroína llevara una prenda tan limitante. De hecho, o más bien según las fuentes griegas, Hipólita lleva lo que los griegos llamaban un *zoster*, o cinturón de guerra.[347] Y vence a Hércules, aunque solo para ser superada por él de formas que requieren más ayuda de Afrodita y que finalmente la llevan a su hogar en la Isla Paraíso.

En la Amazonia, las mujeres se aíslan del mundo de los hombres, se autogobiernan y «todo va bien» bajo la benévola guía de Afrodita. Por el contrario, en el mundo de los hombres es Ares quien actúa como deidad patrona y sus súbditos «gobiernan con la espada». En resumen, tenemos una situación que refleja la división estadounidense entre, por un lado, los aislacionistas, que exigían que Estados Unidos evitara los enredos extranjeros y se mantuviera al margen de la guerra, y los intervencionistas, que estaban a favor del apoyo militar a los aliados europeos. Lo que se despliega en la obra de Marston es un apasionado alegato a favor de la intervención incluso por parte de quienes son firmes defensores de la paz.

El capitán Steven Trevor, un oficial del ejército de Estados Unidos, se estrella con su avión en las costas de la Amazonia. Afrodita les pide a las amazonas que lleven al capitán Trevor de vuelta a su tierra natal para que sus nuevos aliados y él puedan «ayudar a combatir contra las fuerzas del odio y la opresión». Y Atenea interviene con un llamamiento para que envíen a la «amazona más fuerte y sabia, a la mejor de vuestras mujeres maravilla». Entonces mandan a la princesa Diana, la hija de Hipólita, a Estados Unidos para que preserve «la libertad», ya que ese país es «el último reducto de la democracia y de la igualdad de derechos para las mujeres». Para variar, es la Mujer Maravilla y no Superman quien interviene para salvar la situación.

Una vez que la princesa Diana aterriza con su avión invisible en Estados Unidos, lleva al capitán Trevor a un hospital del ejército y se reúne con él en el cuartel general de la inteligencia militar estadounidense. Allí, se disfraza de Diana Prince (¿lo pillas?), una secretaria con gafas y el pelo recogido en un moño, formal, correcta y profesional cuando le dictan textos (casi se delata al utilizar el alfabeto griego por instinto). Convertida en una versión dibujada de la mujer embaucadora, la Mujer Maravilla se dedica a hacer justicia en el mundo. Parte de su plan estratégico consiste en utilizar un alias y en adoptar una profesión que le requiera ser experta en escritura, aunque solo sea en la forma de la transcripción. Además de luchar contra los matones y de participar en rápidas persecuciones automovilísticas, también es una enfermera compasiva y, por supuesto, una secretaria eficiente («¡Diana mecanografía a la velocidad del rayo!»). Hace todo eso e, increíblemente, también deshace los estereotipos de género de un modo que era inimaginable en su época y que aún hoy resulta difícil de procesar.

La Mujer Maravilla combate el mal y la injusticia a todos los niveles, ya que organiza huelgas, boicotea productos y lidera mítines políticos. Acaba con los excesos especulativos de un consorcio lechero que no paraba de subir el precio de su

Wonder Woman, 2017.
Cortesía de Photofest

producto y que, por tanto, estaba matando de hambre a los niños estadounidenses. Se convierte en una activista laboral que lucha por duplicar los salarios de los empleados mal pagados de los Grandes Almacenes Bullfinch. «¡Caramba! —exclama Trevor Jones en un momento dado—. ¿Por qué esa chica tan guapa no para de meterse en problemas? Si se hubiera casado conmigo, ahora mismo estaría en casa haciéndome la cena.»

En 1942, Marston escribió, de una forma que hoy en día nos resulta algo peculiar pero que sigue teniendo mucha fuerza, sobre la importancia de proporcionarles a las mujeres oportunidades de «autoexpresión en algún campo constructivo: trabajar, y no en casa con los fogones y el cepillo de barrer, sino fuera, de forma independiente, en el mundo de los hombres y los negocios».[348] El hecho de que las dos mujeres a las que Marston amó (con una de las cuales se casó) fueran sufragistas explica en gran medida los orígenes de la Mujer Maravilla. Su esposa, Sadie Elizabeth Holloway, y su «amante», Olive Byrne (sobrina de Margaret Sanger, una de las pioneras del movimiento feminista), abogaban por el control de la natalidad y eran feministas mucho antes de que el feminismo se convirtiera en una especie de palabrota en los años setenta. El propio Marston perteneció a los «sufs» del Harvard College. Es más que probable que asistiera a las apasionantes conferencias que Florence Kelley —la reformadora social y política que luchó contra las fábricas explotadoras y por un salario mínimo con una jornada laboral de ocho horas— y Emmeline Pankhurst —la líder del movimiento sufragista en el Reino Unido que contribuyó a conseguir el derecho al voto de las mujeres— impartieron en Harvard.

La franquicia de la *Mujer Maravilla* fue para Marston una forma brillante de aprovechar la autoridad cultural de la «vitamina mental más popular» de Estados Unidos (los cómics) para difundir sus teorías sobre el poder no solo del amor, sino también de la justicia. De hecho, el amor a la justicia —vengar las injusticias y reparar las ofensas— es lo que convierte a la Mujer Maravilla en una fuerza tan poderosa en el panteón de los superhéroes. La Mujer Maravilla, como nos cuenta la biógrafa de Marston, Jill Lepore, es la superheroína más popular de todas y ha sobrevivido a muchos de sus homólogos masculinos. «Tenía brazaletes de oro; era capaz de frenar las balas. Tenía un lazo mágico; todo aquel al que atase tenía que decir la verdad [...]. Sus dioses eran femeninos, al igual que sus imprecaciones. "¡Gran Hera!", gritaba. "¡Safo sufriente!", protestaba. Estaba destinada a ser la mujer más fuerte, inteligente y valiente que el mundo hubiera visto».[349]

Los superhéroes de cómic operan en un medio que funciona de forma muy parecida al folclore, que toma el pulso de una cultura y se nutre de sus fantasías y miedos inconscientes. Con una energía vertiginosa y una pasión operística, escenifican enfrentamientos entre el bien y el mal, entre héroes y villanos, entre los virtuosos y los corruptos. A los superhéroes les corresponde rescatar, curar, restaurar y enmendar las cosas. Los niños rara vez tienen la oportunidad de vivir aventuras y grandes dramas y los cómics les ofrecen todos los placeres y la emoción que se les niega, junto con lo que los psicólogos que valoran la lectura del género describen como una liberación catártica, una salida segura para pasiones que de otro modo podrían desbordarse.[350]

Hubo opiniones discrepantes. El 8 de mayo de 1940, Sterling North, el editor literario del *Chicago Daily News*, denunció los «seriales de horrores sexuales» (con ello se refería a los cómics) como una «desgracia nacional» y lamentó sus efectos tóxicos en la generación posterior, pues la hacían «aún más feroz» que la actual. En 1955, después de que el Congreso de Estados Unidos celebrara tres días de sesiones acerca de si el género contribuía a aumentar los índices de delitos violentos entre los adolescentes, un informe provisional sobre cómics y delincuencia juvenil expresaba su preocupación por el hecho de que el medio ofreciera «cursos breves sobre el asesinato, el caos, el robo, la violación, el canibalismo, las matanzas, la necrofilia, el sexo, el sadismo, el masoquismo y prácticamente cualquier otra forma de crimen, degeneración, bestialidad y horror».[351]

En el *New Republic* la preocupación era que «Superman, guapo como Apolo, fuerte como Hércules, caballeroso como Lancelot, veloz como Hermes, encarna todos los atributos tradicionales de un Dios Héroe», un dios que la Alemania nazi había encumbrado. «¿Son los cómics fascistas?», se preguntaba la revista *Time*.[352] Marston, al crear una superheroína, esquivó con destreza la acusación de apoyar las ideologías nazis sobre el superhombre o Übermensch.

El consejo asesor de DC (Detective Comics) y de AA (All-American) Comics respondió con rapidez al creciente pánico moral sobre los superhéroes con unas instrucciones para que los escritores y los ilustradores pudieran enmendarse. Elaboraron una larga lista de mandamientos entre los que se contaban: «Nunca debemos mostrar un ataúd, y menos aún con un cadáver dentro». «Nada de sangre ni puñales ensangrentados.» «Nada de esqueletos o calaveras.» «No debemos quemar vivo a nadie.» «No está permitido que ningún personaje diga "¿Qué co...?".» «No debemos cortarles miembros a los personajes.» William Marston adoptó un enfoque más positivo. Argumentaba que Superman y la Mujer Maravilla no hacían más que perseguir nuestras dos mayores aspiraciones nacionales: «desarrollar un poder nacional imbatible y usarlo, cuando lo consigamos, para proteger del mal destructivo y despiadado a la gente inocente y amante de la paz».[353] En muchos sentidos, la Mujer Maravilla fue su sigilosa contribución al esfuerzo bélico.

Con las ventas por las nubes, la editorial decidió dinamizar a la base de lectores de los cómics con dos cuestionarios. El primero contenía una lista de seis superhéroes y preguntaba cuál de ellos tendría que ser miembro de la Sociedad de la Justicia: ¿la Mujer Maravilla, el Señor Terrífico, Little Boy Blue, Wildcat, Gay Ghost (más tarde rebautizado como Grim Ghost) o el Pirata Negro? La Mujer Maravilla ganó esa encuesta de 1942 y triunfó en una segunda que preguntaba: «¿Debería permitirse que la Mujer Maravilla, aun siendo mujer, pasara a formar parte de la Sociedad de la Justicia?». El editor se sorprendió al descubrir el entusiasmo por lo que llamó «la intrusión de una mujer en lo que era un dominio estrictamente masculino».[354] ¿A quién le extraña que a la Mujer Maravilla, que lucha por la democracia, la justicia y la igualdad y es capaz de llevar a cabo proezas sobrehumanas, la nombrasen secretaria de la Sociedad? Mientras registra palabras y consuma hazañas (para variar), está —¡alabada sea Afrodita!— sometida al doble deber.

6

AL DOBLE DEBER SOMETIDAS

EMBAUCADORAS Y OTRAS CHICAS «EN LLAMAS»

Si los hombres alcanzan siquiera a ver el elemento embaucador en las mujeres, limitan su visión a la hechicera intrigante, a la seductora astuta.

MARILYN JURICH,
Scheherazade's Sisters

—¡Tú abriste la caja de Pandora!
—¿Ahora soy Pandora? ¿Y qué le hicieron? ¿Encadenarla a una roca?
—Eso fue a Prometeo.

ELIZABETH Y HANK EN
Madam Secretary

Nuevas mitologías

A Joseph Campbell le preocupaban la desaparición de los dioses, la pérdida de los espacios sagrados y la contracción de los sistemas de creencias en la era moderna. «Nuestras religiones pertenecen a otra edad, a otra gente, a otro conjunto de valores humanos, a otro universo», se lamentaba en una conversación con Bill Moyers.[355] Ya no podemos confiar en la sabiduría bíblica, porque está anticuada, pertenece al siglo I a. e. c. Y no podemos volver atrás, insistía Campbell. También le inquietaba el riesgo de que la generación posterior se encerrara en sí misma y buscase un significado trascendente en las drogas psicodélicas, los narcóticos y otras sustancias. ¿Cómo se mantiene el mito vivo y relevante en lo que Campbell veía como una era de secularización y desencanto? En su opinión, los nuevos salvadores surgirían del mundo del arte. Creía que los narradores, los cineastas, los poetas y los artistas revigorizarían el universo mitológico y le devolverían el sentido y la sustancia a la vida ordinaria mediante la creación de lugares ontológicamente ricos que sustituirían a las creencias religiosas fundamentales.

Pero no serviría cualquier artista. «En alemán hay una vieja idea romántica, *das Volk dichtet*», observó Campbell. Esa frase implica que «las ideas y la poesía» surgen desde abajo hacia arriba, del pueblo llano. Campbell negaba con rotundidad ese dictamen concreto e insistía en que las nuevas mitologías surgen de «una experiencia de élite». El artista dotado, el genio singular, puede interactuar con el pueblo, «pero el primer impulso en la conformación de una tradición folklórica viene de arriba, no de abajo».[356] En lo que respectaba a los espacios sagrados del mito, Campbell era partidario de garantizar que los sumos sacerdotes de la cultura siguieran en el poder.

El desprecio de Campbell por lo «folclórico» se extendía a la cultura popular en general, además de a todo lo que perteneciese a la cultura de la infancia. Por ejemplo, desdeñaba los cuentos de hadas por considerarlos un puro entretenimiento que carecía del peso del mito. Por eso también permaneció ajeno a muchas cosas que impregnaban el ambiente de su época. ¿Cómo se le pudo pasar por alto la Mujer Maravilla, que llegó a la imprenta durante los años de la guerra, justo cuando él empezaba a trabajar en *El héroe de las mil caras*? La tenía justo delante de las narices y debía de formar parte del bagaje cultural con el que las jóvenes llegaban al Sarah Lawrence cuando él daba clase allí. Sin duda, la Mujer Maravilla era una anomalía en muchos sentidos, un cómic *sui generis* que solo interesaba a los adultos en la medida en que era una mala influencia para los niños que estaban criando. En aquella época se pensaba que un medio que ahora elevamos utilizando el término *novela gráfica* en lugar de *cómic* pertenecía al ámbito del puro entretenimiento y no al de los asuntos serios del mito y la religión.

Sin embargo, en lo que respecta al cine, Campbell sí estaba dispuesto a permitir un pequeño margen de maniobra. «Hay algo mágico en las películas», aseguraba, y los actores de cine pueden convertirse en héroes «reales», ya que tienen una doble presencia, en la gran pantalla y en persona. (Por supuesto, Campbell escribió mucho antes de la era de los dispositivos que transmiten contenidos en tiempo real.) Cuando le preguntaron si John Wayne se había convertido en una figura mítica, afirmó que el actor, un modelo para sus admiradores, había «entrado en la vía de la mitificación». Shane, Rambo y Douglas Fairbanks fueron nombres que salieron a relucir en la conversación con Bill Moyers y Campbell no dudó en afirmar que los tres trascienden el estatus de celebridad y poseen rasgos que pueden encontrarse en las mil caras de los héroes. «Nos educaban para la vida.»[357]

¿Qué se proyectó en los cines en la década de 1940, mientras Campbell escribía *El héroe de las mil caras*? *El político*, una película que narra la fortuna política de Willie Stark, un gobernador populista del sur profundo, había ganado el premio a la mejor película en 1949, cuando se publicó el libro de Campbell. El año anterior había sido *Hamlet*, protagonizada por Laurence Olivier. Y luego estaban *La barrera invisible* (1947), sobre un periodista que asume una identidad judía; *Los mejores años de nuestra vida* (1946), sobre unos veteranos que regresan a la vida civil; y *Días sin huella* (1945), sobre un escritor alcohólico. A principios de los años cuarenta se estrenó *Casablanca* (1942), con su relación amorosa destinada al fracaso y sus hombres como heroicos combatientes de la Resistencia, pero también aparecieron *Rebecca* (1940) y *Luz de gas* (1944), con sus maridos homicidas y sus mujeres aterrorizadas. *La señora Miniver* (1942) y *Madame Curie* (1943) nos ofrecen heroínas cinematográficas, pero son excepciones en un campo de casi sesenta películas nominadas entre las que se cuentan *Ciudadano Kane, El halcón maltés, Campo de batalla* y otros dramas de hombres atormentados.

¿En qué se parecen los Premios de la Academia de 2020 a los de la década de 1940? A primera vista, no ha cambiado gran cosa, pues algunos de los largometrajes que optaron al premio de mejor película fueron *El irlandés*, de Martin Scorsese, *Joker*, de Todd Phillips, *Los dos papas*, de Fernando Meirelles, y *Dolor y gloria*, de Pedro Almodóvar. Sin embargo, *Mujercitas*, de Greta Gerwig, e *Historia de un matrimonio*, de Noah Baumbach, también se colaron en la competición, entre el drama bélico *1917* y *Érase una vez en Hollywood*, de Quentin Tarantino. Quizá esto sea un indicio de que el panorama es un poquito distinto. Los Premios de la Academia suelen ser una especie de indicador retrospectivo, aunque puede que tan solo sea que la Academia es una institución conservadora en extremo que aún no está preparada para nominar películas con directoras y protagonistas femeninas.

Hoy en día hay una enorme cantidad de heroínas en la gran pantalla —impertinentes, habladoras veloces, de género fluido, sesudas, nervudas, fumadoras en serie e intrépidas— y no parece que vayan a desaparecer. Ocupan un espectro que nos lleva desde las cruzadas enloquecidas hasta las guerreras de puños vendados pasando por las vengadoras decididas, y libran sus batallas primero con las palabras, pero en seguida también con las armas. Como no podía ser de otro modo, Hollywood también nos ofrece una perversión de esta heroína que tanto tiempo ha tardado en surgir por medio de fantasías —guionizadas y dirigidas sobre todo por hombres— que muestran a mujeres vestidas para matar más que defendiendo una causa.

Embaucadores, hombres y mujeres

El culto a los héroes surge con facilidad en todas las culturas y hoy en día seguimos idolatrando a los héroes y a las heroínas y descuidando a sus igualmente admirables compañeros en la lucha contra los villanos. Se trata de las figuras míticas conocidas como embaucadores —los antihéroes, los marginados, los inadaptados, los intrusos y, sí, los perdedores—, personajes inteligentes, interesados, amorales y decididos a sobrevivir en una cultura despiadada (hola, Scheherezade) en lugar de a sacrificarse por una causa superior (adiós, Jesús). Muchos tienen acceso a algún tipo de poder mágico: fuerza sobrehumana, mutación o hechicería. Oportunistas y sigilosos, mienten, roban y engañan, se niegan a seguir las reglas o a formar parte de un sistema corrupto plagado de contradicciones que hace cosas como transformar a depredadores hipercapitalistas en filántropos de buen corazón. Cuando socavan el sistema, derrocan a la autoridad y revitalizan su cultura, estos canallas emergen, de manera paradójica, como héroes culturales, campeones de los marginados y oprimidos. Son los agentes de la renovación y el cambio.

«Todas las figuras de las que se habla con asiduidad son masculinas», nos dice Lewis Hyde en *Trickster Makes This World*, su magistral estudio sobre las hazañas generadoras de cultura de los embaucadores, publicado por primera vez en 1998. ¿Quién no oye ahí un eco lejano de la voz de Joseph Campbell diciéndoles a sus lectores que en el universo mitológico no hay modelos para las búsquedas de las mujeres? Las estrellas del firmamento de los embaucadores van desde el Hermes griego y el Loki nórdico hasta el coyote nativo americano y la liebre africana. Las mujeres embaucadoras existen, reconoce Hyde, pero, cuando crean problemas, sus travesuras subversivas y sus tácticas disruptivas no están a la altura de la «elaborada carrera de engaños» que marca la vida de los héroes culturales que conocemos como embaucadores.[358]

Puede que haya buenas razones para la ausencia de embaucadoras en lo que Hyde describe con gran acierto como el imaginario mitológico patriarcal. Al embaucador masculino nunca lo encontramos en casa, sentado junto a la chimenea, dándoles vueltas en la cabeza a tareas imposibles y soñando con que lo rescaten. Impulsado por el hambre y el apetito, siempre está en marcha, móvil y voluble de un modo inimaginable para las mujeres en la mayoría de las culturas. Como viajero y traspasador de fronteras, el embaucador es experto en encontrar formas de satisfacer sus múltiples necesidades, relacionadas sobre todo con la comida y el sexo, pero también con lo espiritual. Incluso es capaz de procrear, como revela Wakdjunkaga, el embaucador del pueblo winnebago, cuando se transforma en mujer para casarse con el hijo de un jefe y dar a luz a tres hijos. Pero ese embaucador, al igual que Hermes (al que a veces se representa como hermafrodita), sigue siendo a todas luces masculino y varonil, solo que con la capacidad mágica de transformarse en mujer.[359] Es muy posible que los embaucadores sean, por su propia naturaleza, constructos masculinos muy patriarcales que siguen la tradición de, por ejemplo, Anansi o Hermes, diseñados para definir las adicciones, los apetitos y los deseos de los hombres varoniles. (Hermes no es un adicto al sexo tan empedernido, puesto que en el universo mitológico griego la persecución de las mujeres se dejaba sobre todo en manos de Zeus.) Como producto de sistemas mitológicos construidos por bardos, poetas, sacerdotes y filósofos masculinos, puede que, sencillamente, los poderes de los embaucadores se hayan reservado a los agentes masculinos.[360] Pero ¿quién nos asegura que la mujer embaucadora no llevó a cabo sus propias operaciones clandestinas y actuó de forma furtiva, cubriendo sus huellas, para garantizar que nadie detectara sus poderes?

En el pasado pocos habrían descrito a Penélope, un símbolo de la fidelidad incondicional, como una «embaucadora», pero Margaret Atwood la interpretó de una forma distinta, como un agente de poder con conocimiento de causa. Puede que la mujer embaucadora haya participado en su propio juego de supervivencia y haya perdurado solo por el hecho de permanecer invisible y de frustrar el enfoque tradicional que adoptamos cuando intentamos dar sentido a nuestras historias culturales. Y ahora, en las culturas que otorgan a las mujeres formas de movilidad y agencia subversiva desconocidas en épocas anteriores (pero que todavía hoy siguen sin existir, a propósito, en muchas regiones del mundo), la embaucadora puede sumarse a las equivalentes posmodernas más visibles que nos ha traído la fábrica de sueños de Hollywood, donde las fantasías sobre el poder y los juegos pueden desbocarse. Ha llegado el momento de rastrear las operaciones encubiertas de un grupo de embaucadoras, de un conjunto de mujeres cuyas acciones desafían los estereotipos culturales. Puede que no tengan carreras «totalmente elaboradas», pero, aun así, nos recuerdan que existe una versión femenina, con su propio conjunto de características definitorias, del embaucador mítico.

Pero, primero, una advertencia importante. ¿Y si algunas de estas embaucadoras son una invención de las fantasías defensivas, muy posiblemente montadas como resistencia a la intrusión de las mujeres en los territorios dominados por los hombres? Desde luego, es factible argumentar que una película como *Hard Candy* (2005), de David Slade —un reciclaje de «Caperucita Roja» protagonizado por una depredadora que acecha a su presa, un hombre pedófilo—, refleja la angustia masculina acerca de que las mujeres se venguen de su historial de comportamiento voraz. O que *Ex Machina* (2014), de Alex Garland, revele lo amenazantes que resultan las mujeres cuando se convierten en profesionales y de repente se ven dotadas de una inteligencia superior, pues se vuelven contra los hombres de forma despiadada, ya no solo abofeteándolos o desplazándolos, sino matándolos. Estos directores, junto con su equipo de guionistas, productores, directores de *casting*, etcétera, ¿están muy al tanto de los fenómenos culturales y reflejan de nuevo hacia el público las fantasías y los temores de la sociedad o luchan contra sus propios demonios personales y los encarnan en la pantalla para atormentar nuestra imaginación? La respuesta varía, por supuesto, en cada película, y podemos debatir hasta el fin de los tiempos en qué punto del espectro que nos lleva desde lo culturalmente sintomático hasta lo cercano y personal aterrizará una película.

Un vistazo a los datos de la industria cinematográfica nos recuerda que debemos seguir preguntándonos: «¿quién cuenta la historia y por qué?». Un estudio patrocinado por la Fundación Annenberg en 2016 demostró que alrededor de dos tercios de los personajes que decían algo o tenían nombre en las películas grabadas entre 2007 y 2015 eran hombres y solo un tercio mujeres. Solo el 32 por ciento contaba con una protagonista o coprotagonista. De las cien películas más taquilleras de 2016, el 92,5 por ciento fueron dirigidas por hombres y el 7,5 por ciento, por mujeres. A las mujeres les iba mejor como guionistas (12 por ciento) y productoras (22 por ciento), pero peor como compositoras (menos del 1 por ciento).[361] En 2016, de las cien películas más taquilleras, el 7,5 por ciento fueron dirigidas por mujeres. Kathryn Bigelow es la única mujer que ha ganado el Premio de la Academia al mejor director (¿fue casualidad que la película, *En tierra hostil*, fuera un *thriller* bélico con un reparto casi exclusivamente masculino?).[362] El estudio de Annenberg nos da aún más razones para examinar los nuevos arquetipos que van surgiendo y quién los está construyendo. En muchos aspectos, estamos en una fase de exploración, ya que nadie ha escrito todavía un manual del estilo de *El héroe de las mil caras* para el viaje y la búsqueda de la heroína ni ha considerado cómo encaja la embaucadora en la lógica cultural de los nuevos medios. ¿En qué sentido representan estas nuevas embaucadoras cinematográficas una desviación de las normas anteriores y cómo alteran de forma obvia pero también imperceptible nuestra comprensión del heroísmo femenino?

No es difícil enumerar los estereotipos femeninos de las películas del siglo pasado. Están la mujer fatal (*Perdición* y *El halcón maltés*), la prostituta de buen corazón (*Irma la dulce* y *Pretty Woman*), la negra descarada (*La madre del novio* y *Waiting to Exhale*), la aterrorizada «chica final» de las películas de miedo (*Halloween* y *La matanza de Texas*), etcétera. Monstruosas y hambrientas de poder o marginadas e impotentes, estas mujeres ficticias son maestras de la seducción y también del sufrimiento. Recordemos las declaraciones de Hitchcock durante el rodaje de *Los pájaros*, cuando su protagonista, Tippi Hedren, se veía sometida a diario a los despiadados ataques de unos pájaros que, a su vez, estaban protegidos por la ASPCA (la Asociación Americana para la Prevención de la Crueldad contra los Animales): «Siempre he creído en el consejo del dramaturgo Sardou. Dijo: "Torturad a las mujeres"». El único problema real, añadió, era que no las torturamos lo suficiente. (El dramaturgo francés Victorien Sardou había puesto en práctica esta teoría en su obra de teatro en cinco actos *La Tosca*, adaptada más tarde, en 1900, para la ópera homónima de Puccini, que hace que Tosca soporte más de lo imaginable.) Desde *Los peligros de Paulina* hasta *La semilla del diablo* pasando por *Luz de gas*, las mujeres glamurosas han gritado, han chillado y se han encogido de terror mientras los hombres conspiran para atormentarlas.

¿Volamos a ciegas en el siglo XXI? ¿No hay modelos para la búsqueda femenina, tal como afirmó Campbell casi al final de su vida al señalar que las mujeres acababan de empezar a incorporarse a ámbitos de acción que antes estaban reservados solo a los hombres? «Somos los "antepasados" de una edad por venir», nos recordaba Campbell. Eso es lo que nos convierte en los inventores de los nuevos modelos míticos que guiarán a las generaciones venideras. Y el mitógrafo abogaba por crear esos nuevos modelos con compasión más que con pasión, de maneras que promovieran el crecimiento y la fuerza más que el poder. Hay que reconocerle que no quería solo vino nuevo en odres viejos, sino un vino nuevo y más embriagador en odres también nuevos.[363] La industria del cine, ahora descentralizada y dispersa, pues opera en múltiples lugares de producción que van desde Hollywood hasta Bollywood y más allá, ha construido muchos de esos nuevos modelos (con la ayuda de las novelas superventas) y ha invertido el rumbo de manera asombrosa hasta crear un nuevo panteón de heroínas femeninas.

Cruzadas enloquecidas

Cuando Lisbeth Salander, la protagonista de la trilogía «Millennium», de Stieg Larsson, se encuentra con un hombre que la considera una presa «legal», nos damos cuenta en seguida de lo que diferencia a esta pirata informática delgaducha de las heroínas del pasado. Y no son solo los tatuajes, las crestas puntiagudas de pelo negro y las botas Dr. Martens. Salander invita al abogado Bjurman a la guarida de su dormitorio y «era ella la que lo llevaba a la cama, y no al revés». Su siguiente movimiento es dispararle los setenta y cinco mil voltios de una pistola eléctrica en la axila y tumbarlo sobre el colchón con «todas sus fuerzas». En una inversión radical del imperativo de Sardou de torturar a las mujeres, Salander ata a Bjurman y le tatúa una serie de epítetos vulgares en el torso. Un depredador sexual sádico queda transformado en un instante en la desdichada víctima de Salander. Esta es la mujer que resolverá los brutales asesinatos (todos de mujeres jóvenes) cometidos por un asesino en serie en una corrupta cultura de industriales turbios, simpatizantes nazis y funcionarios sexualmente perversos.[364]

La trilogía «Millennium», de Stieg Larsson, nos presentó a una de las primeras componentes del desfile de embaucadoras del siglo XXI, mujeres de una inteligencia rápida, ágiles y muy valientes. «Diminuta como un gorrión», «feroz como un águila», «un animal herido»: no es casualidad que los críticos de la versión hollywoodiense de la primera entrega de la trilogía, *Los hombres que no amaban a las mujeres*, utilizaran metáforas de animales para reflejar la naturaleza de Lisbeth. Salander tiene el mismo apetito voraz, y los mismos instintos depredadores, que los embaucadores animales (Coyote, Anansi, Cuervo, Conejo). Las embaucadoras están siempre famélicas (los atracones bulímicos son su actualización del insaciable apetito de la figura mítica) e impulsadas por misteriosos deseos que las hacen enigmáticas de una forma atractiva. Rodeadas de depredadores, desarrollan a gran velocidad sus habilidades de supervivencia, cruzan fronteras, desafían los derechos de propiedad y superan en inteligencia a todos aquellos que las ven como presas fáciles. Pero, a diferencia de sus análogos masculinos, no son solo personas interesadas, ingeniosas y decididas a sobrevivir. También están comprometidas con las causas sociales y el cambio político, aunque no sin toparse con la incómoda paradoja de descubrir que una cruzada social contra la violencia puede engendrar más violencia.

Lisbeth, como reconocerán los admiradores de la trilogía «Millennium», es una mujer con una misión. A diferencia de Scheherezade, no utiliza el poder civilizador de las historias para cambiar su cultura (aunque podría argumentarse que eso es justo lo que intenta hacer Larsson al comenzar su novela con las estadísticas sobre el número de mujeres que han sido amenazadas por un hombre en Suecia). Salander, más bien, pretende vengarse de las heridas que les han infligido a ella y a una hermandad de víctimas femeninas. Cabe señalar que la trilogía de Larsson fue una larga y tardía disculpa por un oscuro secreto del autor. A la edad de quince años fue testigo de la violación grupal de una mujer llamada Lisbeth y no intervino, una experiencia que lo atormentó y que inspiró una historia que terminó con un castigo simbólico, vicario y catártico, al menos para su autor.

El hecho de que Lisbeth no tenga sentido del humor, su falta casi patológica de afecto, la convierte en una candidata improbable para el papel de embaucadora. Pero, al igual que los embaucadores clásicos, Lisbeth tiene un apetito sin límites, tanto por la comida como por las parejas sexuales, tanto masculinas como femeninas. En la película dirigida por David Fincher se atiborra de patatas fritas mientras se encorva sobre su Mac portátil y fuma sin parar durante la investigación. Su «rápido metabolismo», afirma ella, la mantiene delgada. Aunque uno de los villanos de la novela la describe como una «fantasma anoréxica», nunca para de engullir cosas como «tres grandes rebanadas de pan con queso, paté de pescado y un huevo duro» o «media docena de gruesas rebanadas de pan con queso, paté y pepinillos en vinagre». Se pasa la vida preparando café y engulle Billys Pan Pizzas como si no fuera a volver a comer. Consume «toda la comida basura imaginable» y, aunque puede que no tenga dismorfia corporal, está claro que sufre algún tipo de trastorno alimentario.

La gula y el apetito sexual están muy presentes en la trilogía «Millennium», pues a Salander se la presenta, según cierta crítica, como una «fantasía de la cultura popular: con aspecto de adolescente pero sexualmente experimentada». De hecho, las descripciones de Lisbeth como víctima de una violación y como compañera de prácticas eróticas sadomasoquistas consentidas son tan explícitas que despiertan la sospecha de estar creando un espectáculo diseñado para satisfacer los deseos voyeristas de los lectores. «La violencia misógina es atroz —señala una crítica con sorna—; aquí os dejo más.»[365] Lo mismo podría decirse de la gráfica exhibición de cadáveres femeninos mutilados en las fotos del escenario del crimen que se insertan con asiduidad en las escenas de trabajo de investigación para añadir un toque cinematográfico a las imágenes, por lo demás

Los hombres que no amaban a las mujeres, 2011.
Cortesía de Photofest

aburridas, de ordenadores portátiles abiertos, archivos dispersos y ceniceros llenos de colillas.

El hecho de que la fuerza física de Lisbeth, así como sus enormes conocimientos tecnológicos y sus variados apetitos, están modelados a partir de figuras masculinas se hace evidente cuando descubrimos su fuerza sobrehumana. Es lo bastante ágil y musculosa como para derrotar a los acosadores del colegio cuando era niña y más tarde, de adulta, vence a unos matones que la doblan en tamaño en un combate físico. En la segunda novela de la trilogía, descubrimos que Lisbeth se formó como boxeadora y que en un momento dado fue una contrincante seria en combares contra hombres. Ya sea deambulando por los bares, encendiendo cigarrillos o circulando en su moto, en lugar de conformar una identidad femenina única, imita el comportamiento masculino a lo largo de toda la versión cinematográfica de *Los hombres que no amaban a las mujeres*. Su atractivo se debe, en gran parte, a su capacidad de servir como doble irónico del clásico embaucador masculino, pues se disfraza, actúa y lo imita de una forma que ofrece tanto una recreación seria como una parodia del género.

«Es diferente», le dice Dragan Armansky, el jefe de Lisbeth, a un cliente en la película de Fincher, y este responde preguntando: «¿En qué sentido?». La respuesta: «En todos los sentidos». «Fuera de lugar» es un eufemismo para describir la primera aparición de Lisbeth en la película, cuando entra, con una intencionalidad robótica, en lo que parece la sala de reuniones sin alma de una empresa, donde dos hombres trajeados esperan su llegada. «Que trabaje en casa lo considero más apropiado», declara Armansky con frialdad antes de que ella entre en la sala. Lisbeth tiene un aspecto extrañamente débil, a pesar de su cresta negra, sus múltiples *piercings* y su atuendo de motociclista. «Distinta» refleja con precisión la reacción de los críticos y los espectadores, que no estaban preparados para una pirata informática salvaje y con pinta de punki que repara los agravios utilizando una forma de inteligencia innata nunca vista hasta entonces en una protagonista femenina. Cuando Lisbeth se embarca en su saga de venganza, se centra con una determinación inflexible en descubrir la identidad de un asesino en serie que ha dejado a su paso una estela de cadáveres, todos ellos de jóvenes judías con nombres bíblicos, la única pista de la que disponen.

Lisbeth posee lo que su autor calificó como «pura magia». Como se ha señalado, en el libro la vemos por primera vez a través de los ojos de su jefe, Dragan Armansky, y este la describe como una de esas «chicas sin pecho que, a distancia, podrían confundirse con chicos flacos» y, además, como un «ser extraño». Al igual que Hermes antes que ella, lleva una capa (la del dios griego se describe como un manto de desvergüenza). La Seguridad Social sueca la ha descrito como «introvertida, inhibida socialmente, ausencia de empatía, fijación por el propio ego» y ha señalado que, por añadidura, muestra un «comportamiento psicópata y asocial». Tiene dificultades «de cooperación» e «incapacidad para sacar provecho de la enseñanza». Puede que manifieste los rasgos típicos del síndrome de Asperger, pero también es astuta y se mueve por el mundo con la agilidad de una araña en su tela. Su capacidad atlética se expresa de forma visual en la película mientras se abre paso por un mundo lleno de trampas electrónicas. Su agilidad gimnástica la alinea una vez más con el insolente Hermes y su estirpe folclórica, cuyas ingeniosas travesuras rompen los límites y desafían los derechos de propiedad. Lisbeth, maestra de la World Wide Web, tiene, como Anansi antes que ella, una red propia que administrar, en este caso descifrando códigos y pirateando sistemas.[366]

Los piratas informáticos se alimentan de la enorme velocidad de internet y violan medidas reguladoras y normas legislativas. Aislada del mundo, retraída, misántropa, con una malísima actitud y acostumbrada a vivir sola en espacios oscuros y claustrofóbicos, Lisbeth encaja a la perfección en la categoría de los *uber-nerds*.[367] Su aparente falta de implicación emocional esconde un profundo compromiso con vengarse de violadores, asesinos y otros hombres que odian a las mujeres... y con hacer el bien. Como compensación por aceptar guardar silencio sobre el descubrimiento de que el ya fallecido Martin Vanger continuó la tradición familiar de asesinar a mujeres jóvenes, exige donaciones a la Organización Nacional de Centros de Acogida para Mujeres y Chicas de Suecia, un trato de conveniencia que podría volverse en su contra como cruzada por la justicia social.

Los derechos de propiedad siempre están en crisis, se ven constantemente disputados debido a los conflictos entre las economías agrarias y los intercambios comerciales que dominaban en el pasado y las preocupaciones sobre la privacidad de los datos, la seguridad y la vigilancia electrónica no deseada que rigen en la actualidad. Hermes, como dios del comercio, llegó a encarnar hace tiempo el espíritu de la empresa capitalista en su asociación con los artesanos y comerciantes. Pero, como cuatrero y maestro del «sigilo», también estaba vinculado con los intereses agrarios, así como con los ladrones y los asaltantes, de manera que trabajaba para ambos bandos y, por lo tanto, estaba muy bien capacitado para mediar en las disputas.[368] Es curioso que nuestros nuevos conflictos sobre la privacidad y la propiedad intelectual sigan estando bajo la estrella de Hermes. En un mundo que impone los límites a través de medios tecnológicos, Lisbeth goza de una libertad y una movilidad sin parangón, replica ordenadores, pincha teléfonos y desactiva alarmas hasta dejar impotentes las formas colectivas de regulación. Experta en ilegalidad y en intrusión (informática), como ella misma se describe, no deja rastro y es capaz de aventajar incluso a los mejores consultores de seguridad. El suyo es un arte mercurial y Salander hace su trabajo con una genialidad que nos lleva a preguntarnos si sus bienes robados no son en realidad regalos ganados.

El caso es que Lisbeth casi siempre está en el lado equivocado de la ley, pero en el lado correcto de la justicia. Puede que esté diagnosticada de síndrome de Asperger y que sea del todo asocial, pero su curiosidad por las muertes de otras personas (le encanta «soltar a los gatos encerrados») deja claro que no comparte todos los síntomas de quienes padecen déficit de atención. Al igual que la mujer de Barba Azul, una embaucadora no reconocida, también le gusta «hurgar en la vida de los otros y revelar los secretos que intentaban ocultar». Es esta profunda veta investigadora lo que la diferencia de Hermes, Coyote y Liebre. Lisbeth, por mucho que esté ligada al mundo de la tecnología, no puede resistirse a espiar, a intentar leer la mente de los demás y a comprender sus motivaciones.[369]

«Me cuesta pensar en un equivalente de Lisbeth Salander en cualquier otro lugar del ámbito de la novela o el cine negros», escribió Lasse Bergström, director de la empresa sueca que publicó la trilogía de Larsson.[370] Su reacción reflejaba la de los lectores y la de muchos de los espectadores de la película *Los hombres que no amaban a las mujeres* (2011). Sin embargo, nuestra cultura parece estar creando, en películas como *Hard Candy*, de David Slade (con su aparentemente vulnerable parecido con Caperucita Roja), heroínas que se toman la justicia por su mano y representan fantasías de venganza contra lo que Stieg Larsson llamó «los hombres que odian a las mujeres» (el manuscrito de lo que ahora es una trilogía estaba en un principio dividido en dos partes, ambas con ese título). Basándose en las películas de venganza por violación de los años setenta y ochenta (*Lápiz de labios, La violencia del sexo, La humillación*, etcétera), *Los hombres que no amaban a las mujeres* nos presenta a una heroína cuya identidad va más allá de su condición de víctima de violación. Lisbeth no está traumatizada ni trastornada por los abusos que ha sufrido. Acepta la violencia contra las mujeres como el funcionamiento normal del mundo y actúa con eficacia para crear un elemento disuasorio vengándose por ella. Al combinar las habilidades de supervivencia del embaucador, la inteligencia fría de la «chica final» de aspecto masculino y la valentía de las víctimas de violación que testifican contra sus agresores, se convierte en parte de una trama de acción que se codifica como una atractiva narrativa de crimen/represalia y proporciona a los espectadores todas las satisfacciones de la venganza consumada.

Stieg Larsson encontró la inspiración literaria para crear a Lisbeth Salander en una fuente poco probable: un popular libro para niños que se tradujo del original sueco a más de setenta y cinco idiomas y se convirtió en uno de los libros más vendidos de la literatura infantil. Larsson señaló explícitamente a Pippi Calzaslargas, la heroína del libro homónimo de Astrid Lindgren, como modelo para Lisbeth. El hecho de que Salander utilice en su placa el nombre «V. Kulla» (una referencia apenas velada a la casa de Pippi Calzaslargas, Villa Villekulla, que en algunas versiones españolas se tradujo como 'Villa Mangaporhombro') refuerza la conexión aunque Salander niegue cualquier vínculo de parentesco. «Si alguien me llamara Pippi Calzaslargas en un titular, le partiría la cara», afirma con la belicosidad que la caracteriza.[371]

La Pippi Calzaslargas de Astrid Lindgren no es «una niña corriente».[372] Al no haber adultos que supervisen y restrinjan sus actividades, el mundo se convierte en su patio de recreo para transgredir los límites. Pippi hace gala de sus habilidades de embaucadora desde el principio, pues miente «el día entero» (como resultado de haber vivido mucho tiempo en Kenia), recita relatos fantásticos sobre aventuras sucedidas en lugares exóticos que van desde las «Islas Caníbales» hasta «Arabia». Cazadora y «encuentracosas», además de una niña a la que le gustan las adivinanzas, supera en ingenio a sus enemigos, derrota a abusones, bandidos y hombres fuertes. Pippi cuenta historias para burlar a los funcionarios del colegio y a las autoridades locales. Como fuerza disruptiva, consigue, con la misma habilidad que sus míticos homólogos masculinos, poner de manifiesto lo absurdo de las convenciones y normas sociales en una cultura incapaz de consentir la idea de una niña autónoma, sin supervisión paterna y sin tutor legal.

Al recibir el Premio de la Paz de los Libreros Alemanes, Astrid Lindgren dio un discurso, titulado «¡Violencia, jamás!», que dio lugar a una sentencia legislativa histórica en Suecia: se prohibió la violencia física contra los niños, la primera ley de este tipo. En el discurso, pronunciado en Fráncfort en 1978, Lindgren narra una conmovedora historia acerca de un niño al que su madre manda al bosque en busca de una rama de abedul, una vara que utilizará para castigarlo. Como no encuentra la vara, el niño vuelve a casa llorando y le dice a su madre: «No he encontrado la vara, pero te he traído una piedra para que me la tires».[373] Defensora de los derechos de los niños y de los animales, así como una de las primeras activistas medioambientales, Lindgren aboga por los indefensos y vulnerables al mismo tiempo que crea una heroína que sirve de modelo de vitalidad irreverente, determinación y resistencia para los lectores.

Es más que probable que Larsson se criara no solo con los libros de Pippi Calzaslargas, sino también siendo conocedor de la cruzada de Astrid Lindgren contra la violencia. No resulta difícil imaginar que la niña ficticia más famosa de Suecia diera forma a su concepto de una «niña disfuncional con trastorno de déficit de atención, alguien a quien le costaría encajar», como describió a Lisbeth. Hay otras figuras culturales prominentes que quizá contribuyeran a esa idea, aunque puede que no de una manera tan clara. Una de ellas sería el personaje de Lex en *Parque Jurásico* (1993), de Steven Spielberg, una película que nos recuerda que las niñas de la ficción y del cine —descaradas y atrevidas— suelen estar a la vanguardia y anticipar las libertades que algún día adoptarán sus homólogas adultas y algo mayores.

Es Lex quien le soluciona la papeleta al grupo de turistas que recorre el Parque Jurásico cuando descubren que algunos de los feroces depredadores de la isla se han escapado y están desbocados. Se sienta ante el ordenador, reconoce cómo funciona («¡Es un sistema UNIX! ¡Lo conozco!») y luego utiliza un programa llamado «3D File System Navigator» para restaurar los sistemas de seguridad del Parque Jurásico. Su nombre, por supuesto, ya es una indicación de su dominio del lenguaje informático y de los sistemas lingüísticos en general.

Curiosamente, en *Parque Jurásico*, de Michael Crichton (la novela en la que se basa la película), es Tim, el hermano de Lex, quien consigue, por su cuenta, que los sistemas de seguridad vuelvan a funcionar. Aleja a los dinosaurios y protege así a Lex cuando los adultos han muerto o han defraudado a los niños. En un golpe de genio destinado a complacer al público, Lex se convierte, en la película de Spielberg, en la friki de la informática experta en codificación y en lenguaje de comandos, y es ella quien resuelve el problema.[374] En cierto modo, tal vez debido a su proceso creativo colectivo —que aprovecha varias paletas imaginativas— y a su voluntad de ser vanguardista y provocador a la vez pese a los altos riesgos financieros, Hollywood parece estar en sintonía, como por arte de magia, con lo que flota en el aire y es capaz de anticipar lo que está por venir en lugar de limitarse a reciclar lo que se encuentra en el aquí y ahora.

Lex y su facilidad para los lenguajes no surgieron de la nada. Si nos fijamos en el repertorio de los cuentos de hadas, queda claro que *Parque Jurásico* es, hasta cierto punto, una reimaginación de «Hansel y Gretel». Recordemos que los voraces velocirraptores que se vuelven contra Lex y Tim son todos hembras: esto es Parque Jurásico y las dinosaurios hembras han descubierto de forma milagrosa cómo reproducirse

(«La naturaleza se abre camino»). Además, organizan su asalto contra los dos hermanos en el espacio de la cocina, cosa que deja claro que estamos viendo una especie de extraña actualización del cuento de los Grimm basada en la ciencia ficción. Gretel vio su «momento en la historia» (así lo describió Anne Sexton) y metió a la bruja caníbal en el horno. La niña distrae a los dinosaurios mientras intenta meterse en un armario y su imagen reflejada en lo que parece a todas luces un horno hace que una de las hembras se estrelle de cabeza contra una superficie dura. Cabe destacar que Hansel y Gretel logran volver a casa a lomos de un pato gracias a la poesía de los conjuros que recita Gretel. Al igual que el mítico Hermes, los dos niños son hábiles mentirosos y ladrones que, como todos los embaucadores, también trafican con encantamientos.

Que en *Parque Jurásico* Spielberg jugó con la inversión de roles de género se hace evidente a través de la planificadísima codificación de colores de la película. Para empezar, Hammond, el ingenuo idealista, siempre va vestido de blanco, mientras que Malcolm, el cínico realista, va de negro. No parece, pues, casualidad que, al principio de la película, el paleontólogo Alan Grant lleve una camisa azul, mientras que su colaboradora, Ellie Sattler, lleva una camisa rosa. Al final del largometraje, la camisa de Grant está cubierta de barro y Sattler se deshace de la camisa rosa para dejar al descubierto una camiseta azul.[375] Puede que Lex no parezca prima de Lisbeth Salander —es menos aventurera, irreverente e intrépida que la chica del tatuaje del dragón—, pero ambas están a la vanguardia de un movimiento que inviste a las chicas (así es como se llama a Lisbeth a lo largo de las tres novelas de la trilogía de Larsson) de habilidades que tradicionalmente estaban en el ADN de los héroes, jóvenes y mayores. Puede que Pippi Calzaslargas no se esté jugando tanto, pero, para Lisbeth, Lex y Gretel, la inteligencia, la destreza y un conjunto de habilidades que implican el dominio absoluto del lenguaje (de uno u otro tipo) se convierten en cuestión de vida o muerte. Todas sobreviven y todas son también cruzadas, enloquecidas por los peligros del mundo que las rodea, pero triunfantes en su decidida reacción contra las amenazas dirigidas tanto a ellas como a aquellos por los que se preocupan.

Vengadoras ingeniosas

Tres anuncios en las afueras (2017), dirigida por Martin McDonagh, nos recuerda lo desquiciadas que pueden llegar a estar nuestras nuevas embaucadoras femeninas, pues el personaje interpretado por Frances McDormand pasa en seguida de «mamá loca» a «Charles Bronson».[376] La película nos presenta a una heroína inverosímil: la cincuentona Mildred Hayes, irresponsable y alterada, recién divorciada, una mujer al borde del abismo durante toda la película, y con razón: su hija fue brutalmente violada y asesinada y aún no han detenido a nadie. Mildred, también superviviente de malos tratos conyugales, canaliza su ira a través de la búsqueda de justicia. Inicia una investigación para identificar y detener al asesino de su hija alquilando tres vallas publicitarias. Las palabras que aparecen en esas vallas son: «¿Y aún no hay detenciones?», «¿Por qué, jefe Willoughby?» y «Violada mientras moría». Mildred se atreve a desafiar de múltiples maneras. Al principio lo hace utilizando las palabras como armas cuando expone en público sus preguntas y afirmaciones de alto voltaje, pero pronto pasa a estrategias más provocativas y produce lesiones y causa daños cuando le clava un taladro en la uña del pulgar a su dentista y luego patea a varios adolescentes de una forma que nos hace preguntarnos si este es en realidad el giro que queremos que den nuestras nuevas heroínas culturales. Además, cuando la violencia se utiliza para lo cómico, se hace más evidente que la justicia está a la sombra de la venganza. Y ese es el momento en el que tal vez queramos preguntarnos quién hay entre bastidores, quién crea a las nuevas embaucadoras que blanden espadas y deshacen los antiguos modelos de las mujeres que blandían palabras.

«Eres una mujer dura, vibrante e independiente», le dice un marido derrotado a su esposa en *Perdida* (2012), la novela superventas de Gillian Flynn que se convirtió en película dos años más tarde. Dirigido por David Fincher, el largometraje lleva la idea de la heroína vengadora casi hasta la parodia. En sus escenas de violencia estilizada, vemos a una mujer que va convirtiéndose en un agente del tipo de rabia homicida que los hombres suelen infligir a las mujeres (como inequívocamente revelan los datos). *Perdida* le da la vuelta a la tortilla y crea a una asesina astuta, a una mujer seductora, inteligente y traicionera. La víctima acobardada se desvanece por completo y, en su lugar, aparece una protagonista que sabe muy bien cómo hallar su versión de la justicia: se ha transformado en una imponente figura de venganza. ¿Es *Perdida*, entonces, un manifiesto feminista en el que una mujer que se rebela contra la presión cultural de ser la «chica guay» y la «increíble Amy» se desquita después a sangre fría o, por el contrario, es un desvarío misógino que presenta a una psicópata que finge su propia muerte, miente sobre su violación y mata para cubrir sus huellas? A la manera clásica de los embaucadores, Amy se enreda en mentiras interesadas y asume el papel de una forajida amoral que se desprende de los estereotipos femeninos y toma el control de una manera que, desde el punto de vista tradicional, no correspondía a las mujeres. En lo que parece un golpe maestro de la ironía de una autora que ha aprovechado la idea de las heroínas que utilizan la narración y la escritura como formas de autorrealización, Amy lleva un diario con entradas que servirán para incriminar a su marido en su propio asesinato fingido. «Su versión es mejor», le dice su esposo, Nick, al abogado que lo defiende en la adaptación cinematográfica de *Perdida*. «Su versión es perfecta», responde el abogado.[377] Puede que Amy sea un monstruo, pero no hace más que desfamiliarizar los estereotipos cinematográficos de los hombres psicópatas mientras se hace pasar por una mujer víctima de maltrato.

Muchas de estas nuevas chicas duras son poco proclives a templar la justicia con la compasión (pensemos en *Kill Bill*, de Quentin Tarantino, 2003), sobre todo cuando se embarcan en misiones políticas. *La noche más oscura* (2012) está protagonizada por Maya, una agente de la CIA obsesionada con dar caza a Osama bin Laden que opera en un escenario de combate global que supone un terreno totalmente nuevo para las heroicidades femeninas. Puede que Maya sufra al presenciar interrogatorios y torturas violentos, pero su determinación de encontrar y castigar a los terroristas no flaquea jamás. La protagonista de *Homeland*, Carrie Mathison, de la misma época, es más complicada, pero ella, también obsesionada con un terrorista llamado Abu Nazir, muestra una forma de resolución implacable que llega a lo patológico. Tanto Maya como Carrie continúan la tradición de utilizar el lenguaje como arma. Maya convierte una ventana del despacho en una pizarra para echar broncas. Carrie crea un mapa visual de su pensamiento maníaco y lo empapela con pruebas y pistas que al final conducen a la captura de Abu Nazir.

Muchas de las embaucadoras que han surgido a finales del siglo XX y principios del XXI son niñas y, a menudo, se inspiran en personajes de los cuentos de hadas. Pero ahora han complementado su arsenal de armas verbales con una artillería más pesada. La cultura cinematográfica adora a Caperucita Roja casi tanto como la abuelita y crea niñas que se convierten en los monstruos que antes las acechaban. La fantasía de venganza representada en *Perdida* se vuelve aún más oscura en las películas recientes, en las que aparecen heroínas ataviadas con sudaderas con capucha o chaquetas de cuero rojo y cargadas con una cesta (que, por descontado, contiene armas y no comida) mientras se dirigen a casa de la abuelita. En la década de 1990, Caperucita Roja deja de ser una inocente vulnerable y se transforma en una niña feroz.

Freeway (*Sin salida*) es una película de 1996, dirigida por Matthew Bright, que nos traslada a los barrios bajos del Sur de California, donde vive una Caperucita Roja urbana llamada Vanessa Lutz (¿su apellido recuerda a *slut* , 'puta' en inglés?). Con su cazadora de cuero roja —y llevando una pistola en su cesta—, se dirige a casa de la abuelita. Los tropos de Caperucita Roja empiezan a sucederse a gran velocidad y se la ve tratando de eludir a una caterva de acosadores, entre ellos un asesino en serie pedófilo llamado Bob Wolverton. (¿Su profesión? Psicólogo infantil, como no podía ser de otra manera.) En estos bosques no hay cazador salvador, como queda claro cuando el novio de Vanessa, Chopper Wood, es abatido a tiros por los miembros de una banda rival.

Camino de casa de la abuela, el coche de Vanessa se estropea y Wolverton, que camufla sus impulsos homicidas bajo la apariencia de una benévola intervención terapéutica, la lleva en el suyo. Vanessa se impone y, al igual que la aguerrida Caperucita Roja de James Thurber, que se saca una pistola de las bragas cuando el lobo la amenaza, echa mano de su revólver en el momento en el que Wolverton revela sus verdaderas intenciones y su identidad (deja de haber dudas de que se trata del asesino de la Interestatal 5 de California cuando le corta la coleta a Vanessa con una navaja de afeitar). Wolverton, gravemente herido y mutilado tras recibir un disparo de Vanessa, consigue llegar hasta el parque de caravanas de la abuela, donde se oculta poniéndose un gorro de ducha y un amplio camisón. Vanessa no es tonta y lucha contra el depredador hasta tirarlo al suelo, lo deja inconsciente y pronuncia su última frase, «¿Tenéis un cigarro?», dirigiéndose a los horrorizados agentes de policía, que no llegan hasta que el peligro ha pasado. Se convierte en una tía guay y despreocupada.

Sería tranquilizador imaginar que la niña de rojo de Matthew Bright se ha convertido en una heroína cultural, en una superviviente que consigue, contra todo pronóstico, darle la vuelta a la tortilla de los adultos que la han victimizado, algunos de los cuales son psicópatas que se hacen pasar por trabajadores sociales. A Vanessa se la ha visto como la figura que señala el camino hacia una inversión de los valores, hacia el socavamiento de un *statu quo* que hace la vista gorda ante los impulsos sádicos de los funcionarios de prisiones, los policías y los trabajadores sociales y no reconoce las injusticias sociales que se imponen a los grupos marginados.[378] Pero no puede decirse que la chica malhablada y orgullosamente analfabeta que abandona el instituto y pide un cigarrillo después de matar a Wolverton sea un modelo a seguir. Las represalias que toma son instintivas y están al servicio de su propia supervivencia personal, en lugar de alimentadas por una justa indignación contra el orden social. Puede que enderece las cosas llevando a Wolverton ante la justicia, pero seguirán funcionando mal mientras lo único a lo que pueda recurrir una chica feroz sea la táctica del agresor.

Aunque David Slade no se propuso hacer una película sobre Caperucita Roja, vemos destellos del cuento en su *Hard*

Candy (2005). En el póster que la anuncia, aparece una muchacha vestida con una sudadera roja con capucha y con una mochila de mensajero colgada del hombro. Está de espaldas a nosotros y tiene los pies apoyados en una plataforma del tamaño de un monopatín colocada justo en medio de una trampa para animales bordeada de cuchillas afiladas. «¡Absolutamente aterradora!», grita el reclamo impreso sobre la imagen, y eso nos lleva a imaginar que esta película también nos someterá a los horrores de ver a una adolescente a merced de un maníaco homicida, un asesino que permanece ominosamente invisible en el cartel. En este giro actualizado del cuento de hadas, la chica y el lobo tienen su primer encuentro en línea. Thonggrrrrl14 y Lensman319 coquetean en una sala de *chat* y quedan para verse. Los nombres y los números son reveladores: esta Caperucita Roja es una coqueta joven de catorce años (menor de edad y seductora) y su cita será con un fotógrafo, un hombre que vive de un oficio que sugiere que le atrae el placer visual. Y, en efecto, Jeff, de treinta y dos años, resultará ser no solo fotógrafo de mujeres, sino también un consumidor de pornografía con un alijo de imágenes incriminatorias en una caja fuerte incrustada en el suelo. En los nombres de estos dos adversarios están codificados sus roles de género, pues el de Thonggrrrrl14 hace referencia a una prenda de vestir provocativa (el «tanga») y el de Lensman319 señala hacia la idea de la mirada masculina.

Inspirada en un reportaje periodístico sobre las chicas japonesas que atraen a hombres de negocios a lugares señalados para luego robarles, *Hard Candy* nos lleva en un principio por el camino tradicional y crea la expectativa de que una joven inocente acosada por un depredador de internet se convertirá también en su víctima. Pero Hayley Stark, interpretada con brillantez por Elliot Page, resulta ser de todo menos inocente. Con la intención de vengar el asesinato de una amiga, se dispone a torturar a Jeff de formas casi inimaginables y le hace creer que, tras anestesiarle la entrepierna, le ha practicado una cirugía para castrarlo y ha tirado sus testículos en una bolsa de plástico. Despiadada, inmisericorde e implacable, Hayley responde con frialdad a las súplicas de Jeff para que se detenga y hace referencia a la incapacidad del fotógrafo para sentir algún tipo de compasión por sus víctimas. Hasta el amargo final, la muchacha desempeña el papel de vengadora con la misma dureza implacable que el propio depredador.

Al igual que David Slade, los guionistas de la serie de televisión *Buffy, cazavampiros* decidieron versionar «Caperucita Roja» de un modo que va más allá de la mera adaptación. En el episodio cuatro de la cuarta temporada, titulado «Miedos», Buffy se disfraza de la niña de rojo en la noche de Halloween. Cuando se encuentra con su amigo Xander camino de una fiesta, este le pregunta: «Hola, Caperucita. ¿Qué llevas en la cestita?». La respuesta de Buffy es reveladora: «Armas. [...] Por si acaso». Cuando al final se topa con el monstruoso Gachnar, una bestia en miniatura que carece de poder para aterrorizar, la cámara se desplaza hacia la planta del pie de Buffy como si esta estuviera a punto de aplastar a su enemigo. En un episodio anterior, Buffy había cometido el error de disfrazarse de princesa y se había convertido en víctima de un hechizo que la transformaba en el personaje que estaba encarnando. Tras haber aprendido de esa experiencia pasada, ahora está preparada —como Caperucita— para la bestia del bosque.[379]

Joe Wright, el director de *Hanna* (2011), llevó a estas figuras a su máxima expresión cuando reinventó a Caperucita Roja como una asesina adolescente genéticamente modificada que va vestida con pieles la primera vez que la vemos. Criada por su padre en plena naturaleza, donde caza alces y traba amistad con lobeznos, Hanna recibe también formación en idiomas, habilidades de supervivencia y artes marciales. Sin embargo, su padre la mantiene al margen de la civilización. La joven vive con lo justo en una cabaña del norte de Finlandia y está más cerca de la naturaleza que de la cultura. «Había una vez una niña muy especial que vivía en el bosque con su padre», anuncia el tráiler original de la película. Puede que Hanna no vista de rojo, pero está inmersa en el mundo de los cuentos de hadas; la cámara nos la muestra en varias ocasiones leyendo el volumen de cuentos de los hermanos Grimm que tenía en las manos en el momento de la muerte de su madre. Y, por supuesto, la ilustración de una de las páginas que vemos pertenece a «Caperucita Roja».

La misión de Hanna es pegarle un tiro a la agente de inteligencia de la CIA Marissa Wiegler (interpretada por Cate Blanchett), que asesinó a su madre y ahora pretende matarlos a su padre y a ella. La muchacha no solo visita la casa de la abuela, sino también un lugar conocido como la casa de Wilhelm Grimm, en Berlín, donde un lobo disfrazado de abuela yace en una cama.

Joe Wright explicó en una entrevista la importancia de la ambientación de la película en un bosque de cuento de hadas y también que la trama se ajusta a los encuentros con el mal que se producen en esos relatos. «Estos cuentos se contaban a diario —señaló—. "La Sirenita", "Hansel y Gretel" y "Rapunzel" formaban parte de nuestra vida, pero son cuentos violentos, oscuros y con moraleja, y en cierto modo intentan preparar a los niños para los obstáculos a los que quizá se enfrenten en el mundo», añadió.[380] Wright no se inspira solo en la tradición de los cuentos de hadas, sino también en la literatura fantástica, ya que Hanna es un oscuro doble de Alicia en el País de las Maravillas que se adentra en el mundo real y experimenta

Hanna, 2011.
Cortesía de Photofest

por primera vez sus maravillas electrónicas, y todo lo demás, siendo adolescente. Pero es probable que su heroína guerrera tenga más en común con el Jason Bourne de Robert Ludlum que con Caperucita Roja.

Hanna nos deja claro que los cuentos de hadas han dado un giro hacia lo oscuro, pues sus heroínas son capaces de correr más y de ser más listas que sus adversarios, pero, sobre todo, de matarlos más de prisa en segmentos de acción que se mueven a la velocidad del rayo de las secuencias de los videojuegos. La película está enmarcada entre dos escenas de disparos. En la primera, Hanna utiliza un arco y una flecha para derribar a un alce y luego le pega un tiro en el corazón para acabar con su sufrimiento. La película acaba con Hanna apuntando con una pistola a Marissa Wiegler, disparándole en el corazón y repitiendo las palabras, esta vez sin piedad, que abrían la película: «Por poco no te he alcanzado el corazón». ¿De dónde sale Marissa, bruja malvada y loba de sangre fría a la vez, para enfrentarse a Hanna? De las fauces de un lobo en la montaña rusa de un parque de atracciones, por supuesto. Ambas mujeres corren con los lobos en una película que imita al cine de acción, ese clásico superventas del cine de Hollywood que presenta a los héroes en un viaje. ¿Acaso nuestras nuevas heroínas no son más que una copia exacta del héroe de Campbell, que libra batallas en lugares oscuros y sale de ellas cubierto de sangre pero victorioso? ¿Estamos instaurando un nuevo modelo que imita al antiguo en vez de crear un arquetipo que esté en sintonía con los valores que abrazamos hoy en día: la empatía, el cuidado y la conexión?

Mujeres guerreras

En la última temporada de *Juego de tronos*, los admiradores de la popular serie de HBO se quedaron extasiados con el triunfal juego de manos de Arya Stark justo antes de matar al Rey de la Noche en el bosque de Dioses con una daga de acero valyrio. A Maisie Williams, la actriz que interpretaba a Arya, le preocupaba que a los fanes no les gustara cómo se resolvía la batalla de Invernalia y que creyesen que en realidad Arya no merecía ser el personaje salvador de la larga serie. Pero la ficción había preparado a los espectadores para la última temporada presentando a Arya, primero, como la «damisela en apuros» del terror clásico, solo para convertirla después en una inteligente maestra del disfraz y, por último, permitiéndole transformarse en la superviviente victoriosa que mira a la muerte a la cara y encuentra la fuerza necesaria para matar al monstruo. Aun cuando la aterrorizan y torturan, Arya, la «chica final» de *Juego de tronos*, está a la altura de los desafíos de un Mal al que nadie más podía enfrentarse.

Las series televisivas de las últimas décadas nos han ofrecido muchos personajes femeninos aguerridos y de lengua afilada: Diana Rigg como Emma Peel en *Los Vengadores*, Eartha Kitt como Catwoman en *Batman*, Lynda Carter en *La Mujer Maravilla*, Lindsay Wagner en *La mujer biónica* y Angelina Jolie como Lara Croft. Pero *Juego de tronos* modeló un conjunto de posibilidades totalmente nuevas, no solo con Arya, sino también con lady Brienne de Tarth, una estoica y feroz espadachina con armadura. También están Sansa Stark, que pasa de ser una adolescente desagradable a una capaz líder de su pueblo, y la reina Cersei (un ingenioso homónimo de Circe), traumatizada, soberbia, vengativa y conspiradora. ¿Y quién puede olvidarse a esa «belleza malvada» conocida como Daenerys Targaryen, superviviente, liberadora y destructora?

La Disney Company ha dominado más que cualquier otra empresa de la industria cinematográfica el fino arte de captar las perturbaciones de las ondas culturales y de adaptar las historias que cuenta en la pantalla para ajustarse a las nuevas circunstancias sociales. Érase una vez, en el mundo de la animación de Disney, los hombres libraban las batallas y derrotaban a los villanos. Eric, el príncipe azul de *La Sirenita* (1989), se adentra en el mar al final de la película para enfrentarse a la extravagante, ávida de poder y descarada pulpo-bruja Úrsula, que le ha usurpado la corona al rey Tritón y ahora posee su autoridad («El mar y sus criaturas se inclinan ante mi poder»). El personaje de Úrsula, por cierto, está inspirado en el aspecto y el comportamiento de la leyenda del *drag* Divine. «Eres un monstruo», le grita Ariel, y Úrsula, que sabe que su oponente no puede recurrir a mucho más que a los insultos, le responde llamándola «mocosa». Mientras la Sirenita se ve atrapada sin remedio en el vórtice de un remolino, Eric se hace con el control de un barco, avanza con él navegando a toda velocidad y empala a Úrsula en la proa. Los rayos atraviesan el cuerpo de la bruja mientras esta se desinfla y se hunde en el mar, despejando así el camino para que Ariel y Eric vivan felices para siempre. *La bella y la bestia* (1991) nos presenta una batalla final en la que se enfrentan el falso príncipe azul, Gastón, y Bestia, que salta de un parapeto a otro para escapar de las balas y los golpes de su rival. Bestia ha conseguido eludir y derrotar a Gastón, pero entonces comete el casi fatal error de perdonarle la vida a su rival. A fin de cuentas, Bestia no es una bestia, aunque sus instintos animales y su vigor le dan ventaja en la batalla final de la película. Puede que sea él quien vence a Gastón, pero la salvación viene de la mano de Bella, que restablece la salud de Bestia y levanta la maldición que pesa sobre él.

Las películas de animación de Disney más actuales cuentan una historia distinta. Desde que en 2014 la marca de productos femeninos Always grabó un vídeo publicitario con el eslogan «Always #LikeAGirl», las chicas han empezado a correr como el viento en nuestras producciones mediáticas. Always desmontó la frase «como una chica» revelando que esa expresión estaba diseñada para humillar o insultar y no para mostrar aprobación o elogiar. Correr como una chica significaba que en realidad ni siquiera estabas corriendo, sino ejecutando un desgarbado movimiento hacia delante, como las jirafas. Cuando el vídeo se hizo viral, las carreras poderosas #LikeAGirl se pusieron de moda en Hollywood, con Elsa en *Frozen* y *Frozen II* y Vaiana en la película de animación homónima (2016) a la cabeza del grupo.

Frozen y su secuela, *Frozen II*, marcan un reajuste en las normas de la franquicia de las Princesas Disney. Son películas que obtienen la máxima puntuación posible en el famoso test de Bechdel, ya que tienen dos protagonistas femeninas con nombre que hablan entre sí de muchas cosas, no solo de hombres.[381] Puede que Anna y Elsa sigan teniendo sangre real en las venas (también conservan la figura delgada como un espagueti de las muñecas Barbie, además de los ojos espeluznantes de las Bratz), pero, incluso con su cintura de avispa, su piel de plástico y alabastro y su nariz respingona como un trampolín de esquí, son lo bastante fuertes como para escalar montañas, correr por la nieve, sobrevivir a maremotos y, en otro nivel, enfrentarse a la verdad de que sus mayores se dejaron llevar por la codicia.

En *Frozen II*, la presa construida por el abuelo de Anna y Elsa en las tierras de los pueblos indígenas resulta ser parte de un esquema colonial en lugar del tan cacareado acto de altruismo que ellas creían. En este nuevo y valiente mundo de heroínas Disney, Anna consigue diseñar la destrucción de una presa que habría supuesto la perdición del Bosque Encantado y Elsa se adentra corriendo en solitario en las olas gigantescas para domar al rebelde Nokk (un caballo de agua sobrenatural) que la llevará a los ríos de hielo. «Besándose no salvarán el bosque», nos dice Elsa en un guiño a películas anteriores, como *Blancanieves y los siete enanitos* y *La bella y la bestia*, que nos recuerda que los tiempos han cambiado. «¡Fíjate qué decidida es!», exclamó con alegría mi nieta de cinco años cuando vimos a Elsa zambullirse en las olas del mar y aplastar témpanos de hielo.

¿Quién iba a imaginar que Disney detendría la avalancha de películas de animación basadas en cuentos de hadas para hacer una película que utiliza los mitos de la creación polinesios como narrativa fundamental? ¿Acaso habían escuchado las quejas sobre los salvadores blancos y las imaginaciones míticas eurocéntricas? *Vaiana* (2016) comienza con una escena de narración en un pueblo indígena: una abuela les cuenta a unos niños pequeños la historia de la transformación de Te

Fiti. Antaño diosa de la creación, se ha convertido en Te Ka, un demonio de la destrucción, debido a que el semidiós Maui le extrajo el corazón con su anzuelo mágico. La misión de Vaiana será devolverle el corazón a Te Fiti para salvar así su isla de la devastación ecológica y restaurar su belleza natural. De repente, las princesas de Disney son capaces de embarcarse en misiones heroicas y recorren caminos distintos al que las lleva a la felicidad del matrimonio.

«No eres mi héroe», le espeta Vaiana a Maui en el mismo tono desafiante que el semidiós ha empleado para presumir de que es el «héroe de todos». «Robaste el corazón de Te Fiti», le dice. «¡Has maldecido al mundo!», le grita al musculoso personaje que luce tatuajes animados en el pecho. Aunque al final Vaiana acaba recibiendo algo de ayuda de Maui en su misión de rescate, es ella quien redobla sus esfuerzos para derrotar a Te Ka y «salvar el mundo». El empeño de Disney en crear un nuevo tipo de heroína ha suscitado tanta controversia como elogios. ¿Cómo se atreve una empresa a reclamar la mitología indígena como propiedad suya y a disfrazar de preservación cultural su monetización de las tradiciones polinesias? Disney colonizó no solo la mitología de los isleños del Pacífico, sino también sus tejidos y sus rituales, redujo el universo mítico multivocal de esos pueblos a una historia única y homogeneizada que marcó como propia. Incluso se tejió la imagen de dos codirectores del largometraje en una «tapa», o paño de corteza, como para insertar y solidificar su propiedad de la historia mediante una firma visual. Las protestas que acusaban a Disney de apropiación cultural en los productos promocionales de la película se tomaron en serio y provocaron su retirada.[382]

La búsqueda de Vaiana se parece en cierto modo a los viajes de los héroes de Campbell, pero con una diferencia crucial. Al contrario que Maui, que utiliza un anzuelo mágico que además hace las veces de arma e instrumento de transformación (también es un embaucador), Vaiana está comprometida con cuestiones sentimentales que conducen a la curación, la belleza y el equilibrio ecológico. Pero no la impulsa solo la compasión hacia su pueblo y hacia el mundo natural, también la mueve la natural curiosidad por el mundo y las maravillas que hay más allá de su arrecife (no la codicia y la conquista). Puede que Maui fuera una vez el héroe de todos —al fin y al cabo, es el semidiós al que se le atribuye haberles llevado el fuego a los humanos y haber hecho emerger las islas con su anzuelo—, pero su vanidad, su egoísmo y su falta de preocupación por los demás lo han convertido en una especie de patán, encantador pero de una arrogancia poco atractiva. Aunque quizá Vaiana siga siendo una princesa de Disney —«Si llevas vestido y te acompaña un animalito, eres princesa», se burla Maui—, ha tomado ejemplo de las heroínas folclóricas y míticas que la precedieron, así como de los héroes de la antigüedad. Nada con la misma fuerza que Elsa y aprende a navegar, pero conserva el sentido de la obligación hacia su pueblo y el deseo aventurero de escapar de las limitaciones del ámbito doméstico.

Es posible que las princesas estén desapareciendo con rapidez del repertorio de Disney, pero el resurgimiento de los cuentos de hadas en las películas orientadas al público joven adulto nos ha proporcionado un nuevo tipo de heroína, una mujer guerrera que se ha modelado a sí misma según el arquetipo del héroe. Atrás quedan las bellas durmientes, amables y narcotizadas, que esperan pasivamente la liberación y la llegada de un príncipe. En su lugar, tal vez tengamos un nuevo arquetipo de heroína que pega tiros, que se mueve con agilidad o que, como Rey en *El despertar de la Fuerza*, empuña un sable de luz. Pero con un giro. Estas mujeres guerreras son también atentas y compasivas, están en contacto con el mundo natural y con quienes lo habitan.

Un ejemplo sería el de *Blancanieves y la leyenda del cazador* (2012), de Rupert Sanders, en la que la protagonista, interpretada por Kristen Stewart, no se parece en nada a la encantadora princesa bobalicona de la película de acción real *Encantada*, de Disney, ni a la valiente pero vulnerable Blancanieves de la serie de ABC *Érase una vez*. Esta Blancanieves se convierte en una princesa guerrera «pura e inocente», en una salvadora angelical que canaliza a Juana de Arco y al Aragorn de Tolkien, así como a los cuatro hermanos Pevensie de *Las Crónicas de Narnia* de C. S. Lewis, para salvar el reino de su difunto padre (apuñalado por la reina en su noche de bodas). Cuando la vemos por primera vez (de niña), ha rescatado a un pájaro herido y pretende ayudarlo a curarse. Y cuando la vemos por última vez, vence a un enorme monstruo con compasión.

En *Blancanieves y la leyenda del cazador* todo el mundo va armado y las espadas, las cimitarras, las hachas, los lazos y los escudos ocupan un lugar tan destacado en esta película como en la Tierra Media de *El Hobbit*. El romance queda desplazado por la energía de los caballos que atraviesan paisajes dramáticos a toda velocidad y por las escenas de combate coreografiadas con pericia. Se trata de una Blancanieves diseñada para atraer a quienes buscan acción en su entretenimiento.

¿Corremos el riesgo de instaurar un nuevo e inquietante arquetipo de heroísmo femenino que emula la fuerza y la agilidad de los héroes masculinos clásicos? Cuando nos fijamos en la renovación hollywoodiense de las heroínas de los cuentos de hadas en películas que van desde *Hansel y Gretel: Cazadores de brujas* (2013) hasta *Maléfica* (2014), se hace evidente el paso de un extremo al otro. De repente, la belleza comatosa se convierte en una amotinada glamurosa con un impresionante arsenal de armas a su disposición. *Blancanieves y la leyenda del cazador* nos lleva a una tierra salvaje de devastación medioambiental y conflictos dinásticos. La reina rubia y malvada encarnada por Charlize Theron preside a súbditos con el rostro ajado en paisajes que parecen vertidos de petróleo; sirviéndose de su poder de cambio de forma, en un momento dado la reina se reconstituye a partir de lo que parece una bandada de cuervos atrapados en una marea negra. No cabe duda de que su reinado ha creado los viscosos horrores negros que Blancanieves encuentra en los bosques desnudos a los que huye. La heroína de la película, de cabellera morena en contraste con la de la reina, calma a las bestias salvajes con su rostro compasivo y, tal como proclama el Bob Hoskins digitalmente miniaturizado que interpreta a uno de los siete enanitos, «Sanará la tierra». Blancanieves no es una damisela pasiva e inocente. Su exquisita belleza, combinada con su carismático liderazgo, le permite derrotar a la reina malvada y redimir el desolado paisaje del reino y a sus sufrientes habitantes.

Salvadoras astutas: «Los Juegos del Hambre» *y* «La brújulas dorada»

Hollywood exige mucho a sus nuevas heroínas (y a las actrices que las interpretan), pues requiere grandes esfuerzos en forma de facciones contorneadas, cuerpos esculpidos y un talante que demuestre valor sin llegar a exhibirlo. Si hay una que lo tenga todo, esa es Katniss Everdeen, la protagonista de las películas de «Los Juegos del Hambre», los largometrajes basados en las novelas superventas de Suzanne Collins sobre un páramo posindustrial y posapocalíptico que obliga a sus habitantes a volver a las prácticas de los cazadores-recolectores para sobrevivir. Collins, que comenzó su carrera como guionista de programas televisivos infantiles, se atrevió a inventar una nueva heroína, una heroína que nunca debería haber existido. Katniss vive en el país de Panem —que, a pesar de que su nombre alude a la palabra latina para «pan», es de todo menos abundante— y es otra embaucadora demacrada, poco más que «piel y huesos».[383] Para sobrevivir, utiliza su arco y sus flechas, caza para mantener a su familia, un rasgo que sugiere algún tipo de relación con Artemisa, diosa del tiro con arco y de la caza.

Katniss no solo posee armas de contrabando, sino que, al más puro estilo de los embaucadores, también transgrede límites y caza de forma furtiva. Para llegar a un territorio de caza con las piezas suficientes, debe cruzar una frontera y atravesar una «alta alambrada metálica rematada con bucles de alambre de espino» que está electrificada durante buena parte del día como elemento disuasorio para los furtivos. Los llamados agentes de la paz (o fuerzas de seguridad) no son capaces de superar la inteligencia de Katniss, cuyo agudo oído detecta justo cuándo cortan la electricidad. Encuentra un tramo suelto en la valla y se cuela subrepticiamente por debajo de él. Mientras entrena con Peeta, el otro tributo de Panem elegido por sorteo para participar en unos juegos mortales con un solo superviviente, Katniss aprende a construir trampas que dejarán colgados a los competidores humanos y a camuflarse con barro, arcilla, lianas y hojas. Como maestra de las artimañas y las estratagemas, gana los Juegos del Hambre siendo más lista no solo que sus veintidós oponentes, sino también que el propio ministerio.

Como Gretel, Pippi Calzaslargas y Lisbeth Salander antes que ella, Katniss se atiborra de abundante comida, pero su hambre es incesante. «Estoy muerta de hambre», dice justo después de haber engullido cantidades prodigiosas de «hígado de oca y pan esponjoso». En uno de los banquetes devora «media montaña» de un guiso de cordero y toma buenos tragos de zumo de naranja. En otro come hasta ponerse enferma en una orgía gastronómica comparable al festín de Hansel y Gretel fuera y dentro de la casa de la bruja. Fantasea con la comida de una forma que nos recuerda a los inventarios que encontramos tanto en el cuento de los Grimm como en las listas de la compra de Salander: «El pollo en salsa de naranja, las tartas y el pudín, el pan con mantequilla, los fideos en salsa verde, el estofado de cordero y ciruelas pasas». Katniss admite haber comido ese estofado «sin parar», aunque «no se me notará», comentario que apunta hacia típicos comportamientos bulímicos. El énfasis en la oralidad no es en absoluto extraño, dado el clima sociocultural de Panem, pero es un recordatorio de cómo se transforman y rehacen los apetitos de los embaucadores masculinos en sus homólogas femeninas: se convierten en trastornos más que en signos de vitalidad. Katniss, al igual que Gretel, parte de la oralidad primaria que se manifiesta en un país en el que solo hay dos opciones: las condiciones de hambruna del distrito en el que vive o los decadentes festines de la clase dirigente, quienes resultan ser bulímicos de verdad, pues no paran de vomitar para volver al comedero con el apetito renovado.

La presencia de los sinsajos nos recuerda que a veces la oralidad cede, incluso en Panem, a lo auditivo. Los sinsajos, descubrimos, son un híbrido de la hembra del sinsonte y el macho del charlajo, un ave genéticamente alterada y criada para memorizar conversaciones humanas. Creados por pura casualidad, los sinsajos son capaces de replicar tanto las voces humanas como los silbidos de los pájaros. Poseen el don de imitar las canciones humanas: «podían recrear canciones; no solo unas notas, sino canciones enteras de múltiples versos». Estas mágicas criaturas aviares se convierten en emblema de la posibilidad revolucionaria y de la solidaridad cívica. Pero, más allá de eso, también mantienen la poesía viva en Panem. Suzanne Collins los describió como dobles zoológicos de Katniss:

Así que aquí la tenemos, llegando a la arena en el primer libro, no solo equipada como alguien capaz de mantenerse viva en este entorno —y luego, una vez que consigue el arco y las flechas, que puede ser letal—, sino como alguien que ya piensa de forma distinta a los demás porque al Distrito 12 nunca se le ha prestado atención. Así que, también en ese sentido, Katniss es el sinsajo. Ella es lo que nunca debió ser creado, lo que el Capitolio nunca quiso que sucediera. De la misma manera en que dejaron morir a los charlajos y pensaron: «No tenemos que preocuparnos por ellos», se dijeron: «No tenemos que preocuparnos por el Distrito 12». Y esta nueva criatura, que es el sinsajo, que es Katniss, evolucionó.[384]

Suzanne Collins, por tanto, inventó a una heroína que «nunca debería haber sido creada», según las autoridades. Es *sui generis* y, aunque no salió de la nada, evolucionó de forma inesperada, emergió de manera repentina de la oscuridad para convertirse en una celebridad gracias a los Juegos del Hambre.

Katniss ha heredado de su padre el don del canto. En respuesta a la petición de una compañera de combate que agoniza en el suelo del bosque, Katniss entona un «aire de montaña» y, «de una manera que resulta casi inquietante», los sinsajos continúan con la canción. En un raro momento de plenitud utópica durante los Juegos del Hambre, Katniss canta unas cuantas notas de la canción de Rue y escucha a los

LA HEROÍNA DE LAS 1001 CARAS

sinsajos mientras repiten la melodía: «todo el bosque se llena del mismo sonido». La «armonía celestial y encantadora» producida por los pájaros lleva a Katniss, «hipnotizada por la belleza de la canción», a cerrar los ojos y escuchar. Su tarea será no solo ganar los Juegos del Hambre, sino también restablecer la belleza y el civismo en una tierra devastada tanto por los desastres naturales como por los errores humanos, una tierra que ha creado a los avox, personas a las que se les ha cortado la lengua y que ya no pueden emitir sonidos ni hablar. Collins, que alude con frecuencia al mundo antiguo mediante los nombres (Seneca y Caesar) y los rituales (juegos de gladiadores y tributos anuales), estaba sin duda familiarizada con los horrores del castigo de Filomela por alzar la voz.

La Katniss de Suzanne Collins combina la capacidad de supervivencia de Lisbeth con una apasionada misión social, pero carece de la confianza sexual hípster y la autoconciencia de su homóloga sueca, que es mayor que ella. Como han señalado muchos comentaristas, está inspirada en Artemisa, diosa de la caza, y lleva el mismo arco y las mismas flechas de plata. Al igual que la diosa, también es protectora de los niños y se ofrece como voluntaria para ocupar el lugar de su hermana cuando el nombre de esta sale elegido en la cosecha. Virginal e inconsciente de su propio atractivo sexual, ha sido descrita como una *rara avis* de la cultura pop: «un personaje femenino complejo con valor, inteligencia y una búsqueda propia».[385] La intensidad compasiva y la inocencia sexual de Katniss equilibran las carencias emocionales y el exceso de energía sexual de Lisbeth.

Al igual que los ejercicios de disimulo de Gretel, las trampas, artimañas y estrategias de Katniss la conducen a la poesía, a una demostración de que los melodiosos consuelos de la imaginación no son consuelos imaginarios. Durante los juegos descubrimos el valor del ingenio —el «ingenio suficiente para sobrevivir»—, así como la importancia de «ser más listo» que los demás, de ser ágil y veloz para derrotar a quienes tienen una fuerza física superior. Peeta también «miente [muy] bien» y los aliados emparejados utilizan su inteligencia de forma sabia para derrotar a los otros veintidós tributos. Y lo que es aún más importante, Katniss vence con su astucia no solo a sus contrincantes, sino también a los Vigilantes y, en última instancia, al Capitolio. En las secuelas de *Los Juegos del Hambre* se convertirá, además de en una superviviente, en un sinsajo, en un símbolo de la esperanza revolucionaria y en un agente de la rebelión y el cambio.

Los autores de libros para el público juvenil son increíblemente ingeniosos a la hora de construir nuevas formas de heroísmo femenino. A veces da la sensación de que su naturaleza esté marcada por una generosa veta de audacia y desafío, pues están dispuestos a aceptar la etiqueta de autores para jóvenes adultos incluso cuando asumen proyectos tan ambiciosos como, por ejemplo, reescribir el *Paraíso Perdido* de Milton. Ese es el reto que Philip Pullman tenía en mente cuando se propuso reimaginar el Génesis y la versión de la Caída de Milton en su trilogía «La materia oscura» (1995-2000). La primera entrega fue un libro que Hollywood se apresuró a convertir, en 2007, en una película protagonizada por Dakota Blue Richards, Daniel Craig y Nicole Kidman. La BBC hizo una segunda entrega, menos exitosa, con una serie creada en 2020.

«Hay algunos temas demasiado grandes para la ficción para adultos; solo pueden tratarse adecuadamente en un libro para niños», observó Pullman en su discurso de aceptación de la medalla Carnegie.[386] Puede que reescribir el Génesis sea uno de esos proyectos, y es probable que los niños lectores, no formados en cuestiones teológicas, muestren menos resistencia a la idea de una Eva nueva, de una heroína que abre el camino hacia una forma de redención que sustituye las ortodoxias religiosas por el humanismo secular. También es menos probable que se escandalicen ante una obra que ve a Dios como un tirano al que hay que matar y a la Iglesia como un instrumento de persecución, y ante una heroína cuya misión es derrotar a ambos. La curiosidad, el conocimiento, la bondad y la tolerancia reemplazan a los sistemas de creencias anticuados. Y los niños, intuía Pullman con acierto, están menos interesados en el «No» de los mandamientos que en el «Érase una vez» de las historias, pues prefieren el tirón de estas últimas a la autoridad del decálogo.

Al reescribir la Caída como un momento de emancipación en la historia de la humanidad, Pullman nos presenta una heroína que es el doble de Eva en cuanto a su gran curiosidad y que siempre está forzando los límites y transgrediéndolos, desafiando el pensamiento rígido de los adultos que la rodean. Lyra Belacqua, o Lyra Lenguadeplata, tiene un nombre que la vincula tanto con el engaño como con el arte: es una mentirosa redomada, una consumada contadora de historias y su arte narrativo produce «una corriente de placer que le subía por el pecho como las burbujas del champán». Puede que carezca de la lira como instrumento musical, pero es capaz de generar poesía como lectora y exegeta cuando empuña el instrumento de búsqueda de la verdad conocido como aletiómetro, un dispositivo que le permite descubrir el camino hacia el verdadero heroísmo:

> La única cosa que conseguía arrancarla [a Lyra] del aburrimiento y de la irritación era el aletiómetro. Se dedicaba todos los días a leerlo, a veces con Farder Coram y a veces sola, y se daba cuenta de que cada día conseguía adentrarse más en aquel estado de serenidad en que el sentido de los símbolos se revela-

ban por sí solos [*sic*] y aquellas grandes cordilleras montañosas bañadas por la luz del sol emergían hasta hacerse visibles.[387]

Para Pullman, la sabiduría es el *summum bonum* y no proviene tanto de la Biblia como de la lectura de todo tipo de libros. Ese punto de vista, sin duda, corre el riesgo de convertir a los escritores en dioses, y Pullman lo reconoce cuando nos dice, en su página web, que es «un firme creyente en la tiranía, la dictadura, la autoridad absoluta del escritor».[388]

Lyra no participa de los excesos gastronómicos que se dan en *Los Juegos del Hambre* y en *Los hombres que no amaban a las mujeres*. Sin embargo, cambia de forma de manera audaz, prueba nuevas identidades para protegerse y también por puro amor a la invención y la experimentación con nuevas personalidades. En Bolvangar, se transforma en Lizzie Brooks y finge ser dócil y estúpida; en el mundo de los muertos se convierte en la hija de unos duques; y, en un momento dado, se alinea con ese «monstruo fabuloso» que Lewis Carroll llamó Alicia. Y el autor que la creó la convierte, por supuesto, en una doble de Eva. Uniéndose así a las filas de las adolescentes embaucadoras posmodernas, Lyra debe luchar por sobrevivir en un mundo de padres cruelmente ambiciosos que no la protegen. Al mismo tiempo, emprende un épico viaje redentor que la transforma en la figura salvadora que sienta las bases de nada menos que un nuevo orden social y espiritual. ¿Se atreve Pullman a instaurar una rival para el cristianismo, una salvadora que ahora consagra el conocimiento y le permite guiarnos con el libre albedrío como opción por defecto? ¿Quién sino Eva, que mordió la manzana por instinto, gobierna en esta nueva República del Cielo? «La religión comienza en la historia», afirmó una vez Pullman y, desde luego, esta no es la misma historia de siempre.

LA HEROÍNA DE LAS 1001 CARAS

«Escribo casi siempre en tercera persona y, de todos modos, no creo que el narrador sea hombre o mujer. Es ambas cosas, y joven y viejo, y sabio y tonto, y escéptico y crédulo, e inocente y experimentado, todo a la vez. Los narradores ni siquiera son humanos, son duendes.»[389] Puede que Pullman hablara en tono irónico, pero plantea, una vez más, una cuestión que no puede sino perseguir a quienes observan nuestros productos de entretenimiento —los libros y las películas que han capturado la imaginación popular— y se preguntan si los autores y los directores captan las perturbaciones en las ondas culturales o si reflejan sus propias fantasías y ansiedades. Aunque quizá sea una extraña mezcla de ambas cosas.

La cuestión del género no binario y fluido, tal como la plantea Pullman, se complica aún más si tenemos en cuenta que el *gender-bending* (o 'transgresión de género') se ha convertido en una corriente dominante que nos desafía a pasar de los anticuados modelos binarios, como el de Campbell, a nuevas figuras arquetípicas que son andróginas y de género *queer*, que difuminan los límites y confunden las distinciones que hacíamos antes. Lisbeth Salander, Katniss Everdeen y Lyra Belacqua marcan una ruptura en nuestra comprensión de lo que significa ser una heroína, pues adoptan características que tradicionalmente se asignaban al héroe mítico y al embaucador. También suponen un rechazo definitivo a la idea de las heroínas de Campbell, que, recordemos, las presenta como mujeres reservadas cuya función es reproducirse y replicarse, además de una respuesta a su pregunta acerca de los nuevos modelos disponibles en un mundo que les ha ofrecido a las mujeres la oportunidad de integrarse en la fuerza laboral. A diferencia de Scheherezade y de la esposa de Barba Azul, todas estas heroínas son expertas en salir de casa. La embaucadora se ha convertido en una feminista inteligente y atrevida, con la misión de enviar nuevos mensajes —a través de los medios literarios y cinematográficos— sobre el rechazo de las mujeres hacia la victimización, la debilidad física y el trabajo doméstico.[390] Las jóvenes embaucadoras, más en concreto, parecen estar siempre unidas en su doble misión de rehacer el mundo mientras sobreviven a la adversidad.[391] La justicia se convierte en su pasión más absoluta, aunque conservan muchos de los apetitos de los embaucadores masculinos.

¿Supone un progreso el arco que nos lleva de Scheherezade a Lisbeth Salander? En el desfile de nuevas heroínas de nuestros entretenimientos populares, muchas no hacen más que imitar al héroe de acción masculino.[392] A Lisbeth Salander se la representa como masculina (o con aspecto de chico) y musculosa.[393] Sus tatuajes, su forma de hacer el amor (ella toma la iniciativa y el control), sus habilidades tecnológicas, sus acciones decisivas e incluso su modo de mirar a la gente se apartan sobremanera de las formas femeninas de comportamiento y autorrepresentación. ¿Es Salander una mera fantasía masculina sobre una mujer con aspecto de sílfide que toma las riendas?[394] Independiente y cómoda en su trabajo «contratista independiente», su infancia traumática y su composición genética la han condicionado para que se comporte más como un hombre que como una mujer, por lo que actúa menos como reformadora que como figura que perpetúa las normas culturales, sociales y políticas. ¿Es Stieg Larsson incapaz de divorciarse de los discursos que pretende criticar? Irónicamente, la naturaleza andrógina de las jóvenes embaucadoras permite la identificación cruzada masculina, lo que, a ojos de algunos críticos, diluye aún más el mensaje feminista.

Si el embaucador masculino oscila alguna vez entre lo femenino y lo masculino, hasta terminar fijándose en su propio papel sexual masculino y aprendiendo a medir bien su entorno, la embaucadora ha desarrollado un concepto más fluido de la identidad de género y ha abrazado la androginia en sus encarnaciones posmodernas. Su doble cara —que encarna la paradoja, explota las contradicciones y representa las dualidades— le permite cruzar la línea del género y recurrir a su resistencia en la búsqueda de la equidad y la justicia social. Aun así, el futuro de la mujer embaucadora tal como lo imaginaron los escritores y cineastas que inventaron heroínas que luchan en la guerra de la justicia social no está en absoluto asegurado. Y la historia de Pigmalión, al que le daba tanto asco el comportamiento licencioso de las mujeres chipriotas que perdió el interés por ellas y se enamoró de una estatua que él mismo esculpió en marfil, nos recuerda que los impulsos creativos no siempre se alimentan de las mejores intenciones. ¿Es posible que algunas de las cruzadas, vengadoras y salvadoras de nuestros entretenimientos actuales se vuelvan contra sus creadores de forma inesperada, como Frankenstein, no tanto con la intención de diseñar un final feliz para ellas como con la de utilizar su ingenio y su astucia al servicio de unas nuevas ambiciones que se parecen más a una toma de poder arrogante que a acciones altruistas?

Reinventar a Eva

¿Cuál es el futuro de la mujer embaucadora y cómo evolucionará? ¿Corre el riesgo de convertirse en una antiheroína, en una fuerza proscrita que se vuelve tóxica al utilizar su poder mental para hacerse con el poder y socavarlo de forma oscura y tortuosa? Ahora que las heroínas se han abierto camino en nuevos escenarios de acción, ¿asumirá también la villanía nuevos rostros y rasgos? En *Ex Machina* (2014), de Alex Garland, una robot llamada Ava (que, con gestos de género fluido, señala tanto a Adán como a Eva) se convierte en una superviviente triunfante que escribe un nuevo guión en un mundo poshumano en el que se la ha construido como la mujer perfecta. El título de la película elude el «deus» de la frase «deus ex machina», lo cual nos recuerda que el dios que hace su teatral aparición en el último momento en las producciones dramáticas puede estar ausente del «felices para siempre» diseñado en esta historia en concreto.

El título de la película también alude a un nuevo orden de seres: los cíborgs, autómatas y robots que pueden encarnar a hombres o a mujeres, pero que también son, como máquinas, de género neutro, aunque tengan órganos reproductores modelados a imagen y semejanza de los de los humanos. El término «robot» se acuñó en 1920 en la obra de Karel Čapek *R. U. R.* (acrónimo de Robots Universales Rossum). La palabra checa *robota* significa «trabajo forzado», y los robots de la obra de Čapek, esclavos hechos de carne y hueso artificiales, se rebelan contra sus creadores y los destruyen. Los autómatas existen desde hace siglos, aunque en un primer momento fueron juguetes divertidos: damas bailarinas, flautistas que salen de un reloj, el pato de Vaucanson y un turco mecánico que jugaba al ajedrez. Estos artilugios en apariencia frívolos fueron volviéndose más sofisticados y, con ello, más siniestros, porque ¿cuánto tiempo pasaría antes de que las máquinas replicaran el comportamiento humano y se hiciesen con el control? El cineasta alemán Fritz Lang ya había dramatizado esa angustia en su película *Metrópolis*, de 1927, en la que una robot llamada Maria incita a los trabajadores a rebelarse contra el dueño de una fábrica y a dar rienda suelta al poder de las fuerzas naturales para destruir a quienes explotan su trabajo. ¿Cuánto nos estamos acercando a la singularidad tecnológica, a una explosión de inteligencia en la que las máquinas construyen versiones más potentes de sus propias capacidades y escapan a nuestro control?

Ex Machina se inspira en las seductoras autómatas femeninas que aparecen en obras literarias que van desde «El hombre de arena» (1816), de E. T. A. Hoffmann —que, en 1919, inspiró el ensayo de Freud sobre lo siniestro—, hasta la figura de *La Eva futura* de la novela de Auguste Villiers de l'Isle-Adam. En la película de Alex Garland, Caleb, un programador de bajo nivel, gana un concurso organizado por el jefe de la empresa en la que trabaja. El fundador de la empresa, Nathan (nombre que recuerda a Nathaniel, el protagonista del cuento de Hoffmann), ha creado, entre otras cosas, un motor de búsqueda llamado Blue Book (este nombre nos recuerda tanto al «Cuaderno azul» en el que circularon los apuntes tomados durante algunas de las clases que Ludwig Wittgenstein impartió en la década de 1930 como al cuento de hadas «Barba Azul»). Caleb coge un avión hasta el refugio de Nathan, situado en un remoto y edénico paraje, donde el fundador de Blue Book está trabajando en un proyecto de

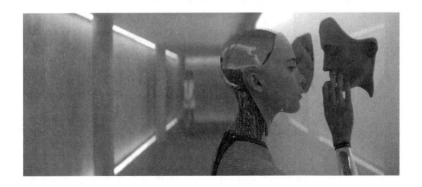

Ex Machina, 2014.
Cortesía de Photofest

inteligencia artificial. El joven debe medir el éxito de su jefe a la hora de crear una robot que supere el test de Turing (un reto diseñado por el padre de la informática para determinar si una máquina muestra un comportamiento inteligente indistinguible del de un humano). Nathan ha contratado a Caleb para su propia versión del reto: «La verdadera prueba es mostrarte que es un robot y ver si aun así crees que tiene consciencia».

En un giro irónico, la genialidad de Nathan consiste en crear una máquina capaz de burlar no solo la inteligencia de Caleb, sino también la de su creador, ya que Ava se ha convertido en un ser con «autoconsciencia, imaginación, manipulación, sexualidad, empatía». ¿Qué hace Ava, después de matar a Nathan, sino ponerse piel y ropa para marcar su emergencia a la consciencia en el momento en que su apariencia superficial de músculos de aire y polímeros electroactivos oculta los circuitos tecnológicos? ¿Y dónde vemos por última vez a Ava después de que haya escapado de su confinamiento y se haya introducido en el mundo de los humanos? En una encrucijada urbana, con el aspecto de una mujer profesional impecablemente vestida y preparada para enfrentarse al mundo empresarial. Se convierte en una encarnación femenina de Hermes, dios de los mercaderes y los ladrones, señor de las encrucijadas. La inteligencia de Ava ya no es artificial, sino muy real. Es un cíborg que también es una especie de código, y podemos estar seguros de que a esta nueva heroína del siglo XXI no le preocupará la supervivencia de nadie que no sea ella misma. Lo más probable, además, es que su misión social se limite a destruir a quienes intenten controlar sus circuitos. Ava es la nueva antiheroína, llegada para recordarnos que puede que la heroína del futuro no posea la resistencia, la compasión y la ingenuidad que hemos visto en las heroínas de tiempos pasados.[395]

Es posible que las películas sean nuestro nuevo folclore y, dada nuestra actual facilidad para acceder a los contenidos de las plataformas de *streaming*, estas a veces parecen máquinas de contar historias que encendemos con solo pulsar un botón. *Ex Machina* elabora angustias y deseos culturales, nos hace hablar de temas que nos sacan de nuestra zona de confort. En el espacio seguro del «érase una vez en Hollywood» y dentro del dominio de lo simbólico, somos más capaces de enfrentarnos a los fantasmas que nos atormentan. Las metáforas perturbadoras siempre son más sencillas de procesar que las realidades perturbadoras y también reducen nuestras inhibiciones, lo cual nos permite centrar nuestras facultades críticas de un modo que no suele darse cuando nos topamos con un trauma en la vida real.

«Nos proporcionó un lenguaje del que no sabíamos que carecíamos.» El crítico cultural del *New York Times* Wesley Morris pronunció estas palabras en una entrevista con Jordan Peele, director de *Déjame salir* (2017).[396] La película de Peele parece una improbable sucesora de *Ex Machina* como versión de la historia de Barba Azul. Pero, una vez que Chris, un fotógrafo negro que ha viajado con su novia blanca, Rose, a casa de los padres de esta para conocerlos, descubre un alijo de fotografías en el armario de un dormitorio, nadie puede predecir qué ocurrirá. Rose ha salido con bastantes hombres negros, se ha sacado selfis con ellos y luego los ha almacenado en un espacio que guarda un escalofriante parecido con la cámara prohibida de Barba Azul. Todos esos hombres están destinados a ser sometidos a un procedimiento quirúrgico para que su cuerpo sirva como pieza de repuesto para el ganador blanco —y con algún tipo de defecto físico— de una subasta. Los pujadores son miembros de una secta llamada La Orden de la Coágula. «No desaparecerás, no completamente —explica un tratante de arte ciego que ansía el sentido de la vista de Chris—. Quedará un pedacito de ti por ahí en algún lugar, una consciencia limitada. Podrás ver y oír lo que hace tu cuerpo, pero tu existencia será como un pasajero.» ¿Qué mejor metáfora que esa para reflejar el concepto de doble conciencia de W. E. B. Du Bois? Funciona con tanta fuerza como «el Lugar Hundido», ese espacio al que Chris desciende cuando la madre de Rose lo hipnotiza y se encuentra atrapado en un lugar de parálisis física y mental, una forma de encarcelamiento que le impide ser visto y escuchado. Mientras tanto, sigue formando parte de un guión escrito por los receptores blancos. En casa de los Armitage, la subasta de un hombre negro sigue ese guión en una escena que recrea las grotescas compraventas del pasado, pero que también funciona como una llamada de atención que muestra que el «hace mucho tiempo» continúa en el «aquí y ahora». De repente vemos lo impensable en una vívida representación de lo que significa ser una persona negra en un país que una vez se enorgulleció de ser «posracial».

«Mientras yo me divertía escribiendo esta maliciosa película palomitera, había personas negras de verdad a las que secuestraban y metían en un agujero oscuro, y lo peor de todo es que ni siquiera pensamos en ellas», afirmó Jordan Peele en la entrevista con Wesley Morris. Además de inspirarse en varias películas de terror, desde *La morada del miedo* hasta *La semilla del diablo*, Peele se basó también en una arraigada tradición folclórica según la cual una figura rica y poderosa atrae a una pareja que no sospecha nada hacia un matrimonio condenado a terminar mal. Su reciclaje del cuento de Barba Azul revela que un rápido giro del caleidoscopio puede reconfigurar los tropos del relato y dar lugar a una inversión de roles que sitúa a la esposa del protagonista en una posición de privilegio, mientras que el marido se convierte en el objetivo del daño corporal. *Déjame salir* es un recordatorio de lo adaptable y maleable que es la tradición folclórica y de que siempre ha desempeñado un poderoso papel como herramienta para los marginados sociales y políticos, para aquellos cuyo trabajo físico y cuyo cuerpo han sido objeto de explotación y abusos. Al mismo tiempo, la película destaca algo que los cuentos de hadas hacen muy bien: encontrar una manera de crear apego y solidaridad sacando a la luz el dolor y el trauma colectivo. La gran sorpresa de *Déjame salir*, según Wesley Morris, es que Peele creó «una pesadilla sobre la maldad blanca que también hace las veces de cuento de hadas sobre la unidad negra, el amor negro y el rescate negro».

Quizá parezca que los cuentos de hadas funcionan de acuerdo con una especie de compulsión de repetición cultural, pero en realidad eso solo se debe a que seguimos necesitando historias que expongan los agravios, que enseñen formas de sobrevivir y que señalen el camino hacia la justicia. ¿Es una coincidencia que haya tenido que ser un director negro quien resucitase «Barba Azul» y le diera la vuelta a la historia? La conexión de Peele con la tradición popular, con una historia que Richard Wright describe en términos conmovedores en su novela *Chico negro*, deja clara la fuerza con la que las tradiciones orales, ya sea en forma de cotilleos, noticias o historias, siguen modelando nuestra forma de entender la huida de la subordinación y la búsqueda de la justicia.

EPÍLOGO

DESPEGUE

Lo único que puedo contaros sobre la mitología es lo que los hombres han dicho y experimentado, y ahora las mujeres tienen que contarnos desde su punto de vista cuáles son las posibilidades del futuro femenino. Y ese futuro existe, es como si el despegue ya se hubiera producido, eso es así, no cabe duda.

JOSEPH CAMPBELL,
Diosas

Pensemos en Casandra. Su nombre se ha convertido en sinónimo de falta de credibilidad y, sin embargo, su historial de profecías certeras era perfecto. ¿Por qué cuando hoy en día oímos el nombre de Casandra nos viene a la cabeza una loca y no una vidente? Hay muchas historias acerca de cómo adquirió Casandra sus poderes. Esquilo cuenta que Apolo le prometió el don de predecir el futuro a cambio de favores sexuales, pero que, tras recibir ese poder, la hija de Príamo y Hécuba faltó a su palabra. Apolo no podía volver a arrebatarle el don, así que le escupió en la boca y la maldijo diciendo que, en adelante, nadie creería en sus profecías. Otras fuentes nos dicen que Casandra nunca rompió su promesa. Apolo se limitó a concederle ese poder especial para atraerla y luego, furioso cuando ella rechazó sus avances, convirtió el don en una maldición. El autor latino Higino lo cuenta así en sus *Fábulas*: «Se dice que Casandra [...] se quedó profundamente dormida. Apolo quiso violarla, pero ella no consintió que dispusiera de su cuerpo. Por ello, Apolo decidió que, aun cuando vaticinara cosas verídicas, no obtuviera credibilidad».[397] ¿Qué historia es la verdadera?

Por muy bella y leal que sea Casandra («Es la esperanza de muchos pretendientes», nos dice Ovidio), todo el mundo la considera una trastornada, una mentirosa patológica incapaz de dejar de difundir malas noticias. Nadie la cree cuando vaticina que el secuestro de Helena desencadenará la guerra de Troya ni cuando advierte a sus compatriotas de que hay griegos escondidos en el caballo de madera y de la caída de la ciudad. Al final de la guerra se aferra a una estatua de Atenea en busca de protección, pero Áyax el Menor la viola de manera brutal. Agamenón se la lleva como concubina a Micenas, donde Clitemnestra y Egisto le asestan un golpe mortal. Pero, en este caso, sí hay venganza contra los griegos, y les llega en forma de letales tormentas desatadas por Poseidón a instancias de Atenea, indignada por la violación de una mujer que buscaba su protección.

La historia de Casandra puede interpretarse como parte de lo que Rebecca Solnit denomina el patrón de no creer el testimonio de las mujeres. A partir del momento en que la princesa troyana se niega a tener un escarceo amoroso con Apolo, sus palabras quedan desacreditadas. Y el descrédito no afecta únicamente a lo que pueda decir sobre Apolo, sino que invade toda su identidad e invalida todo lo que expresa. «En

Tondo de un kylix de figuras rojas,
Áyax secuestrando a Casandra, c. 435 a. e. c.

todo momento [...] se ha mantenido la idea de que la pérdida de credibilidad está vinculada a hacer valer los derechos sobre tu propio cuerpo», añade Solnit.[398] La historia de Casandra nos llega fragmentada por medio de autoridades (todas masculinas) que solo hacen hincapié en su trágica falta de credibilidad. Pero, una vez que reunimos toda la información sobre la maldición que pesa sobre ella y la violencia a la que fue sometida, surge una nueva narrativa, esta vez contada desde el punto de vista de una mujer. Y de repente tenemos el despegue. Casandra tiene un futuro, y no como una loca delirante, sino como una mujer que preserva su dignidad e integridad a pesar de las agresiones contra su cuerpo y los ataques contra su carácter.

«¿Quién se compadece de una criatura que tiene serpientes por pelo y convierte a hombres inocentes en piedra?», se pregunta la novelista Natalie Haynes.[399] Nadie muestra respeto por Medusa y ¿quién es capaz de oír su nombre sin imaginarse esas serpientes siseantes que tiene en la cabeza, un horror para la vista? Además, cuando recordamos que el padre del psicoanálisis equiparó el rostro de Medusa con el miedo a la castración, se le añade otra capa de repulsión a la imagen. El rostro de Medusa es un ejemplo de magia apotropaica, se convierte en un icono cargado de gran simbolismo (como el mal de ojo) diseñado como arma para alejar los daños. Medusa petrifica con la mirada, por lo que cuesta imaginar por qué Píndaro escribiría sobre una «Medusa de mejillas hermosas». Pero, en realidad, cuando recurrimos a Ovidio, una vez más, descubrimos que Medusa fue en su día una hermosa doncella de exquisita belleza. En otras palabras, no nació así. Era la única mortal de las tres Gorgonas y se dice que fue seducida, violada o forzada (dependiendo de la traducción que se lea) por el dios del mar, Poseidón, en el templo de Atenea. Poseidón se fue de rositas, pero Medusa recibió un castigo ejemplar por su dañino encuentro con un dios cuando Atenea la convirtió en un monstruo y transformó sus hermosos bucles en una maraña de serpientes venenosas.

En el habla actual, el nombre de Medusa es sinónimo de monstruo. Sin embargo, Dante, Shakespeare, Shelley y otros escritores han invocado su nombre en poemas que celebran la lógica paradójica de su imagen, ya que refleja la monstruosidad y la belleza, la amenaza y la defensa, la toxina y el remedio. Y las feministas la han reivindicado, la han rehabilitado como una figura que no es solo «mortal», sino también hermosa. «Se ríe», nos dice Hélène Cixous en un ensayo que insta a las mujeres a afirmar su identidad a través de la escritura.[400]

Perseo, el mortal que decapita a Medusa, se convierte en un gran héroe. Casi siempre se le representa, especialmente en la escultura creada por Benvenuto Cellini en 1554, como una figura modesta, invencible y exaltada. Es él quien convierte en un arma la cabeza de terribles rizos, pues la utiliza para derrotar a sus adversarios y, en un último toque de ironía, se la regala a Atenea, la diosa que maldijo a Medusa, para que espante con ella a sus enemigos. Medusa deja de ser una mujer hermosa y deseada por un dios y se transforma, de manera irreversible, en una imagen del miedo cuyas miradas pueden matar.

Si las miradas matan, no dañan solo a quien las recibe, sino también al propio rostro de la belleza. ¿Quién no piensa en este contexto en el rostro que hizo zarpar mil barcos? «Crece y se convierte en una verdadera asesina de hombres»: así describe Stephen Fry a Helena de Troya cuando cuenta sus historias sobre los héroes de los mitos griegos. Un análisis más

Caravaggio, *Medusa*, 1595

detallado de la historia vital de la mujer más bella del mundo nos revela una narrativa más compleja. Helena, como hija de Zeus y Leda, es el producto de lo que podría definirse con exactitud como una violación. Teseo y su hermano Pirítoo la secuestran cuando aún es una niña (en un relato tiene siete años y en otro diez) con la intención de mantenerla prisionera hasta que tenga edad para casarse. Rescatada por los Dioscuros (Cástor y Pólux), es cortejada por muchos pretendientes, entre los que Menelao sale victorioso. A los pretendientes se les exige que se comprometan a apoyar militarmente a Menelao en caso de que secuestren a su esposa. Entonces llega la seducción, la fuga o el secuestro (según la fuente que se lea) por parte de Paris tras el concurso de belleza organizado por Hera, Afrodita y Atenea, en el que Afrodita promete darle a

Francesco Primaticcio, *La violación de Helena*, c. 1535

Paris la mujer más bella del mundo. Helena es una de las pocas supervivientes de la guerra de Troya y regresa a casa con Menelao, quien, al principio, planea castigar a su esposa «infiel» por su secuestro, pero, después de mirarla una sola vez, vuelve a caer bajo su hechizo. ¿Embrujó Helena a Menelao cuando este volvió a tenerla en su poder o nunca dejó de ser leal a los griegos? Las fuentes antiguas nos ofrecen relatos contradictorios y Goethe, en su poema dramático *Fausto*, nos dice que Helena es «muy admirada y muy vilipendiada».[401]

La belleza, el único atributo capaz de garantizarles a las mujeres el felices para siempre en la antigüedad, también era, de manera paradójica, lo que las convertía en objetivo tanto para los dioses como para las diosas, y eso por no hablar de los hombres mortales. Psique, amada por su belleza y bondad, no sale bien parada de entre las manos de Venus, que se enfurece cuando le dicen que la chica es tan hermosa que parece hija suya y que rivaliza con ella en belleza. A la radiante Andrómeda la encadenan a una roca para distraer a un monstruo marino enviado por Poseidón, y todo porque Casiopea se jactó de la belleza de su hija. Recordemos la furia de Atenea ante la hechizante belleza de los tirabuzones de Medusa. Y luego tenemos a Europa, Ío, Leda, Calisto, Perséfone, Filomela, etcétera, todas ellas mujeres seductoras y glamurosas y todas ellas —de nuevo, según el narrador— seducidas, raptadas y violadas. Hay muchas versiones de cada una de estas historias: desde las que se encuentran en las fuentes griegas antiguas hasta las de los compendios de mitología clásica elaborados por Edward Bulwer-Lytton, Robert Graves, Edith Hamilton o Ingri y Edgar d'Aulaire.

En una charla TED de 2009, Chimamanda Ngozi Adichie habló de los peligros del pensamiento reductor y de contar una «historia única».[402] Cuando de niña le dijeron que una familia era «pobre», Adichie se imaginó una lucha diaria sin alegría, sombría, llena de pesadumbres, sin un solo momento redentor. Una hermosa cesta tejida por un miembro de esa familia «pobre» echó por tierra la idea preconcebida que la autora se había hecho de su vida. La pobreza, se dio cuenta, no excluye la creatividad, la belleza, el placer y la dignidad. «Cuando rechazamos la historia única —continuó diciendo la escritora nigeriana—, recuperamos una especie de paraíso.» Las historias únicas, añadió, crean estereotipos, «y el problema de los estereotipos no es que sean falsos, sino que están incompletos». Mientras escuchaba hablar a Adichie, sus palabras me recordaron que el héroe de las mil caras ha quedado trágicamente reducido a un estereotipo que, en este caso, no solo está incompleto, sino que, en cierto sentido, también es falso, pues a menudo solo cuenta una pequeña parte de la historia, solo la mitad de la historia, y a veces incluso menos.

Las heroínas de las mil y una caras de este volumen revelan facetas nuevas de historias viejas. Los rostros de estas mujeres son maleables y mutables y se oponen a todos los esfuerzos por paralizar sus rasgos y capturar una expresión representativa. Ninguna heroína domina o perdura. Las heroínas, más bien, siguen evolucionando, desafiando la autoridad y la legitimidad, rebelándose, resistiendo y exigiendo renovaciones. Las jerarquías tradicionales del heroísmo se reorganizan y reordenan de manera constante a medida que los valores culturales van cambiando y reequilibrándose. Esto es válido tanto para los héroes como para las heroínas. Se reinventan *ad infinitum*, como sugiere el número arábigo 1001.

Una vez que empezamos a examinar las historias clásicas contadas y recontadas en nuestra cultura y las experimentamos desde la perspectiva de las figuras al margen —esclavos, concubinas, corderos sacrificiales, inadaptados, todos los que se encuentran en el lado perdedor de la historia—, de pronto nos vemos liberados de la obligación de admirar, adorar y venerar. En su lugar, nos volvemos radicalmente creativos, vemos las cosas de manera diferente y encontramos nuevas formas de leer los relatos y las historias en las que aparecen. Se nos dice que la guerra de Troya comenzó a causa de un concurso de belleza y de la seducción/secuestro de una mujer aclamada como la más bella de todas, a la que después se culpó de los devastadores daños y pérdidas vitales ocasionadas por el conflicto entre griegos y troyanos. Cuando descubrimos que puede haber otra versión de la historia y que un relato no canónico de la guerra de Troya presenta a Helena drogada —mientras que otro la describe como exiliada en Egipto, fiel a Menelao— y nos damos cuenta de que ella no tuvo nada que ver con el concurso de belleza ni con el secuestro, nos sentimos menos dispuestos a cargarla con la responsabilidad de las hostilidades y, de repente, la vemos como una víctima más de la guerra. No olvidemos que los ambiciosos griegos, con sus aspiraciones de construir un imperio, saquearon Troya mientras afirmaban una y otra vez que habían ido a la guerra para salvar su honor. En una línea similar, recordemos que Charles Dickens encontró en la agresión sexual de una mujer (la hermana de madame Defarge, violada por un aristócrata) la causa secreta de la Revolución francesa. Por alguna perversa razón, los efectos de la guerra (la violencia sexual) se convirtieron en el *casus belli*.[403]

Quiero concluir este volumen con una reflexión sobre las heroínas olvidadas, no solo sobre las que son vilipendiadas y marginadas en los relatos bélicos, sino también sobre las mujeres reales que se encargaron de sanar las heridas de la guerra mezclando la pasión y la compasión a pesar de ser conscientes de que, probablemente, su trabajo no les granjearía la misma gloria e inmortalidad que a los héroes militares. Mi objetivo no es perpetuar los tópicos que presentan la capacidad de cuidar y consolar como innata en las mujeres y la agresividad y la ira como características permanentes de la psique masculina. Más bien quiero ofrecer unos cuantos ejemplos de los modos de sobrellevar los tiempos de crisis que han encontrado las mujeres y también de su forma de presentar, a pesar de lo que debía de parecerles la futilidad de sus empeños, cierta resistencia a la brutalidad descontrolada de la guerra.

Volvamos a la guerra de Troya. Los lectores de este volumen se habrán percatado en seguida de que ocupaba un espacio importante en mi mente mientras escribía este libro, pues el comportamiento de los dioses y los hombres en la antigüedad clásica es justo lo que me llevó a cuestionarme su «heroísmo». ¿Cómo comienza la guerra de Troya? Antes de que los griegos se hagan a la mar, se ven obligados a apaciguar a Artemisa con un sacrificio, y ¿quién mejor que una virgen para aplacar a la diosa? El sacrificio de Ifigenia por parte de su padre Agamenón provoca un aluvión de asesinatos, desde el de su marido por parte de Clitemnestra hasta la matanza de Casandra. ¿Cómo termina la guerra? Con otra virgen sacrificada, claro. Esta vez la víctima designada es Políxena, hija de Hécuba y Príamo, que se declara dispuesta a morir con tal de no seguir viviendo como esclava. A Astianacte, el hijo de Héctor, lo arrojan desde lo alto de la muralla de Troya por miedo a que el niño crezca, vengue a su padre y reconstruya Troya. El número de bajas aumenta y, de repente, la victoria griega se convierte en algo vacío, sus héroes son cualquier cosa menos heroicos.

¿Quién gana una guerra? El bando capaz de infligir los mayores daños —daños que convierten los cuerpos en bajas de guerra— es el que sale victorioso. Siempre están los guerreros, pero, en medio del combate y el conflicto, también están quienes cuidan a los heridos. En la guerra de Troya cabría encontrar mujeres entre estos últimos, pero en la *Ilíada* los casos de curación se limitan en gran medida a los hombres que se ocupan de las heridas en la batalla. Se nos dice que Aquiles ha aprendido el arte de la medicina de Quirón, el mejor de los centauros. Vemos a Patroclo tratando a Eurípilo, quien, a su vez, acude en ayuda de Áyax el Grande cuando este resulta herido en combate. Conocemos a Macaón, hijo de Asclepio, que cura a Menelao de una herida de flecha. Pero también descubrimos que Aquiles, a pesar de sus conocimientos médicos, «no tiene cuidado ni piedad por nuestros aqueos».

Cuando busqué mujeres dispensadoras de cuidados en la *Ilíada*, no las encontré. Pero en seguida me di cuenta de que la ausencia de pruebas no es necesariamente la prueba de la ausencia. «Me gustaba Macaón», nos dice Briseida en *El silencio de las mujeres*, de Pat Barker. ¿Y por qué le resulta atractivo el curandero griego que lucha en la guerra de Troya? Porque aprende de él a atender a los heridos. Recuerda los días pasados en las carpas para los heridos como una «etapa feliz». «Pero la verdad es que me encantaba la tarea, y lo que implicaba. [...] Absorta en mi tarea, aquella era también una forma de hallarme a mí misma. Aprendía tanto de Ritsa, pero también de Macaón, que [...] no escatimó su tiempo conmigo. Va en serio que llegué a pensar: "Se me da bien esto".» Puede que Barker se lo haya inventado —y también puede que esté creyendo en el mito de lo que Diane Purkiss ha llamado la fantasía feminista de las mujeres disidentes como sanadoras—, pero su relato se ajusta de manera casi idéntica a los sentimientos expresados por las enfermeras de guerra que atendieron a los heridos en siglos posteriores.[404]

«Esa historia.» Ese es el estribillo de la nueva versión de «La Cenicienta» de Anne Sexton en *Transformaciones*, el volumen de poesía en el que reescribió a los hermanos Grimm. Al igual que Sexton, los artistas y los escritores se adentran en el pasado, lo revisan y lo reimaginan, pero, a veces, también se lo inventan en lugar de reinventarlo. En los últimos años hemos descubierto que algunos de los primeros creadores de arte fueron mujeres.

No sabemos con exactitud quién pintó los uros, los caballos, los ciervos y los mamuts lanudos de las paredes de las cuevas de Francia, Argentina, África y Borneo, pero un nuevo estudio sugiere que casi tres cuartas partes de los famosos dibujos y huellas de manos fueron hechos por mujeres. Las mujeres trabajaron en diversos medios, con imágenes cuando no había palabras, con puntadas cuando no había plumas, con tapices cuando no había pergaminos, para contar historias pese a que alzar la voz conllevaba un alto riesgo. Sus voces son las que he tratado de plasmar en este libro, y todavía hoy siguen hablándonos, recordándonos que el silencio rara vez es oro, que la curiosidad mantuvo vivo al gato y que de la preocupación por los demás surge el valor.

Cuando empecé a explorar la vida de los autores analizados en capítulos anteriores («¡Añade más contexto!», me instó mi editor), caí en la cuenta de que vivir una guerra no era nada inusual, sino que era más la regla que la excepción. Escribir durante una pandemia me llevó a prestar más atención a las cartas y entradas de diario redactadas durante tiempos de crisis mucho más sombrías que la de 2020. Recuerdo, en particular, la lectura de una biografía de Astrid Lindgren que contaba que inventó a Pippi Calzaslargas en 1941, dos años después del estallido de la Segunda Guerra Mundial. Lindgren llevaba un diario y escribió, el 1 de septiembre de 1939, sobre la invasión alemana de Polonia. Hizo un gran esfuerzo por controlar el instinto de acaparamiento y se limitó a acumular unos cuantos artículos, como cacao, té y jabón. «Una espantosa depresión ha caído sobre todo y todos —escribió—. Han llamado a filas a mucha gente. Han prohibido los coches particulares en las carreteras. ¡Que Dios ayude a nuestro pobre y loco planeta!»[405] En aquellos momentos de oscuridad, Astrid Lindgren inventó a Pippi Calzaslargas para entretener a su hija, que estaba enferma y confinada en la cama. Lindgren encontró inspiración no solo en E. T. A. Hoffmann y Lewis Carroll, sino también en una figura que pisó suelo sueco a principios de la década de 1940: el Hombre de Acero conocido como Superman. «Sí, Pippi fue un poco Superman desde el principio: fuerte, intensa e independiente», declaró la autora en una entrevista de 1967. Lindgren sintió una oleada de optimismo cuando imaginó a una generación de niños que podía ser «alegre, despreocupada y segura de una forma en la que ninguna generación anterior lo había sido». A fin de cuentas, ¿cuál es la «causa de todos los males», sino «los detractores malhumorados, los cabezotas, los privilegiados y los egoístas», debido a que sus almas subdesarrolladas no tienen capacidad de «generosidad o compasión humana». En medio de una «espantosa depresión», la escritora sueca encontró un antídoto contra el mal en la generosidad, la compasión y el espíritu optimista de la siguiente generación.

Las mujeres no solo soportan las guerras.[406] Estuvieron en el frente o cerca de él como soldados, espías, combatientes de la resistencia y miembros del personal sanitario. Muchas se aventuraron en el campo de batalla disfrazadas de hombre. Los cálculos más conservadores sugieren que entre cuatrocientas y setecientas cincuenta mujeres lucharon en la guerra civil estadounidense. Los pesados uniformes disimulaban la forma del cuerpo tanto como para que Mary Galloway, de dieciséis años, por citar un ejemplo famoso, lograra ocultar su género. Su verdadera identidad no salió a la luz hasta que resultó herida en la batalla de Antietam y Clara Barton la trató de una herida en el pecho.

Como enfermeras, las mujeres salvaron innumerables vidas al atender a los soldados heridos. Se comprometían a arriesgar su propia vida para curar y salvar la de los demás, pero a menudo se encontraban con una feroz resistencia cuando salían del ámbito doméstico para ayudar en los esfuerzos bélicos. Aunque la batalla promovía el deseo de derrotar a los enemigos, también generaba un impulso igual de poderoso de cuidar a las víctimas de la guerra, incluso cuando las heridas eran tan horribles como las que producían la artillería pesada, el gas tóxico y otra maquinaria militar de la Primera Guerra Mundial. «Tajos de bayoneta. Carne desgarrada por la metralla. Rostros medio volados de un disparo. Ojos abrasados por el gas; hay uno aquí que no tiene ojos», escribió la joven enfermera de la Cruz Roja Americana Shirley Millard acerca de los hombres a su cargo.[407] Las enfermeras luchaban por llevarles alimentos y suministros médicos a los soldados, fregaban el suelo para mejorar las condiciones de salubridad, controlaban la fiebre y proporcionaban consuelo de todas las maneras posibles.

Solo las historias reales de las enfermeras podrían llenar las páginas de otro libro. No se conoce el número exacto de mujeres que trabajaron como sanitarias en la guerra civil de Estados Unidos, pero es más que probable que entre cinco y diez mil mujeres, como Louisa May Alcott, ofrecieran sus servicios como enfermeras profesionales o como auxiliares que asistían al personal médico y ofrecían consuelo a los heridos. Fueron necesarias la guerra de Crimea (1854) con toda su energía destructiva —un historiador la describió como una «carnicería internacional tristemente incompetente»— y la milagrosa llegada de Florence Nightingale a un hospital militar británico en Scutari (hoy Üsküdar, en Estambul) para sentar las bases de la moderna profesión de enfermería.[408] Nightingale llegó con un equipo de treinta y ocho voluntarias y quince monjas y se quedó conmocionada al percatarse de la indiferencia de su gobierno ante las espantosas condiciones de los barracones. Los soldados heridos yacían en la cama todavía ataviados con el uniforme ensangrentado. El suelo estaba cubierto de vendas sucias y fluidos corporales. Los medicamentos escaseaban y no había utensilios para preparar la comida de los pacientes. Poniendo en práctica el lavado de manos y otras mejoras en las condiciones higiénicas y sanitarias, Nightingale, con la ayuda de su personal y el apoyo de la Comisión Sanitaria Británica, a la que convocó en Scutari, redujo la tasa de mortalidad entre los combatientes (en gran parte a causa del tifus, el cólera y la disentería) del 42 al 2 por ciento.

Cuando Virginia Woolf leyó «Casandra», el ensayo de Florence Nightingale, describió a su autora como «gritando a pleno pulmón en su agonía». Eso fue antes de su servicio como enfermera. ¿Y por qué Nightingale sufría tanto y estaba maldita como Casandra, teniendo en cuenta que había nacido en circunstancias familiares cómodas? No por las profecías infructuosas, sino por una «acumulación de energía nerviosa, que no tiene nada que hacer durante el día». A Nightingale le atormentaba la idea de que la incapacidad de ejercer «la pasión, el intelecto y la actividad moral» condenaría a la locura a las mujeres británicas privilegiadas.[409] Para Nightingale, la enfermera que luchaba por curar los cuerpos y las almas de los soldados llegó a ser el equivalente del soldado en el campo de batalla y, con gran tacto, evitó afirmar la evidente superioridad de la primera sobre los segundos.

El trabajo de Nightingale sirvió de inspiración para muchas enfermeras de la guerra civil. Clara Barton, nacida como

Clarissa Harlowe Barton el día de Navidad de 1821 y bautizada con el nombre de la sufrida heroína de *Clarissa*, la novela de Samuel Richardson, fue la más destacada de ellas. En la serie «Wonder Women of History», de DC Comics, que se publicó entre 1942 y 1954 para terminar siendo sustituida por artículos sobre consejos de belleza y estrategias para casarse, Clara Barton ocupó el segundo puesto de las setenta y una entradas. «Esta Mujer Maravilla que proporcionó ayuda misericordiosa en los sangrientos campos de batalla, que no tuvo miedo ni a las inundaciones ni al hambre ni a la guerra, vivió solo para ayudar a los demás [...] si [...] en el reluciente firmamento de la feminidad estadounidense hay una estrella que siempre brillará con más fuerza [...] ella es [...] CLARA BARTON, "Ángel del Campo de Batalla".»[410]

Para superar su timidez, Barton había trabajado como profesora antes de pasar a la Oficina de Patentes de Estados Unidos en Washington, DC. Tras los disturbios de Baltimore en 1861, un conflicto que causó las primeras víctimas de la guerra civil, Barton acudió al encuentro de los miembros de un regimiento de Massachusetts que llegaron a la estación de ferrocarril de Washington, DC, y atendió a treinta hombres que no tenían nada más que la ropa que llevaban puesta. Recogió suministros y utilizó su propia vivienda como centro de distribución. En 1862 se le concedió permiso para trabajar en el frente y sirvió a las tropas en las batallas de Harpers Ferry, Antietam y Fredericksburg, entre otras, por lo que ha llegado a ser conocida como la «Florence Nightingale de Estados Unidos». Tras la guerra dirigió la Oficina de Soldados Desaparecidos, una organización que ayudaba a localizar e identificar a los soldados muertos o desaparecidos en combate.

Al otro lado del Atlántico debemos recordar a la enfermera británica Edith Cavell, a la que un pelotón de fusilamiento alemán ejecutó por traición después de que ayudase a unos doscientos soldados aliados a escapar de la Bélgica ocupada por los alemanes durante la Primera Guerra Mundial. Es posible que también formara parte de una red de espionaje del Servicio de Inteligencia británico. «No puedo parar mientras haya vidas que salvar», se dice que afirmó.[411] Cavell se convirtió en la víctima británica más destacada de la Gran Guerra. La propaganda de guerra la reclutó como mártir y la presentó como «una chica inocente, desinteresada, devota y bella». Pero el primer ministro británico, Herbert Henry Asquith, la vio como mucho más que eso —como una lección de valor patriótico plenamente realizada— cuando afirmó que Cavell le había «dado al hombre más valiente de entre nosotros una suprema lección de valor».[412] En los últimos años se ha conmemorado el heroísmo de Cavell, pero sobre todo en relatos breves dirigidos a jóvenes lectores o a los turistas que visitan los lugares clave de su vida.

Florence Nightingale, Clara Barton y Edith Cavell: estas eran las heroínas celebradas en la época en la que yo me crié. Su notoria ausencia del actual panteón de las mujeres heroicas se debe a que la enfermería sigue teniéndose por una profesión auxiliar vinculada a tareas de baja categoría. A las enfermeras aún se las considera al servicio de lo que antes eran autoridades sobre todo masculinas en el campo de la atención sanitaria. La película *Los padres de ella*, del año 2000, llamó la atención sobre este argumento cuando Gaylord «Greg» Focker, interpretado por Ben Stiller, sufre las burlas de su futuro suegro por haber elegido trabajar como enfermero. A las enfermeras se las asocia con los cuidados y su trabajo es entendido como un servicio doméstico y una labor emocional que contrastan sobremanera con la habilidad científica y el conocimiento experto que se exige a los médicos y científicos. Como concluyó el Real Colegio

Británico de Enfermería en un estudio sobre la profesión realizado en 2020, el sector de la enfermería, integrado en su mayor parte por mujeres, sigue estando infravalorado y mal pagado. La historia de la enfermería confirma el hecho de que las mujeres, en lugar de ser celebradas por su heroísmo, se han visto una y otra vez penalizadas y castigadas por el extraordinario trabajo emocional que han llevado a cabo en nuestro mundo social. Esto se hace más que evidente en el destino de las muchas parteras, sabias y curanderas denunciadas como brujas en el pasado. Resultaba sencillo deshacerse de estas mujeres laicas —cuyos poderes curativos provenían de la sabiduría colectiva transmitida de generación en generación (recordemos los cuentos de viejas) y de la experiencia personal— asegurando que desempeñaban el trabajo del diablo. A las instituciones, tanto seculares como religiosas, les interesaba desacreditar la competencia de quienes obraban milagros de curación mediante prácticas relacionadas con la brujería. «La Inquisición —como nos dice el historiador de la cultura Thomas Szasz— constituye, entre otras cosas, un ejemplo temprano del "profesional" que repudia las habilidades del "no profesional" e interfiere con su derecho de atender a los pobres.» El propio estamento médico —que empleaba prácticas como las sangrías, la aplicación de sanguijuelas y la prescripción de opio y calomelanos (un laxante que contenía mercurio)— se empeñó en impedir que las curanderas accedieran a la formación. Arremetieron contra las «mujeres inútiles y presuntuosas que usurpaban la profesión».[413] A finales del siglo XIX, los médicos de formación, los hombres educados en universidades (en programas que a veces duraban solo unos meses), habían triunfado sobre las curanderas, las parteras y demás «charlatanas» y, como resultado, las mujeres quedaron relegadas al papel servil de enfermeras.

Durante los días de la pandemia de 2020, en un momento en el que se nos recordaba a diario el valor de los trabajadores sanitarios, leía sobre heroínas durante el día y por la noche veía películas. Hubo dos series que hicieron florecer la primavera de la esperanza en mi corazón. En primer lugar, *Madam Secretary*, que, a pesar de centrarse en la intriga política y el caos nacional, también estaba plagada de alusiones a la mitología y a las obras de Joseph Campbell y Tomás de Aquino. Sí, la serie se mostraba muy optimista respecto a cómo superar graves crisis políticas y traumas sociales, pero su fe en la familia (en el sentido más amplio del término), su apuesta por la compasión y la responsabilidad social y su compromiso con la construcción de relaciones afectuosas incluso entre quienes no forman parte del círculo de aliados tradicionales reforzaron mi decisión de seguir leyendo y escribiendo, no ya como un acto de erudición, sino más bien como un esfuerzo por reconocer, acreditar y conmemorar a las mujeres, reales e imaginarias, de la antigüedad. Luego estaba *Gambito de dama*, una serie que comenzaba, como muchos de los clásicos de la literatura infantil, en un orfanato. Allí, una niña encuentra su vocación por casualidad y termina convirtiéndose en «maestra» gracias a su propia genialidad y, al final, también al apoyo y la amistad de hombres y mujeres buenos que se convierten en su familia. A veces encontramos consuelo en lo sentimental, afirmaba la serie, pero también reconoce que nadie es capaz de hacerlo todo solo y celebra a los que ayudan en el camino.

Es aquí donde quiero darles las gracias a los modelos y mentores que hicieron posible este libro, cada uno en una década diferente: Theodore Ziolkowski, Dorrit Cohn, Jeremy Knowles y Paul Turner. Bob Weil, de Liveright, obró su magia editorial en este volumen de una manera que es imposible de agradecer plenamente. Los numerosos autores que han trabajado con él comprenderán la enorme profundidad de mi gratitud hacia él. Amy Medeiros, Lauren Abbate y Haley Bracken se encargaron de que el proceso de producción funcionara sin problemas y con eficacia. Y Doris Sperber, como siempre, se aseguró de que el trabajo de los *gremlins* del procesador de textos se deshiciera en cada capítulo.

La famosa declaración de Audre Lorde, a la que me he referido con anterioridad, acerca de que «las herramientas del amo nunca desmantelarán la casa del amo» fue el espíritu que guió el famoso llamamiento de Hélène Cixous a las mujeres, en el que las instó a cambiar el mundo mediante la escritura: «Hablaré de la escritura de las mujeres —declaró—, de lo que hará». Durante años, Cixous no había abierto la boca y hablado por miedo a que la vieran como un monstruo. «¿Quién, sintiendo que en su interior se agita un extraño deseo (de cantar, de escribir, de atreverse a hablar, de sacar a la luz algo nuevo, en definitiva), no ha pensado que estaba enferma?» La pluma estaba reservada solo para los «grandes hombres». El manifiesto de Cixous se hace eco de las palabras de Adrienne Rich sobre las mujeres silenciadas del pasado y de la declaración de Ursula K. Le Guin sobre estar harta del silencio de las mujeres. «¡Somos volcanes!», declaró Le Guin y, cuando las mujeres empiezan a hablar, hay «montañas nuevas». En algunos casos, las mujeres han carecido del lenguaje necesario para hablar de las injusticias y los males sociales, pero las heroínas de este volumen elaboraron una gramática y una sintaxis poderosas para denunciar a los que hieren, lastiman y hacen el mal.

«¿Qué quieren las mujeres?» Esa fue la pregunta que se hizo Freud, y al mismo tiempo se declaró incapaz de contestarla a pesar de sus treinta años de investigación sobre el «alma femenina». Ha habido muchas respuestas a esa pregunta y, en

1962, Helen Gurley Brown nos dijo que tenía todo lo que quería: su matrimonio con un productor de cine, dos Mercedes y «una casa mediterránea con vistas al Pacífico, una criada a tiempo completo y una buena vida». He intentado demostrar que, cuando observamos a las mujeres de nuestra cultura literaria y cinematográfica actual, la respuesta es muy distinta. Las heroínas han emprendido búsquedas y las metas que se proponen incluyen el conocimiento, la justicia y la conexión social. ¿Qué las impulsa? Nada más que el mismo espíritu de indagación y cuidado que llevó a Eva a dar un mordisco a la manzana, a Pandora a abrir la tinaja y a la mujer de Barba Azul a traspasar la puerta de la cámara prohibida. Han estado en mi mente desde que cogí la pluma y empecé a tomar notas para este volumen.

El 5 de agosto de 2012, un róver de la NASA aterrizó en Marte. ¿Su nombre? *Curiosity*. Ahora se le ha unido un segundo róver, el *Perseverance*. ¿Qué nuevos nombres se inscribirán en esos astromóviles, en esos viajeros espaciales nómadas que señalan a los posibles seres extraterrestres lo que significa ser humano? Los nombres de esos vehículos nos recuerdan el peso simbólico del lenguaje y el hecho de que puede convertirse, al mismo tiempo, en un lugar de gestos autocomplacientes y de pensamiento subversivo. Las palabras nos cambian. La escritura nos transforma. Imaginemos ahora un vehículo llamado *Compasión*, otro llamado *Cuidado* y un tercero con la palabra *Justicia*. ¿Crearían revuelo esos nombres? Las escritoras que se atrevieron a hablar y a dar forma a nuevos modos de pensar en nuestro mundo también crearon nuevas herramientas, no tanto para desmantelar lo que tenemos como para construir nuevas y abundantes alternativas. También mostraron una solidaridad compartida en su pasión por definir nuestras aspiraciones y ofrecieron mil y una formas distintas de ser una heroína. Han hecho posible que reimaginemos el futuro y nos ayudan a entender que el cuidado, la empatía, la compasión y las nuevas formas de justicia, impulsadas por esfuerzos comunitarios y de base y no por fuerzas institucionales y verticalistas, nos están llevando a darles la espalda a los ideales heroicos que una vez abrazamos.

NOTAS

INTRODUCCIÓN

1 Phil Cousineau, ed., *The Hero's Journey: Joseph Campbell on His Life and Work* (Novato, CA: New World Library, 2003), 109-110. (*N. de la t.*: tanto en esta ocasión como en todas aquellas en las que no se ha hallado una edición española de la obra citada, las traducciones de las citas que aparecen en el texto son mías.)

2 Joseph Campbell, *Goddesses: Mysteries of the Feminine Divine*, ed. Safron Rossi (Novato, CA: New World Library, 2013), 11. [Hay trad. cast.: *Diosas: Misterios de lo divino femenino*, trad. Cristina Serna, Atalanta, Gerona, 2015, pp. 50-52.]

3 Campbell, *Goddesses*, 36. [*Diosas*: pp. 86-87.]

4 Hélène Cixous, «The Laugh of the Medusa», *Signs*, 1 (1976): 875-1893. [Hay trad. cast.: *La risa de la Medusa*, trad. Ana María Moix y rev. trad. Myriam Díaz-Diocaretz, Anthropos, Barcelona, 1995, p. 56.]

5 Como dice Sady Doyle, «la magia es la voz de los marginados que reaccionan contra su opresión». Véase *Dead Blondes and Bad Mothers: Monstrosity, Patriarchy, and the Fear of Female Power* (Brooklyn, NY: Melville House, 2019), 220.

6 Madeline Miller, *Circe* (Nueva York: Little, Brown, 2018), 260. [Hay trad. cast.: *Circe*, trad. Celia Recarey Rendo y Jorge Cano Cuenca, Alianza de Novelas, Madrid, 2019, p. 295.]

7 A Hawthorne se le cita en Frank L. Mott, *Golden Multitudes* (Nueva York: Macmillan, 1947), 122. Sobre la observación de Naipaul, véase Amy Fallon, «V. S. Naipaul Finds No Woman Writer His Literary Match. Not Even Jane Austen», *Guardian* (1 de junio de 2011).

8 Clarissa Pinkola Estés, *Women Who Run with the Wolves: Myths and Stories of the Wild Woman Archetype* (Nueva York: Ballantine Books, 1992).

[Hay trad. cast.: *Mujeres que corren con los lobos*, trad. María Antonia Menini, Ediciones B, Barcelona, 1998.]

9 Sobre esta distinción, véase Robert S. Ellwood, *Introducing Religion: Religious Studies for the Twenty-First Century*, 5.ª ed. (Nueva York: Routledge, 2020), 48-54.

10 Rebecca Solnit, «On Letting Go of Certainty in a Story That Never Ends», *Literary Hub*, 23 de abril de 2020.

11 Campbell, *Goddesses*, xiii. [*Diosas*: p. 17.]

12 «Have Hundred Stories: Natalie Portman on Sexual Harassment», *News*, 18, 21 de noviembre de 2017.

CAPÍTULO 1: «CANTA, OH, MUSA»

13 Joseph Campbell, *The Hero with a Thousand Faces* (Nueva York: Fundación Bollingen, 1949), 1, 92. [Hay trad. cast.: *El héroe de las mil caras* (1.ª reimp.), trad. Luisa Josefina Hernández, Fondo de Cultura Económica de México, México, 1972, pp. 68, 71.]

14 Andrew Lang, ed., *The Red Fairy Book* (Londres: Longmans, Green, 1890), 104-115. [Hay trad. cast.: *El libro de cuentos rojo*, trad. Juan Castilla, Homo Legens, Madrid, 2008, p. 130.]

15 Kelly Link, *Stranger Things Happen* (Easthampton, MA: Small Beer Press, 2001), 100. Véase también Theodora Goss, *The Fairytale Heroine's Journey* (blog), https://fairytaleheroinesjourney.com/into-the-dark-forest-the-fairy-tale-heroines-journey/.

16 Eugene M. Waith, *The Herculean Hero in Marlowe, Chapman, Shakespeare and Dryden* (Nueva York: Columbia University Press, 1962), 16.

17 Ben Jonson, *The Complete Masques*, ed. Stephen Orgel (New Haven, CT: Yale University Press, 1969), 543.

18 Stephen Fry, *Heroes* (Londres: Michael Joseph, 2018), 1. [Hay trad. cast.: *Héroes*, trad. Rubén Martín Giráldez, Anagrama, Barcelona, 2021, p. 16.] En un estudio sobre las mujeres en los cuentos de hadas, Jonathan Gottschall determinó que «es mucho menos probable» que a las protagonistas femeninas se las defina como físicamente heroicas o poseedoras de valor. «El hallazgo —concluye— deja abierta la posibilidad de que los personajes femeninos expresen su heroísmo de maneras que no impliquen osadía o riesgo físicos.» Véase su «The Heroine with a Thousand Faces: Universal Trends in the Characterization of Female Folk Tale Protagonists», *Evolutionary Psychology*, 3, n.º 1 (2005): 85-103.

19 Para Arendt, la *polis*, o ámbito público de las apariencias, se constituye directamente a partir de «compartir palabras y actos». «La acción y el discurso crean un espacio entre los participantes que puede encontrar su propia ubicación en todo tiempo y lugar.» Véase *The Human*

Condition (Chicago: University of Chicago Press, 1958), 198. [Hay trad. cast.: *La condición humana*, intr. Manuel Cruz, trad. Ramón Gil Novales, Paidós, Buenos Aires, 2009, p. 221.]

20 Muhsin Mahdi, ed., *The Arabian Nights*, trad. Husain Haddawy (Nueva York: W. W. Norton, 1990), 16. [Hay trad. cast.: *Las mil y una noches*, trads. Dolors Cinca y Margarita Castells, Austral, Barcelona, 2020, p. 26.]

21 Joseph Campbell, *Pathways to Bliss: Mythology and Personal Transformation* (Novato, CA: New World Library, 2004), 145. [Hay trad. cast.: *En busca de la felicidad: mitología y transformación personal*, ed. y pról. David Kudler; trads. David González Raga y Fernando Mora, Barcelona, Kairós, 2014, p. 269.]

22 Joseph Jacobs, «Mr. Fox», en *English Fairy Tales* (Londres: David Nutt, 1890), 148-151. [Hay trad. cast.: «El señor Zorro», en *Cuentos de hadas de Angela Carter*, trad. Consuelo Rubio Alcover, Impedimenta, Barcelona, 2016, pp. 45-47.]

23 «Dentro del contexto literario, las mitologías siempre están en proceso y desarrollo, incluso en evolución», como dice Kathryn Hume en *The Metamorphoses of Myth in Fiction since 1960* (Nueva York: Bloomsbury Academic, 2020), 6.

24 Stephen Larsen y Robin Larsen, *Joseph Campbell: A Fire in the Mind* (Rochester, VT: Inner Traditions, 2002), 310.

25 «Podcast: Joseph Campbell and "The Message of the Myth"», en *Moyers on Democracy*.

26 Wolfgang Saxon, «Joseph Campbell, Writter Known for His Scholarship on Mythology», *New York Times*, 2 de noviembre de 1987.

27 Larsen y Larsen, *Joseph Campbell*, 327.

28 Otto Rank, «The Myth of the Birth of the Hero», en *In Quest of the Hero* (Princeton, NJ: Princeton University Press, 1991), 3. [Hay trad. cast.: *El mito del nacimiento del héroe*, trad. Eduardo A. Loedel, Paidós, Barcelona, 1981, p. 9.]

29 Alan Dundes, «Madness in Method, Plus a Plea for Projective Inversion in Myth», en *Myth and Method*, ed. Laurie L. Patton y Wendy Doniger (Charlottesville: University of Virginia Press, 1996), 147-159.

30 Campbell, *The Hero With a Thousand Faces*, 20. [*El héroe de las mil caras*, p. 19.]

31 Christopher Vogler, *The Writer's Journey: Mythic Structure for Writers* (Studio City, CA: Michael Wiese, 1998), xiii. [Hay trad. cast.: *El viaje del escritor*, trad. Jorge Conde, Ma Non Troppo, Barcelona, 2002, p. 11.]

32 Syd Field, *Screenplay: The Foundations of Screenwriting* (Nueva York: Dell, 1984), 161.

33 Blake Snyder, *Save the cat! The Last Book on Screenwriting You'll Ever Need* (Studio City, CA: Michael Wiese, 2005), 119. [Hay trad. cast.:

¡*Salva al gato!*: *El libro definitivo para la creación de un guión*, trad. Ignacio Villaro, ed. Paulina Fariza, Alba, Barcelona, 2010, p. 161.]

34   «Myth, Magic, and the Mind of Neil Gaiman», entrevista con Tim E. Ogline, *Wild River Review*, 13 de abril de 2007, https://www.wildrivr review.com/columns/pen-world-voices/myth-magic-and-the-mind-of-neil-gaiman/ (sitio descatalogado).

35   Joseph Campbell, *The Hero with a Thousand Faces*, 30. [*El héroe de las mil caras*, 25.]

36   En palabras de Mary G. Mason: «La estructura dramática de la conversión [...], en la que el yo se presenta como el escenario de una batalla de fuerzas opuestas y en la que la victoria culminante de una fuerza —el espíritu que derrota a la carne— completa el drama del yo, no concuerda en absoluto con las realidades más profundas de la experiencia de las mujeres y, por lo tanto, es inapropiada como modelo de escritura de la vida de las mujeres». Véase «The Other Voice: Autobiographies of Women Writers», en *Life/Lines: Theorizing Women's Autobiography*, ed. Bella Brodzki y Celeste Schenk (Ithaca, NY: Cornell University Press, 1988), 210.

37   Maureen Murdock, «The Heroine's Journey», Maureen Murdock (sitio web), https://www.maureenmurdock.com/articles/arti cles-the-heroinesjourney/.

38   Joseph Campbell, *The Hero with a Thousand Faces*, 101. [*El héroe de las mil caras*, p. 73.]

39   Simone de Beauvoir, *The Second Sex* (Nueva York: Vintage, 2011), 305. [Hay trad. cast.: *El segundo sexo*, trad. Alicia Martorell, Cátedra, Barcelona, 2017, p. 286.]

40   F. Scott Fitzgerald, *The Complete Short Stories and Essays* (Nueva York: Scribner's, 2004), II:1176.

41   Leslie Jamison, «Cult of the Literary Sad Woman», *New York Times*, 7 de noviembre de 2019. Sobre ese contraste desde la perspectiva de una psicóloga, véase Mary M. Gergen, «Life Stories: Pieces of a Dream», en *Toward a New Psychology of Gender*, ed. Mary M. Gergen y Sara N. Davis (Nueva York: Routledge, 1997), 203.

42   Jia Tolentino, *Trick Mirror: Reflections on Self-Delusion* (Nueva York: Random House, 2019), 118. [Hay trad. cast.: *Falso espejo: Reflexiones sobre el autoengaño*, trad. Juan Trejo, Planeta, Barcelona, 2020, p. 152.]

43   Las amazonas eran algo más que una invención de la imaginación griega y Adrienne Mayor explora la realidad de las mujeres guerreras en la que se basan las historias contadas en las culturas antiguas. Véase *The Amazons: Lives and Legends of Warrior Women across the Ancient World* (Princeton, NJ: Princeton University Press, 2013). [Hay trad. cast.:

Amazonas: guerreras del mundo antiguo, trad. Jorge García Cardiel, Desperta Ferro Ediciones, Madrid, 2017.]

44 Sobre el culto al héroe y la adoración del héroe, véase especialmente Gregory Nagy, *The Ancient Greek Hero in 24 Hours* (Cambridge, MA: Belknap Press of Harvard University Press, 2013), 11.

45 Walter J. Ong, *Orality and Literacy* (Nueva York: Methuen, 1982), 204-205. [Hay. trad. cast.: *Oralidad y escritura: Tecnologías de la palabra*, trad. Angélica Scherp, Fondo de Cultura Económica, México, 2016.]

46 Estoy en deuda con las elucidaciones textuales de Gregory Nagy en *The Ancient Greek Hero in 24 Hours*. Se refiere a «hazañas destinadas a despertar un sentimiento de asombro o maravilla» (9).

47 Margaret Atwood, «The Myth Series and Me: Rewriting a Classic Is Its Own Epic Journey», *Publishers Weekly*, 28 de noviembre de 2005.

48 En un ensayo histórico de 1957 titulado «What Was Penelope Unweaving?», la crítica feminista Carolyn G. Heilbrun describe a Penélope como una mujer sin un argumento, sin una narrativa que la guíe. Teje y desteje, día tras día, año tras año, esperando hasta que llega el momento oportuno de representar una historia nueva. Véase su obra *Hamlet's Mother and Other Women* (Nueva York: Columbia University Press, 1990), 103-111. Esa nueva historia llegó primero en forma de poemas como «At Ithaca», de Hilda Doolittle, «An Ancient Gesture», de Edna St. Vincent Millay [«Un gesto antiguo», en *Antología poética*, trad. Ana Mata Buil, Lumen, Barcelona, 2020], y «Penelope's Song» de Louise Glück. Y más adelante en novelas como *Odysseus and Penelope: An Ordinary Marriage* (2000), de la escritora austriaca Inge Merkel [*Ulises y Penélope*, trad. Isi Feuerhake, Ediciones B, Barcelona, 1996], e *Ithaka*, de la autora estadounidense Adèle Geras (2007). Para más información sobre estos poemas, véase Emily Hauser, «"There Is Another Story": Writing after the *Odyssey* in Margaret Atwood's *The Penelopiad*», *Classical Receptions Journal*, 10 (2018): 109-126.

49 Margaret Atwood, *The Penelopiad* (Edimburgo: Canongate Books, 2005), 82. Las citas adicionales son de las páginas 39, 1, 2-3. [Hay trad. cast.: *Penélope y las doce criadas*, trad. Gemma Rovira Ortega, Salamandra, Barcelona, 2005, pp. 73-74. Citas adicionales: 43, 13, 17,150.]

50 Kathryn Allen Rabuzzi, *Motherself: A Mythic Analysis of Motherhood* (Bloomington: Indiana University Press, 1988), 12.

51 Stephanie Zacharek, Eliana Dockterman y Haley Sweetland Edwards, «The Silence Breakers: The Voices That Launched a Movement», *Time*, 18 de diciembre de 2017, https://time.com/time-person-of-the-year-2017-silence-breakers/.

52 «[Penélope] llega a ser una heroína moral para las generaciones posteriores, encarnación de la bondad y de la castidad, para ser comparada

con la infiel y asesina Clitemnestra, esposa de Agamenón, pero el término *héroe* no tiene género femenino en la edad de los héroes», nos dice M. I. Finley en *The World of Odysseus* (1954; Nueva York: New York Review Books Classics, 2002), 25. [Hay trad. cast.: *El mundo de Odiseo*, trad. Mateo Hernández Barroso, Fondo de Cultura Económica, Madrid, 1978, p. 15.]

53 Campbell, *Pathways to Bliss*, 159. [*En busca de la felicidad*, p. 292.]
54 Homero, *The Odyssey*, trad. Robert Fagles (Nueva York: Penguin, 1996), 96. [Hay trad. cast.: *Odisea*, ed. y trad. José Luis Calvo, Cátedra (Letras Universales 62), Madrid, 2003, p. 386.]
55 K. F. Stein, «Talking Back to Bluebeard: Atwood's Fictional Storytellers», en *Margaret Atwood's Textual Assassinations: Recent Poetry and Fiction*, ed. S. R. Wilson (Columbus: Ohio State University Press, 2003), 158. Véase también Kiley Kapuscinski, «Ways of Sentencing: Female Violence and Narrative Justice in Margaret Atwood's *The Penelopiad*», http://projects.essex.ac.uk/ehrr/V4N2/kapuscinski.pdf.
56 Thomas Carlyle, «The Hero as a Man of Letters», en *Heroes, Hero Worship and the Heroic in History* (Londres: Chapman and Hall, 1896-1899), 154.
57 Como señala Linda Hutcheon, siempre existe el riesgo de no poder «privilegiar el margen sin reconocer el poder del centro». Véase *Splitting Images: Contemporary Canadian Ironies* (Don Mills, Ontario: Oxford University Press Canada, 1991), 12.
58 Simone Weil, «*The Iliad*, or the Poem of Force», *Politics* (noviembre de 1945), 321-331; Eurípides, *The Trojan Women*, trad. Alan Shapiro (Nueva York: Oxford, 2009), 40, 58. [Hay trad. cast.: *Las troyanas*, en *Tragedias II*, ed. y trad. Juan Miguel Labiano Ilundain, Cátedra (Letras Universales 283), Madrid, 2004, pp. 210, 227.]
59 Christa Wolf, *Cassandra: A Novel and Four Essays* (Nueva York: Farrar, Straus and Giroux, 1984), 4. Las citas adicionales son de las páginas 238, 227, 239, 26, 239. [Hay trad. cast.: *Casandra*, trad. Miguel Sáenz, Círculo de Lectores, Barcelona, 1987, p. 10. (*N. de la t.*: Las ediciones en español no incluyen los ensayos de los que proceden las citas adicionales, así que, en esos casos, las traducciones son mías.)]
60 Natalie Haynes, *A Thousand Ships* (Londres: Pan Macmillan, 2019), 339. Las citas adicionales son de las páginas 241, 185, 255, 109. [Hay trad. cast.: *Las mil naves*, trad. Aurora Echevarría Pérez, Salamandra, Barcelona, 2022, p. 367. Citas adicionales: 376, 262, 194, 203, 277, 124.]
61 Ursula K. Le Guin, *Lavinia* (Nueva York: Mariner, 2008), 4. [Hay trad. cast.: *Lavinia*, trad. Manuel Mata, Minotauro, Barcelona, 2009, p. 14.]
62 «Ursula K. Le Guin Film Reveals Her Struggle to Write Women into Fantasy», *Guardian*, 30 de mayo de 2018.

63 Ursula K. Le Guin, «Bryn Mawr Commencement Address», en *Dancing at the Edge of the World: Thoughts on Words, Women, Places* (Nueva York: Grove, 1989), 147-160.

64 Pat Barker, *The Silence of the Girls* (Nueva York: Doubleday, 2018), 3. Las citas adicionales son de las páginas 291, 49, 266, 97. [Hay trad. cast.: *El silencio de las mujeres*, trad. Carlos Jiménez Arribas, Siruela, Madrid, 2019, edición electrónica.]

65 Darragh McManus, «Feminist Retelling of Homer's Classic Breaks the Silence of Troy's Women», *Independent.ie*, 2 de septiembre de 2018.

66 Madeline Miller, *Circe* (Nueva York: Back Bay Books, 2018), 341, 384. [*Circe*, pp. 380, 427.]

67 E. B. White, *Charlotte's Web* (Nueva York: Harper & Row, 1952), 1. Las citas adicionales son de las páginas 177, 186. [Hay trad. cast.: *La telaraña de Carlota*, trad. Guillermo Solana Alonso, Destino, Barcelona, 2017, edición electrónica.]

CAPÍTULO 2: EL SILENCIO Y LA PALABRA

68 Edith Hamilton, *Mithology: Timeless Tales of Gods and Heroes* (1942; Nueva York: Grand Central Publishing, 1976), 113. [Hay trad. cast.: *Mitología. Todos los mitos griegos, romanos y nórdicos*, trad. Carmen Aranda, Ariel, Barcelona, 2021, p. 110.]

69 Mary Lefkowitz, *Women in Greek Myth*, 2.ª ed. (1986; Baltimore: Johns Hopkins University Press, 2007), 64.

70 Hamilton, *Mithology*, 100, 103. [*Mitología*, 100, 102.]

71 Charles FitzRoy, *The Rape of Europa: The Intriguing History of Titian's Masterpiece* (Londres: Bloomsbury, 2015), 49.

72 Rembrandt van Rijn, *The Abduction of Europa*, J. Paul Getty Museum, http://www.getty.edu/art/collection/objects/882/rembrandt-harmensz-van-rijn-the-abduction-of-europa-dutch-1632/.

73 Encontramos un convincente ejemplo de la atención prestada a las pinceladas, las superficies y las texturas en: Nathaniel Silver, «The Rape of Europa», en *Titian: Love, Desire, Death* (New Haven, CT: Yale University Press, 2020), 167-178.

74 Tiziano, *El rapto de Europa*, Museo Isabella Stewart Gardner, https://www.gardnermuseum.org/experience/collection/10978.

75 Jean François de Troy, *El rapto de Europa*, National Gallery of Art, https://www.nga.gov/collection/art-object-page.154233.html.

76 Lefkowitz, *Women in Greek Myth*, 54.

77 Tim Chamberlain, «The Elusive Urn», *British Museum Magazine*, n.º 52 (verano de 2005).

78 Benita Ferrero-Waldner, «EU Foreing Policy: Myth or Reality?» (conferencia, Sydney Institute, Sídney, DISCURSO/07/422, 26 de

junio de 2007), https://www.europa-nu.nl/id/vhlxfod2pxzx/nieuws/toespraak_benita_ferrero_waldner_eu.

79 Mary Beard, *Women & Power: A Manifesto* (Nueva York: Liveright, 2017), 4. [Hay trad. cast.: *Mujeres y poder. Un manifiesto*, trad. Silvia Furió; Crítica, Barcelona, 2018, p. 16.]

80 James Boswell, *The Life of Samuel Johnson, LL.D.* (Nueva York: Alexander V. Blake, 1844), 205-206. [Hay trad. cast.: *Vida de Samuel Johnson, docto en leyes*, pról. Frank Brady, trad. Miguel Martínez-Lage, Acantilado, Barcelona, 2021, vol. 1., pp. 428-429.]

81 Apolodoro, *The Library of Greek Mythology*, trad. Robin Hard (Oxford: Oxford University Press, 1997), 65. [Hay trad. cast.: *Biblioteca*, intr. Antonio Guzmán Guerra, trad. y notas Margarita Rodríguez de Sepúlveda, Gredos, Madrid, 2002, p. 57.]

82 Hamilton, *Mythology*, 197. [*Mitología*, 185-186.]

83 Luba Freedman, «Danaë», en *The Classical Tradition*, ed. Anthony Grafton, Glenn W. Most y Salvatore Settis (Cambridge, MA: Harvard University Press, 2010), 250.

84 Citado por Thomas Puttfarken, *Titian and Tragic Painting: Aristotle's Poetics and the Rise of the Modern Artist* (New Haven, CT: Yale University Press, 2005), 141.

85 Madlyn Millner Kahr, «Danaë: Virtuous, Voluptuous, Venal Woman», *Art Bulletin*, 60 (1978): 44.

86 Johanna King-Slutzky, «After Philomela: A History of Women Whose Tongues Have been Ripped Out», *Hairpin* (blog), Medium, 10 de marzo de 2014.

87 Ovidio, *Metamorfosis*, trad. Charles Martin (Nueva York: W. W. Norton, 2004), 212. [Hay trad. cast.: *Metamorfosis*, trad. Ana Pérez Vega, Alicante, Biblioteca Virtual Miguel de Cervantes, 2002, ed. digital.]

88 Helen Morales señala que «los mitos antiguos dramatizan la agresión sexual repetidamente». Incluso podemos mirar al cielo nocturno y ver las lunas de Júpiter, que llevan el nombre de sus víctimas: Ío, Europa, Ganímedes y Calisto. Ver su *Antigone Rising: The Subversive Power of the Ancient Myths* (Nueva York: Bold Type Books, 2020), 66. [Hay trad.cast.: *El resurgir de Antígona: el poder subversivo de los mitos*, trad. Fina Marfà, Kairós, Barcelona, 2021, p. 96.] Patricia Klindienst, «The Voice of the Shuttle Is Ours», agosto de 1996, http://oldsite.english.ucsb.edu/faculty/ayliu/research/klindienst.html.

89 Sara R. Horowitz, «The Wounded Tongue: Engendering Jewish Memory», en *Shaping Losses: Cultural Memory and the Holocaust*, ed. Julia Epstein y Lori Hope Lefkovitz (Champaign: University of Illinois Press, 2001), 110.

90 Edith Hamilton, *Mythology*, 395-396. [*Mitología*, 358.]

91 Karen E. Rowe escribe: «El artificio de Filomela refleja lo "artificioso" de la actividad de tejer, su insólita capacidad para conferir sentido a la materia inarticulada, para hacer hablar al material silencioso». Véase «To Spin a Yarn: The Female Voice in Folklore and Fairy Tale», en *Fairy Tales and Society: Illusion, Allusion, and Paradigm*, ed. Ruth B. Bottigheimer (Filadelfia: University of Pennsylvania Press, 1989), 56.

92 En un extraordinario estudio sobre la «materia más blanda» que impulsó el desarrollo tecnológico, Virginia Postrel nos dice que «los antiguos griegos adoraban a Atenea como la diosa del *téchne*: el arte y el conocimiento productivo, artífice de la civilización». Véase *The Fabric of Civilization: How Textiles Made the World* (Nueva York: Basic Books, 2020), 5. [Hay trad. cast.: *El tejido de la civilización: Cómo los textiles dieron forma al mundo*, trad. Lorenzo Luego Regalado, Siruela, Madrid, 2021, p. 5.]

93 «How the Spider Came to Be», tal como se lo contó a Tèmakamoxkomëhèt su amiga Michelle Little Cat Singing, Embajada Nativoamericana, consultado el 10 de octubre de 2020, http://www.nativeamericanembassy.net/www.lenni-lenape.com/www/html/LenapeArchives/LenapeSet-01/spider.html.

94 «Alice Walker», *Black Women Writers at Work*, ed. Claudia Tate (Nueva York: Continuum, 1983), 176.

95 Alice Walker, *The color purple* (Nueva York: Harcourt Brace Jovanovich, 1970), 1. [Hay trad. cast.: *El color púrpura*, trad. Ana M.ª de la Fuente, Plaza & Janés, Barcelona, 1984, p. 9.]

96 Walker, *The color purple*, 192. [*El color púrpura*, p. 170.]

97 Walker, 206, 284, 137. [*El color púrpura*, pp. 187, 181, 243, 131.]

98 Judith N. Shklar, *Ordinary Vices* (Cambridge, MA: Harvard University Press, 1985), 6. [Hay trad. cast.: *Vicios ordinarios*, trad. Roberto Ramos Fontecoba, Página Indómita, Barcelona, 2022, en prensa.]

99 Martha J. Cutter, «Philomela Speaks: Alice Walker's Revisioning of Rape Archetypes in *The Color Purple*», *MELUS*, 25 (2000): 161-180.

100 Toni Morrison, «Unspeakable Things Unspoken: The Afro-American Presence in American Literature», *Michigan Quarterly Review*, 28 (1989): 1-34.

101 Paulo Horta, *Marvellous Thieves: Secret Authors of the Arabian Nights* (Cambridge, MA: Harvard University Press, 2017), 3.

102 En 1838, el editor británico Charles Knight anunció una nueva traducción de *Las mil y una noches* y prometió que los cuentos, que hasta entonces habían estado orientados hacia los más pequeños, ofrecerían verdadero entretenimiento para adultos. «Uno de los principales objetivos del traductor es hacer que estas cautivadoras ficciones sean tan interesantes para las personas cultas y de edad madura como lo han

sido hasta ahora para los jóvenes», declaró Knight. Véase *The Arabian Nights: Tales of 1001 Nights*, ed. Robert Irwin, trads. Malcolm C. Lyons y Ursula Lyons, 3 vols. (Londres: Penguin, 2008), I:4. Edward Lane, el traductor elegido para los cuentos, fue menos melindroso que su editor a la hora de cumplir la promesa de excitación sexual. Él también insistió en que las historias, con contenido gráfico y todo, no eran simplemente inventadas, sino que reflejaban las costumbres y los valores sociales de Oriente: «Algunos de los cuentos sobre las intrigas de las mujeres en *Las mil y una noches* presentaban imágenes fieles de sucesos para nada infrecuentes en la moderna metrópolis de Egipto». Mujeres e intrigas: esa era la combinación ganadora para Lane, que se prodigó en sus notas acerca de la «maldad» de las mujeres, señalando que «el sexo fuerte entre los árabes» superaba a los hombres en lo que a la libido respectaba. Véase Horta, *Marvellous Thieves*, 177.

103 John Updike, «Fiabe Italiane», en *Hugging the Shore: Essays and Criticism* (Nueva York: Knopf, 1983), 662.

104 Lyons y Lyons, *The Arabian Nights*, I:4. (*N. de la t.*: La dificultad de encontrar una versión traducida al español de la edición seleccionada por la autora para sus citas me ha llevado a tomar la decisión de traducirlas yo misma.)

105 Horta, *Marvellous Thieves*, 177.

106 Marilyn Jurich hace esta observación en *Scheherazade's Sisters: Trickster Heroines and Their Stories in World Literature* (Westport, CT: Greenwood, 1998), xvi.

107 Lyons y Lyons, *The Arabian Nights*, I:6. He editado la traducción para mayor claridad.

108 Lyons y Lyons, *The Arabian Nights*, I:7.

109 Martin Puchner, *The Written World: The Power of Stories to Shape People, History, and Civilization* (Nueva York: Random House, 2017), 130. [Hay trad. cast.: *El poder de las historias o cómo han cautivado al ser humano, de la Ilíada a Harry Potter*, trad. Silvia Furió, Crítica, Barcelona, 2019, p. 137.]

110 Orhan Pamuk, «Love, Death and Storytelling», *New Statesman*, 18 de diciembre de 2006, 34-36.

111 Paulo Horta ha demostrado que los traductores violaron el espíritu de *Las mil y una noches* al reescribir las historias de tal manera que otorgaban más peso a la astucia femenina y a las debilidades morales de las mujeres, mientras que minimizaban las fechorías sexuales de los hombres y justificaban la violencia contra las mujeres. También aclara que Edward Lane, que publicó una traducción de *Las mil y una noches* en tres volúmenes en 1840, abrevió el papel de Scheherezade, a menudo omitiendo sus repetidas apariciones como narradora en cuentos

LA HEROÍNA DE LAS 1001 CARAS

sucesivos, y que también redujo el número de personajes femeninos que son, como Scheherezade, valientes, cultos e inteligentes.

112 Tomo las frases de Deldon Anne McNeely, *Mercury Rising: Women, Evil, and the Trickster Gods* (Sheridan, WY: Fisher King Press, 2011), 125.

113 Como ha señalado James Hillman, en una época de «hipertrofia de Hermes», con «módems, CD-Roms, teléfonos móviles, satélites, trescientos canales de televisión por cable, llamadas en espera, realidades virtuales», necesitamos más que nunca «la fuerza circular centradora de Hestia». Citado por McNeely en *Mercury Rising*, 116.

114 Es Marjorie Bard quien utiliza el término «idionarración». Véase su obra *Organizational and Community Responses to Domestic Abuse and Homelessness* (Abingdon, Oxfordshire: Taylor and Francis, 2016).

115 «The Goose Girl», en *The Annotated Brothers Grimm*, trad. y ed. Maria Tatar, 2.ª ed. (Nueva York: W. W. Norton, 2012), 320. [«La muchacha de los gansos», en *Hermanos Grimm: edición anotada*, trad. Pedro Piedras Monroy, Akal, Madrid, 2020.]

116 Giambattista Basile, «The Young Slave», en *Classic Fairy Tales*, 2.ª ed., ed. y trad. Maria Tatar (Nueva York: W. W. Norton, 2017), 92-95. [«La esclavita», en *Pentamerón. El cuento de los cuentos*, trad. César Palma, Siruela, Madrid, 2019, pp. 207-210.]

117 Consiglieri Pedroso, ed., *Portuguese Folk-Tales*, trad. Miss Henriqueta Monteiro (Londres: Folklore Society, 1882), 63-66.

118 Francis James Childs, ed., *The English and Scottish Popular Ballads* (Nueva York: Houghton Mifflin, 1894), V:42-58.

119 Marie Campbell, *Tales from the Cloud Walking Country* (Athens: University of Georgia Press, 2000), 45-47.

120 «Nourie Hadig», en *100 Armenian Tales and Their Folkloristic Relevance*, ed. Susie Hoogasian Villa (Detroit: Wayne State University Press, 1966), 84-91.

121 Richard M. Dorson, ed., *Folktales Told around the World* (Chicago: University of Chicago Press, 1978), 238-242.

122 Atiq Rahimi, *The Patience Stone*, trad. Polly McLean (Nueva York: Other Press, 2008), 3. [Hay trad. cast.: *La piedra de la paciencia*, trad. Elena García-Aranda, Punto de Lectura, Madrid, 2010, p. 9.]

123 La novela de Rahimi fue llevada al cine en 2012, con el escritor como director. Las citas proceden de Rahimi, *The Patience Stone*, x, 79. [*La piedra de la paciencia*, pp. 64-65. (N. de la t.: la traducción de Hosseini no se incluyó en la edición española, así que la traducción es mía.)]

124 Sherry Turkle, *Alone Together: Why We Expect More from Technology and Less from Each Other* (Nueva York: Basic Books, 2012), 23.

125 Jill Lepore, «The Rise of the Victims'-Rights Movement», *New Yorker*, 21 de mayo de 2018.

126 Maria Tatar, *The Fairest of Them All: Snow White and Twenty-One Tales about Mothers and Daughters* (Cambridge, MA: Belknap Press of Harvard University Press, 2020), 88.

127 Rebecca Solnit, «Silence and Powerlessness Go Hand in Hand. Women's Voices Must Be Heard», *Guardian*, 8 de marzo de 2017.

128 Ronan Farrow, *Catch and Kill: Lies, Spies, and a Conspiracy to Protect Predators* (Nueva York: Little, Brown, 2019), 242, 318. [Hay trad. cast.: *Depredadores. De Hollywood a Washington. El complot para silenciar a las víctimas de abuso*, trad. María Enguix Tercero, Roca Editorial, Barcelona, 2020, pp. 238, 260.]

129 Chanel Miller, *Know My Name: A Memoir* (Nueva York: Viking, 2019), 327. [Hay. trad. cast.: *Tengo un nombre: una biografía*, trad. Laura Ibáñez, Blackie Books, Barcelona, 2021, p. 356.]

130 Jodi Kantor y Megan Twohey, *She Said: Breaking the Sexual Harassment Story That Helped Ignite a Movement* (Nueva York: Penguin, 2020), 53, 54. [Hay trad. cast.: *She said: La investigación periodística que destapó los abusos de Harvey Weinstein e impulsó el movimiento #MeToo*, trad. Lucía Barahona, Libros del K.O., Madrid, 2021, pp. 59, 60.]

131 Joan Didion, *The White Album* (Nueva York: Farrar, Straus and Giroux, 1979), 11. [Hay trad. cast.: «El álbum blanco», en *Los que sueñan el sueño dorado*, trad. Javier Calvo Perales, Mondadori, Barcelona, 2019, p. 131.]

132 Gastón Maspero, *Popular Stories of Ancient Egypt* (Oxford: Oxford University Press, 2004), 1-16. [Hay trad. cast.: *Cuentos del antiguo Egipto*, trad. Mario Montalbán, Abraxas, Barcelona, 2000, pp. 19-30.]

133 «Tongue Meat», en *Myths and Legends of the Swahili*, ed. Jan Knappert (Nairobi: Heinemann, 1970), 132-333. El cuento fue ligeramente editado por Angela Carter para su *Book of Fairy Tales* (Londres: Virago, 1992), 223-224. [Hay trad. cast.: *Cuentos de hadas de Angela Carter*, trad. Consuelo Rubio Alcócer, Impedimenta, Madrid, 2017, pp. 301-302.]

134 Adam Ganz, «New Brothers Grimm Fairytale Written by Artificial Intelligence Robot», *Independent*, 13 de junio de 2018.

135 Teresa Peirce Williston, *Japanese Fairy Tales* (Chicago: Rand McNally, 1904), 56-64.

CAPÍTULO 3: RESISTENCIA Y REVELACIÓN

136 Katie J. M. Baker, «Here's the Powerful Letter the Stanford Victim Read to Her Attacker», *BuzzFeed News*, 3 de junio de 2016. Chanel Miller, *Know My Name: A Memoir* (Nueva York: Viking, 2019), 329, 333. [Hay trad. cast.: *Tengo un nombre: una biografía*, trad. Laura Ibáñez, Blackie Books, Barcelona, 2021, pp. 389, 390.]

137 Gretchen Cherington, *Poetic License: A Memoir* (Berkeley, CA: She Writes Press, 2020), 169.

138 Charlotte Brontë, *Jane Eyre*, 4.ª edición, ed. Deborah Lutz (Nueva York: W. W. Norton, 2016), 35. [Hay trad. cast.: *Jane Eyre*, trad. Toni Hill, Penguin Clásicos, Barcelona, 2016, p. 86-87.]

139 Elizabeth Rigby, «Review of *Vanity Fair* and *Jane Eyre*», *Quarterly Review*, 84 (1848): 184.

140 Zora Neale Hurston, *Their Eyes Were Watching God* (1937), en *Novels and Stories* (Nueva York: New American Library, 1995), 178. [Hay trad. cast.: *Sus ojos miraban a Dios*, pról. Ángels Carabí, trad. Andrés Ibáñez, Círculo de Lectores, Barcelona, 1997, p. 21.]

141 Al recordar su infancia en Tuscaloosa, Alabama, en las décadas de 1950 y 1960, Trudier Harris escribe: «A falta de televisión y aire acondicionado, mis parientes y vecinos se reunían en los porches y esos lugares se convirtieron en uno de los principales escenarios para la narración interactiva, para la transmisión y recepción de la tradición oral». Véase *The Power of the Porch: The Storyteller's Craft in Zora Neale Hurston, Gloria Naylor, and Randall Kenan* (Athens: University of Georgia Press, 1997), xii.

142 Henry Louis Gates Jr., *The Signifying Monkey: A Theory of African-American Literary Criticism* (Nueva York: Oxford University Press, 1989).

143 Hurston, *Their Eyes Were Watching God*, 208, 279-280, 180. [*Sus ojos miraban a Dios*, pp. 60, 23.]

144 Sobre la autobiografía como estrategia política, véase Laura J. Beard, *Acts of Narrative Resistance: Women's Autobiographical Writings in the Americas* (Charlottesville: University of Virginia Press, 2009).

145 W. H. Auden, «In Memory of W. B. Yeats», en *Another Time* (Nueva York: Random House, 1940), 93-94. [Hay trad. cast. «En memoria de W. B. Yeats», en *Otro tiempo*, trad. Álvaro García, Pre-Textos, Valencia, 1993.]

146 William Bascom, «The Talking Skull Refuses to Talk», en *African Tales in the New World* (Bloomington: Indiana University Press, 1992), 17-39.

147 Leo Frobenius, *African Genesis: The Folk Tales and Legends of the North African Berbers, the Sudanese, and the Southern Rhodesians* (Nueva York: Benjamin Blom, 1966), 161-162.

148 Danielle L. McGuire, *At the Dark End of the Street: Black Women, Rape, and Resistance: a New History of the Civil Rights Movement from Rosa Parks to the Rise of Black Power* (Nueva York: Vintage Books, 2010), 16-17.

149 Para otras variantes, véase Henry Louis Gates Jr. y Maria Tatar, eds., *The Annotated African American Folktales* (Nueva York: Liveright, 2018), 113-132.

150 Zora Neale Hurston, *The Skull Talks Back and Other Haunting Tales*, ed. Joyce Carol Thomas (Nueva York: HarperCollins, 2004), 27.

151 «The Princess in the Suit of Leather», en *Arab Folktales*, traducido y editado por Inea Bushnaq (Nueva York: Pantheon, 1986), 193-200.

152 Platón, *Gorgias*, ed. E. R. Dodds (Oxford: Oxford University Press, 1959), 527a4. [Hay trad. cast: *Gorgias*, en *Obras completas*, ed. Patricio Azcárate, tomo 5, Medina y Navarro, Madrid, 1871.]

153 Marina Warner, *From the Beast to the Blonde: On Fairy Tales and Their Tellers* (Nueva York: Farrar, Straus and Giroux, 1995), 14.

154 Giambattista Basile, *The Tale of Tales*, ed. Nancy Canepa (Nueva York: Penguin, 2016), 10. [Hay trad. cast.: *Pentamerón. El cuento de los cuentos*, trad. César Palma, Siruela, Madrid, 2019, p. 45.]

155 A. W. Cardinall, *Tales Told in Togoland* (Londres: Oxford University Press, 1931), 213.

156 Citado por Max Lüthi, *Märchen*, 2.ª ed. (Stuttgart: Metzler, 1964), 45.

157 Lewis Seifert, *Fairy Tales, Sexuality, and Gender in France, 1690-1715* (Cambridge: Cambridge University Press, 1996).

158 Warner, *From the Beast to the Blonde*, 19.

159 *Angela Carter's Book of Fairy Tales*, xiii. [*Cuentos de hadas de Angela Carter*, pp. 19-20.]

160 Basile, *The Tale of Tales*, 5. [*Pentamerón. El cuento de los cuentos*, p. 40.]

161 Citado por Sandy Bardsley, *Venomous Tongues: Speech and Gender in Late Medieval England* (Filadelfia: University of Pennsylvania Press, 2006), 1.

162 Warner, *From the Beast to the Blonde*, 17.

163 Manfred Kuehn, *Kant: A Biography* (Cambridge: Cambridge University Press, 2002). [Hay trad. cast.: *Kant: Una biografía*, trad. Carmen García-Trevijano Forte, Acento, Madrid, 2003.]

164 Clare Carlisle, *Philosopher of the Heart: The Restless Life of Søren Kierkegaard* (Nueva York: Farrar, Straus and Giroux, 2019), 107. [Hay trad. cast.: *El filósofo del corazón: la inquieta vida de Søren Kierkegaard*, trad. Abraham Gragera, Taurus, Barcelona, 2021.]

165 Karen Adkins, *Gossip, Epistemology, and Power: Knowledge Underground* (Cham, Suiza: Palgrave Macmillan, 2017), 31.

166 *George Steiner: A Reader* (Oxford: Oxford University Press, 1984), 378. [Hay trad. cast.: *Un lector*, trads. Lorenzo Luengo, Miguel Ultorio, Agustí Bartra, Enrique Luis Revol, María Condor, J. Aguilar Mora, Daniel Gascón, A. M. Díaz Enciso, A. Castañón, A. Major y Alberto L. Budo, Siruela, Madrid, 2021, p. 423.]

167 *George Steiner*, 378. [*Un lector*, p. 423.]

168 Henry Jenkins, *Convergence Culture: Where Old and New Media Collide* (Nueva York: New York University Press, 2006), 60. [Hay trad. cast.: *Convergence culture: la cultura de la convergencia de los medios de comunicación*, trad. Pablo Hermida Lazcano, Paidós, Barcelona, 2008, p. 68.]

169 F. G. Bailey, ed., «Gifts and Poison», en *Gifts and Poison: The Politics of Reputation* (Oxford: Basil Blackwell, 1971), 1.

170 Audre Lorde, *The Master's Tools Will Never Dismantle the Master's House* (Nueva York: Penguin, 1984). [Hay trad. cast.: *Discursos: Sobre las herramientas del amo y la transformación del silencio*, United Minds, 2021.]

171 Jörg R. Bergmann, *Discreet Indiscretions: The Social Organization of Gossip*, trad. John Bednarz Jr. (Nueva York: De Gruyter, 1993), 60. «El buen cotilleo se aproxima al arte», dice una crítica para subrayar el hecho de que todos recurrimos a alguna forma de artificio o a la inmutable estrategia de mentir para mejorar una historia. Rachel M. Brownstein, *Becoming a Heroine* (Nueva York: Viking, 1982), 7.

172 Roger D. Abrahams, *Everyday Life: A Poetics of Vernacular Practices* (Philadelphia: University of Pennsylvania Press, 2005), 28.

173 Abrahams, *Everyday Life*, 28.

174 Melville Jean Herskovits y Frances Shapiro Herskovits, *Trinidad Village* (Nueva York: Knopf, 1947), 275.

175 Clifford Geertz, *The Interpretation of Cultures* (Nueva York: Basic Books, 1973), 450-451. [Hay. trad. cast.: *La interpretación de las culturas*, trad. Alberto L. Bixio, Gedisa, Barcelona, 1988, pp. 370-371.]

176 Angela Carter escribe con afecto sobre las antologías recopiladas por Lang, afirma que «los libros de Olive Fairy (rojo, azul, violeta, verde), entre otros, que abarcan todo el espectro […] me han proporcionado tantos momentos gozosos». Véase *Angela Carter's Book of Fairy Tales*, xvi. [*Cuentos de hadas de Angela Carter*, p. 23.] Sobre la división real del trabajo entre Andrew Lang y Nora Lang, véase «Almost Wholly the Work of Mrs. Lang': Nora Lang, Literary Labour, and the Fairy Books», *Women's Writing*, 26 (1977): 400-420.

177 Giambattista Basile, «Penta with the Chopped-Off Hands», en *Tale of Tales*, 214-224. [«Penta», en *Pentamerón. El cuento de los cuentos*, pp. 243-250.]

178 Clarissa Pinkola Estés, *Women Who Run with the Wolves: Myths and Stories of the Wild Woman Archetype* (Nueva York: Ballantine Books, 1996), 388. [Hay trad. cast.: *Mujeres que corren con los lobos*, trad. María Antonia Menini, Ediciones B, Barcelona, 1998, pp. 540-541.]

179 George Peele, *The Old Wives' Tale* (Londres: John Danter, 1595), líneas 19-20.

180 La traducción de «Fitchers Vogel», de la tercera edición de *Kinder-und Hausmärchen* de los Grimm, es mía.

181 Elaine Scarry, *On Beauty and Being Just* (Princeton, NJ: Princeton University Press, 2001), 97.

182 André Jolles, *Einfache Formen: Legende, Sage, Mythe, Rätsel, Spruch, Kasus, Memorabile, Märchen, Witz* (Berlín: De Gruyter, 2006), 241.

183 Lauren Martin, «Audre Lorde, Adrienne Rich and Alice Walker's Speech at the National Book Award Ceremony Will Make You Cry», *Words of Women* (blog), 22 de noviembre de 2017.

184 Virginia Woolf, *A Room of One's Own* (Nueva York: Harcourt Brace Jovanovich, 1957), 101. [Hay trad. cast.:*Una habitación propia*, trad. Laura Pujol, Seix Barral, Barcelona, 2008, p. 132.]

185 Frances Burney, *Evelina* (Nueva York: Oxford, 2002), 5. Mary Wollstonecraft, «A Vindication of the Rights of Woman: with Strictures on Political and Moral Subjects», en D. L. Macdonald y Kathleen Scherf, eds., *The Vindications* (Peterborough, Ontario: Broadview, 2001), 330. [Hay trad. cast.: *Vindicación de los derechos de la mujer*, ed. y trad. Marta Lois González, trad. Charo Ema y Mercedes Barat, Istmo, Madrid, 2005, p. 300.] George Eliot, «Silly Novels by Lady Novelists», en Solveig C. Robinson, ed., *A Serious Occupation: Literary Criticism by Victorian Women Writers* (Peterborough, Ontario: Broadview, 2003), 88-115. [Hay trad. cast.: *Las novelas tontas de ciertas damas novelistas*, pról. y trad. Gabriela Bustelo, Impedimenta, Madrid, 2012.] Sylvia Townsend Warner, «Women as Writers», en *Feminist Literary Theory and Criticism: A Norton Reader*, ed. Sandra M. Gilbert y Susan Gubar (Nueva York: W. W. Norton, 2007), 161.

186 Franz Boas, «Introduction», en James Teit, *Traditions of the Thompson River Indians of British Columbia, Memoirs of the American Folklore Society*, VI (1898), 18.

187 Mary Lefkowitz, *Women in Greek Myth*, 2.ª ed. (1986; Baltimore: Johns Hopkins University Press, 2007), xv. Sobre la cuestión de que el mito es una forma de discurso que parece ser «natural» y no históricamente determinada, véase Roland Barthes, *Mythologies* (Londres: Vintage, 1993). [Hay trad. cast., *Mitologías*, trad. Héctor Schmucler, Siglo XXI de España, Madrid, 2004.]

188 Kurt Vonnegut Jr., «Introduction», en Anne Sexton, *Transformations* (Nueva York: Houghton Mifflin, 1971), vii.

189 Linda Gray Sexton, *Searching for Mercy Street: My Journey Back to My Mother* (Nueva York: Little, Brown, 1994), 154. [Hay trad. cast.: *Buscando Mercy Street: El reencuentro con mi madre, Anne Sexton*, trad. Ainize Salaberri, Navona, Barcelona, 2018, pp. 254-255.]

190 Diane Middlebrook, *Anne Sexton: A Biography* (Nueva York: Vintage, 1992), 338. [Hay trad. cast.: *Anne Sexton: Una biografía*, trad. Roser Berdagué, Circe, 1998, p. 360.]

191 Sexton, *Transformations*, 1. [Hay trad. cast.: *Transformaciones*, trad. María Ramos, Nórdica Libros, Madrid, 2021, p. 13.]

192 Angela Carter, *Shaking a Leg: Collected Writings by Angela Carter* (Londres: Virago, 1998), 452-453.

193 Angela Carter, *The Bloody Chamber and Other Stories* (Nueva York: Penguin, 2015), 68. Las citas adicionales son de las páginas 56, 20, 118, 67, 112, 36. [Hay trad. cast.: *La cámara sangrienta y otros cuentos*, trad. Matilde Horne, Minotauro, Barcelona, 1991, p. 77. Notas adicionales: 28, 173, 90-91, 67.]

194 Edmund Gordon, *The Invention of Angela Carter: A Biography* (Nueva York: Oxford University Press, 2017), 268.

195 Angela Carter, entrevista de Kerryn Goldsworthy, *Meanjin*, 44, n.º 1 (1985): 10.

196 Carter, *The Bloody Chamber*, 20. [*La cámara sangrienta y otros cuentos*, p. 28.]

197 Carter, *The Bloody Chamber*, 39. [*La cámara sangrienta y otros cuentos*, pp. 44-46.]

198 Anna Katsavos, «A Conversation with Angela Carter», *Review of Contemporary Fiction*, 143, n.º 3 (1994), https://www.dalkeyarchive.com/a-conversation-with-angela-carter-by-anna-katsavos/.

199 Ingri d'Aulaire y Edgar Parin d'Aulaire, *Book of Greek Myths* (Nueva York: Doubleday, 1967), 115. Cito el volumen de los d'Aulaire precisamente porque ahora cuenta con el sello de Random House Children's Books y se ha convertido en la fuente de conocimiento más destacada sobre la mitología griega en Estados Unidos.

200 Carter, *The Bloody Chamber*, 117, 126, 118. [*La cámara sangrienta y otros cuentos*, pp. 135, 143, 135.]

201 Sharon R. Wilson, *Margaret Atwood's Fairy-Tale Sexual Politics* (Jackson: University Press of Mississippi, 1993), 11-12.

202 Margaret Atwood, *Negotiating with the Dead: A Writer on Writing* (Cambridge: Cambridge University Press, 2002), 178.

203 Margaret Atwood, «Bluebeard's Egg», en *Bluebeard's Egg and Other Stories* (Boston: Houghton Mifflin, 1986), 131-164. [Hay trad. cast.: *El huevo de Barba Azul*, trad. Eduardo G. Murillo, Alcor, Barcelona, 1989, pp. 118-148.]

204 Atwood, «Bluebeard's Egg», 156. [*El huevo de Barba Azul*, pp. 141-142.]

205 Atwood, 164. [*El huevo de Barba Azul*, p. 148.]

206 Italo Calvino, *The Uses of Literature* (San Diego: Harcourt Brace, 1986), 16.

207 Ralph Ellison, «The Art of Fiction: An Interview», *Paris Review* (primavera de 1955): 53-55.

208 Toni Morrison, «Rootedness: The Ancestor as Foundation», en *Black Women Writers (1950-1980)*, ed. Mari Evans (Nueva York: Anchor, 1984), 343.

209 Zora Neale Hurston, *Their Eyes Were Watching God* (Urbana: University of Illinois Press, 1978), 31. [Hay trad. cast. *Sus ojos miraban a Dios*, trad. Andrés Ibáñez, Círculo de Lectores, Barcelona, 1997, pp. 32-33.]

210 Ralph Ellison, *Invisible Man*, 2.ª ed. (Nueva York: Vintage, 1995), 141, 142. [Hay trad. cast.: *El hombre invisible*, trad. Andrés Bosch, Lumen, Barcelona, 1966, pp. 244-245, 246.]

211 Toni Morrison, «Unspeakable Things Unspoken: The Afro-American Presence in American Literature», *Michigan Quarterly Review*, 28 (1989): 30.

212 Toni Morrison, *Tar Baby* (Nueva York: Knopf, 1981). [Hay trad. cast.: *La isla de los caballeros*, trad. Mireia Bofill, Ediciones B, Barcelona, 1988.]

213 Kevin Young, *The Grey Album: On the Blackness of Blackness* (Mineápolis: Graywolf Press, 2012), 15.

214 Véase Sandra Pouchet Paquet, «The Ancestor as Foundation in *Their Eyes Were Watching God* and *Tar Baby*», *Callaloo*, 13 (1990): 499-515.

215 *Angela Carter's Book of Fairy Tales*, x. [*Cuentos de hadas de Angela Carter*, p. 19.]

216 Lennie Goodings, *A Bite of the Apple: A Life with Books, Writers and Virago* (Oxford: Oxford University Press, 2020), 168.

CAPÍTULO 4: CHICAS MARAVILLA

217 Phil Cousineau, *The Hero's Journey: Joseph Campbell on His Life and Work* (Novato, CA: New World Library, 2003), 120.

218 William Moulton Marston, «Why 100,000,000 Americans Read Comics», *American Scholar*, 13 (1943-1944).

219 Brian Grazer, *A Curious Mind: The Secret to a Bigger Life* (Nueva York: Simon & Schuster, 2015), 38. [Hay trad. cast.: *Una mente curiosa: el secreto para una vida más completa*, trad. Joana Delgado, Obelisco, Barcelona, 2017, p. 39.]

220 Robert Gottlieb, «Harold Bloom Is Dead. But His "Rage for Reading" Is Undiminished», *New York Times*, 23 de enero de 2021.

221 Simone de Beauvoir, *The Second Sex* (Nueva York: Vintage, 2011), 205. [Hay trad. cast.: *El segundo sexo*, trad. Alicia Martorell, Cátedra, Barcelona, 2017, pp. 279-280.]

222 Véase Joanne Hayle, *Lord Byron and Lady Caroline Lamb: Mad, Bad and Dangerous to Know. The Passionate and Public Affair That Scandalised Regency England* (autopublicado, CreateSpace, 2016).

223 Michel Foucault, «The Masked Philosopher», entrevista con Christian Delacampagne, 6 de abril de 1980, en *Foucault Live: Interviews, 1961- 1984* (Cambridge, MA: Semiotext(e), 1996), 302-3077.

224 Martin Heidegger, *Being and Time*, trad. John Macquarrie y Edward Robinson (Nueva York: Harper Perennial, 2008), 235-244. [Hay trad. cast.: *Ser y tiempo*, trad. Jorge Eduardo Rivera Cruchaga, Trotta, Madrid, 2003, p. 221.]

225 Alberto Manguel explora el doble sentido de la curiosidad y señala que el lexicógrafo español Covarrubias consideraba que la curiosidad «se toma en buena y mala parte. En buena, por el que trata las cosas con diligencia; y en mala, por el que se desvela en escudriñar las que son muy ocultas y reservadas y que no importan». Véase *Curiosity* (New Haven, CT: Yale University Press, 2015), 13. [Hay trad. cast.: *Una historia natural de la curiosidad*, trad. Eduardo Hojman, Alianza Editorial, 2015, p. 29.]

226 Aristóteles, *Metaphysica*, ed. J. A. Smith y W. D. Ross (Oxford: Clarendon Press, 1908), 980. [Hay trad. cast.: Metafísica, intr., trad. y notas Tomás Calvo Martínez, Gredos, Madrid, 1994, p. 69.]

227 Bernardo de Claraval, *Sermones super Canticum Canticorum*, en *S. Bernardi Opera II*, ed. J. Leclercq (Roma: Editiones Cistercienses, 1958), 56. [Hay trad. cast.: *Sermones sobre el Cantar de los Cantares*, trad. Iñaki Aranguren, Cruzgloriosa.org, edición electrónica.]

228 Hesíodo, *The Homeric Hymns and Homerica/Works and Days*, trad. Hugh G. Evelyn-White (Cambridge, MA: Harvard University Press; Londres: William Heinemann, 1914), *Theogony*, 585; *Works and Days*, 57. [Hay trad. cast.: *Teogonía. Trabajos y días*, ed. bilingüe, intr., trad. y notas Lucía Liñares, Editorial Losada, Buenos Aires, 2005, p. 144-1145, 89, 147.]

229 Obsérvese que, en la fábula de Esopo «Zeus y la tinaja de las cosas buenas» (n.º 526), aparece una tinaja con un contenido muy distinto y que esta la abre el «hombre» para liberar todas las cosas buenas y devolvérselas a los dioses. La esperanza es lo único con lo que se queda.

230 Ingri d'Aulnaire y Edgar Parin d'Aulaire, *Book of Greek Myths* (Nueva York: Doubleday, 1967), 72, 74.

231 Edith Hamilton, *Mithology: Timeless Tales of Gods and Heroes* (1942; Nueva York: Grand Central Publishing, 1976), 89. [Hay trad. cast.: *Mitología: todos los mitos griegos, romanos y nórdicos*, trad. Carmen Aranda, Ariel, Barcelona, 2021, p. 89.]

232 Edwin Haviland Miller, *Salem Is My Dwelling Place: A Life of Nathaniel Hawthorne* (Iowa City: University of Iowa Press, 1991), 345.

233 Nathaniel Hawthorne, *A Wonder-Book for Girls and Boys* (Nueva York: Knopf, 1994). [Hay trad. cast.: *El libro de las maravillas para chicos y chicas*, trad. José Kozer, Miraguano, Madrid, 1992.]

234 Laura Mulvey, *Fetishism and Curiosity* (Bloomington: Indiana University Press, 1996), 59.

235 Véase Sarah B. Pomeroy, *Goddesses, Whores, Wives, and Slaves: Women in Classical Antiquity* (Nueva York: Schocken, 1975), 4. [Hay trad. cast.: *Diosas, rameras, esposas y esclavas: Mujeres en la antigüedad clásica*, trad. Ricardo Lezcano Escudero, Akal, Torrejón de Ardoz (Madrid), 1987,

p. 18.] Pomeroy modela lo que a primera vista parece un salto inesperado, pero en realidad es sintomático de una lógica patriarcal que surge siempre que las mujeres se dejan llevar por la epistemofilia, el deseo de saber más. «Pandora puede ser comparada con la tentadora Eva, y la caja que abrió puede ser una metáfora referida al conocimiento carnal de la mujer, fuente para el hombre de todos los males.» (4) [18].

236 Stephen Greenblatt, *The Rise and Fall of Adam and Eve* (Nueva York: W. W. Norton, 2017), 126, 131. [Hay trad. cast.: *Ascenso y caída de Adán y Eva*, trad. Juan Rabasseda, Crítica, Barcelona, 2018, p. 148.]

237 Apocalipsis 17:4 (King James). [Apocalipsis 17:4 (Nueva versión internacional).]

238 Charles Perrault, «Bluebeard», en *Classic Fairy Tales*, 2.ª ed., ed. y trad. Maria Tatar (Nueva York: W. W. Norton, 2017), 188-193. [Hay trad. cast.: «Barba Azul» en *Los cuentos de hadas clásicos anotados*, trad. Isabel Campos Adrados, Crítica, Barcelona, 2012, pp. 147-159.]

239 Cito estas voces en *Secrets beyond the Door: The Story of Bluebeard and His Wives* (Princeton, NJ: Princeton University Press, 2004), 20.

240 Beverly Lyon Clark, *Louisa May Alcott: The Contemporary Reviews* (Cambridge: Cambridge University Press, 2004), 247.

241 Louisa May Alcott, *The Journals of Louisa May Alcott*, ed. Joel Myerson y Daniel Shealy (Athens: University of Georgia Press, 1997), 165-166.

242 Louisa May Alcott y Anna Alcott Pratt, *Comic Tragedies, Written by «Jo» and «Meg» and Acted by the «Little Women»* (Boston: Roberts Brothers, 1893), 7.

243 Madeleine B. Stern, *Louisa May Alcott: A Biography* (Boston: Northeastern University Press, 1999), 70.

244 Louisa May Alcott, *The Annotated Little Women*, ed. John Matteson (Nueva York: W. W. Norton, 2015), 182. [Hay trad. cast.: *Mujercitas*, trad. Gloria Méndez, Penguin Clásicos, Barcelona, 2018, p. 230.]

245 Alcott, *Annotated Little Women*, 430. [*Mujercitas*, 230.]

246 Alcott, lxi.

247 Sandra M. Gilbert y Susan Gubar, *The Madwoman in the Attic: The Woman Writer and the Nineteenth-Century Literary Imagination* (New Haven, CT: Yale University Press, 1979), 7. [Hay trad. cast.: *La loca del desván: la escritora y la imaginación literaria del siglo XIX*, trad. Carmen Martínez Gimeno, Cátedra, Barcelona, Madrid, 1998, p. 21.]

248 «J. K. Rowling, by the Book», *New York Times*, 11 de octubre de 2012. Ursula K. Le Guin, *Dancing at the Edge of the World: Thoughts on Words, Women, Places* (Nueva York: Grove Press, 1989), 213.

249 Carolyn G. Heilbrun, *Reinventing Womanhood* (Nueva York: W. W. Norton, 1993), 212.

250 Carole Gerson, «"Dragged at Anne's Chariot Wheels": L. M. Montgomery and the Sequels to *Anne of Green Gables*», en *Papers of the Bibliographical Society of Canada*, 35, nº 2 (1997): 151.
251 Benjamin Lefebvre, *The L. M. Montgomery Reader*, vol. 2, *A Critical Heritage* (Toronto: University of Toronto Press, 2020), 380.
252 Claudia Durst Johnson, «Discord in Concord», Humanities Commons, https://hcommons.org/deposits/objects/hc:18288/datastreams/CONTENT/content.
253 Mollie Gillin, *The Wheel of Things: A Biography of Lucy Maud Montgomery* (Halifax: Goodread Biography, 1983), 72.
254 Willa Paskin, «The Other Side of Anne of Green Gables», *New York Times*, 27 de abril de 2017.
255 L. M. Montgomery, *Anne of Green Gables* (Nueva York: Penguin, 2017), 35. Las citas que siguen son de las páginas 220, 174, 323, 236, 223, 267. [Hay trad. cast.: *Ana, la de Tejas Verdes*, trad. Maritza Izquierdo, Editorial Verbum, Madrid, 2019, pp. 38-39. Citas adicionales: 205, 163, 217, 101, 298, 246, 233.]
256 Perry Nodelman, «Progressive Utopia: Or, How to Grow Up without Growing Up», en *Such a Simple Little Tale: Critical Responses to L. M. Montgomery's* Anne of Green Gables, ed., Mavis Reimer (Metuchen, NJ: Scarecrow Press, 1992), 32.
257 Naomi Schor, *Reading in Detail: Aesthetics and the Feminine* (Nueva York: Routledge, 2006), 4.
258 H. W. Mabie, ed., *Fairy Tales Every Child Should Know* (Nueva York: Grosset & Dunlap, 1905), xiv, xv.
259 *Miracle on 34th Street*, dir. George Seaton, 1947. [*De ilusión también se vive.*]
260 Betty Smith, *A Tree Grows in Brooklyn* (Nueva York: Harper Perennial, 2006), 84. Las citas adicionales son de las páginas 234, 6, 390, 166, 492, 493, 489. [Hay trad. cast.: *Un árbol crece en Brooklyn*, trad. Rojas Clavell, Lumen, Barcelona, 2008, pp. 73-74. Citas adicionales: 119, 280, 282-283, 200-201, 198, 140, 431, 279, 432, 428.]
261 Ana Frank, *The Diary of a Young Girl: The Definitive Edition*, ed. Otto H. Frank y Mirjam Pressler, trad. Susan Massotty (Nueva York: Bantam, 1997), 18, 21. [Hay trad. cast.: *Diario*, trad. Diego Puls, Debolsillo, Barcelona, 2021, pp. 30, 33.]
262 Frank, *The Diary of a Young Girl*, 247. Citas adicionales de las páginas 68, 53. [*Diario*, p. 279. Citas adicionales: 83-84.]
263 Philip Roth, *The Ghost Writer* (Nueva York: Vintage, 1979). [Hay trad. cast.: *La visita al Maestro*, trad. Mireia Bofill, Argos Vergara, Barcelona, 1981.]
264 Katerina Papathanasiou, «Hidden Heroine: Exploring the Story of Anne Frank», *Vale Magazine*, 27 de diciembre de 2019.

265 Ian Buruma, «The Afterlife of Anne Frank», *New York Review of Books*, 19 de febrero de 1998.

266 Francine Prose, *Anne Frank: The Book, the Life, the Afterlife* (Nueva York: Harper Perennial, 2009), 277. [Hay trad. cast.: *Ana Frank: la creación de una obra maestra*, trad. Antonio-Prometeo Moya, Duomo, Barcelona, 2011, p. 287.]

267 Louise Fitzhugh, *Harriet the Spy* (Nueva York: Harper and Row, 1964), 34. Las citas adicionales son de las páginas 3, 250, 268, 278.

268 «Moran: "It's a Dirty Business"», CNN Access, 12 de enero de 2005.

269 Anita Silvey, *100 Best Books for Children: A Parent's Guide to Making the Right Choices for Your Young Reader, Toddler to Preteen* (Nueva York: Houghton Mifflin, 2005).

270 Richard Rorty, *Contingency, Irony, and Solidarity* (Cambridge: Cambridge University Press, 1989), 141. [Hay trad. Cast.: *Contingencia, ironía y solidaridad*, trad. Alfredo Eduardo Sinnot, Paidós, Barcelona, 1991, p. 159.]

271 Rorty toma prestada esa palabra de *Lolita*, de Vladimir Nabokov, para referirse a la falta de atención y empatía.

272 Harper Lee, *To Kill a Mockingbird* (1961; Nueva York: Harper Perennial, 2002), 33, 320. [Hay trad. cast.: *Matar a un ruiseñor*, trad. Baldomero Porta, Ediciones B, Barcelona, 2015, pp. 51, 407.]

273 Toni Morrison, *Playing in the Dark: Whiteness and the Literary Imagination* (Nueva York: Vintage, 1992), 52-53. [Hay trad. cast.: *Jugando en la oscuridad: el punto de vista blanco en la imaginación literaria*, trad. Pilar Vázquez, Ediciones del Oriente y del Mediterráneo, Madrid, 2019, p. 78.]

274 Angie Thomas, *The Hate U Give* (Nueva York: Balzer + Bray, 2017). Las citas son de las páginas 252, 412, 302 y 444. [Hay trad. cast.: *El odio que das*, trad. Sonia Verjovsky, Océano, Barcelona, 2017. Las citas son de las páginas: 31, 217, 250, 328, 401-402, 432-433.]

275 Lucy Feldman, «How TL's Left Eye Helped Save *The Hate U Give* Author Angie Thomas' Life», *Time*, 5 de febrero de 2019.

CAPÍTULO 5: TRABAJO DETECTIVESCO

276 Joseph Campbell y Bill Moyers, *The Power of Myth* (Nueva York: Anchor, 1991), 126, 104. [Hay trad. cast.: *El poder del mito*, trad. Cesar Aira, Emecé, Barcelona, 1991, pp. 181, 130.]

277 Betty Friedan, *The Feminine Mystique*, edición del 50 aniversario (Nueva York: W. W. Norton, 2013). [Hay trad. cast.: *La mística de la feminidad*, pról. Lili Álvarez, trad. Carlos R. de Dampierre, Júcar, Madrid, 1974.]

278 Helen Gurley Brown, *Sex and the Single Girl* (Nueva York: Bernard Geis, 1962). [Hay trad. cast.: *El sexo y la joven en Norteamérica*, Grijalbo, México DF, 1964.]

279 «Helen Gurley Brown, que dio a "Single Girl" una vida plena, muere a los 90 años», *New York Times*, 13 de agosto de 2012.

280 Campbell y Moyers, *The Power of Myth*, 7. [*El poder del mito*, p. 34.]

281 Para leer argumentos sólidos acerca de cómo la serie marcó un cambio radical en nuestra comprensión cultural de las identidades sexuales de las mujeres, véase Jennifer Keishin Armstrong, *Sex and the City and Us: How Four Single Women Changed the Way We Think, Live, and Love* (Nueva York: Simon & Schuster, 2018).

282 Joan Didion, «Why I Write», *New York Times*, 5 de diciembre de 1976.

283 Christian Lorentzen, «Sheila Heti, Ben Lerner, Tao Lin: ¿Cómo de "auto" es la autoficción?», *Vulture*, 11 de mayo de 2018.

284 Candace Bushnell, *The Carrie Diaries* (Nueva York: HarperCollins, 2010), 25. [Hay trad. cast.: *Los diarios de Carrie*, trad. Concepción Rodríguez González, Montena, Barcelona, 2010, p. 23.]

285 Victoria Kennedy, «Haunted by the Lady Novelist: Metafictional Anxieties about Women's Writing from *Northanger Abbey* to *The Carrie Diaries*», *Women: A Cultural Review*, 30, n.º 2 (2019): 202.

286 Bushnell, *The Carrie Diaries*, 297. [*Los diarios de Carrie*, p. 203.]

287 Tara K. Menon, «What Women Want», Public Books, 24 de junio de 2020.

288 Andrew Forrester, *The Female Detective* (Scottsdale, AZ: Poisoned Pen Press, 2012). [Hay trad. cast.: *La primera detective*, trad. Pablo González-Nuevo, Siruela, Madrid, 2022.] Como señala Alexander McCall Smith en el prólogo a la obra: «La mujer detective utiliza la aparente marginalidad de su posición con buenos resultados» (vi).

289 Como dice Philippa Gates: «Las únicas mujeres detectives que parecen haber evitado [elegir entre ser "mujer" y trabajar como detective] son las que son o demasiado mayores —por ejemplo, la solterona Jane Marple y la viuda Jessica Fletcher— o demasiado jóvenes —por ejemplo, la adolescente Nancy Drew— para las relaciones románticas y, por tanto, eluden las complicaciones que surgen cuando compiten la carrera profesional y las relaciones amorosas». Véase *Detecting Women: Gender and the Hollywood Detective Film* (Albany: State University of New York Press, 2011), 4.

290 Raymond Chandler, «Bay City Blues», en *Collected Stories* (Nueva York: Everyman's Library, 2002), 831. [Hay trad. cast.: *Bay City Blues*, trad. D. Prika, Bruguera, Barcelona, 1979, p. 44.]

291 Carolyn Keene, *The Mystery at Lilac Inn* (Nueva York: Grosset & Dunlap, 1930), 156. [Hay trad. cast.: *Nancy Drew en la posada de las lilas*, trad. M.ª Teresa Segur, Bruguera, Barcelona, 1982, p. 152.]

292 Citado por Karen Plunkett-Powell, *The Nancy Drew Scrapbook: 60 Years of America's Favorite Teenage Sleuth* (Nueva York: St. Martin's Press, 1993), 18.

293 Sandra Day O'Connor y H. Alan Day, *Lazy B: Growing Up on a Cattle Ranch in the American Southwest* (Nueva York: Random House, 2002), 229.

294 Claire Fallon, «Hillary Clinton Basically Wanted to Grow Up to be Nancy Drew», Huffpost, 2 de junio de 2017.

295 Mary Jo Murphy, «Nancy Drew and the Secret of the 3 Black Robes», *New York Times*, 30 de mayo de 2009.

296 Carol Gilligan, *In a Different Voice: Psychological Theory and Women's Development* (Cambridge, MA: Harvard University Press, 1982).

297 Carolyn Keene, *The Sign of the Twisted Candles* (Nueva York: Grosset & Dunlap, 1933), 11.

298 Harriet Adams, hija de Stratemeyer y propietaria del Sindicato tras la muerte de su padre, instó a Mildred Wirt Benson (para entonces ya era una mujer casada) a que hiciera a la detective menos audaz y «más simpática, de buen corazón y adorable». Véase Carole Kismaric y Marvin Heiferman, *The Mysterious Case of Nancy Drew and the Hardy Boys* (Nueva York: Simon & Schuster, 1998).

299 Deborah L. Siegel, «Nancy Drew as New Girl Wonder: Solving It All for the 1930s», en *Nancy Drew and Company: Culture, Gender, and the Girls' Series*, ed. Sherrie A. Inness (Bowling Green, OH: Bowling Green State University Popular Press, 1997), 179.

300 Nancy Tillman Romalov, «Children's Series Books and the Rhetoric of Guidance: A Historical Overview», en *Rediscovering Nancy Drew* (Iowa City: University of Iowa Press, 1995), 117. Véase también Gillian M. McCombs, «Nancy Drew Here to Stay: The Challenges to Be Found in the Acquisition and Retention of Early Twentieth Century Children's Series Books in an Academic Library Setting», en *Popular Culture and Acquisitions*, ed. Allen Ellis (Nueva York: Haworth, 1992), 47-58.

301 Franklin K. Mathiews, «Blowing Out the Boy's Brains», *Outlook*, 18 de noviembre de 1914, 653.

302 Citado por Esther Green Bierbaum, «Bad Books in Series: Nancy Drew in the Public Library», *The Lion and the Unicorn*, 18 (1994): 95.

303 Emelyn E. Gardner y Eloise Ramsey, *A Handbook of Children's Literature: Methods and Materials* (Chicago: Scott Foresman, 1927), 15.

304 Carolyn Keene, *The Clue in the Diary* (Nueva York: Grosset & Dunlap, 1932), 74.

305 Carolyn Keene, *The Hidden Staircase* (Nueva York: Grosset & Dunlap, 1930), 11. [Hay trad. cast.: *Nancy Drew en la escalera escondida*, trad. M.ª Teresa Segur, Bruguera, Barcelona, 1982.]

306 Carolyn Keene, *The Secret of the Old Clock* (Nueva York: Grosset & Dunlap, 1930), 1. [Hay trad. cast.: *Nancy Drew en el secreto del viejo reloj*, trad. M.ª Teresa Segur, Bruguera, Barcelona, 1982.]

307 Keene, *The Secret of the Old Clock*, 135. [*Nancy Drew en el secreto del viejo reloj*, p. 114.]

308 Para más información sobre el Sindicato, véase Amy Boesky, «Solving the Crime of Modernity: Nancy Drew in 1930», *Studies in the Novel*, 42 (2010): 185-201.

309 Boesky, «Solving the Crime of Modernity», 200.

310 Bierbaum, «Bad Books in Series», 101.

311 Amy Benfer, «Who Was Carolyn Keene?», Salon, 8 de octubre de 1999.

312 James D. Keeline, «The Nancy Drew *Myth*tery Stories», en *Nancy Drew and Her Sister Sleuths*, ed. Michael G. Cornelius y Melanie E. Gregg (Jefferson, NC: McFarland, 2008), 23.

313 Keeline, «The Nancy Drew *Myth*tery Stories», 24.

314 Keeline, 25.

315 Anne Scott MacLeod, «Nancy Drew and Her Rivals: No Contest», *Horn Book*, mayo de 1987, julio de 1987.

316 Renee Montagne, «Nancy Drew: Curious, Independent and Usually Right», NPR, 23 de junio de 2008.

317 Charles Dickens, *Great Expectations*, ed. Edgar Rosenberg (Nueva York: W. W. Norton, 1999), 50, 69. [Hay trad. cast.: *Grandes esperanzas*, trad. Miguel Ángel Pérez Perez, Alianza Editorial, Madrid, 2019, pp. 93-94, 133.]

318 Kathy Mezei, «Spinsters, Surveillance, and Speech: The Case of Miss Marple, Miss Mole, and Miss Jekyll», *Journal of Modern Literature* 30, n.º 2 (2007): 103-120.

319 James Brabazon, *Dorothy L. Sayers: A Biography* (Nueva York: Scribner's, 1981), 144.

320 R. A. Knox, ed., «Introduction», en *The Best English Detective Stories of 1928* (Londres: Faber, 1929).

321 David Frisby, «Walter Benjamin and Detection», *German Politics & Society*, 32 (1994): 89-106. Véase también Martin Edwards, *The Golden Age of Murder: The Mystery of the Writers Who Invented the Modern Detective Story* (Nueva York: HarperCollins, 2015).

322 Edmund Wilson, «Why Do People Read Detective Stories?», *New Yorker*, 14 de octubre, de 1944; «Mr. Holmes, They Were the Footprints of a Gigantic Hound», *New Yorker*, 17 de febrero de 1945; y «Who Cares Who Killed Roger Ackroyd? A Second Report on Detective Fiction», *New Yorker*, 20 de junio de 1945.

323 Dorothy L. Sayers, *Unnatural Death* (1927; Nueva York: Harper Perennial, 2013), 19. Las citas adicionales son de las pp. 29-30. [Hay trad.

cast.: ¿*Muerte natural...?*, trad. Ramon Margalef Llambrich, Molino, Barcelona, 1966. Citas adicionales: 34-35.]

324 Agatha Christie, *Five Complete Miss Marple Novels* (Nueva York: Chatham River Press, 1980), 292. [Hay trad. cast.: *Némesis*, trad. Alberto Coscarelli, RBA, Barcelona, 2014, p. 45.]

325 Agatha Christie, «A Christmas Tragedy», en *The Thirteen Problems* (Nueva York: Signet, 2000), 143. [Hay trad. cast.: «Tragedia navideña», en *Miss Marple y los trece problemas*, trad. C. Peraire del Molino, Planeta, Barcelona, 2019, p. 152.]

326 Agatha Christie, *The Mirror Crack'd from Side to Side* (Nueva York: Penguin, 2011), 224. [Hay trad. cast.: *El espejo se rajó de lado a lado*, trad. Alberto Coscarelli, Molino, Barcelona, 1999, p. 215.]

327 Agatha Christie, *A Pocket Full of Rye* (Nueva York: Penguin, 1954), 108. [Hay trad. cast.: *Un puñado de centeno*, trad. C. Peraire del Molino, Molino, Barcelona, 1983, p. 119.]

328 Agatha Christie, *Nemesis* (Nueva York: HarperCollins, 2011), 9. [Hay trad. cast.: *Némesis*, trad. Alberto Coscarelli, Molino, Barcelona, 1999, p. 13.]

329 Christie, *Nemesis*, 27. [*Némesis*, pp. 26-27.]

330 Arthur Conan Doyle, *Sherlock Holmes: The Complete Novels and Stories* (Nueva York: Random House, 2003), 325. [Hay trad. cast.: *Obras completas de Sherlock Holmes*, trad. Benjamín Briggent, Plutón Ediciones X, Barberá del Vallés, 2019, p. 316.]

331 Marion Shaw y Sabine Vanacker, *Reflecting on Miss Marple* (Londres: Routledge, 1991), 59.

332 Shaw y Vanacker, *Reflecting on Miss Marple*, 59.

333 Mitzi M. Brunsdale, *Icons of Mystery and Crime Detection: From Sleuths to Superheroes*, 2 vols. (Santa Barbara, CA: Greenwood, 2010), I:142.

334 Gates, *Detecting Women*.

335 Raymond Chandler, «The Simple Art of Murder», en *Later Novels and Other Writing* (Nueva York: Literary Classics of the United States, 1995), 992. [Hay trad. cast.: *El simple arte de matar*, trad. Floreal Mazia, Bruguera, Barcelona, 1980, p. 1191.]

336 Carolyn G. Heilbrun, *Writing a Woman's Life* (Nueva York: Ballantine, 1989), 52. [Hay trad. cast.: *Escribir la vida de una mujer*, trad. Ángel G. Loureiro, Megazul, Madrid, 1994, p. 138.]

337 Shaw y Vanacker, *Reflecting on Miss Marple*, 6.

338 Heilbrun, *Writing a Woman's Life*, 115. [Hay trad. cast.: *Escribir la vida de una mujer*, trad. Ángel G. Loureiro, Megazul, Madrid, 1994, p. 136.]

339 P. D. James, «Introduction», en *The Omnibus P. D. James* (Londres: Faber and Faber, 1990), viii.

340 Maureen T. Reddy, «Women Detectives», en *The Cambridge Companion to Crime Fiction*, ed. Martin Priestman (Cambridge: Cambridge University Press), 204.

341 Barbara Neely, *Blanche on the Lam* (Leawood, KS: Brash Books, 1992), 15, 61, 83.

342 William Moulton Marston, *The Golden Age of Wonder Woman*, vol. 1, 1941 (Burbank, CA: DC Comics, 2017), 7.

343 William Moulton Marston, *Try Living!* (Nueva York: Thomas Y. Crowell, 1937), 128.

344 «Neglected Amazons to Rule Men in 1,000 Years, Says Psychologist», *Washington Post*, 11 de noviembre de 1937.

345 Jill Lepore, *The Secret History of Wonder Woman* (Nueva York: Knopf, 2014), 200.

346 Todas las citas serán de Marston, *The Golden Age of Wonder Woman*, 10, 14.

347 Natalie Haynes, *Pandora's Jar: Women in the Greek Myths* (Londres: Picador, 2020), 118.

348 William Moulton Marston, «Women: Servants for Civilization», *Tomorrow*, febrero de 1942, 42-45.

349 Lepore, *The Secret History of Wonder Woman*, xi.

350 Kurt F. Mitchell y otros, *American Comic Book Chronicles: 1940-1944* (Raleigh, NC: TwoMorrows, 2019), 77.

351 Comisión judicial, «Comic Books and Juvenile Delinquency», H.R. Report No. 62 (1955), https://web.archive.org/web/20091027160127/http://www.geocities.com/Athens/8580/kefauver.html.

352 Lepore, *The Secret History of Wonder Woman*, 184.

353 Olive Richard, «Don't Laugh at the Comics», *Family Circle*, 25 de octubre de 1940, 10-11.

354 Lepore, *The Secret History of Wonder Woman*, 209.

CAPÍTULO 6: AL DOBLE DEBER SOMETIDAS

355 Joseph Campbell y Bill Moyers, *The Power of Myth* (Nueva York: Doubleday, 1988), 16. [Hay trad. cast.: *El poder del mito*, trad. Cesar Aira, Emecé, Barcelona, 1991, p. 42.]

356 Campbell y Moyers, *The Power of Myth*, 85. [*El poder del mito*, pp. 133-134.]

357 Campbell y Moyers, 15-16. [46.]

358 Lewis Hyde, *Trickster Makes This World: Mischief, Myth, and Art* (Nueva York: North Point Press, 1998), 8. Hyde también reconoce que la ausencia de mujeres embaucadoras puede atribuirse a las mitologías y religiones dominantemente patriarcales de su ámbito.

359 Paul Radin, *The Trickster: A Study in American Indian Mythology* (Nueva York: Schocken, 1987), 138. Deldon Anne McNeely defiende que el embaucador es un «arquetipo andrógino que debe considerarse masculino». Véase *Mercury Rising: Women, Evil, and the Trickster Gods* (Woodstock, CT: Spring Publications, 1996), 9.

360 En *The Female Trickster: The Mask That Reveals; Post-Jungian and Postmodern Psychological Perspectives on Women in Contemporary Culture* (Nueva York: Routledge, 2014), Ricki Stefanie Tannen señala que el término *agencia* proviene de la palabra griega que significa «potente, convincente y persuasivo». La agencia, afirma, tiene un doble significado en el sentido de «movimiento como acción y también como ser capaz de actuar en nombre de otros» (7).

361 Stacy L. Smith, Marc Choueiti y Katherine Pieper, *Inequality in 800 Popular Films: Examining Portrayals of Gender, Race/Ethnicity, LGBT, and Disability from 2007-2015*, informe para la Media, Diversity, & Social Change Initiative, University of Southern California-Annenberg, septiembre de 2016.

362 «Facts to Know about Women in Hollywood», Statistics, Women and Hollywood, consultado el 24 de octubre de 2020.

363 Joseph Campbell, *Goddesses Mysteries of the Feminine Divine*, ed. Safron Rossi (Novato, CA: New World Library, 2013), xiv. [Hay trad. cast.: *Diosas: misterios de lo divino femenino*, trad. Cristina Serna, Atalanta, Gerona, 2015, pp. 18-19.]

364 Stieg Larsson, *The Girl with the Dragon Tattoo* (Nueva York: Knopf, 2002). Las citas son de las páginas 346, 213, 362, 32. [Hay trad. cast.: *Los hombres que no amaban a las mujeres*, trad. Martin Lexell y Juan José Ortega Román, Destino, Barcelona, 2010. Citas: 297, 507, 315, 529, 50.]

365 Las citas son de Laurie Penny, «Girls, Tattoos and Men Who Hate Women», *New Statesman*, 5 de septiembre de 2010. Anna Westerståhl Stenport y Cecilia Ovesdotter Alm, «Corporations, the Welfare State, and Covert Misogyny in *The Girl with the Dragon Tattoo*», en *Men Who Hate Women Who Kick Their Asses: Stieg Larsson's Millennium Trilogy in Feminist Perspective*, ed. Donna King y Carrie Lee Smith (Nashville, TN: Vanderbilt University Press, 2012), 157-178. Sobre las cuestiones que plantean, véase Jaime Weida, «The Dragon Tattoo and the Voyeuristic Reader», en *The Girl with the Dragon Tattoo and Philosophy*, ed. Eric Bronson (Hoboken, NJ: John Wiley, 2012), 28-38. [Hay trad. cast.: *La filosofía de la chica del dragón tatuado: Todo es fuego*, trad. Luis Mdhuar, Paidós, México DF, 2012.]

366 Larsson, *The Girl with the Dragon Tattoo*, 31-32, 36. [*Los hombres que no amaban a las mujeres*, pp. 56, 191.]

367 Helena Bassil-Morozow describe a Lisbeth como una «*supernerd*» que se alimenta de las «cualidades mercuriales de internet» en *The Trickster in Contemporary Film* (Londres: Routledge, 2012), 80. Por otro lado, Bassil-Morozow califica a los embaucadores de «estúpidos, rebeldes, asociales y antisociales, incoherentes, ofensivos y autocontradictorios» (5).

368 Norman O. Brown, *Hermes the Thief: The Evolution of a Myth* (Madison: University of Wisconsin Press, 1947).

369 Larsson, *The Girl with the Dragon Tattoo*, 156, 164. [*Los hombres que no amaban a las mujeres*, pp. 316, 384, 65.]

370 Eva Gedin, «Working with Stieg Larsson», en *On Stieg Larsson*, traducido por Laurie Thompson (Nueva York: Knopf, 2010). Gedin describe a Lisbeth como «un personaje especial, un tipo que raramente se encuentra en series de ficción criminal anteriores» (11).

371 Karen Klitgaard Povlsen y Anne Marit Waade hablan de los paralelismos entre Pippi Calzaslargas y Lisbeth Salander, así como entre el Kalle Blomkvist de Lindgren y el Mikael Blomkvist de Larsson. Véase «*The Girl with the Dragon Tattoo*: Adapting Embodied Gender from Novel to Movie in Stieg Larsson's Crime Fiction». La abogada de Salander se llama Annika, como uno de los dos hermanos vecinos que se hacen amigos de Pippi. *P.O.V.: A Danish Journal of Film Studies* 28 (diciembre de 2009), http://pov.imv.au.dk/Issue_28/section_2/artc7A.html.

372 Astrid Lindgren, *Pippi Longstocking* (Nueva York: Puffin, 2005), 110. [Hay trad. cast.: *Pippi Calzaslargas: Todas las historias*, trad. Blanca Ríos y Eulalia Boada, Blackie Books, Barcelona, 2018, p. 73.]

373 Astrid Lindgren, «Never Violence!» *Swedish Book Review*, 2007, https://web.archive.org/web/20201108100547 / https://www.swedishbookreview.com/article-2007-2-never-violence.asp.[¡*Violencia, jamás!*, trad. Miguel Ángel Mendo, Kókinos, Barcelona, 2021.]

374 Laura Briggs y Jodi I. KelberKaye, «"There Is No Unauthorized Breeding in Jurassic Park": Gender and the Use of Genetics», *NWSA Journal*, 12, n.º 3 (2000): 92-113.

375 Paul Bullock, «Jurassic Park: 10 Things You Might Have Missed», Den of Geek, 12 de junio de 2019.

376 Wesley Morris, «Does "Three Billboards" Say Anything about America? Well…», *New York Times*, 18 de enero de 2018.

377 Gillian Flynn, *Gone Girl* (Nueva York: Crown, 2012), 393. [Hay trad. cast.: *Perdida*, trad. Óscar Palmer, Penguin Random House, Barcelona, 2018, p. 528.]

378 Véase Catherine Orenstein, *Little Red Riding Hood Uncloaked: Sex, Morality, and the Evolution of a Fairy Tale* (Nueva York: Basic Books, 2003),

219-233. [Hay trad. cast.: *Caperucita al desnudo*, trad. Luis Noriega, Crítica, Barcelona, 2003, pp. 203-220.]

379 Kim Snowden, «Fairy Tale Film in the Classroom: Feminist Cultural Pedagogy, Angela Carter, and Neil Jordan's *The Company of Wolves*», en *Fairy Tale Films: Visions of Ambiguity*, ed. Pauline Greenhill y Sidney Eve Matrix (Logan: Utah State University Press, 2010), 157-177.

380 John Hiscock, «Joe Wright Interview on Hanna», *Telegraph*, 22 de abril de 2011.

381 Creado en 1985 por la dibujante estadounidense Alison Bechdel, el test plantea tres preguntas: (1) ¿Hay al menos dos mujeres con nombre en la película?; (2) ¿Esas mujeres hablan entre sí?; (3) ¿Hablan entre ellas de algo que no sea de hombres?

382 Amber Pualani Hodge, «The Medievalisms of Disney's Moana (2016): Narrative Colonization from Victorian England to Contemporary America», en «Islands and Film», número especial, *Post Script: Essays in Film and the Humanities*, 37, n.º 2-3 (2018): 80-95.

383 Suzanne Collins, *The Hunger Games* (Nueva York: Scholastic, 2008), 8. Las citas adicionales son de las páginas 30, 127, 43, 35, 29. [Hay trad. cast.: *Los juegos del hambre*, trad. Pilar Ramírez Tello, Molino, Barcelona, 2009, p. 17. Citas adicionales: 13, 87-88, 125, 245, 140, 54, 250-251, 351, 328, 333.]

384 Rick Margolis, «The Last Battle: With 'Mockingjay' on Its Way, Suzanne Collins Weighs In on Katniss and the Capitol» *School Library Journal*, 56 (2010): 21-24.

385 Katha Pollitt, «*The Hunger Games*' Feral Feminism», *Nation*, 23 de abril de 2012.

386 Maria Tatar, «Philip Pullman's Twice-Told Tales», *New Yorker*, 21 de noviembre de 2012.

387 Philip Pullman, *The Golden Compass* (Nueva York: Dell Yearling, 2001), 150. [Hay trad. cast.: *La brújula dorada*, trad. Roser Berdagué, Roca Editorial, Barcelona, 2019, pp. 150-151.]

388 «Questions and Answers», Philip Pullman, http://www.philip-pullman.com/qas?searchtext=&page=6.

389 «Questions and Answers».

390 Tannen, *The Female Trickster*, 26.

391 C. W. Spinks se centra en las cualidades creadoras de mundo de los embaucadores y hace hincapié en su capacidad para hacer y deshacer signos: «La contradicción, la ironía, el engaño, la duplicidad, la inversión, el cambio, el oxímoron, la paradoja: este es el conjunto de herramientas de negación, ambivalencia y ambigüedad que el embaucador utiliza para hacer y rehacer la cultura». Véase «Trickster and Duality»,

en *Trickster and Ambivalence: Dance of Differentiation* (Madison, WI: Atwood, 2001), 14.

392 Anna Westerståhl Stenport y Cecilia Ovesdotter Alm, «Corporations, Crime, and Gender Construction in Stieg Larsson's *The Girl with the Dragon Tattoo*», *Scandinavian Studies*, 81, n°. 2 (junio de 2009): 171.

393 Donald Dewey, «The Man with the Dragon Tattoo», *Scandinavian Review*, 97 (2010): 78-83.

394 David Geherin, *The Dragon Tattoo and Its Long Tail: The New Wave of European Crime Fiction in America* (Jefferson, NC: McFarland, 2012), 22.

395 Como señala Tamar Jeffers McDonald, esta «versión futurista» del cuento de Barba Azul revela que ni la heroína ni el villano de la historia están «inevitablemente asociados a géneros específicos». Véase su «Blueprints from Bluebeard», en *Gothic Heroines on Screen: Representation, Interpretation, and Feminist Inquiry*, ed. Tamar Jeffers McDonald y Frances A. Kamm (Nueva York: Routledge, 2019), 51.

396 Wesley Morris, «Jordan Peele's X-Ray Vision», *New York Times*, 20 de diciembre de 2017.

EPÍLOGO: EL DESPEGUE

397 Apollodorus' *"Library"* and Hyginus' *"Fabulae"*, trad. R. Scott Smith y Stephen M. Trzaskoma (Indianápolis: Hackett, 2007), 128. [Hay trad. cast.: Higino, *Fábulas*, intr. y trad. Javier del Hoyo y José Miguel García Ruiz, Gredos, Madrid, 2009, p. 178.]

398 Rebecca Solnit, *Men Explain Things to Me* (Chicago: Haymarket Books, 2014), 116-117. [Hay trad. cast.: *Los hombres me explican cosas*, trad. Paula Martín Ponz, Capitán Swing Libros, Madrid, 2016, p. 108.]

399 Natalie Haynes, *Pandora's Jar: Women in the Greek Myths* (Londres: Picador, 2020), 2.

400 Hélène Cixous, «The Laugh of the Medusa», *Signs*, 1 (1976): 875-893.

401 Dos recientes estudios sobre Helena reflejan en sus respectivos subtítulos las complejidades de nuestra nueva perspectiva sobre Helena y su papel en la guerra de Troya. Véanse Ruby Blondell, *Helen of Troy: Beauty, Myth, Devastation* (Oxford: Oxford University Press, 2013) y Bettany Hughes, *Helen of Troy: Goddess, Princess, Whore* (Nueva York: Knopf, 2005).

402 Chimamanda Ngozi Adichie, «The Danger of a Single Story», presentado en julio de 2009 en TEDGlobal 2009, https://www.ted.com/talks/chimamanda_ngozi_adichie_the_danger_of_a_single_story/transcript?language=en.

403 Véase Teresa Mangum, «Dickens and the Female Terrorist: The Long Shadow of Madame Defarge», *Nineteenth-Century Contexts*, 31 (2009): 143-160.

404 Diane Purkiss, *The Witch in History* (Nueva York: Routledge, 1996), 48.

405 Jens Andersen, *Astrid Lindgren: The Woman behind Pippi Longstocking*, trad. Caroline Waight (New Haven, CT: Yale University Press, 2018), 129.

406 Véase especialmente Kathryn J. Atwood, *Women Heroes of World War I: 16 Remarkable Resisters, Soldiers, Spies, and Medics* (Chicago: Chicago Review Press, 2016).

407 Atwood, *Women Heroes of World War I*, 121.

408 Alexis S. Troubetzkoy, *A Brief History of the Crimean War* (Londres: Robinson, 2006), 208.

409 *Cassandra: Florence Nightingale's Angry Outcry against the Forced Idleness of Women*, ed. Myra Stark. (Nueva York: Feminist Press, 1979), 29. [Hay trad. cast.: *Casandra*, intr. y trad. Laura Monrós Gaspar, Institució Alfons el Magnànim, Valencia, 2011.]

410 Alice Marble, «Clara Barton», Wonder Women of History, DC Comics, 1942.

411 H. Judson, *Edith Cavell* (Nueva York: Macmillan, 1941), 236.

412 *The New York Times Current History: The European War, 1917* (Nueva York: Kessinger, 2010), 454.

413 Thomas Szasz, *The Manufacture of Madness* (Nueva York: Harper & Row, 1970), 55, 91. [Hay trad. cast.: *La fabricación de la locura*, trad. Ramón Ribé, Kairós, Barcelona, 1981.]

ÍNDICE ANALÍTICO